服装高职高专"十二五"部委级规划教材

纺织服装市场营销

方 勇 等编著

Fangzhi Fuzhuang Shichang Yingxiao

化学工业出版社

·北 京·

本书针对我国纺织服装行业的实际状况和纺织服装院校的教学要求，以全新的视野，采用大量的纺织服装市场营销案例分析系统介绍了纺织服装市场营销的基本理论、流程、方法和操作技巧等。本书内容分为五大项目，包括了解纺织服装市场营销、扫描纺织服装市场营销环境、选择纺织服装STP战略、实施纺织服装市场营销组合策略、开展纺织服装市场营销管理。按照“项目引导、任务驱动、实战训练”的模式编写，力求符合“深入浅出、简明扼要、便于操作”的教学目标。

该教材可作为高职高专和中职院校相关专业学生学习用书，也可作为在职人员培训和自学的教材或参考书。

图书在版编目(CIP)数据

纺织服装市场营销/方勇等编著．—北京：化学工业出版社，2014.8（2022.8重印）
服装高职高专“十二五”部委级规划教材
ISBN 978-7-122-20983-2

Ⅰ．①纺…　Ⅱ．①方…　Ⅲ．①纺织品-市场营销学-高等职业教育-教材②服装-市场营销学-高等职业教育-教材
Ⅳ．①F768.1②F768.3

中国版本图书馆CIP数据核字（2014）第131498号

责任编辑：崔俊芳　　文字编辑：徐雪华
责任校对：边　涛　　装帧设计：史利平

出版发行：化学工业出版社（北京市东城区青年湖南街13号　邮政编码100011）
印　　装：涿州市般润文化传播有限公司
787mm×1092mm　1/16　印张15¼　字数371千字　2022年8月北京第1版第2次印刷

购书咨询：010-64518888　　售后服务：010-64518899
网　　址：http://www.cip.com.cn
凡购买本书，如有缺损质量问题，本社销售中心负责调换。

定　　价：39.00元

前言

我国纺织服装生产和出口量已雄居全球榜首，成为当之无愧的纺织服装大国。纺织服装行业是我国出口创汇的支柱产业，也是我国外汇收入和资金积累的重要来源。随着经济全球化的进一步发展，特别是我国加入 WTO 后，国内外纺织服装市场的竞争也日趋激烈，新产品、新技术、新材料、新工艺、新市场营销观念和方法层出不穷，纺织服装消费者对纺织服装产品的需求也呈现出多样化、个性化、高档化、品牌化等倾向。在这种形势下，纺织服装专业的人才培养目标也必须与之相适应，朝着培养能设计、懂技术、会管理和善经营的复合型、应用型人才方向发展。因此，针对当前我国纺织服装行业的实际状况和纺织服装院校的教学要求，根据国家教育部统一教学大纲，编写了这本《纺织服装市场营销》教材。

本书在编写过程中，力求符合职业教育强调技能和应用型人才培养特色，按照项目教学法的模式编写，其结构特点是项目引导、任务驱动、实战训练；其内容特点是深入浅出、简明扼要、便于操作；理论知识的选取以“必需、够用、适用”为尺度。全书内容分为五大项目十二个任务，其中五大项目为了解纺织服装市场营销、扫描纺织服装市场营销环境、选择纺织服装 STP 战略、实施纺织服装市场营销组合策略、开展纺织服装市场营销管理。本书以全新的视野，采用大量的纺织服装市场营销实例及案例分析，每项任务均由知识目标、能力目标、情景导入、核心知识、核心概念、复习思考、案例分析、实践演练等模块组成。

本书由方勇、成小先、方兴琦、王家馨编著。本书在编写过程中，参考了国内外大量的图书、教材等文献资料，在此表示衷心感谢。由于编写时间仓促，水平有限，书中不妥之处恳请有关专家和广大读者批评指正，以便今后完善。

编著者
2014 年 1 月

目录

项目一

了解纺织服装市场营销

任务1 说说纺织服装市场营销

知识目标：

1. 纺织服装市场营销的概念；
2. 纺织服装市场营销观念的发展过程与比较；
3. 纺织服装市场营销的一些基本概念；
4. 纺织服装市场营销组合策略。

能力目标：

1. 能对纺织服装市场营销有初步的了解；
2. 能从纺织服装市场营销观念的发展过程了解其发展趋势；
3. 能从顾客价值中了解纺织服装市场营销的核心任务。

情景导入：

把鞋卖给岛上居民

环球轻纺集团创新鞋业公司的老板想开拓新市场，于是派他的财务总监和营销总监分别带领A组和B组，到南太平洋的一个岛上去了解公司的鞋能否在那里找到销路。

一星期后，财务总监带领的A组发回E-mail，非常沮丧地向老板报告说："这里的人都光着脚，不穿鞋，即使生产出鞋子来，在这里也卖不出去，因而这里一点市场都没有。"

两星期后，营销总监带领的B组也发回了E-mail，他们非常兴奋地向老板报告说："这里的人都光着脚，没有鞋穿，所以这是一个巨大的市场。但是他们有脚疾，而穿鞋对脚是有好处的。他们的脚比较大，所以，我们必须重新设计我们的鞋子，而且我们必须在教育他们懂得穿鞋有益方面花一笔钱。在开始之前，我们还必须得到部落首领的同意。这里的人没有什么钱，但是他们种植有我们未曾尝过的最甜的菠萝。我们估计鞋的潜在销售量在3年以上，因而，我们的一切费用包括推销菠萝给一家欧洲连锁超级市场的费用，都将得到补偿。

总算起来，我们还可以赚得垫付款30%的利润。因此，我们应该毫不迟疑地去干。”

想一想：

岛上到底有没有市场？为什么两个组在看到同样现象下，却得出了不同的结论？为此，我们应该琢磨一下，什么是纺织服装市场和营销？它有何特点？有哪些营销理念？等等，下面我们将一一学习。

1.1 什么是纺织服装市场和营销

1.1.1 什么是纺织服装市场

1.1.1.1 纺织服装市场概念

世界著名的市场营销学专家、美国西北大学教授菲利普·科特勒认为：市场是由一切具有特定欲望和需求，并且愿意和能够以交换来满足这些需求的潜在顾客所组成的。在日常生活中，我们习惯将纺织服装市场看做是买卖双方进行交易的场所。纺织服装市场的概念可以通过以下几方面的含义来理解。

（1）场所的市场　即纺织服装商品交换的场所。这是一种狭义的、传统的市场概念，比较多地强调市场的空间、地理的含义，只有具备了具体的地点、空间，才会有市场。我国古老的风俗“赶集”，就十分形象地说明了这种市场的含义。这种纺织服装市场，实质上就是纺织服装买者与卖者聚集在一起，进行纺织服装商品交换的地点和场所。

（2）社会的整体市场　即纺织服装商品交换关系的总和。这是从政治经济学角度研究的一种广义的、反映实质的市场概念。按照马克思的说法，市场包含着全部商品所有者之间错综复杂的交换关系，形成了许多并行发生和彼此连接的商品交换过程，这样就构成了商品流通，市场就是由这一系列交换关系组成的。随着经济的发展，目前纺织服装市场，已不能只用“场所”来涵盖。例如，由于互联网的发展，人们可以进行网上交易，纺织服装市场已经没有地点、空间的概念了。

（3）人的市场　即纺织服装消费者的需求。这是从营销学角度研究的具体纺织服装商品需求总量的概念。由于纺织服装商品需求，是通过纺织服装购买者体现出来的，因而纺织服装市场，是纺织服装具体产品的现实与潜在的纺织服装购买者所构成的群体，不是地点、空间的概念，也不是单纯交换关系的概念。如果我们说纺织服装某产品没有市场，实际上就是指纺织服装消费者，对这种纺织服装产品没有需求。

因此，从营销学角度对纺织服装市场下定义，纺织服装市场是指愿意并能够通过交换来满足某种需要或欲望的全部纺织服装顾客。这一定义可以用公式来表示：

纺织服装市场＝人口＋纺织服装购买力＋纺织服装购买欲望

纺织服装市场的三要素是相辅相成、缺一不可的。只有把三者有机地结合起来，才能构成完整的、现实的纺织服装市场，才能决定纺织服装市场的规模和容量。一般而言，人口的多寡与生活必需品的销量密切相关，购买力高低与高价品、奢侈品的销量密切相关，而购买欲望则较多地与纺织服装消费者的个性相关联。

1.1.1.2 纺织服装市场的类型

纺织服装市场从不同的角度，可以分为不同的类型，主要根据以下几种标准来划分市场。

(1) 按身份划分　有纺织服装消费者市场和纺织服装组织市场。

纺织服装消费者市场是产业乃至整个经济活动为之服务的最终市场，它是由为满足个人生活需要，而购买纺织服装商品的所有个人和家庭组成。在纺织服装消费者市场上的购买者，通常也就是纺织服装消费者。纺织服装企业为纺织服装消费者市场服务并实现其营销计划的过程，就是最终实现纺织服装商品的价值和使用价值的过程。所以说纺织服装消费者市场是其他纺织服装市场存在的基础，在整个市场结构中占有十分重要的地位。纺织服装消费者市场有如下一些特点：一是市场广阔，纺织服装购买人数多且分散。哪里有人口的居住，哪里就需要纺织服装商品。因此根据纺织服装消费者人多面广这一特点，经销单位应尽可能地增加纺织服装商品的经营网点，最大限度地方便纺织服装消费者购买。二是市场的购买频率高，购买时间分散，每次购买的数量较小。对纺织服装商品的需求，一般是以个人或家庭为单位的，由于购买能力、储藏能力以及产品本身寿命的限制，纺织服装消费者每次购买纺织服装商品的数量较少，而且时间、地点分散。这就要求纺织服装市场营销人员增加纺织服装商品的供应品种，改善营销条件，方便纺织服装消费者购买。三是市场专一性弱。大多数纺织服装商品有较强的替代性。例如，购买西服套装时，可能选购这一款，也可能选购另一款；可选择这种面料的，也可选择另一种面料的，所以，增加纺织服装消费品的花色品种，对促进纺织服装消费者购买有现实意义。四是市场的流动性大。纺织服装消费者的流动性大，导致了纺织服装购买力投向的转移，使购买力在地区间移动。例如，北京、上海、广州等大城市流动人口密度大，其纺织服装的销售很大一部分是面向流动人口的。纺织服装消费者市场的这一特点，要求纺织服装企业多生产适销对路的纺织服装产品，以便更多地吸引消费者，提高市场占有率。五是市场上的纺织服装购买者，大都缺乏专门的纺织服装商品知识和市场知识。纺织服装消费者对多数纺织服装商品缺乏专门知识，对纺织服装商品的性能、特点、使用、保养方法等，很少有专门的研究，所以他们的购买行为容易受广告宣传、商品包装和装潢、推销方式、服务质量的影响。因此，纺织服装商品的推销应注意研究和运用各种营销策略和促销手段，改进包装装潢，提高服务质量，引发纺织服装消费者的购买欲望。

纺织服装组织市场也称纺织服装组织机构市场，其中包括纺织服装生产者市场、纺织服装转卖者市场和纺织服装政府机构市场。纺织服装生产者市场，又称产业用品市场或企业市场，它是指个人或企业团体为满足生产需要而购买产品或劳物的市场。产业用品市场的纺织服装产品主要有劳动服被、防护服被等。纺织服装转卖者市场，是指把货物转卖给别人以取得利润的商品销售者，是由各种批发商和零售商所组成的。绝大多数纺织服装产品并不是从生产企业直接转移到消费者手中，其间要经过流通环节，也就是说要先到达转卖者市场，之后才进入消费者市场与消费者见面。纺织服装政府机构市场，是指各级政府和事业团体的各级职能单位和公共事业单位，为执行其职能、体现其组织形象而采购或租赁货物的市场。政府机构市场的纺织服装产品主要有团体服被、职业服（军服、警服、学生服）等。同纺织服装消费者市场相比，纺织服装组织市场存在以下特点：一是属理智型专家购买，购买者对纺织服装产品的品质、规格、数量、交货期要求严格，且购买决策较少受广告宣传及其他推销方式的左右。二是市场比较集中，购买数量、金额庞大，购买的次数较少。三是纺织服装产品专用性强，技术服务要求高。四是需求弹性小，对纺织服装产品质量要求严格，不太注重纺织服装产品价格。五是直接销售和间接销售相结合，且工业品卖方常常主动寻找用户，送货上门。

(2) 按地域划分　有国内纺织服装市场、国际纺织服装市场；农村纺织服装市场、城市纺织服装市场；南方纺织服装市场、北方纺织服装市场；产地纺织服装市场、中转纺织服装市场、销地纺织服装市场等。

国内纺织服装市场是我国绝大部分纺织服装企业的主营市场。我国是拥有13亿人口的大国，这是一个巨大的纺织服装市场，研究分析国内纺织服装市场，可使纺织服装企业从中寻找出可利用的市场机会，为企业占领国内市场打基础。不同的经济发展速度以及文化背景、气候条件、风俗习惯等影响，使我国不同地区的纺织服装消费各具特点，一般说来城市较农村、南方较北方、沿海较内陆地区新款纺织服装流行得早，且纺织服装消费水平高。

国际纺织服装市场，是指境外市场，即除本国以外的一切允许本国纺织服装企业进行营销活动的场所。国际纺织服装市场还可以继续按国家、经济区域、消费习惯、宗教文化、贸易形式进行划分。

(3) 按经营范围划分　有综合性纺织服装市场、专业性纺织服装市场。综合性纺织服装市场，销售的纺织服装产品力求多品种、多规格、多档次，以尽可能满足多数消费者的需求，例如，大型百货商场里的服装部。专业性纺织服装市场，销售的纺织服装产品则针对性较强，其目的是满足消费者对某一特定纺织服装品种的需求，例如，牛仔服、女装、运动装等的专营、专卖店。

(4) 按购买方式划分　有纺织服装自选市场、纺织服装邮购市场、纺织服装现货交易市场、纺织服装期货交易市场等。

(5) 按年龄划分　有老年纺织服装市场、中年纺织服装市场、青少年纺织服装市场、儿童纺织服装市场等。

除按以上类型划分外，纺织服装市场还可以根据消费者的性别、教育程度、家庭结构以及收入等市场要素进行划分。

1.1.1.3　纺织服装市场的特点

从前面我们已经知道，纺织服装市场是由人口、纺织服装购买力和纺织服装购买欲望三个主要因素形成的，并对纺织服装消费者市场和纺织服装组织市场的特点进行了介绍。下面结合纺织服装消费的特点，对纺织服装市场的特点作简要分析。

(1) 层次性和多样性　即纺织服装市场的层次性和多样性。纺织服装市场由消费者组成，消费者在性别、年龄、受教育程度、收入、信仰以及态度等许多方面都存在显著差异，因此，对纺织服装的需求和偏好也是多种多样的，这就决定了服装纺织服装市场多层次和多样性的特点。层次主要是指纺织服装市场有高档、中档和低档之分。价格从千元以上乃至万元以上的高级纺织服装、名牌纺织服装到百元以下的低档纺织服装，其间分为若干不同的档次，以满足不同消费者群体的需求。多样是指纺织服装的种类繁多，花色品种繁多，以满足人们多种多样的穿着需求和审美情趣。

(2) 地域性和季节性　即纺织服装市场的地域性和季节性。自然气候是影响人们着装的主要因素之一。在不同的气候条件和环境下，人们对纺织服装的要求也不相同，因而形成了具有不同特点的纺织服装市场。我国地域广阔，从南到北气候差异很大，当居住在东北地区的人们还身着冬装时，广东、海南等地的人们已穿上了春装。季节变化意味着气候的变化，因而影响着纺织服装市场的状况。纺织服装市场的季节性特点最为明显，冬装、夏装、春秋装本身反映了服装的季节性需求。纺织服装市场的季节性与纺织服装企业的产品设计、生产安排和营销策略的制订有密切关系。某一季节的纺织服装一般会早于该季节开始销售，而过季纺织服装常会降价甩卖。因此，对纺织服装销售企业来说，把握季节性纺织服装的销售时机非常重要。

(3) 易变性和流行性　即纺织服装市场的易变性和流行性。流行和富于变化是纺织服装的一大特点，也是纺织服装市场的显著特点。特别是随着人们生活水平的提高，已不再满足于长年不变的样式。追求变化、个性、新奇的服饰已经成为一种时尚，导致纺织服装市场的样式、品种不断翻新，每年、每季都有新的流行样式出现，满足人们求新求变的需求。

1.1.2 纺织服装市场营销的定义与特征

1.1.2.1 纺织服装市场营销的定义

世界著名的市场营销学家菲利普·科特勒认为：营销是个人和集体通过创造并同他人交换产品和价值以满足需求和欲望的一种社会和管理过程。市场营销产生于19世纪末的美国，经过100多年的发展，已经形成了相对成熟的理论和相对完整的学科体系。

纺织服装市场营销，就是用营销学的基本理论来解决纺织服装行业发展中的具体问题，是营销学理论在纺织服装行业中的具体应用。纺织服装市场营销同样要以纺织服装消费者需求为中心，从研究纺织服装消费者需求开始，到实现和满足纺织服装消费者需求结束。只有这样才能从根本上解决纺织服装产品的销路问题，达到纺织服装市场营销的最终目的。因此，所谓纺织服装市场营销，是以满足纺织服装消费者需求为中心，以实现纺织服装企业营销目标为目的而进行的一系列的企业经营活动。这一系列经营活动包括：纺织服装市场环境研究、纺织服装消费者分析、纺织服装市场调研、纺织服装目标市场确定、纺织服装新产品开发和定价、纺织服装渠道选择、纺织服装产品促销、纺织服装产品存储和运输、纺织服装销售、售后服务等，通过对以上活动的分析研究，确定适合本企业定位的纺织服装市场组合策略。

1.1.2.2 纺织服装市场营销的特征

纺织服装行业具有一些特有的属性，而纺织服装市场营销在纺织服装企业活动中，又扮演着十分重要的角色，使得纺织服装市场营销活动具有如下特征。

(1) 整体性　纺织服装企业与其他生产经营企业一样，必须有一个整体目标，然后针对特定的目标，从满足纺织服装消费者需求这一中心出发，规划切实可行的营销手段，以实现利润最大化。随着消费者对纺织服装消费的日益成熟，竞争者不断涌现，作为一个品牌纺织服装企业，必须从总体上把握纺织服装市场营销的各个因素和环节，协调企业内外各方面的营销要求，并产生持久不衰的品牌魅力，形成特定的品牌文化和效应，从而取得纺织服装市场的主要地位。

(2) 小规模性　由于纺织服装行业缺乏经济规模和小批量、多品种的特点，纺织服装企业的独立实体相对规模较小。即使是集团经营或连锁经营，与其他行业也不能相提并论。纺织服装企业的营销应该从这一特点着手，制订出适合中小型纺织服装企业发展的短期与中期营销方案，从而建立起灵活高效的纺织服装市场营销体系。

(3) 灵活性　快速的纺织服装市场变化，多样纺织服装市场细分，要求纺织服装经营方式灵活，策划、设计、生产互相渗透，要求纺织服装设计师、经营者、生产者融为一体。在纺织服装零售中将买新、代销、特许加盟、许可证生产和公司连锁等组合成各种灵活高效的结构。

(4) 延伸性　从发达国家的纺织服装行业方式发展状况来看，纺织服装行业发展越成熟，它在广度与深度上的影响力与涉及面就越大。纺织服装行业步入现代社会后，已成为一个综合性行业，行业的相关产业众多。除了与商业、物流有关以外，它还与媒介、影视、信息、化工、文化、娱乐、教育、科研和服务业等有关。这无疑给纺织服装营销带来了很大的难度，但也为纺织服装营销创造了弹性空间。纺织服装企业的营销策划人员，在进行纺织服装营销操作时，不仅需要考虑影响纺织服装行业发展的因素，也应顾及制约纺织服装市场营销的其他因素，从更深层次把握纺织服装市场营销的规律，实现自己的营销目标。

(5) 创新性　纺织服装市场的流行性特点，决定了纺织服装企业必须不断创新，尤其需要在纺织服装产品上进行创新。纺织服装企业应重视纺织服装设计师在企业营销活动中的作用，建立有效的设计班子，创建一套适合纺织服装市场竞争与纺织服装企业发展的产品创新机制。未来的纺织服装行业需要各种灵活高效的组织结构，纺织服装设计师、经营者、生产者将融为一体，能将纺织服装产品的策划、设计、生产和销售互相渗透，将物质价值、品牌形象、企业文化铸入产品之中，紧紧围绕纺织服装消费者需求这一中心，为社会创造财富，同时给纺织服装企业创造利润。

1.1.3 纺织服装市场营销的内容

1.1.3.1 分析纺织服装市场机会

当前，我国纺织服装市场的竞争日趋激烈，绝大部分纺织服装产品已由卖方市场转变为买方市场，对纺织服装企业而言，有利可图的市场机会日渐减少。只有对包括纺织服装市场营销环境、市场结构、消费者需求、竞争者行为等在内的一系列情报信息进行深入调研和系统分析，才能识别、评估和发展纺织服装市场机会，进而在纺织服装市场竞争中站稳脚跟并有所建树。

1.1.3.2 选择纺织服装目标市场

在对纺织服装市场机会进行评估后，纺织服装企业需要选择进入某一或某几个纺织服装目标市场。纺织服装目标市场的选择，建立在纺织服装市场细分的基础上，纺织服装企业根据消费者对纺织服装产品和服务的不同的需求，把纺织服装消费者市场划分为若干子市场，再根据自身的实际情况，选择进入不同的纺织服装目标市场。选择纺织服装目标市场时，一般考虑以下因素：一是该纺织服装市场应有一定的规模和发展潜力；二是纺织服装竞争者未完全控制；三是该纺织服装市场符合组织目标和资源能力。

1.1.3.3 确定纺织服装市场营销组合策略

纺织服装市场营销组合策略（即4Ps），是指纺织服装企业针对所选定的纺织服装目标市场的需求，有计划地运用各种可控制的纺织服装市场营销策略和手段，组合成一个优化系统的整体策略，以达到纺织服装企业的经营目标，并取得最佳经济效益。它包括：纺织服装产品策略（Product）、纺织服装价格策略（Price）、纺织服装渠道策略（Place）和纺织服装促销策略（Promotion）。

(1) 纺织服装产品策略　是指纺织服装企业根据纺织服装市场目标的需要，做出与纺织服装产品开发有关的计划和决策。它包括纺织服装产品的设计、质量、品牌、包装、服务等。

(2) 纺织服装价格策略　是指纺织服装企业出售纺织服装商品和提供劳务所实施的定价策略。它包括纺织服装商品的基本价格、折扣价格、付款时间、信贷条件等。

(3) 纺织服装渠道策略　又称纺织服装分销策略，是指纺织服装企业使其产品进入和达到纺织服装目标市场，所进行的各种活动。它包括纺织服装商品流通的途径、环节、场所、运输等。

（4）纺织服装促销策略　是指纺织服装企业为了实现产品从生产者向消费者的转移，扩大销量，提高纺织服装市场占有率，所采取的各种促销活动。它包括人员推销、广告、销售促进、公共关系等。

纺织服装产品是纺织服装市场营销组合中最重要的因素，也是开展一切纺织服装营销活动的基础。以上四个方面的策略彼此配合，共同为纺织服装企业在纺织服装目标市场中经营和服务。

1.1.3.4　实施纺织服装市场营销管理

纺织服装市场营销管理，是纺织服装企业对纺织服装市场营销活动，进行计划、组织、执行和控制的过程，旨在创造、建立和维持与纺织服装目标市场的良好关系，实现纺织服装企业经营目标。其中，纺织服装市场营销计划，包括较长期的战略规划，决定纺织服装经营发展方向和目标，又包括具体的纺织服装市场营销活动计划；纺织服装市场营销组织，是为执行纺织服装市场营销计划而组建的一个高效的营销组织结构，需要对组织人员实施筛选、培训、激励和评估等一系列管理活动；纺织服装市场营销控制，是纺织服装企业跟踪营销活动过程的每一个环节，从而确保纺织服装市场营销活动按照计划目标运行，而实施的一套完整的工作程序，旨在改善纺织服装市场营销活动程序，提高纺织服装市场营销效率。

1.2　纺织服装市场营销观念的发展

1.2.1　纺织服装市场营销的基本观念

纺织服装市场营销观念，是指纺织服装企业在纺织服装经营过程中的指导思想或经营理念。纺织服装企业能否树立与纺织服装市场营销环境相适应的营销观念，直接关系到纺织服装企业营销的成败。纺织服装市场营销观念的发展大概经历了以下几个阶段。

1.2.1.1　纺织服装生产观念

在生产观念阶段，纺织服装企业的产品或服务供不应求。在这个阶段基本上是“卖方市场”，因此，纺织服装生产观念的核心是以生产为中心，以产定销，强调“以量取胜”，而不必过多关注纺织服装市场的需求差异。认为“纺织服装企业能生产什么，就销售什么”“纺织服装企业有什么样的服务，就给顾客提供什么”。这一时期，由于国民收入低下，生产力落后，市场上的纺织服装商品供不应求。例如：我国在长期的计划经济体制下，物质短缺，纺织服装产品匮乏，那时的纺织服装企业奉行的就是生产观念。

1.2.1.2　纺织服装产品观念

纺织服装生产观念是生产力发展水平不高的产物，随着社会生产力的发展，纺织服装市场得到了快速发展，纺织服装企业不能仅以生产的数量取胜，而更重要的是以纺织服装产品或服务的质量取胜。在这样的背景下，纺织服装产品观念应运而生。

纺织服装产品观念的核心是以质量为中心，强调“以质取胜”“以廉取胜”。认为“纺织服装企业生产什么，顾客就喜欢什么，就卖什么”，有严重的自恋倾向，“酒香不怕巷子深”就是对纺织服装产品观念的生动写照。大量事实证明，经久耐用、货真价实的纺织服装产品并不会永远畅销。

1.2.1.3　纺织服装推销观念

纺织服装推销观念的核心是以推销术和广告术为中心，强调推销的观念，其口号仍然是“我卖什么，你就买什么”。认为“纺织服装企业有什么，就推销什么，顾客就买什么”或“纺织服装企业卖什么，就让顾客买什么”。从实质上看，纺织服装推销观念仍是建立在“企业生产什么就卖什么”的基础上的，与生产观念和产品观念没有本质的区别，同属“以产定销”的范畴。

纺织服装推销观念，是在纺织服装产品和服务由供不应求的“卖方市场”向供过于求的“买方市场”过渡时形成的营销观念。随着生产力发展水平的不断提高，纺织服装行业的供给也大量增加，一些地区的纺织服装行业出现了区域性或结构性的供过于求的趋势，竞争开始加剧。纺织服装企业开始注重推销纺织服装产品和服务，强化推销技巧和广告宣传，从而确立了纺织服装推销观念。与生产观念、产品观念相比，纺织服装推销观念确实有了很大的进步。实践证明，奉行纺织服装推销观念，着力推销和广告，对纺织服装企业的销售工作确实具有积极的促进作用。

1.2.1.4 纺织服装市场营销观念

纺织服装推销观念，仍然是一种传统的纺织服装营销观念，这种不注重纺织服装市场调研和了解顾客真正需求的做法，在生产出来的纺织服装产品市场需求已经饱和或不适销对路的情况下，即使大力推销和广告也无济于事，在竞争激烈的卖方市场上有很大的局限性。因此，这就促使纺织服装企业必须转变经营观念。

纺织服装市场营销观念的核心是以消费者的需求为中心，认为“顾客需要什么，就提供什么，就卖什么”。不少学者提出“4Ps”（产品 Product、价格 Price、渠道 Place、促销 Promotion）、“7Ps”（产品 Product、价格 Price、渠道 Place、促销 Promotion、人员 People、有形展示 Physical evidence、过程 Process）等理论，并广泛应用于纺织服装营销实践。在纺织服装市场营销观念指导下，纺织服装企业考虑问题的逻辑顺序，是从反映在纺织服装市场上的消费需求出发，按照目标市场的需求与欲望有效地去组织生产和销售。消费者需要什么纺织服装产品，纺织服装企业就生产和销售什么纺织服装产品。纺织服装企业的主要目标不是单纯追求销售量的短期增长，而是着眼于长久占领纺织服装市场。流行的口号是：“顾客至上”“哪里有消费者的需要，哪里就有我们的机会”。纺织服装企业十分重视纺织服装市场调研，在消费需求的动态变化中不断发现那些尚未得到满足的需求（包括潜在的或潜意识的需求），并集中纺织服装企业一切资源和力量，千方百计地去适应和满足这种需要，从而在消费者满意中不断扩大销售，长久地获取丰厚的利润。

纺织服装市场营销观念，是一种以顾客的需要和欲望为导向的经营哲学，随着纺织服装行业的迅猛发展，纺织服装产品和服务出现了过剩，形成了买方市场，纺织服装企业要想提高市场份额，不能仅仅依靠销售环节，必须以消费者的需求为中心，提供其满意的纺织服装产品和服务，并配合适当的销售技巧，以吸引他们购买，从而实现双赢或多赢。

1.2.1.5 纺织服装社会营销观念

纺织服装社会营销观念的核心是以社会长远利益为中心，强调注重生态环境的保护，重视社会效益。认为纺织服装企业的运营活动，不仅要以消费者的需求为中心，兼顾企业自身利益，而且要符合社会利益、生态环境，适应经济、社会、生态环境协调发展的要求。它不仅包含纺织服装市场营销观念的积极因素，而且关注纺织服装企业的活动和产品对顾客的长期影响，考虑纺织服装企业活动对纺织服装经济、社会、生态环境的整体作用。

1.2.1.6 纺织服装大市场营销观念

大市场营销观念是美国营销大师菲利普·科特勒于 1984 年提出的一种新的观念或新的战略思想。所谓纺织服装大市场营销观念，是指在实行贸易保护的条件下，纺织服装企业的市场营销战略除了 4Ps（产品、价格、渠道、促销）之外还必须加上“2Ps”，即“政治力量”（Political power）和“公共关系”（Public relations）。

纺织服装大市场营销不同于纺织服装市场营销观念以及传统市场营销观念，其特点：一是在纺织服装企业与其面临的外部经营环境关系方面，它打破了纺织服装企业的可控要素与非可控要素之间的分界线，强调纺织服装企业的营销活动可以对不可控的环境产生重要影响，而不是仅仅顺从它和适应它，使环境有利于实现纺织服装企业的营销目标。二是在纺织服装企业营销目标方面，在纺织服装市场营销观念指导下，纺织服装企业的营销目标是千方百计地发展和满足消费者的需要。在纺织服装大市场营销观念指导下，纺织服装企业的营销目标是为了满足消费者的需要，采取一切手段，打开和进入某一纺织服装市场，改造或改变消费者的需要。三是在纺织服装市场营销手段方面，在纺织服装市场营销观念指导下，纺织服装企业往往集中一切资源、力量，运用4Ps来满足消费者的需要；而在纺织服装大市场营销观念指导下，纺织服装企业要用6Ps来打开和进入某一纺织服装市场，指导消费者消费。

纺织服装市场营销观念的演进过程表明，纺织服装市场营销观念不同的发展阶段，都是在一定的纺织服装环境条件下产生和发展起来的。上述几种纺织服装市场营销观念可归并为两大类：一类是传统纺织服装市场营销观念，包括纺织服装生产观念、纺织服装产品观念和纺织服装推销观念，这三种观念所处的纺织服装市场环境基本上是卖方市场。另一类是现代纺织服装市场营销观念，包括纺织服装市场营销观念、纺织服装社会营销观念和纺织服装大市场营销观念等，这三种观念所处的纺织服装市场环境是买方市场。这两类纺织服装市场营销观念差异较大，如表1-1所示。

表1-1 传统纺织服装市场营销观念与现代纺织服装市场营销观念比较

观念类型		起点	策略	目标(终点)
传统纺织服装市场营销观念	纺织服装生产观念	现有纺织服装产品	增加生产，提高供给	通过增加产量，降低成本来获取利润
	纺织服装产品观念	现有纺织服装产品	提高服务质量	通过提高服务质量获取利润
	纺织服装推销观念	现有纺织服装产品	推广促销技巧	通过促销，为扩大销量达到获利
现代纺织服装市场营销观念	纺织服装市场营销观念	纺织服装消费者需求	纺织服装市场4Ps营销整合	通过满足纺织服装市场需求，达到长期获利
	纺织服装社会市场营销观念	兼顾纺织服装企业、消费者和社会利益	多层次综合纺织服装市场营销活动	通过满足纺织服装市场需求，增进社会利益达到长期获利
	纺织服装大市场营销观念	纺织服装消费者	应用经济的、心理的、政治的和公共关系手段，实行纺织服装市场6Ps营销整合	通过纺织服装市场6Ps营销整合，创造或改变纺织服装消费者的需要而获利

1.2.2 纺织服装市场营销的新观念

纺织服装行业所提供的是纺织服装产品和服务，因此，不断引入新的营销观念，才能使纺织服装消费者切身感受到纺织服装产品和服务的存在。纺织服装市场营销的新观念主要有纺织服装体验营销、纺织服装绿色营销、纺织服装文化营销、纺织服装关系营销、纺织服装网络营销等。

1.2.2.1 纺织服装体验营销

纺织服装体验营销，是以创造、引导并满足顾客的体验需求为目标，以服务产品为舞台，以纺织服装产品为载体，通过整合顾客的感官体验、情感体验、思考体验、行动体验、关联体验等多种体验方式，营造顾客忠诚。它以顾客忠诚为最终目标，以顾客需求为导向，以顾客沟通为手段。

纺织服装体验营销的主要特点包括：一是体验的难忘性。纺织服装企业提供的不再仅仅是纺织服装商品或服务，而且还提供各种体验方式，并且充满了感情的力量，给顾客留下难以忘怀的愉悦。例如，纺织服装纪念品因为具有回忆体验的价值，让顾客觉得弥足珍贵；印着时间地点的热门演唱会运动衫让人回想起偶像歌星余音绕梁的歌声；印着标志的运动帽让人回想起激动人心的球赛盛况。二是体验的个性化。在纺织服装市场营销活动中，纺织服装企业往往以全新的创意，极具个性化的色彩，给顾客带来强烈的视觉冲击力，以及强烈的个性化体验，都会有效地延伸纺织服装产品和服务功能。例如，纺织服装最新产品可以让顾客试用，看一看样子、听一听声音、摸一摸手感、闻一闻气味、试一试性能，让顾客真实地了解新产品。三是体验的丰富性。纺织服装产品和服务体验的方式多种多样，例如，顾客的感官体验、情感体验、思考体验、行动体验、关联体验等。

1.2.2.2 纺织服装绿色营销

纺织服装绿色营销，是纺织服装市场营销中的一个新亮点，也是纺织服装市场营销的一个新理念。所谓纺织服装绿色营销，是指在纺织服装营销活动中以保护环境和回归自然为主要特征的一种营销活动。纺织服装绿色营销的核心是提倡绿色消费的理念，促销绿色产品，培育绿色文化。绿色营销理念，对整个纺织服装营销活动具有重要的指导作用。

纺织服装绿色营销的特征主要有以下几方面。

一是推广绿色纺织服装产品，提倡绿色消费意识。

二是发展绿色生产力，实行绿色促销策略。

三是采用绿色标志，实施绿色行动。

四是培育绿色文化，打造绿色纺织服装。

1.2.2.3 纺织服装文化营销

纺织服装文化营销，是指纺织服装企业利用顾客对文化的需求和欲望，挖掘纺织服装企业及产品的文化底蕴，对顾客进行文化上的营销刺激，以实现纺织服装营销目标的一种营销理念或方式。

纺织服装文化营销的主要特点有以下几方面。

一是纺织服装文化营销的多层次性。纺织服装企业在实施文化营销过程中表现为三个层次，即纺织服装产品文化营销、纺织服装品牌文化营销和纺织服装企业文化营销。

二是纺织服装文化营销的人文性。纺织服装产品，是指纺织服装企业向顾客提供的用以满足其需求的纺织服装产品及全部服务。例如，纺织服装企业在“有形”的产品和“无形”的服务中更多地注入文化内涵，突出“以人为本”的文化精神，处处体现人文关怀，彰显文化营销的特点。

三是纺织服装文化营销的品牌性。品牌是纺织服装企业的灵魂，是纺织服装企业在品牌运营过程中形成的人文精髓，或称“企业精神”。当品牌竞争在质量、价格、售后服务等物质要素上难以形成突破之时，给品牌注入文化的内涵，其身价就不仅仅是物质因素的总和，也不是原来意义上的竞争，而是更高境界上的较量。例如，“红豆”“李宁”“乔丹”等品牌的成功，就是纺织服装品牌文化营销的实践证明。

四是纺织服装文化营销与纺织服装企业文化的一致性。纺织服装企业文化营销的核心，就在于寻求顾客所接受的价值信条作为企业之本，从而促进顾客对整个纺织服装企业包括其产品的认同和企业文化的认同，以文化吸引顾客，以文化锁定顾客，将成为纺织服装企业重要的竞争手段。

1.2.2.4　纺织服装关系营销

纺织服装关系营销的目标是追求顾客忠诚，达到双赢或多赢，因此，纺织服装关系营销，是把营销活动看成纺织服装企业与消费者、供应商、分销商、竞争对手、政府机构和社会组织发生互动作用的过程，其核心是建立与这些公众的良好关系。

纺织服装关系营销的主要特点包括以下几方面。

一是促进双向沟通。纺织服装企业不仅仅只是简单地传递信息，而且还要收集来自顾客及其他相关组织和个人的反馈信息，通过双向交流，促进信息的传递和情感的交流。

二是形成一对一营销。一对一营销是指纺织服装营销者通过与顾客的双向沟通，了解每一位顾客的不同需求，有针对性地提供不同的产品和服务，使他们感到满意。

三是保持协同合作。纺织服装关系营销的目的就是消除纺织服装企业和相关组织及个人之间为了各自目标和利益而产生的对立性关系，促进双方为共同的利益和目标而相互支持、相互合作，力求建立双边和多边的协同合作关系。

四是构筑双赢机制。纺织服装关系营销的关键点，就是纺织服装企业在处理与顾客、供应商、分销商、竞争者、政府、公众以及内部员工等的关系时，要找到纺织服装企业与顾客等多方利益的共同点，变传统的一次性交易型营销为双赢或多赢的关系型营销和合作型营销，并努力使共同的利益得以实现。

1.2.2.5　纺织服装网络营销

纺织服装网络营销，是指以国际互联网为媒介，以现代信息技术为手段进行纺织服装营销的一种营销理念或方式。

纺织服装网络营销的主要特点是全球性、无形化、便利化、互联性、个性化、效益性、技术性等。由于突破了现场时间、空间的局限性，而且营销成本低，因此与传统的营销相比，纺织服装网络营销具有很大的优势，营销流程变得更有效率，与顾客和分销商的关系变得更加密切。

1.3　关于纺织服装市场营销的一些基本概念

1.3.1　需要、欲望和需求

1.3.1.1　需要和欲望

需要和欲望是纺织服装市场营销活动的出发点。需要，是指没有得到某些基本满足的感受状态。例如，人们为了生存和繁衍，需要食品、衣服、住所等，这些是人类的生理需要。此外，人类还有安全、归属、受人尊重、自我实现等的需要。我们可以将这些需要划分为生理性需要和社会性需要。需要存在于纺织服装营销活动出现之前，纺织服装市场营销者不能凭空创造它们。欲望，是指想得到能够满足需要的纺织服装具体产品的愿望。欲望受个人所处的不同文化及社会环境的影响，例如，为满足“参加集会”这种社会需要，一个美国人可能去购买一套西装，一个中国人可能去购买一套中山装。虽然纺织服装营销者不能创造需要，但是他们可以影响消费者的欲望。

1.3.1.2　需求

需求，是指消费者有能力购买并且愿意购买某个纺织服装具体产品的欲望。例如，某个消费者想要服装，这是他的需要；他想要一件皮尔·卡丹服装，这是他的欲望；如果他有能力购买皮尔·卡丹服装的话，那么我们可以认为他对皮尔·卡丹服装有需求。纺织服装市场营销者可以通过推出消费者喜欢的纺织服装产品，为纺织服装产品制订合适的价格，积极地宣传纺织服装产品和使消费者更容易得到等各种营销手段来影响需求。

1.3.2 产品

产品，是能够满足消费者需要和欲望的纺织服装。纺织服装产品包括有形的纺织服装商品和无形的服务。例如，人们既需要购买蚊帐、床单、被褥、西服和衬衫等有形的纺织服装商品，也需要纺织服装商品的免费送货、方便退换、终身保养等无形的服务。

1.3.3 价值

价值，是顾客所得到的利益与其所付出成本的比值。顾客得到的利益包括功能利益和情感利益；顾客付出的成本包括货币成本、时间成本、精神成本和体力成本。

纺织服装企业可以通过以下几种方法，提高纺织服装购买者所得到的价值：一是提高利益，降低成本，大幅度提高价值；二是利益不变，降低成本，提高价值；三是利益有所提高，成本不变，提高价值；四是利益增加幅度高于成本增加幅度，提高价值；五是利益降低幅度低于成本降低幅度，提高价值。

1.3.4 顾客价值和顾客满意

1.3.4.1 顾客价值

在纺织服装市场营销中，纺织服装顾客价值有两重含义。从纺织服装企业角度来看，顾客价值意味着纺织服装顾客能够为自己带来价值，或指顾客的购买纺织服装量。从纺织服装顾客角度来看，顾客价值意味着通过购买，自己获得了什么样的纺织服装产品或服务，自己得到了什么利益，有时也称为纺织服装顾客让渡价值。

纺织服装顾客让渡价值，指纺织服装顾客总价值和纺织服装顾客总成本之间的差。纺织服装顾客总价值，是指顾客购买某一特定纺织服装产品或服务获得的一系列利益，包括纺织服装产品价值、服务价值、人员价值、形象价值等。纺织服装顾客总成本，指顾客评估、获得和使用某一特定纺织服装产品所花费的成本，包括货币成本、时间成本、体力成本、精神成本等。用公式表示为：

纺织服装顾客让渡价值＝纺织服装顾客总价值－纺织服装顾客总成本

纺织服装顾客总价值＝纺织服装产品价值＋服务价值＋人员价值＋形象价值

纺织服装顾客总成本＝货币成本＋时间成本＋体力成本＋精神成本

故此，纺织服装企业提高产品的顾客价值可以从两方面着手：一是通过改善纺织服装产品、增加服务、培训员工和提升品牌形象等工作，提高纺织服装产品的顾客总价值；二是通过降低售价、方便顾客购买、减少顾客体力和精神的耗费等工作，降低纺织服装产品的顾客总成本。

1.3.4.2 顾客满意和顾客满意度

顾客在购买和使用纺织服装产品后，会对纺织服装产品或品牌产生满意或不满的情感。顾客满意，是指顾客通过对一种纺织服装产品可感知的绩效（或结果）与他的期望值相比较后，所形成的愉悦或失望的感觉状态。如果感知绩效低于期望，顾客就会不满意；如果感知绩效和期望相匹配，顾客就会满意；如果感知绩效超过期望，顾客就会高度满意。

顾客满意度是影响顾客再次购买的重要因素。满意的顾客不仅自己会再次购买该纺织服装产品，而且还会与他人分享自己的购物经历，鼓励他人购买；反之，不满意的顾客不仅不会再次购买该纺织服装产品，还会影响其他人的购买。据美国管理学会估计，开发一个新顾客的费用是保持现有顾客的6倍。对一个新顾客进行推销所需费用较高的主要原因是，进行一次个人推销访问的费用，远远高于一般性顾客服务的相对低廉的费用。维持老顾客可以降低销售成本，提高纺织服装企业利润。

核心概念：

（1）纺织服装市场：是指愿意并能够通过交换来满足某种需要或欲望的全部纺织服装顾客。

（2）纺织服装市场营销：是以满足纺织服装消费者需求为中心，以实现纺织服装企业营销目标为目的而进行的一系列的企业经营活动。

（3）纺织服装市场营销组合策略（即“4Ps”）：是指纺织服装企业针对所选定的纺织服装目标市场的需求，有计划地运用各种可控制的纺织服装市场营销策略和手段，组合成一个优化系统的整体策略，以达到纺织服装企业的经营目标，并取得最佳经济效益。它包括：纺织服装产品策略（Product）、纺织服装价格策略（Price）、纺织服装渠道策略（Place）和纺织服装促销策略（Promotion）。

（4）纺织服装市场营销观念：是指纺织服装企业在纺织服装经营过程中的指导思想或经营理念。

（5）纺织服装体验营销：是以创造、引导并满足顾客的体验需求为目标，以服务产品为舞台，以纺织服装产品为载体，通过整合顾客的感官体验、情感体验、思考体验、行动体验、关联体验等多种体验方式，营造顾客忠诚。

（6）纺织服装绿色营销：是指在纺织服装营销活动中以保护环境和回归自然为主要特征的一种营销活动。

（7）纺织服装文化营销：是指纺织服装企业利用顾客对文化的需求和欲望，挖掘纺织服装企业及产品的文化底蕴，对顾客进行文化上的营销刺激，以实现纺织服装营销目标的一种营销理念或方式。

（8）纺织服装关系营销：是把营销活动看成纺织服装企业与消费者、供应商、分销商、竞争对手、政府机构和社会组织发生互动作用的过程，其核心是建立与这些公众的良好关系。

（9）纺织服装网络营销：是指以国际互联网为媒介，以现代信息技术为手段进行纺织服装营销的一种营销理念或方式。

（10）顾客让渡价值：指总顾客价值和总顾客成本之间的差。总顾客价值，是指顾客购买某一特定纺织服装产品或服务获得的一系列利益，包括纺织服装产品价值、服务价值、人员价值、形象价值等；总顾客成本，指顾客评估、获得和使用某一特定纺织服装产品所花费的成本，包括货币成本、时间成本、体力成本、精神成本等。

复习思考：

1. 单项选择题

（1）纺织服装市场是指愿意并能够通过（　　）来满足某种需要或欲望的全部纺织服装顾客。

A. 交换　　B. 交易　　C. 交流　　D. 交往

(2)（　　）是属于传统纺织服装市场营销观念。

A. 纺织服装网络营销观念　　B. 纺织服装社会营销观念

C. 纺织服装市场营销观念　　D. 纺织服装推销观念

(3) 在纺织服装营销活动中，以保护环境和回归自然为主要特征的一种营销活动是（　　）。

A. 纺织服装体验营销　　B. 纺织服装文化营销

C. 纺织服装绿色营销　　D. 纺织服装关系营销

(4)（　　）是纺织服装市场营销组合中最重要的因素，也是开展一切纺织服装营销活动的基础。

A. 纺织服装产品　　B. 纺织服装价格

C. 纺织服装促销　　D. 纺织服装渠道

(5) 顾客让渡价值指总顾客价值和总顾客成本之间的（　　）。

A. 积　　B. 商　　C. 差　　D. 和

2. 多项选择题

(1) 纺织服装市场三要素是指（　　）。

A. 人口　　B. 商品

C. 纺织服装购买力　　D. 纺织服装购买欲望

(2) 纺织服装市场营销的内容主要包括（　　）。

A. 分析纺织服装市场机会　　B. 选择纺织服装目标市场

C. 确定纺织服装市场营销组合策略　　D. 实施纺织服装市场营销管理

(3) 纺织服装企业一般可采用（　　）方式衡量顾客满意度。

A. 顾客投诉和建议制度　　B. 顾客满意度调查

C. 雇用“神秘顾客”　　D. 分析流失的顾客

(4) 纺织服装体验营销的特征主要包括（　　）。

A. 体验的难忘性　　B. 体验的随意性　　C. 体验的个性化　　D. 体验的丰富性

(5) 纺织服装市场营销组合策略主要包括（　　）。

A. 纺织服装产品策略　　B. 纺织服装价格策略

C. 纺织服装渠道策略　　D. 纺织服装促销策略

3. 判断题（正确答案打“√”，错的打“×”）

(1) 纺织服装市场营销就是推销，就是把纺织服装产品销售出去。（　　）

(2) 纺织服装市场营销是以满足纺织服装消费者需求为中心，以实现纺织服装企业营销目标为目的而进行的一系列的企业经营活动。（　　）

(3) 纺织服装生产观念的核心是以质量为中心，认为“纺织服装企业生产什么，顾客就喜欢什么，就卖什么”。（　　）

(4) 随着电子商务的迅速发展，纺织服装网络营销必将全面取代实物纺织服装市场营销。（　　）

(5) 顾客高度满意会导致顾客忠诚。（　　）

4. 简答题

(1) 纺织服装市场营销的主要特征有哪些？

(2) 传统纺织服装市场营销观念与现代纺织服装市场营销观念比较有何差异?

(3) 纺织服装市场营销有哪些新观念? 各有何特点?

(4) 需要和欲望有何区别? 试举例说明。

(5) 影响顾客对纺织服装产品预期和实际绩效认知的因素有哪些? 纺织服装企业如何使顾客满意?

案例分析:

商场对折销售何以成功

湖北××××商场是一个以经营纺织品为主的商场。近几年来,由于受纺织品销售不景气大气候的影响,生意比较平淡。尤其是大批的鞋类积压,使商场举步维艰。其中仅旅游鞋就占用了40万元的资金。为了摆脱被动局面,商场决定用半个月的时间五折销售旅游鞋。该商场在当地最具影响的报纸上宣称:此举措是以加速资金周转、盘活资金为目的,商场将亏损10万元。当这个消息传播出去以后,该商场鞋柜每天顾客熙熙攘攘,鞋柜前里三层外三层,这种情况持续了15天,这些鞋全部销售一空。结果,该商场不仅没有亏损,反而赚了5万元。

问题分析:

1. 什么是纺织服装市场?
2. 试分析××××商场促销活动成功的原因。

实践演练:

活动 1-1

活动主题:认识纺织服装市场。

活动目的:使学生了解纺织服装市场的概念。

活动形式:以某一省、市、自治区为单位,通过图书馆、互联网查找相关资料,收集整理区域内的大型纺织服装市场。

活动内容:按下列体例收集整理区域内的大型纺织服装市场,并制作成卡片。卡片内容包括:纺织服装市场名称、纺织服装市场类型、纺织服装市场开办时间、主要内容、社会影响。

活动 1-2

活动主题:认知体验纺织服装市场营销。

活动目的:增加感性认识,实地体验纺织服装市场营销。

活动形式:将全班分成若干小组,3～5人为一组,以小组为单位开展活动,与教学时间同步,就近实地参观一次纺织服装市场营销活动。

活动内容和要求:活动之前要熟练掌握纺织服装市场营销概念、特点和纺织服装市场营销观念等知识点,做好相应的知识准备;以小组为单位提交书面调查报告;调查报告撰写时间为2天;授课教师可根据每个小组提供的书面调查报告按质量评分,并计入学期总成绩。

项目二

扫描纺织服装市场营销环境

任务 2 分析纺织服装市场营销环境

知识目标：

1. 纺织服装市场营销环境的内涵和特征；
2. 纺织服装市场环境的宏观因素；
3. 纺织服装市场环境的微观因素；
4. 纺织服装市场环境变化对纺织服装市场营销活动的影响。

能力目标：

1. 能对纺织服装市场营销环境进行系统分析；
2. 能基于纺织服装市场营销环境的变化而提出纺织服装企业具体的应对措施。

情景导入：

优衣库（UNIQLO）的成功

在 2008 年经济危机影响下，全球富豪的数量大规模地减少。然而拥有优衣库（UNIQLO）纺织服装连锁店的日本迅销公司董事长兼社长柳井正，却逆经济环境而上，资产上升了 29%，从 47 亿美元上升到 61 亿美元，登上日本首富宝座，成为日本历史上凭借纺织服装产业位居《福布斯》榜首的第一人。

1972 年接手营业额 1 亿日元的家业后，33 岁的柳井正就一直致力于打造一家日本一流的纺织服装零售企业。他在美国考察时，受美国大学校园内仓储式销售方式启发，提出以仓储式自助购物的大卖场方式销售纺织服装。就是让人感觉购买纺织服装就像购买日用品一样，不需动脑筋，推着购物车像逛超市似的自由采购。事实证明，它符合了当时日本国民的消费愿望和需求。这种成功的销售模式一直延续至今。

低价高质的国民纺织服装的定位，是优衣库根据当时的纺织服装市场营销环境分析，所作出的至关重要的战略之一。20 世纪 80 年代，日本经济快速发展，社会奢华之风盛行。迈向高端是大多数企业的常理。但从来不随波逐流的柳井正却将眼光对准了普通老百姓。他说："企业要想获得大发展，就一定要面向大市场"。他认为日本国民遭遇过经济泡沫，形成了精打细算的意识。他们的收入相对稳定，消费理念相对成熟，没有暴富的心理、不需要太多品牌的刻意包装。基于此，他将优衣库定位为国民纺织服装，主打廉价、日常纺织服装牌。他在广岛开设了第一家"优衣库"专卖店，由此开始了"称霸日本"之路。

优衣库成功的秘诀还在于一个"变"字，它的社训是"改变服装、改变常识、改变世界"。据纺织服装行业专家说："柳井正的选择绝不是孤注一掷的冒险，分析一个国家财富结构和社会阶层的发展趋势，可以预测商业机会及有价值的商业模式"。早年，柳井正倡导"优衣库就是日本的国民服"，向市场大量供应缺乏个性的低价纺织服装商品。这一策略虽然创造过销售奇迹，但随着穿优衣库的人越来越多，"穿优衣库"渐渐成为土气、羞耻的代名词，从而导致销量大减。柳井正果断地改变了设计和营销策略，加强了纺织服装的设计特色。20多年来，日本庞大的中产阶级群体保障了优衣库的发展。仓储式可自由选购的国民纺织服装在经济危机时优势尽现。而所倡导的"百搭"理念，也为世人所熟知。优衣库的纺织服装多为基本款式、适合百搭，价位较低，迎合了当下的消费需求。

当前，优衣库在中国以及东南亚、欧洲等国家和地区都有加工点，其中，中国的各种加工企业多达几百家，优衣库的纺织服装商品中有90%是在中国生产的。优衣库已在北京、上海、广州、天津、南京、杭州、重庆、成都、沈阳、大连等重要城市布点。据悉，优衣库正在计划构建在中国每年新开100家店铺的新战略，以其打造纺织服装零售连锁店界的"亚洲第一"。

想一想：

优衣库为什么会成功？你认为纺织服装市场营销与营销环境有什么关系？影响纺织服装市场营销的环境因素还有哪些？纺织服装市场营销环境有什么鲜明特征？等等，通过下面的学习，你将找到答案。

2.1 纺织服装市场营销环境概述

纺织服装企业的营销活动，是在不断变化的营销环境中运行的。纺织服装市场营销环境的变化，既可以给营销活动带来机会，也可能造成威胁和伤害。纺织服装市场营销的本质就是纺织服装企业适应环境变化，并对变化着的环境做出积极反应的动态过程。纺织服装企业对所处的营销环境进行全面的、正确的了解和分析，及时检测和把握营销环境变化，对环境变化可能带来的风险进行及时应对与规避，进而促进纺织服装市场营销活动健康、持续地发展。

2.1.1 纺织服装市场营销环境的内涵

2.1.1.1 纺织服装市场营销环境概念

纺织服装市场营销环境，是指与纺织服装企业生产经营有关的、直接或间接影响纺织服装企业产品的供应与需求的各种外界条件和内部因素的综合。它可以分为外部环境与内部环境两部分。外部环境是纺织服装营销活动的重要外在因素，它对纺织服装营销活动产生间接的影响，但并不排斥外部环境中的某些因素会对纺织服装企业的营销活动产生直接的影

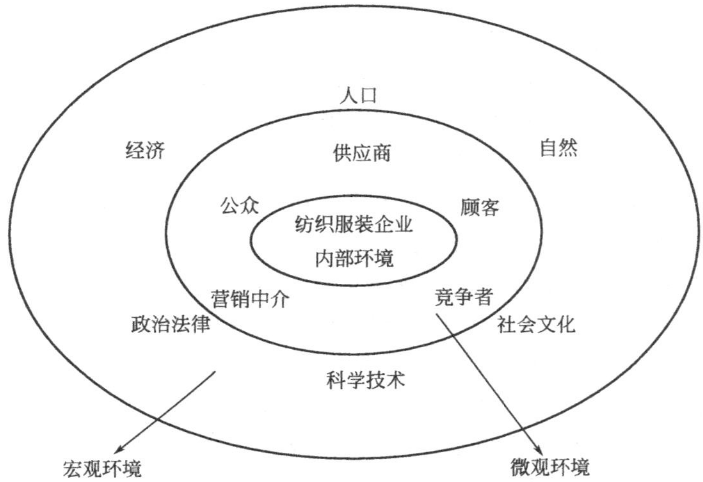

图 2-1　纺织服装企业的市场营销环境

响，它是纺织服装营销活动中不可控的因素。外部环境是由纺织服装市场营销宏观环境和纺织服装市场营销微观环境组成的，如图 2-1 所示。

纺织服装市场营销宏观环境，又称纺织服装市场营销间接环境，是指存在于纺织服装企业之外的并为其本身所不能控制的各种外部因素，主要有人口、经济、自然、政治法律、社会文化、科学技术等环境因素。它们对纺织服装市场营销的影响具有两个显著特征，即强制性和不稳定性，它们或为纺织服装市场营销带来市场机会，或造成潜在威胁。虽然宏观环境对纺织服装市场营销活动产生的影响是间接的，但其影响作用却是巨大的。例如，政府对纺织服装产业发展的政策支持、信息技术对纺织服装产业的影响；我国加入 WTO、2001 年上海 APEC 会议、2008 年北京奥运会、2010 年上海世博会和广州亚运会等重大事件带给我国纺织服装行业的发展机遇等，这些虽然不与具体的纺织服装市场营销活动发生直接联系，但却直接影响到纺织服装企业制订营销战略方向和具体营销策略。

纺织服装市场营销微观环境，又称纺织服装市场营销直接环境，是指由纺织服装企业内部环境、供应商、营销中介、顾客、竞争者和公众等构成的各种因素。它们与纺织服装市场营销活动紧密相关，并直接影响纺织服装市场营销的结果和效益。

纺织服装市场营销微观环境和纺织服装市场营销宏观环境，两者之间并非并列关系，而是主从关系，即纺织服装市场营销微观环境受制于纺织服装市场营销宏观环境，所有的微观环境因素都要受到宏观环境的影响和制约。

2.1.1.2　纺织服装市场营销环境的影响

纺织服装市场营销环境，是纺织服装企业赖以生存和发展的空间，其对纺织服装市场营销活动产生的影响体现在以下方面。

(1) 给纺织服装市场营销带来机会　纺织服装市场营销环境机会，是纺织服装企业开拓经营新局面的重要基础，为此应加强对环境因素的预判和分析，当纺织服装市场营销环境机会出现时要善于捕捉和把握，以求得发展的先机。

(2) 给纺织服装市场营销带来威胁　外部环境中也会出现许多不利于纺织服装市场营销活动的因素，并由此形成挑战。例如，2008 年末到 2009 年初，席卷全球的金融危机就给我国纺织服装行业带来不小的冲击，很多纺织服装企业都遇到出口量下降、国内外纺织服装产品滞销等困难。为此，纺织服装企业必须重视对纺织服装市场营销环境因素的调研与分析，及时预见环境威胁，将危机减少到最低程度。

(3) 是纺织服装市场营销活动的资源基础 纺织服装市场营销活动所需的各种资源，例如，资金、信息、人才等都是由环境提供的，因此，纺织服装企业应认真分析各种营销环境因素，以获得最优的营销资源满足自身发展的需要，进而实现纺织服装企业的营销目标。

(4) 是制订纺织服装市场营销战略与策略的依据 纺织服装市场营销活动受制于客观环境因素，必须与所处的营销环境相适应。同时，应该发挥自身的主观能动性，并制订有效的纺织服装市场营销战略决策去影响环境，才能在激烈的纺织服装市场竞争中占得先机，争取主动。

2.1.2 纺织服装市场营销环境的特征

纺织服装行业有其自身独特的行业背景，所以纺织服装市场营销环境，既具有其他行业领域营销环境所共有的特征，又有其鲜明的个性特征，具体表现为以下几个方面。

2.1.2.1 纺织服装市场营销环境的客观性

纺织服装市场营销的外部环境比较复杂，构成纺织服装市场营销环境的因素是多方面的，它作为外在的、不以纺织服装经营者意志为转移的因素，而且每一个因素都随着社会经济的发展而不断变化，对纺织服装市场营销活动的影响，具有强制性和不可控制的特点。例如，进入改革开放时代的中国人，其思想观念、审美意识都发生了改变，这就必然带来人们着装的变化；随着社会经济的发展，人们生活水平的提高，纺织服装也必然呈现出多样化的发展趋势。国家宏观经济政策的调整、人口结构的变化、科学技术的进步都不可避免地对纺织服装企业的营销行为产生影响。对于这些外部环境，纺织服装企业必须客观地认识和正视它们的存在，才能对其进行准确的分析和研究，不断地调整营销策略以顺应环境因素和条件的变化。

2.1.2.2 纺织服装市场营销环境的复杂性

纺织服装企业面临的市场环境的复杂性，表现为各个环境因素之间，经常存在相互促进又相互矛盾的关系。有时外部环境中多种相关因素同时作用于纺织服装企业。例如，纺织服装企业在选择纺织服装目标市场时，要同时考虑市场需求、面料成本、消费者心理、流行趋势以及国家财税政策等方面的影响；有时外部环境中某些因素之间经常表现为相互矛盾，如我国加入 WTO 后，无歧视的贸易政策将使我国出口更加顺畅，但外国纺织服装企业进入中国，也使中国的纺织服装企业面临新的竞争和挑战；有时外部环境各因素呈现连锁反应，如一些国家金融危机带来经济萧条和商业萎缩，给纺织服装出口国家造成巨大的经济损失。

2.1.2.3 纺织服装市场营销环境的差异性

纺织服装市场营销环境的差异性，不仅表现为不同纺织服装企业受不同环境的影响，而且即使同样的环境变化对不同纺织服装企业的影响也不相同。不同的国家、民族、地区之间在人口、经济、社会文化、政治、法律、自然资源等方面存在着广泛的差异性，这些差异性对纺织服装营销活动的影响力各不相同。例如，同样面对中国加入 WTO，但对中国的化纤、毛纺、棉纺、服装行业的影响是不同的。再如，尽管随着经济的发展和人民生活水平的提高，各类纺织服装市场都发生了明显的变化，但老年服装和男装远不及青年服装和女装变化速度快。也就是说，对不同纺织服装企业的影响肯定是有差异的。由于纺织服装市场营销环境的差异性，纺织服装经营者必须实施不同的营销战略与策略来应对和适应。

2.1.2.4 纺织服装市场营销环境的相关性

纺织服装市场营销环境是一个大的系统，在这个系统中，各种影响因素相互依存、相互作用和相互制约，某一因素的变化可能带动其他因素也发生变化，从而形成新的纺织服装营销环境。这是由于社会经济现象的出现，往往不是由单一的因素所能决定的，而是受到一系列相关因素影响的结果。例如，纺织服装产品价格的高低，不仅受市场供求关系的影响，而且还受到科学技术进步和财税政策的制约。纺织服装的流行要受到时代的各种因素的影响，所以要考虑环境因素对纺织服装企业营销活动的作用。

2.1.2.5 纺织服装市场营销环境的动态性

纺织服装市场营销环境是纺织服装企业营销活动的基础和条件，这并不意味着纺织服装营销环境是一成不变的，它是一个动态的系统。我国纺织服装行业发展迅速，今天的环境与十多年前的环境已经有了很大的变化。例如，纺织服装消费者对产品的消费需求、偏好和行为特点时刻在变，国家宏观产业结构在调整等。纺织服装企业必须密切关注营销环境的变化趋势，以便随时发现市场机会和可能受到的威胁，不断地调整和修正自己的营销策略，否则，将会丧失市场机会。值得注意的是，动态变化的纺织服装市场营销宏观环境虽然会危及纺织服装行业，但也能为纺织服装行业带来新的发展契机，而这些机会与威胁又是可以相互转化的，这就要看纺织服装经营者是否具有驾驭纺织服装市场的营销运作能力。

2.1.2.6 纺织服装市场营销环境的影响性

纺织服装市场营销环境是现实存在、不可控制的，但这并不意味着不能对它进行影响和改变。纺织服装企业可以通过对企业内部环境要素的调整与控制，来对企业外部环境施加一定的影响，最终促使某些环境要素向预期的方向转化，或者运用自身的经营资源去影响和改变营销环境，从而为纺织服装企业创造一个更有利的活动空间，然后再使纺织服装营销活动与营销环境取得有效的适应。

2.2 纺织服装市场营销微观环境分析

纺织服装企业分析和评估纺织服装市场营销微观环境的变化，其目的在于更好地协调自身与各种微观环境因素的关系，进而促进企业营销战略目标的实现。纺织服装企业营销微观环境因素，主要包括以下几个方面，如图 2-2 所示。

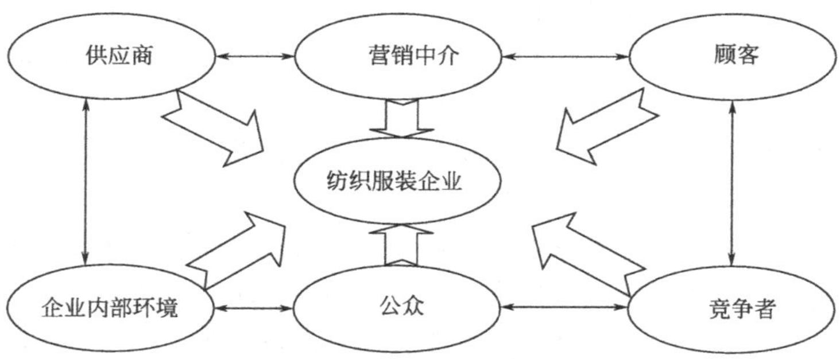

图 2-2 纺织服装企业营销微观环境因素

2.2.1 纺织服装企业内部环境

纺织服装企业内部环境，是指对纺织服装企业营销活动产生影响，而营销部门又无法直接控制或改变的各种企业内部条件因素的总称。在制订营销计划时，纺织服装企业营销部门要考虑企业的其他部门，如高层管理部门、财务部门、研究与发展部门、采购部门、制造部门和会计部门等，所有这些相互联系的部门构成了纺织服装企业的内部环境。各个部门的分工是否科学，协作是否和谐，目标是否一致，都会影响到纺织服装企业的营销管理决策和营销方案的实施。

纺织服装企业高层管理部门制订企业的目标、战略和政策，营销部门根据高层管理部门的政策来制订纺织服装营销方案，在经最高管理层同意后实施方案。在方案实施过程中，营销部门必须与纺织服装企业的其他部门密切合作。例如，研发部门设计、开发符合方案要求的纺织服装产品，采购部门负责供给生产所需的原材料（面料及辅料等），生产部门生产合格优质的纺织服装产品，财务部门负责资金的筹集，会计部门对收入和成本进行核算等。这些部门对纺织服装营销方案能否顺利实施都能产生影响，只有各个部门精诚合作，以顾客需求为中心，才能给顾客提供满意的纺织服装产品和服务。

2.2.2 纺织服装供应商

纺织服装供应商，是指为纺织服装企业及其竞争者提供生产经营所需资源的企业或个人，包括提供原材料、辅助材料、设备、能源、劳务和其他用品等。例如，纺织品供应商、布料供应商、服装辅料供应商、平缝机供应商等。由于供应状况对营销活动具有重大影响，因此，纺织服装供应商的选择尤为重要。纺织服装企业在选择供应商时，应选择质量、价格以及运输、承担风险等方面条件最好的供应商，因为供应商所提供资源（如面料、辅料或设备）的价格和质量，直接影响企业生产纺织服装产品的价格、销售和利润，若供应短缺，将影响企业不能按期完成生产和销售任务。所以很多纺织服装企业都与供应商建立长期、稳定的关系，这对企业来说是必要的。同时，纺织服装企业也应注意要与多个原材料的供应商保持联系，而不要过分依赖于任何单一供应者，以免受其控制，以防不测。

2.2.3 纺织服装营销中介

纺织服装企业在营销过程中，需要借助各种社会中介机构的力量，帮助企业分配、销售、推广纺织服装产品。纺织服装营销中介，是指那些协助纺织服装企业进行促销、销售等经营活动的中介组织，是纺织服装市场营销活动不可缺少的中间环节。它包括中间商、实体分配公司、营销服务机构、金融中间机构等。

2.2.3.1 中间商

中间商，是指协助纺织服装企业寻找消费者，并媒介纺织服装产品销售的商业性组织。中间商包括代理中间商和经销中间商。

（1）代理中间商　即专门介绍客户或协助签订合同，但不拥有纺织服装商品所有权的中间商。主要职能是促成商品的交易，以此取得佣金收入。例如，经纪人、制造商代理商、销售代理商等。

（2）经销中间商　即从事纺织服装商品购销活动，并对所经营的纺织服装商品拥有所有权的中间商。例如，批发商、零售商等，他们通过购销差价获取利润。

2.2.3.2 实体分配公司

实体分配公司，是指担任仓储、运输、活动的所有企业。这类公司协助纺织服装生产企业储存，并把纺织服装产品运送至目的地。实体分配包括：包装、运输、仓储、装卸、搬运、库存控制和订单处理等方面。

2.2.3.3 营销服务机构

营销服务机构，主要包括：纺织服装市场营销调研公司、广告公司、传播媒介公司等，他们帮助纺织服装企业推出和促销其产品。如果纺织服装企业决定接受这类机构的服务时，必须认真选择，因为每个机构的服务质量、价格等方面的差别较大。

2.2.3.4 金融中间机构

金融中间机构，主要包括：银行、信贷公司、保险公司，以及能够帮助企业进行金融交易，降低纺织服装商品买卖中的风险的各种机构。纺织服装企业的贷款来源、银行的贷款利率和保险公司保费的变动，都会直接影响纺织服装企业的整体利润水平和市场经营效果。因此，在现代经济中，纺织服装企业的负债经营与购销活动中风险因素增加，使企业与金融机构的联系进一步加强。

2.2.4 纺织服装顾客

纺织服装顾客，是指纺织服装企业最终为其提供纺织服装产品和服务的目标市场。每一个纺织服装企业，都为目标市场上的顾客提供纺织服装产品和服务，顾客的需求是纺织服装企业制订营销策略的出发点和归宿。不同的纺织服装企业面对的顾客，即目标市场是不同的。主要有五种类型的纺织服装顾客市场，即消费者市场、生产者市场、中间商市场、非营利组织市场和国际市场。

(1) 消费者市场　是由个人和家庭组成的，他们购买纺织服装产品和服务是为了个人消费。纺织服装属于人们的日常消费品，消费者市场是纺织服装企业庞大的市场。

(2) 生产者市场　是指生产者购买纺织服装产品或服务，是为了进一步加工或在生产过程中使用。

(3) 中间商市场　是指中间商购买纺织服装产品的目的是为了转卖，以获取利润，例如，批发商等。

(4) 非营利组织市场　是指为提供公共服务或转赠需要者，而购买纺织服装商品和服务的政府机构和非营利组织。

(5) 国际市场　是指由其他国家的纺织服装购买者构成的，包括：纺织服装消费者、生产者、中间商和政府。

以上每个市场都各有特点，纺织服装企业应根据自己的实际情况和消费者需求特点，划分纺织服装市场，并选择确实适合自己的纺织服装目标市场，然后根据目标市场的顾客特点来制订纺织服装市场营销策略。

2.2.5 竞争者

纺织服装企业往往是在许多竞争者的包围和制约下，从事纺织服装营销活动。纺织服装企业要想成功，必须为顾客提供比其他竞争者更大的价值和更高的美誉度。所以识别竞争者、了解竞争者对纺织服装企业来说非常重要。竞争者，是指向一纺织服装企业所服务的目标市场，提供产品的其他企业和个人。

2.2.5.1 竞争者类型

每一个纺织服装企业在其经营活动中都将面临以下四种类型的竞争者。

(1) 愿望竞争者　即提供不同产品以满足不同需求的竞争者。例如，提供家电、家具、计算机或其他日常用品的生产企业，是纺织服装生产企业的愿望竞争者，他们之间的竞争在于吸引顾客首先购买本企业的产品。

(2) 一般竞争者　即提供不同纺织服装产品以满足相同需求的竞争者。例如，棉大衣、羽绒大衣、毛料大衣都能满足防寒保暖的需要，各种大衣生产企业之间相互为对方的一般竞争者。

(3) 产品形式竞争者 即生产同类纺织服装产品，但产品的规格、型号、款式都不同的竞争者。例如，生产不同款式、质地、档次、规格、型号职业女装的不同纺织服装企业，就互为产品形式竞争者。

(4) 品牌竞争者 即生产相同规格、型号的同种纺织服装产品，但品牌不同的竞争者。例如，男士西服有“顺美”“华伦·天奴”“皮尔·卡丹”“胜龙”等品牌，这些品牌的纺织服装生产企业之间就互为品牌竞争者。

2.2.5.2 竞争者分析

对竞争者的分析，有利于纺织服装企业进一步了解竞争者的状况。竞争者分析的内容很广泛，大体包括以下几个方面。

(1) 产品的研究和开发 包括了解竞争者在纺织服装产品研发方面的资金投入状况、纺织服装产品研发的进展状况等。

(2) 产品制造过程 包括了解竞争者纺织服装产品的生产过程、生产工艺，从而判断其纺织服装产品的成本和质量。

(3) 采购 主要是分析竞争者的购买方式、购买条件等。

(4) 市场 指分析和评价竞争者的目标市场、产品组合、促销情况等。

(5) 渠道 销售渠道的选择和设计，往往成为纺织服装企业能否成功营销的关键。因此，有必要了解竞争者的渠道、类别、成本、规模和质量等。例如，有的纺织服装企业选择百货商店，也有的选择专卖店，甚至有的选择综合超市等，不同的选择表明纺织服装企业采取不同的渠道策略，也反映出纺织服装企业市场营销策略的差异。

(6) 服务 指了解竞争者为顾客提供服务的范围和服务质量等。

此外，还可以分析竞争者的财务状况、企业文化等。分析竞争者的目的是为了本纺织服装企业能更好地制订竞争策略，使本企业的纺织服装产品在顾客心中比竞争者具有更大的优势。

2.2.6 公众

在纺织服装企业的微观环境中，也包括各种公众。公众，是指对纺织服装企业实现其市场营销目标，构成实际或潜在影响的任何团体和个人，它包括了以下七种类型。

(1) 政府公众 是指有关的政府部门。纺织服装营销管理者在制订营销计划时，必须充分考虑政府的发展政策、本行业的发展规划、纺织服装企业权力的规定等。同时，也要与政府有关部门搞好关系。

(2) 金融公众 是指影响纺织服装企业获得资金能力的机构。例如，银行、投资公司、保险公司和证券交易所等。

(3) 媒介公众 主要指报社、杂志社、广播电台和电视台等大众传播媒介。这些团体对纺织服装企业的声誉，有举足轻重的作用。

(4) 群众团体 是指消费者组织、环境保护组织及其他群众团体。例如，我国的消费者协会等组织。

(5) 地方公众 是指纺织服装企业所在地附近的居民和社区组织。纺织服装企业在营销活动中，要避免与地方公众利益发生冲突。必要时应指派专人负责处理这方面的问题，并对公益事业做出贡献，以树立良好的纺织服装企业形象。

(6) 内部公众 是指纺织服装企业内部人员，包括：纺织服装企业各层次、各部门的领导和员工。内部公众的态度，也会影响到社会上的公众。

(7) 一般公众　作为一个纺织服装企业，需要了解一般公众对本企业的纺织服装产品和活动的态度。虽然一般公众并不是有组织地对企业采取行动，然而一般公众对企业的印象却影响着消费者对该企业及其产品的看法。纺织服装企业的"公众形象"对企业的经营和发展是很重要的，要争取在一般公众心目中建立良好的纺织服装企业形象。

以上这些公众，都与纺织服装企业的营销活动有直接或间接的关系。现代企业是一个开放的系统，它在经营活动中必然与各方面发生联系，纺织服装企业应正确认识各类公众，积极开展公益活动，处理好与公众的关系，努力塑造并保持纺织服装企业良好的信誉和公众形象。

2.3　纺织服装市场营销宏观环境分析

纺织服装企业分析纺织服装市场营销宏观环境的目的，在于更好地认识环境，通过自身的营销努力去适应宏观环境的变化，在不断变化的环境中抓住有利于发展的机会和规避威胁。纺织服装企业营销宏观环境因素，主要包括以下几个方面，如图 2-3 所示。

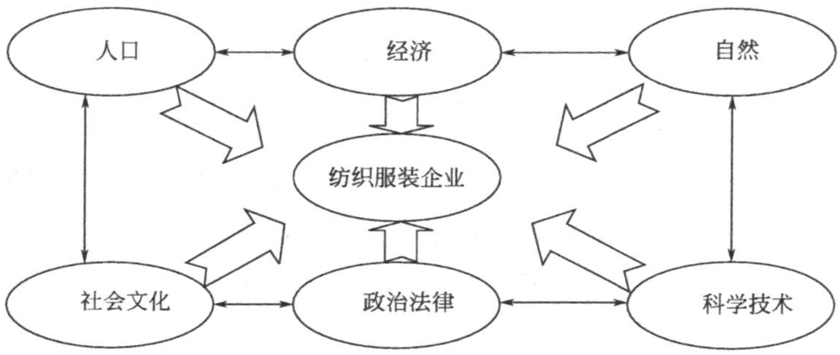

图 2-3　纺织服装企业营销宏观环境因素

2.3.1　人口环境

纺织服装市场是由具有一定的购买欲望和购买力的人所构成的，因此，人口的数量、年龄结构、地理分布、民族构成、婚姻状况、风俗习惯、受教育程度等因素，就形成纺织服装企业营销活动的人口环境。纺织服装作为人类生存和某种象征的生活资料，其生产和经营活动与人口环境有着密切的关系，对纺织服装产品的需求结构、消费习惯和消费方式等方面的影响比其他产品更为明显，直接关系到纺织服装企业营销活动的变化。故此，纺织服装企业应密切注视人口特征和发展动向，及时有效地调整营销策略。

(1) 人口规模和增长速度　人口规模，即人口总数，是影响基本生活资料需要的一个决定性因素。一般来说，一个国家或地区人口越多，需求的绝对量就越大。对纺织服装产品而言，人口总数会直接影响现实的需求及潜在的市场规模。

纺织服装市场既包括现有市场，也包括未来市场。了解人口增长速度，可以预测未来纺织服装市场的发展趋势。人口增长意味着人类需求的增长，如果有足够的购买力，人口增长意味着纺织服装市场的扩大；当然，人口增长也可能导致人均收入下降，纺织服装市场吸引力降低，从而阻碍经济的发展，影响纺织服装产品的销售。

(2) 人口构成　人口构成，包括自然构成和社会构成。

① 自然构成　包括年龄结构、性别比例等。不同年龄的纺织服装消费者在价值观、思

维方式、行为特点等方面，存在着明显差别，他们对纺织服装消费存在不同需求，从而形成了以年龄为标志的各类纺织服装市场，例如，童装市场、青年服装市场、中老年服装市场等。因此，纺织服装企业了解不同年龄结构所具有的需求特点，就可以决定企业产品的投向，寻找目标市场。另外，人们的性别差异给纺织服装市场带来显著的差别。男性和女性在生理上的差异决定了他们不同的特点，一般女性比男性更注重纺织服装消费。例如，在我国现有的人口结构中，女性大约占49%。据统计，女性纺织服装市场消费数量和消费额都远远超出男性，并且女性不仅为自己购买纺织服装用品，还同时充当母亲、女儿、妻子等多种角色，同时也经常购买儿童、老人、男性的纺织服装用品。所以，研究和分析女性消费心理、特点，是纺织服装企业需要研究的重要内容。纺织服装企业可以针对不同性别的不同需求，生产适销对路的纺织服装产品，制订有效的营销策略，开发更大的市场。

② 社会构成　包括民族构成、家庭结构、受教育程度和职业构成等。不同民族和职业的纺织服装消费者，其风俗习惯、经济收入、社交范围、居住环境、消费方式等存在差异，故此，对纺织服装的品种、款式、色彩、品牌等需求存在较大的差异。

(3) 人口的地理分布和地区间流动　人口地理分布，是指人口在不同地区的密集程度。各地人口的密度不同，则纺织服装市场大小不同，消费需求特性也不同。人口的地理分布还与经济、文化发展关系密切。居住在不同地区的人，消费需求的内容和数量也存在差异。例如，我国的南方山青水秀，气候温暖，形成了南方人细腻、精致的心理特征，所以南方人的纺织服装体现出多彩、鲜亮、柔美、偏重冷色调的特点；而北方的气候寒冷、土地辽阔，因此，北方人粗犷、豪放的性格使其纺织服装带有浓烈、厚重的特点，偏于暖色调。人口的地区间流动，在一定程度上，改变了我国人口地理分布和人口结构状况，同时也影响了纺织服装企业的营销环境。

2.3.2 经济环境

经济环境，是指纺织服装企业营销活动所面临的外部经济条件。与纺织服装消费者市场规模及需求结构关系密切的经济环境因素主要有社会购买力、消费者收入与支出、居民储蓄和消费信贷等因素。经济运行状况和发展趋势，会直接或间接地对纺织服装企业营销活动产生影响。

(1) 社会购买力　从纺织服装企业营销角度来讲，经济环境中最主要的因素就是社会购买力。社会购买力，是指一定时期内社会各方面用于购买纺织服装商品与劳务的货币支付能力。社会购买力决定着纺织服装市场的规模，影响着纺织服装市场的需求结构，制约着纺织服装企业的营销活动。纺织服装企业应密切注意，由于社会购买力及纺织服装市场规模、市场结构的变化，而带来的纺织服装市场机会和环境威胁。

(2) 纺织服装消费者收入与支出

① 纺织服装消费者收入　在研究收入对纺织服装消费需求的影响时，常分析以下因素：一是纺织服装消费者收入；二是个人可支配收入；三是个人可任意支配收入。这部分收入越多，人们的消费水平就越高，用于各项商品的支出也就越多。个人可任意支配收入增加，人们在纺织服装开支方面，也往往表现得更为慷慨大方，追求流行性、个性化的纺织服装商品。另外，收入的分配状况也会影响人们的消费，如果收入分配不公平，处于收入两个极端的人的购买力和需求特性是不同的。对纺织服装企业来说，挖掘消费者多方面的需求，不断研制生产满足消费者需要的纺织服装商品，才能在纺织服装市场上立足和发展。

② 纺织服装消费者支出　纺织服装消费者的支出，主要受消费者收入的影响。消费者

支出模式，是指消费者个人或家庭的总消费支出中各类消费支出的比例关系。19 世纪的德国统计学家恩格尔根据他对美国、法国、比利时等许多家庭收支预算的调查研究，得出了“恩格尔定律”，即消费者收入变化与支出模式：消费结构变化之间的规律性。恩格尔所揭示的这种消费结构的变化通常用恩格尔系数来表示，即：恩格尔系数＝食品支出金额/家庭消费支出总金额。

恩格尔定律指出：在一定的条件下，当家庭个人收入增加时，收入中用于食物开支部分的增长速度要小于用于教育、医疗、享受等方面的开支增长速度。食物开支占总消费数量的比重越大，恩格尔系数越高，生活水平越低；反之，食物开支所占比重越小，恩格尔系数越小，生活水平越高。整个社会经济水平越高，用于食物消费部分占总支出的比重越小。恩格尔定律，被看作是判断一个国家经济发展水平，以及一个家庭生活水平的重要参数之一。例如，随着我国人民生活水平的不断提高，食品在消费者支出中所占的比重越来越小，人们在休闲、娱乐、旅游、健康、住房、服装等方面的开支呈上升趋势。

(3) 居民储蓄和消费信贷

居民储蓄，直接制约着纺织服装市场消费量购买的大小。消费信贷，也称信用消费，是指消费者凭信用先取得纺织服装商品的使用权，然后按期归还贷款，完成纺织服装商品购买的一种方式。对于居民储蓄和消费信贷，应注意以下两点：一是纺织服装消费者的消费水平和结构受储蓄状况的影响。居民储蓄倾向是受到利率、物价等因素变化所致。我国居民很久以来就有储蓄的习惯和传统，这些储蓄是购买贵重商品资金的主要来源，也是居民未来教育、医疗等支出的主要来源，因此市场潜量很大，但过高的储蓄率，也会造成当前纺织服装市场的需求不旺。二是纺织服装消费信贷的规模和方式，在一定程度上影响某一时间内现实购买力的大小，也影响着提供信贷纺织服装商品的销售量。例如，在购买高档纺织服装商品时，消费信贷可提前实现这些商品的销售。

2.3.3 自然环境

自然环境，是指纺织服装企业在生产经营活动中，所面对的地理、气候、资源等方面的种种状况。纺织服装企业在营销过程中，需要重视自然环境方面的变化趋势，正确把握它给企业带来的威胁和机会。自然环境的差异，是纺织服装多样化的原因之一，它对纺织服装营销的影响主要体现在以下几个方面。

(1) 对纺织服装要求不同　地理环境的差异造成了气候条件不同，从而造成人们对纺织服装选择不同。例如，生活在寒冷的冰雪地带的人，为了御寒，裹上厚厚的动物毛皮；而生活在酷暑难挨的沙漠边缘的人，为了减少紫外线和风沙的侵害，戴上了头巾，穿上了布袍。在温带，人们四季服装变化明显；而在热带，人们几乎没有夏装以外的服装。

(2) 纺织服装原材料供应不同　自然环境的差异，造成了各地纺织服装原材料供应不同，导致了消费者对纺织服装的不同选择。例如，在我国华东地区，由于盛产茧丝，致使这一带丝绸原料供应充足，因此，在这一带的纺织服装市场上，丝绸纺织服装品种齐全，款式各异；而在地中海地区，由于气候适宜耕种植物和驯养动物，最容易获得的是植物纤维和羊毛，因此，人们很早就掌握了剪取羊毛和提取植物纤维的技术，并将两种纤维混纺成羊绒，而后编织成衣。由此可见，自然环境决定着自然资源的分布，而自然资源的分布又决定着纺织服装企业获得原材料成本的高低，原材料成本的高低，很大程度上决定着纺织服装企业最终成本的高低。

(3) 世界范围内自然环境变化的新动向　例如，某些自然资源短缺或即将短缺，环境污染日益严重，许多国家对自然资源的管理日益加强。这就要求纺织服装企业在合理、充分地利用自然环境，创造最大效益的同时，增强环境保护意识，维护生态平衡。例如，许多纺织服装企业开发设计环保纺织品和环保服装，这些纺织服装产品，从材料的选用到制作，以及废旧衣料的处理，都离不开对环境保护和对资源的充分利用，减少了污染，节约了能源，保护了环境。

2.3.4 科学技术环境

科学技术是社会生产力中最活跃的因素，技术的进步，可以改变人类的生活，推动世界经济的高速发展，同时也决定着纺织服装企业的生存和发展。对科学技术环境的考察，主要涉及科学技术的发展现状、新的科学技术成果、科学技术发展动向、科学技术环境的变化对社会经济生活的影响等方面的问题。科学技术作为营销环境的一部分，不仅直接影响纺织服装企业内部的生产和经营，还同其他环境因素互相依赖、相互作用。

科学技术环境的变化有以下特点：一是纺织服装新技术和发明的范围不断加大，尤其是在信息技术、生物技术、新型材料和空间技术等方面，取得了巨大的进步；二是理论转化为纺织服装产品和产品更新的周期大大缩短；三是研究和开发的费用急剧增加，许多纺织服装企业在产品研究和开发上投入巨资，从而以纺织服装新产品和新技术在竞争中取胜。

科学技术对纺织服装企业的影响，主要表现在以下几个方面。

(1) 纺织服装制作走向自动化和科学化管理　第二次世界大战后，科学技术有了突飞猛进的发展，纺织服装生产的主要设备，由脚踏缝纫机改为电动缝纫机，现在已经发展到普遍使用电脑缝纫机。纺织服装计算机辅助设计（CAD）、纺织服装计算机辅助生产（CAM），已在许多纺织服装企业中应用。CAD 通过人机交互手段，在屏幕上设计纺织服装款式，提高了设计质量，加快了设计速度，降低了劳动强度，加强了统一管理，提高了纺织服装企业的经济效益。CAM 不仅能完成自动拉布、铺布、剪裁等工作，而且随着计算机集成设计系统（CIMS）的兴起，还能对衣片进行自动分拣、归类，并将其送上生产线。科学技术在生产中的应用，使纺织服装设计、生产的周期被缩短，生产效率进一步提高，质量和档次明显提高，款式和规格丰富多彩，流行速度急剧加快，也使纺织服装企业降低了成本、扩大了生产、提高了经济效益。

(2) 各种性能复杂的面料问世　纺织技术的进步和化学纤维的发明，极大地丰富了人们的纺织服装。应用现代科技，经过纺织染整加工的各种性能复杂的面料，以及化学纤维性能的不断改进和品种的增加，不断满足着人们的需求。近几年来，化学纤维改良方兴未艾，在织物后整理方面也有了重大突破，新材料层出不穷，例如，杀菌布、磁性布、反光布、保温布、空调布、催眠布、液晶布、耐污布、抗皱布等不断问世。又如，江苏红豆实业股份有限公司，成功地开发了一种牛奶丝 T 恤衫。牛奶丝是将牛奶去水、脱脂、加上糅合剂制成牛奶浆，再经湿纺新工艺及高科技手段处理而成，是继合成纤维后第三代新型纤维。它比棉、丝强度高，比羊毛防霉、防蛀，还有天然抗菌功能。它穿着轻柔、悬垂、透气、导湿、爽身、光泽。这种产品一经上市，深受消费者的喜爱。科学技术的发展，为纺织服装面辅料提供了无穷的发展空间，纺织服装企业利用新材料生产新产品，使纺织服装产品更加丰富多彩。

(3) 加快信息传播速度　科学技术加快了信息的传播速度，现代传播技术突出了“快”字，使人们感到生活方式和穿着方式的改变在加速，大部分纺织服装产品的生命周期在缩短。通过电视机、传真机、互联网，使人们在家里就能立即得知世界各地最新流行信息，观看世界服装大师最新设计的服装款式，欣赏世界名模服装表演的实况，订购自己满意的纺织服装产品。同样，现代传媒技术促进了模仿的进程，使世界各地的纺织服装生产趋于一致。这就要求服装企业能够对流行趋势作出正确的判断，从而迅速准确地创造新颖的、最令消费者满意的纺织服装产品。当然，新技术的运用为纺织服装企业展示了无限发展的前景，但同时也应注意新技术会使纺织服装企业现有产品变得陈旧，如不及时采用新技术、新工艺，调整产品结构，开发新产品，就会承受较大的市场压力，面临被淘汰的危险。

2.3.5 政治法律环境

纺织服装企业的经营活动，是社会经济生活的组成部分，而社会经济生活总要受到政治法律环境的影响。

（1）政治环境　政治环境，是指能够对纺织服装企业营销活动产生影响的各种国内外政治因素的总和。政局的稳定，政府干预经济政策、措施等，对经济产生直接影响。纺织服装企业应密切关注政治环境的变化，保持高度的政治敏锐性，一方面可以保证企业的经营不会与国家的方针政策相抵触，另一方面也可充分利用国家的各种经济优惠政策。从历史上看，政治活动常常会引起纺织服装的变化。例如，1911 年，我国在孙中山先生的领导下，推翻了清朝的封建统治，创立了民主共和国。纺织服装也因此发生了革命性的变化，中山装、西装、马褂并存，妇女剪短发、烫头，流行轻便适体的旗袍。又如，在 2001 年 10 月上海 APEC 会议，出席的各个国家领导人身穿唐装亮相，引起了海内外大众消费“唐装”的热潮。再如，2013 年 3 月，国家主席习近平偕夫人彭丽媛访问俄罗斯。彭丽媛走出机舱时，拎着皮包、修身大衣的装扮，被网友亲切地称为“丽媛 style”。据了解，该皮包及风衣都来自广州本土的一个服装品牌“例外”。彭丽媛身着国产品牌出访，在国际上大大提升中国国产品牌的知名度，受“丽媛 style”影响，在国内已刮起了国产品牌之风。

（2）法律环境　法律环境，主要指与纺织服装企业相关的社会法制系统及其运行状态。主要包括三个方面：一是国家的法律规范，与纺织服装企业相关的主要有宪法、基本法律、行政法规、地方性法规等，其中与纺织服装企业相关的法律规范，构成纺织服装企业法律环境中最基本的内容；二是国家司法执法机关，例如，法院、检察院、公安机关等。三是法律意识，是指纺织服装企业对法律制度的认识和评价。良好的法律环境对纺织服装企业成长、发展有积极的促进作用，反之则不利于纺织服装企业的生存和发展。历史上，许多国家和地区都曾制定过一些有关纺织服装的法律、禁令或条例。例如，在查理九世统治的法国，只允许上等阶层的贵妇人穿丝绸衣服、戴毛皮手筒，裙子衬架的宽度，以及使用多少装饰都要根据穿着者的地位而定。我国早在夏、商、西周就已形成冠服制度，对不同身份等级的服饰有所规定，以后各朝各代都对衣冠服饰的等级差异做了明确规定。

2.3.6 社会文化环境

社会文化环境，是指在一种社会形态下已经形成的基本价值观念、宗教信仰、道德规范、审美观念，以及世代相传的风俗习惯等被社会所公认的各种行为规范。一个社会的文化和价值观念，具有高度的延续性。每个人都在一定的社会文化环境中生活和工作，其思想和行为必定要受到这种社会文化的影响和制约。一般来说，文化具有相当的稳定性，但这种稳定性是相对的，它总是随着时间的推移，或快或慢地发生着变化。文化的这种动态性，为纺织服装企业提供了更多的营销机会。

（1）价值观念　价值观念，是指人们对社会生活中各种事物的态度和看法。不同文化背景下，人们的价值观念往往有着很大的差异，消费者对纺织服装商品的色彩、标识、式样以及促销方式都有自己褒贬不同的意见和态度。价值观念决定了人们的是非观、善恶观和主次观，在很大程度上决定着人们的行为。例如，东西方文化的差异，在价值观念方面表现得比较突出。总体来说，东方人在理念上表现出传统的特点，而西方人则表现为开放型，在纺织服装的需求和购买行为上也是如此。

（2）宗教信仰　宗教是构成社会文化的重要因素，宗教对人们消费需求和购买行为的影响很大。不同的宗教，有自己独特的对节日礼仪、纺织服装商品使用的要求和禁忌。某些宗教组织甚至在教徒购买决策中，有决定性的影响。

（3）教育水平　受教育程度的高低，影响到消费者对纺织服装商品功能、款式、包装和服务要求的差异性。人们受教育程度的高低，也往往会影响纺织服装消费者的购买心理，和对购买纺织服装商品的选择。例如，文化教育水平高的国家或地区的纺织服装消费者，他们在选购纺织服装商品时，往往理性程度会更高一些，要求纺织服装商品包装典雅华贵，对附加功能也有一定的要求等。

（4）消费习俗　由于自然和社会方面的原因，人们在日常生活中形成了各个地区具有特色的消费习俗。消费习俗，是历代相传的一种消费方式，是风俗习惯的一项重要内容。不同的消费习俗，具有不同的商品要求。消费习俗在饮食、服饰、节日等方面，都表现出独特的心理特征和行为方式。例如，不同的纺织服装款式，在不同地区、民族和个人本身都体现出不同的含义，从而形成不同的类型。在盛大的民族庆典、祭礼、节日、仪式等庄严的场合，穿着民族服装能表现严肃、虔诚、尊敬、喜庆的气氛。民族服装中的精髓往往被现代化服装所吸引，给现代服装设计带来灵感。在社交场合中，服饰习俗是调节人与人之间的关系，使之和谐与融洽的方式和手段。纺织服装企业应注意分析目标市场人们的消费习俗，尤其是纺织服装习俗对营销的影响和作用。

（5）审美观念　审美观念，主要表现在对各种艺术形式的感受中，也表现在对颜色和形式的欣赏之中。纺织服装具有美学功能，人们从不同的角度欣赏纺织服装。例如，纺织服装的颜色、设计以及搭配效果等。纺织服装的制作，应符合人们的审美观念。不同的文化具有不同的审美标准，同时，人们的审美观也是发展变化的。例如，欧美国家，他们认为白色象征纯洁和美丽，因此，在婚礼上新郎、新娘穿着白色礼服或婚纱；但在一些非洲国家，白色是贫穷的象征。由此可见，在不同文化背景下，消费者的审美观是不同的，纺织服装企业必须审时度势，灵活运用，开展有效的营销活动。

2.4 纺织服装市场营销环境分析与企业营销对策

纺织服装市场营销环境分析，是指纺织服装企业通过监测、跟踪纺织服装市场营销环境的变化及发展趋势，从中发现纺织服装市场营销机会和环境威胁，进而调整纺织服装市场营销战略与策略，以适应纺织服装市场营销环境的变化。在纺织服装市场营销环境分析中，最常用的是 SWOT 战略分析法。

2.4.1 纺织服装 SWOT 分析法

2.4.1.1 概述

纺织服装 SWOT 战略分析法（简称纺织服装 SWOT 分析法），是 Strengths-Weaknesses-Opportunities-Threats 的简称优势-劣势-机会-威胁。纺织服装 SWOT 分析法是运用系统分析的方法，将纺织服装企业内部的优势与劣势、外部环境所带来的机会与威胁相互匹配，并进行综合研究，在此基础上再制订相应的发展战略。纺织服装 SWOT 分析法的核心思想，是指通过对纺织服装企业的外部环境和内部条件的分析，明确纺织服装企业可以利用的机会和可能面临的风险，并将这些机会和风险与企业的优势与劣势结合起来，形成纺织服装企业经营管理的不同战略措施。任何一家纺织服装企业都会同时受到外部环境和内部因素的影响，外部环境因素对纺织服装企业的影响属于不可控的因素，而内部因素是易于掌握和控制的因素，因此，纺织服装企业就要特别重视对外部环境因素难以控制的特点，采取一系列的应变措施。

2.4.1.2　基本步骤

(1) 分析优势和劣势　针对每一个具体的纺织服装市场，对纺织服装企业来说，就要分析本企业内部的优势和劣势，重要的是找出对纺织服装市场具有关键性影响的优势和劣势，做到心中有数。

(2) 分析机会和威胁　由于纺织服装企业面临的外部环境是不断变化的，纺织服装企业经营者，要重视分析企业所面临的外部机会和威胁，应该抓住机会，回避风险。

(3) 形成可行的备选战略　就是针对外部的机会和威胁，与纺织服装企业内部的优势和劣势进行全面分析，对各种可能的配对组合进行罗列，这样就可以利用图、表格等手段来制订出各种备选战略方案，如表 2-1 所示。

表 2-1　纺织服装 SWOT 分析

内部因素	外部因素	
	机会(O)	威胁(T)
优势(S)	最大成功的可能性	需要防范的活动
劣势(W)	大力加紧弥补缺陷	最小成功的可能性

2.4.1.3　战略决策

完成纺织服装 SWOT 分析步骤后，就要对分析的情况进行战略决策。充分利用上面制订的表格形成的不同组合来采取不同的战略措施。

(1) SO 战略　即优势-机会组合战略，这是一种既能利用外部机会又能发挥纺织服装企业内部优势的策略。当纺织服装企业内部具有特定方面的优势，而外部环境又为发挥这种优势提供有利机会时，可以采取这种组合策略。例如，具备类似经营的经验，可利用空间和人力资源；纺织服装产品新颖，没有竞争者，地区行业支持等。

(2) WO 战略　即劣势-机会组合战略，这是一种充分利用外部机会来弥补内部弱点，使纺织服装企业改变劣势而获得优势的战略。当外部存在一些机会，而纺织服装企业当前的状况又限制了它利用这些机会时，可采取此战略，利用外部机会克服内部弱点。例如，某纺织服装企业没有类似经营经验，实施没有足够的资金和人力资源，经营管理人员没有接受充分培训；但纺织服装产品新颖，没有竞争者，地区行业支持等。

(3) ST 战略　即优势-威胁组合战略，这是一种利用纺织服装企业的优势来回避或减轻外部威胁的影响。外部威胁可能来自纺织服装企业外部环境的变化，也可能来自竞争对手。例如，纺织服装企业具备类似经营经验，有可利用的资金和人力资源；纺织服装产品新颖，但存在竞争者，经营活动受到一定的限制。

(4) WT 战略　即劣势-威胁组合战略，这是一种旨在减少内部弱点的同时，回避外部环境威胁的防御性技术。例如，没有类似经营经验，实施没有足够的资金和人力资源，经营管理人员没有接受培训；纺织服装产品新颖，但存在竞争者，经营活动也受一定的制约。

2.4.1.4 应用

下面以穗鸿国际纺织服装集团公司为例，对其进行SWOT分析，如表2-2所示。

表 2-2 穗鸿国际纺织服装集团公司 SWOT 战略分析矩阵

外部因素	内部因素	
	内部优势(S) 1. 拥有目前全国一流的纺织服装设施，不是租赁也不是托管。 2. 无负债。我国很多纺织服装企业是贷款的，本、息沉重。 3. 现金充足，有利于改造及再投资。 4. 高质量服务水平，承接各类纺织服装设计、生产的经验丰富。 5. 国际纺织服装联盟成员。 6. 拥有多个纺织服装品牌	内部劣势(W) 1. 人力基础差，缺乏高素质的专业纺织服装营销人才。 2. 目前机制不能大刀阔斧，一步到位。 3. 与竞争对手相比，资源配置不合理。 4. 国际纺织服装经营管理无先行模式可鉴，营销渠道不畅
外部机会(O) 1. 时逢政府大抓"纺织服装经济"，以"纺织服装"拉动本地经济，支持力度大。 2. 城市环境较好，旅游资源丰富，"南风窗"影响大。 3. 在改革开放和加入WTO等形势下，走出国门和与国际合作的机会逐渐增多。 4. 广州的港澳优势有着其他城市所不能复制的特点，对港澳纺织服装合作市场潜力巨人	优势-机遇(SO)战略 1. 借助政府行政资源加大纺织服装发展力度。 2. 巩固已有纺织服装品牌，培育创新产品，使国内销售成为集团业务发展和收入的主要来源。 3. 以扎实的服务质量为业务发展基础，同时拓展国际合作机会，提高知名度。 4. 加强对港澳纺织服装合作，发挥区域优势	劣势-机遇(WO)战略 1. 建立新型用人机制、薪酬机制、激励机制和内部竞争机制，培养优秀纺织服装营销人才。 2. 借助知名纺织服装企业成功经验，加强对市场的主动出击，逐步建立完善的销售网络。拟在北京、上海等陆续成立销售公司，尽力提高市场占有率。 3. 利用广州优越的"南风窗"影响力，增加对全国纺织服装的销售力度
外部威胁(T) 1. 公司地理位置不好，交通不太方便，城市容量不足。 2. 周边经济差，产业基础大部分较薄弱。 3. 周边城市存在许多纺织服装竞争对手。 4. 目前我国纺织服装行业正在大洗牌，如发展速度慢，有被边缘化的危险	优势-威胁(ST)战略 1. 发挥纺织服装自有品牌优势，捆绑销售，增强竞争实力。 2. 扩大公司业务外延，做到纺织服装业务经营、纺织服装品牌、纺织服装服务等设计、生产、销售优势互补。 3. 积极扶持本地其他纺织服装公司的创新产品，培育市场	劣势-威胁(WT)战略 1. 加强创新管理，设立策划部、调研部、设立新创意、新点子基金等管理措施，加强制度化管理，完善内部制度，提高工作效率，提升综合竞争力。 2. 将公司的营销作为常设机构存在。 3. 积极参加纺织服装行业协会、组织，对环境变化灵活应对

2.4.2 纺织服装企业营销对策

虽然纺织服装市场营销环境，对纺织服装企业的营销活动有着不容忽视的影响，但这并不是说企业只能被动地去适应营销环境的变化。企业通过对纺织服装市场营销环境的分析，其根本任务就是要从中找出给企业造成环境威胁或市场营销机会的各种因素及其变化趋势，有效地采取适当的对策，以谋求纺织服装企业的生存和发展。

2.4.2.1 应付环境威胁的对策

(1) 应对策略 指面对纺织服装市场环境中某一因素变化不可逆转的局面，纺织服装企业可以利用自身的优势，或借助某些有影响力的人物和组织从积极方面加以引导。例如，北京雪莲牌羊绒衫于20世纪60年代已打入国际市场，但进入80年代，遇到了来自日本、中国香港地区在中国新疆、内蒙古地区合资开办羊绒衫企业的竞争。北京雪莲羊绒衫面对这种竞争，挖掘自己生产经验丰富、地理位置好、牌子有声望等优势，不断提高产品内在质量，不断增加新品种、新款式，同时改进染色工艺、改进产品包装，为雪莲牌羊绒衫赢得了国内外市场，塑造了雪莲牌羊绒衫的新形象。

(2) 缓减策略 指纺织服装企业无法控制纺织服装市场营销环境的变化，因而对市场威胁所造成的影响及其程度企业难以回避，但纺织服装企业可以通过改变经营策略，来缓解或减轻环境威胁的程度。例如，纺织服装企业面对同行竞争，增大广告等宣传力度，会导致纺织服装产品销售费用相应提高，纺织服装企业如果相应提高产品价格，会导致市场份额减少；如果维持原有价格，会导致企业利润下降。为了应对这种局面，纺织服装企业可以通过扩大生产规模、增加产品花色，改进生产技术、改善经营管理、严格成本核算等方法，来减缓竞争和销售费用增加所带来的不利影响。

(3) 转移策略　面对环境威胁，纺织服装企业权衡利弊，审时度势，改变投资方向，实行多元经营，以转移环境威胁带来的损失。例如，面对国内纺织服装市场低档、低价产品趋于饱和，以及加入 WTO 后进口纺织服装产品价格将会下降的威胁，这时，生产低档纺织服装产品而且又具有一定实力的纺织服装企业，就应及时调整纺织服装营销策略，转产高中档纺织服装或开拓其他领域。

2.4.2.2　调节市场需求的对策

纺织服装市场营销环境各因素的变化，最终会通过纺织服装消费者的需求变化反映出来。面对纺织服装消费者需求的变化，纺织服装企业可以采取有效的营销手段调节市场需求。例如，运用“开发性营销”策略和“刺激性营销”策略来引导消费，或将纺织服装顾客潜在的需求，适时转变为现实的需求；如因环境急剧变化而引发需求衰退时，纺织服装企业可通过对产品的功能、包装进行适当的改变，以达到“恢复性营销”的目的。在积极适应纺织服装市场营销环境变化的前提下，纺织服装企业运用好市场需求调节对策，不仅会使纺织服装消费者对本企业的产品需求得到维持，而且还会引发新的需求，创造一定的销售时机。

2.4.2.3　适应动态环境的对策

为了提高对动态环境的应变能力，纺织服装企业必须分析和预测纺织服装市场营销环境的变化趋势，以增强纺织服装企业市场营销计划的适应性。纺织服装企业提高应变能力，可以从以下几个方面着手。

(1) 建立宏观环境变化的预测系统　预测系统实质上就是一个信息系统，其主要的目的是收集和存储有关纺织服装企业环境方面的各种数据和信息，及时预报可能发生或正在发生的环境变化，为纺织服装企业下一步决策提供全面、可靠的信息。

(2) 健全信息的分析和评价系统　纺织服装企业在获得有关环境变化的信息后，需要对各种环境变化进行深入的分析和评价，并对各种环境变化可能给纺织服装企业带来的影响做出正确的判断，为纺织服装企业的营销决策提供可靠的依据。

(3) 建立快速反应的决策机构　纺织服装企业在对环境变化做出正确的判断之后，就要快速地做出反应，迅速及时地调整企业的纺织服装经营战略和营销策略，使纺织服装企业的经营目标、经营战略和营销策略与企业营销环境保持动态平衡。

总而言之，纺织服装企业的生存和发展，在很大程度上取决于对纺织服装市场营销环境的应变能力，纺织服装企业只有及时了解营销环境的变化，做出正确的判断，把环境威胁转化为市场营销机会，把不利因素变为有利因素，才能在激烈的纺织服装市场竞争中立于不败之地。

核心概念：

(1) 纺织服装市场营销环境：是指与纺织服装企业生产经营有关的、直接或间接影响纺织服装企业产品的供应与需求的各种外界条件和内部因素的综合。

(2) 纺织服装市场营销宏观环境：又称纺织服装市场营销间接环境，是指存在于纺织服装企业之外的并为其本身所不能控制的各种外部因素，主要有人口、经济、自然、政治法律、社会文化、科学技术等环境因素。

(3) 纺织服装市场营销微观环境：又称纺织服装市场营销直接环境，是指由纺织服装企业内部环境、供应商、营销中介、顾客、竞争者和公众等构成的各种因素。

(4) 纺织服装SWOT分析法：是运用系统分析的方法，将纺织服装企业内部的优势与劣势、外部环境所带来的机会与威胁相互匹配，并进行综合研究，在此基础上再制订相应的发展战略。

复习思考：

1. 单项选择题

(1) 2001年10月在上海举行的（　　），引起了海内外大众消费“唐装”的热潮。

A. 世博会　B. 奥运会　C. APEC会议　D. 亚运会

(2) 2013年3月，国家主席习近平偕夫人彭丽媛访问俄罗斯。彭丽媛走出机舱时，拎着皮包、修身大衣的装扮，被网友亲切地称为（　　）。

A. “例外”　B. “第一夫人”

C. “无用”　D. “丽媛 style”

(3)（　　）的需求是纺织服装企业制订营销策略的出发点和归宿。

A. 供应商　B. 营销中介　C. 顾客　D. 竞争者

(4) 人口构成包括：自然构成和（　　）。

A. 年龄构成　B. 社会构成　C. 家庭构成　D. 民族构成

(5) SWOT的中文意思是指（　　）。

A. 优势-劣势-机会-威胁　B. 劣势-优势-机会-威胁

C. 优势-劣势-威胁-机会　D. 劣势-优势-威胁-机会

2. 多项选择题

(1) 影响纺织服装市场营销宏观环境包括（　　）因素。

A. 政治、经济环境　B. 社会、法律环境

C. 自然、技术环境　D. 安全、竞争环境

(2) 影响纺织服装市场营销微观环境包括（　　）因素。

A. 微观外部环境　B. 微观内部环境

C. 客户、竞争者、社会公众等　D. 企业人员数量

(3) 纺织服装市场营销环境特征包括（　　）。

A. 差异性和相关性　B. 动态性和影响性

C. 复杂性　D. 客观性

(4) 纺织服装SWOT分析法步骤有（　　）。

A. 分析优势和劣势　B. 分析机会和威胁

C. 形成可行的备选战略　D. 形成不可行的备选战略

(5) 纺织服装SWOT分析法所形成的组合战略有（　　）。

A. SO战略　B. WO战略　C. ST战略　D. WT战略

3. 判断题（正确答案打“√”，错的打“×”）

(1) 纺织服装市场营销环境就是指纺织服装企业的外部宏观环境。（　　）

(2) 纺织服装市场营销微观环境，又称纺织服装市场营销直接环境。(　　)

(3) 外部环境是纺织服装市场营销活动的重要外在因素，它对纺织服装市场营销活动产生间接的影响。(　　)

(4) 恩格尔系数越高，生活水平越高。(　　)

(5) 纺织服装市场营销微观环境受制于纺织服装市场营销宏观环境。(　　)

4. 简答题

(1) 纺织服装市场营销的环境包括哪些?

(2) 纺织服装市场营销环境对企业营销活动产生什么影响?

(3) 纺织服装市场营销环境有哪些鲜明的特征?

(4) 纺织服装市场营销微观环境主要包括哪些?

(5) 什么是纺织服装 SWOT 分析? 其核心思想是什么?

案例分析:

商机无限的银发世界

1. 背景材料

经济全球化的趋势使少数大型企业和企业集团控制全球经济的实力不断增强，广大中小企业的生存与发展面临新的挑战。另外，随着经济总量的增加，买方市场的形成与确立，中小企业正面临着“二次创业”的艰巨任务。在国民经济中，60%的总产值来自于中小企业，销售收入占到总额的57%，并为社会提供了70%以上的就业机会。在纺织服装制造业中，纺织服装中小企业同样占有十分重要的地位。故此，研究纺织服装中小企业具有现实意义。近些年来我国纺织服装市场消费的不景气，使得纺织服装中小生产企业经营状况不容乐观。尽管国家采取降息扩大内需等宏观调控办法，但纺织服装市场上“供过于求”的矛盾依然没有得到根本的缓解。一方面，各地都出现了各类档次的众多纺织服装品牌的打折现象，致使厂家、商家所获销售利润极低，纷纷大叫“卖衣难”，相当一部分纺织服装企业陷入亏损困境；另一方面，却仍有相当数量的消费者抱怨买不到合适的或称心如意的纺织服装产品，这在老年纺织服装方面尤为突出。

2. 纺织服装市场机会分析

2000年，我国举行了第五次全国人口普查。普查表明，我国65岁及以上人口占总人口的6.96%，我国已基本上进入了老年社会。庞大的老年人口基数、旺盛的需求和一定的收入水平，预示着我国已经形成了一个潜力巨大的老年纺织服装市场。另一方面，伴随着老年人口的增加，老年人在衣、食、住、行等方面的需求也在不断增加。“衣食住行”衣为先，随着生活水平的提高，老年人在服装的选择上，不论从款式的美观方面还是裁制的质量方面，都和年轻人一样有着强劲的需求。目前市场上服装品种繁多，但老年人要买到称心如意的服装仍然是“踏破铁鞋无觅处”，老年人买衣难一直困扰着服装市场。因此，开发老年服装市场这块“大蛋糕”，对于中小纺织服装企业来说，蕴含着无限商机。

3. 纺织服装市场环境威胁分析

尽管我国已逐渐步入老年社会，但老年消费市场的开发还处于认识和起步阶段，老年服装市场更是不尽如人意。开发老年服装市场还存在着以下一些环境威胁。(1) 当前倒挂式的社会消费结构制约了老年服装市场的发展。“爱幼”甚于“尊老”，使老年服装市场与丰富的妇女儿童服装市场相形见绌，致使不少服装经营者，把老年服装市场定为商业盲区，不愿在此投资发展。(2) 老年人因其年龄体形等原因，对服装有较特殊的板型需求，这就可能无法形成统一型号的制板，而不能统一制板就难上生产线，生产成本必然增加，成本增加使厂方和商家都认为投资经营老年服装不划算，没有效益。(3) 由于老年人之间的文化素质、心态观念、体形及个人收入等差异，导致了老年人在选购服装的要求上差异较大，因而未能形成一个稳定的消费群体，使服装企业的产品很难定位和投资发展。

4. 应对措施

基于对开发老年服装市场的机会与威胁的分析，中小纺织服装企业要想成功开辟这一广阔的市场，具体的应对措施如下。(1) 从产品本身来说，在服装板型方面，准确确定国内老年服装的标准板型，并细化大、中、小号板型的差别，保证服装款款合体；在纺织服装面料方面，采用具有高科技成分、保健性能的绿色面料，从中体现出老年人的时代感；在纺织服装色彩方面，一改过去蓝、黑、白穿四季的局面，多采用一些暖色系、亮色系，体现老年人的健康向上、富有活力的精神面貌；在服装款式方面，注重回避老年人腰腹尺寸大的特征，打破服装的陈规旧套，积极融入流行款系，实用、方便、美观、舒适是老年纺织服装的设计定位。(2) 在价格方面，应该制订不同的档次，其中，中间层次价格的服装所占的比例应大些，以满足大多数老年消费者的需求。(3) 在销售渠道方面，采取流通渠道的多元化，既可在大型商场中设专柜，也可在社区附近设立老年服装专卖店、连锁店，又可采用邮购等方式。对于千元以上高价老年服装，可采取分期付款的销售方式，以刺激老年人消费。考虑到老年人出行不便的特点，还可采取上门服务，包退包换、百换不厌等措施，真正为老年消费者着想。(4) 在促销方面，利用老年人获取信息的主要媒介如广播、电视、报纸、杂志等做一定的宣传。同时，选择特定的时间如老人节、父亲节、母亲节，特定的地点如晨练场所、社区，搞一些公关宣传活动，开展以老人着装、老人健康为主题的宣传活动，还可不定期在社区内开展老年人座谈会。这样既给老年人提供了一个聚会、交流的机会，同时也宣传了纺织服装企业自身，在老年人心目中树立起一个尊重老人、关爱老人的纺织服装企业形象，从而加强了他们对纺织服装企业的亲切感。

问题分析：

1. 纺织服装市场中“卖衣难，买衣更难”现象的症结何在呢？纺织服装中小企业是否应开发老年服装市场？

2. 你认为案例中对开发老年服装市场的环境威胁与市场机会的分析还需做哪些补充？结合当前我国老年服装市场的现状，谈谈你对开发老年服装市场这块“大蛋糕”的设想。

实践演练：

活动主题：认知体验纺织服装市场营销环境分析。

活动目的：增加感性认识，实地体验纺织服装市场营销环境分析。

活动形式：将全班分成若干小组，3～5 人为一组，以小组为单位开展活动，与教学时间同步，实地参观一家纺织服装企业，请你帮助评价、分析企业经营的宏观环境和微观环境，运用纺织服装 SWOT 分析法，对纺织服装市场环境威胁和市场机会进行分析、描述，并提出自己的营销对策。

活动内容和要求：活动之前要熟练掌握纺织服装市场营销环境和纺织服装 SWOT 分析

法等知识点，做好相应的知识准备；以小组为单位提交书面报告；报告撰写时间为2天；授课教师可根据每个小组提供的书面调查报告按质量评分，并计入学期总成绩。

任务3 认识纺织服装消费者

知识目标:

1. 纺织服装消费者购买需求的概念、特点和类型；
2. 纺织服装消费者购买行为与动机；
3. 影响纺织服装消费者购买行为的因素；
4. 纺织服装消费者购买行为的模式与过程。

能力目标:

1. 能认识纺织服装消费者购买行为；
2. 能运用所学知识对纺织服装消费者购买行为进行分析和评价。

情景导入:

妻子的购买行为

冬天来了，妻子想买一件纯羊毛的毛衣。买什么颜色好呢？在看电视的时候就跟大家商量开了，丈夫说白色的看上去比较干净，妻子一听就急了："不行，不行，白色的穿不了几天领子就得变黑，这可不像衬衣那样能天天洗。"女儿说："买驼色的吧。"老母亲插嘴道："年纪轻轻的穿什么驼色的，还不如买蓝灰的呢！"女儿又抢着说："男的才穿蓝灰的，买豆绿的，妈穿上准好看。"就这样你一句我一句地争个没完，丈夫说别吵了，还是去商场看看再说吧。

到了商场，妻子看了柜台里花花绿绿的毛衣反而没了主意。看看这个，比比那个，转悠了一个多小时。售货员建议道："我看这位大姐穿藕荷色的好看，既不老气，又不太艳，而且还不怕脏。"说着，售货员从柜台里拿出藕荷色的毛衣往妻子身上一比说："您穿这颜色还真不错！"妻子看看丈夫，丈夫也表示赞许。突然，旁边一位大嫂挤过来说了一句："呀！我说这位女士，这颜色你穿似乎不够大方！"说着问她的一位女性同伴："你说我讲得对不对？"那位女士也摇了摇头说："是不太配。"就这样，在她们的鼓动下，最后妻子选择了桃红色。

第二天，妻子穿着毛衣来到了单位，没想到又招来了议论。同事们七嘴八舌地数落个没完，说什么颜色太艳啦，不够大方啦……总之，都说这颜色不合适。结果妻子一气之下回来就再不穿了，到现在这毛衣还放在箱子里呢！

想一想:

妻子的购买行为受到哪些因素的影响？妻子经历了怎样的购买过程？纺织服装消费者的

购买动机和购买行为类型有哪些？下面将为你一一介绍。

3.1 纺织服装消费者购买行为

纺织服装市场营销的核心是满足纺织服装消费者的需求，由于纺织服装消费者不同，其购买行为也有其自身的特殊规律，纺织服装企业要围绕满足消费者需要这一核心开展调查、研究，并掌握纺织服装消费者需求与购买行为的特征，及其发展变化规律，相应制订调整营销计划，才能有效开拓纺织服装市场，不断提高经济效益和社会效益。为了能更全面、更准确地揭示影响纺织服装消费者行为的因素，除从经济角度考虑外，还必须从心理学和社会学角度综合地分析，研究纺织服装消费者购买行为，成为纺织服装市场营销学的重要内容。

3.1.1 纺织服装消费者需求与类型

3.1.1.1 纺织服装消费者需求涵义

纺织服装消费者需求，是指纺织服装消费者在一定的社会经济条件下，为了自身的生存和发展，而对纺织服装产品或服务的需求和欲望。纺织服装消费者需求分为：生理需求和心理需求。生理需求，也称本能需求或天然需求，是人自身发展过程中，为了维持生命、保持人体的生理平衡而形成的需求。例如，人们穿服装，是为了保暖或保护身体。心理需求，是为了提高物质和精神生活水平而产生的高级需求，它受历史条件、社会制度、民族和风俗习惯等的制约，反映了人的社会性一面，是随着人类社会的发展而日趋深化和提高的。例如，人们常常借助穿着某种特定的纺织服装，以满足赞赏、归属的需要。

纺织服装消费者需求，按其是否在购买行为中表现出来分为显性需求和潜在需求。显性需求，是指纺织服装消费者意识到，并有能力购买且准备购买某种纺织服装的有效需求。潜在需求，是指纺织服装消费者对某种纺织服装并不需求，而实际上由于某种原因而没有意识到，或已意识到但还没有形成购买欲望的需求。潜在需求存在两种情况：一是纺织服装消费者客观上存在的，但尚未意识到的需求；二是纺织服装消费者已意识到，但由于纺织服装还未产生出来，或供不应求，还不能实现的需求。潜在需求实际上是潜在市场，对于纺织服装企业来说，开拓潜在市场的需求，更具有战略意义。

3.1.1.2 纺织服装消费者需求特点

纺织服装消费者需求，是随着流行趋势、社会经济等因素变化而不断地产生和发展的。由于纺织服装消费需求的普遍性、多变性，形成了其独特的消费需求特点。

(1) 时尚性　纺织服装消费需求时尚性，是一个具有时间性的概念。纺织服装消费者行为是一种社会现象，虽然它的内容千变万化，但在一定时期会表现出普遍的共性，这就是需求的时尚性。纺织服装讲究流行，追随时代潮流，模仿时尚是大多数人购买纺织服装的倾向，这种时代性的特征，往往通过流行现象体现出来。某一款式常常只能为某一特定群体的人所认可，但它仍可以成为流行。通过流行，体现出时代的特征。例如，20 世纪 60 年代流行的草绿色军装；70 年代流行的喇叭裤、紧身服；80 年代流行的牛仔裤；90 年代后期至今流行的吊带裙等。

(2) 多样性　纺织服装消费需求具有多样性，是由于消费者的民族习俗、收入水平、文化程度、职业、年龄和爱好等因素具有差异性。例如，对同一式样的纺织服装，消费者在选购时对颜色、面料的反应会表现出差异性；同一年龄段的消费者，对纺织服装的款式、色彩的偏好也不尽相同；即使是同一社会阶层的消费者，对纺织服装的选择也不一样。这是人们需求的多样性，在纺织服装消费的具体表现。随着纺织服装产品不断丰富，人们购买力越强，这一多样性越明显。

(3) 周期性　纺织服装消费需求具有周期性。经历一段时间后，许多需求能够重新产生，反复再现。例如，我国妇女穿的旗袍，是我国20世纪20～30年代的服装典范，沉默了若干年之后，又重新出现在消费舞台上；还有像喇叭裤、筒裤、高领毛衣、中式服装等，像螺旋线一样，周期性循环出现。

(4) 层次性　纺织服装消费者需求是有层次的，一般总是由低层次向高层次逐渐延伸和发展的，其包含两种不同的含义：一是指不同消费者所从事的职业、经济的收入和审美观念等的差别，消费需求的层次自然是不同的；二是指不同消费者在一较长时间内，其需求水平不会总停留在一个档次上，它会随着社会的发展、生活水平的改善，不断由较低的层次向较高的层次过渡。因此，这就形成了消费需求的层次性。例如，演员、外企职员和普通工人，对纺织服装的选择在款式、色彩、图案等方面会有不同的要求。

(5) 伸缩性　纺织服装消费需求伸缩性，是指纺织服装消费需求在受到内因和外因的作用时，所产生伸缩的程度。内因是指纺织服装消费者的购买欲望、购买能力等因素，外因是指纺织服装的款式、色彩、面料、价格、广告等因素。这两个因素促使纺织服装消费者需求产生弹性变化，既能加快纺织服装消费者的购买速度，又能抑制购买行为。纺织服装由于选择性强，消费需求的伸缩性就比较大，往往随纺织服装价格的高低而转移，随购买力水平的变化而变化。

(6) 可诱性　纺织服装消费者需求不是先天就有的，是可以引导和调节的，消费需求的内在因素，通常会在外在因素的作用下发生变化，这说明消费需求具有可诱性。纺织服装企业通过成功而有效的营销，可以引导、诱发或刺激消费者的需求，使无需求变为有需求，使潜在需求转为现实的购买。

(7) 无限性　随着社会经济不断发展和人们的生活水平不断提高，对纺织服装的需求，无论是从数量上还是从质量或品种上，都在不断地提高。当一种需求被满足了，一种新的需求又会产生。

(8) 冲动性　纺织服装消费者的购买行为，经常受到纺织服装广告等宣传的影响，有时会根据个人的好恶和感觉做出购买决策，表现为感情而冲动性购买。在经济发达、人们收入较高的社会里，纺织服装购买行为中，冲动性的购买较多。

(9) 互补性和互替性　在市场上，人们经常看到某种服装的销量减少而另一种服装销量在增加。例如，长裙流行会影响短裙销量；全棉面料服装的增长会使化纤面料的服装相对减少；时尚的九分裤的流行会降低消费者对标准裤长裤子的需求。这就要求纺织服装企业及时根据市场发展趋势，适应市场需求变化，有目的有计划地根据市场需求信息生产适销的纺织服装。

(10) 少量性和多次购买性　纺织服装消费者市场，是以个人或家庭为购买和消费的基本单位。这就局限于每个单位的人数、需要量、购买能力、存储条件等因素的影响，纺织服装消费者的购买表现为：数量小、批次多，大部分纺织服装产品需要经常、反复地购买。

3.1.1.3　纺织服装消费者类型

纺织服装消费者能够而且愿意花费多少钱来购买纺织服装，不仅取决于价格和收入等经济因素，而且还取决于政治、社会、文化等诸多非经济因素。根据对纺织服装的不同价值观和需求，可以把纺织服装消费者分为以下十种类型。

(1) 习惯型　指纺织服装消费者按照个人的习惯，和对不同纺织服装品牌的偏好，而产生的一种购买行为。这是由于长期穿着某种品牌的纺织服装，产生了信赖感，从而不断地重复购买。当需求产生时，纺织服装消费者一般无须花费较多的时间进行挑选。

(2) 理智型　这种是纺织服装消费者以认真分析、仔细考虑为主要特征的购买行为。这类纺织服装消费者冷静慎重，善于控制自己的情绪，不受纺织服装产品的包装、广告和宣传的影响。

(3) 冲动型　指纺织服装消费者没有预定的购买目的和固定的购买模式，大多数是在外界的触发下引起的购买行为。这类纺织服装消费者，容易受到现场情景的激发而产生购买行为，从个人的兴趣出发，不大注重纺织服装产品的质量和功能，容易冲动，很容易受到广告和其他促销方式的影响。

(4) 价格型　指纺织服装消费者对纺织服装产品的价格灵敏度高，往往以价格作为决定是否购买的主要依据。价格型又分为两种情况：一类是廉价型，以追求低价格为主要目标；另一类是高价型，以选择和购买高价纺织服装产品为特征。

(5) 审美型　指注重形式的完美，对纺织服装表现出比较高的品味与修养。

(6) 情感型　这类纺织服装消费者具有丰富的想象力，购买时大多是属于情感上的反应，很注重纺织服装产品的款式和颜色，是以符合自己的感觉作为购买的主要依据。

(7) 政治型　这类纺织服装消费者，是追求事业上的成功和权利地位的，穿着的纺织服装既符合时尚又不失身份，还与其政治目标相一致。

(8) 不定型　这类纺织服装消费者，大都是属于没有固定的爱好，购买心理不够稳定，又缺乏一定的主见和经验，购买纺织服装产品多是属于尝试性购买。对这类纺织服装消费者需要热情的服务，耐心介绍纺织服装产品的知识，以促使消费者产生购买行为。

(9) 社交型　这类纺织服装消费者，大都重友情、待人热诚，纺织服饰打扮注重他人的评价，以及是否流行。

(10) 宗教型　这类纺织服装消费者，笃信某一宗教或哲学，其纺织服饰往往较为保守或朴素。

一个纺织服装消费者往往同时具有以上两种或多种价值观，从而构成一个影响消费行为的价值观系统。例如，一个兼具价格型和宗教型价值观的纺织服装消费者，往往会穿得整洁朴素，摒弃一切奢侈品和化妆品，反对身体的暴露等。因此，只有研究和掌握各种纺织服装消费者类型，纺织服装企业才可以有目的的调整营销组合，有针对性的运用各种不同的营销策略，来满足不同的纺织服装消费者的需求。

3.1.2 纺织服装消费者购买行为及动机

3.1.2.1 纺织服装消费者购买行为涵义

纺织服装消费者购买行为，是指纺织服装消费者为满足个人和家庭需要，而购买纺织服装的行为。纺织服装消费者购买行为，是一个投入产出的过程。一方面，纺织服装消费者接受各种外部刺激；另一方面，纺织服装消费者要作出各种反应。外部刺激和纺织服装消费者反应往往是有形的、看得见的、摸得着的，而纺织服装消费者如何消化各种外部刺激，从而形成各具特色的某种反应，则常常难以揣摸，它成为纺织服装消费者行为中的一个“黑箱”。这就是纺织服装消费者购买行为的刺激-反应（S-R）模式。在刺激和反应之间的纺织服装消费者“黑箱”，由两个部分组成：一是消费者需求特点；二是消费者的决策过程。我们将在后面学习。

3.1.2.2 纺织服装消费者购买行为类型

纺织服装消费者购买行为，随着纺织服装产品的类别不同而变化。例如，购买羊绒、驼绒大衣和内衣等不同纺织服装产品，它们之间的差异就极大。购买行为的复杂程度，或者购买决策的过程，是随着纺织服装产品的复杂性和价值的不同，以及购买情况的不同而有所不同。故此，根据纺织服装消费者在购买时的介入程度和纺织服装品牌的差异程度，可将纺织服装消费者购买行为分为以下四种类型，如表 3-1 所示。

表 3-1 纺织服装消费者购买行为类型

品牌差异程度	投入购买程度	
	高度投入	低度投入
品牌差异大	复杂型	多变型
品牌差异小	和谐型	习惯型

(1) 复杂型　复杂型的购买行为，是指在选购价格昂贵、购买频率低、有购买风险而且具有自我表现作用的高档名牌纺织服装时，消费者会花费较多的时间，不会果断购买，往往通过各种方式广泛地搜集有关纺织服装产品的详细信息，对可供选择品牌的重要特征进行评价分析，先形成品牌信念和态度，再慎重作出购买决策。对于复杂的购买行为，纺织服装企业需要了解消费者是如何搜集和评估有关产品信息的，并制订有效的策略与购买者沟通，使其深入了解纺织服装产品的特点，并通过广告等方式使产品与众不同，最后通过营销人员和购买者的相关群体来影响纺织服装消费者的最后决策。复杂型的购买行为的特点是：品牌差异明显，购买者高度投入。

(2) 和谐型　和谐型的购买行为，是指纺织服装消费者对不经常购买、价格较贵、有一定风险，但品牌之间差异不大的纺织服装，会到处观察、选择，由此产生和谐的购买行为。但由于品牌的差异不明显，往往购买较迅速，且纺织服装消费者最关心的是价格和购买的便利程度。例如，购买中高档的运动装就属于和谐型购买行为。像 ADIDAS、NIKE、REEBOK 等世界知名品牌运动服的价格较高，不仅具有特殊的功能，而且能表现自我，但纺织服装消费者认为在一定价格范围内，各品牌之间无明显差异。对这种购买行为，纺织服装企业一方面通过价格调整，选择适当的销售地点和精通业务的营销人员，影响纺织服装消费者的品牌选择；另一方面，还应以各种方式与纺织服装购买者取得联系，及时提供信息，使消费者对自己的购买选择感到满意。和谐型的购买行为的特点是：品牌差异不明显，购买者高度投入。

(3) 多变型　多变型的购买行为，是指有些纺织服装品牌的风格特点和内涵有明显不同，但因价格不高，纺织服装消费者会经常变换品牌，以变换个人形象，满足求新求变的心理。对于这类购买行为，纺织服装消费者一般不主动寻找信息，而是在电视、报刊广告中被动地接受信息，购买前也不认真评价不同的品牌，一般不会真正形成对品牌的态度。基于这一点，纺织服装企业应运用适当的促销策略和价格策略，有效地吸引消费者购买这些纺织服装产品。多变型的购买行为的特点是：品牌差异明显，但购买者对品牌的挑选并不十分精心，投入低。

(4) 习惯型　习惯型的购买行为，是指对价值低、需频繁购买的纺织服装产品，因品牌间的差异较小，会形成常规购买行为，购买后也不一定进行购后评价。很多价格低廉、消费频率高的中低档纺织服装，像普通棉毛衫裤、睡衣睡裤、内衣等，之所以适合在超市内销售，无不与购买这类纺织服装的购买行为类型密切相关。纺织服装企业可利用价格优惠、方便购买、销售促进等方式，鼓励纺织服装消费者购买和重购。习惯型的购买行为的特点是：品牌差异不大，消费者购买时漫不经心，投入低。

3.1.2.3 纺织服装消费者购买动机

纺织服装消费者购买动机，是指纺织服装消费者为了满足自己一定的需要而引起购买行为的愿望或意念，它是引起纺织服装消费者购买某一纺织服装产品或服务的内在动力。由于纺织服装消费者的生理和心理需要的密切联系与复杂多样，他们的购买活动往往不单纯是为适应一种购买动机，更多的是适应多种相互关联并同时起作用的购买动机。例如，纺织服装消费者购买纺织服装除了保暖外，还追求纺织服装的美感与个性化等特点。在多种交织着起作用的购买动机当中，有的是主导性的购买动机，有的是辅助性的购买动机；有的是明显清晰的购买动机，有的是隐蔽模糊的购买动机；有的是稳定的、理智的购买动机，有的是即变的、冲动性的购买动机；有的是普遍性的购买动机，有的是个别性的购买动机。针对服装消费者的不同心理特点，大致将纺织服装消费者购买动机分为以下几种。

(1) 求实动机　是纺织服装消费者最普遍最基本的购买动机，它是以价廉物美为中心，同时注重纺织服装的款式与价格，更多考虑纺织服装的实用性及穿着效果，以追求纺织服装产品的使用价值为主要特点的。在购买纺织服装产品时，主要追求产品的实惠，偏重于购买低价及中等偏低的大路货，而较少追求纺织服装产品的式样是否新颖、美观，不易受社会潮流和各种广告的影响。

(2) 求安全动机　是纺织服装消费者普遍的购买动机。这种动机的纺织服装消费者，要求纺织服装产品在穿着的过程中，对消费者身体有保护和健康的作用。

(3) 求廉动机　也称之为低价动机。这是纺织服装一般消费者的普遍动机，具有这种动机的纺织服装消费者，在购买纺织服装产品的时候，特别重视其价格，要求物美价廉，而对纺织服装产品的花色、款式、包装等不大挑剔，极少考虑纺织服装的流行趋势及时尚性，更多关注纺织服装的实用性。有的消费者甚至专门去购买一些低档的纺织服装产品及处理的产品，甚至是地摊货等。这些纺织服装消费者，多数属于经济收入较低或是有勤俭节约习惯的人群。

(4) 求新动机　是以追求纺织服装产品的时尚和新颖为特点的购买动机。这种动机的消费者，追求纺织服装款式、品种、花色和规格的新颖，紧跟时代潮流，具有时尚性的特点。他们对纺织服装产品的实用程度及价格高低，不大注重。这类消费者多数属于经济条件较好的青年男女。

(5) 求美动机　是以重视纺织服装产品的欣赏价值和艺术价值为主要特点的购买动机。这些消费者在购买纺织服装产品时，重视产品的式样、色泽和艺术美，追求纺织服装的审美艺术价值，注重纺织服装的造型、穿着后的艺术效果以及由此所表现的美妙意境。

(6) 求名动机　是以追求名牌纺织服装产品、特色纺织服装产品为特点的购买动机。这些消费者在购买纺织服装产品时，非常注意产品的商标、牌号、产地、声誉以及购买地点，追求纺织服装的品牌，以显示个人的社会角色、经济实力、身份地位，为求得心理需求得到满足，可以一掷千金。

(7) 求异动机　是以重视纺织服装产品的与众不同为主要特点的购买动机。这些消费者在购买纺织服装产品时，追求纺织服装的与众不同，体现个性化的特点，既把握纺织服装的流行变化，又讲究纺织服装的独特性。

(8) 求同动机　是以大众化的纺织服装产品为主要特点的购买动机。这些消费者在购买纺织服装产品时，注重纺织服装产品与环境协调，趋同心理强烈，对纺织服装产品的需求，讲究稳重大方、求同存异，只求衣冠的大众化。

总之，纺织服装企业研究纺织服装消费者购买动机，对研究、分析、掌握纺织服装消费者的需求心理与购买行为，具有一定的价值。

3.2 影响纺织服装消费者购买行为的因素

在现实的生活当中，纺织服装消费者的行为受到各种纷繁复杂的因素的影响。如果能够具体地分析一下影响纺织服装消费者购买心理和行为的话，会有助于从整体上把握纺织服装消费者的购买心理和行为的形成与变化的规律，为有效的纺织服装市场营销决策提供依据。影响纺织服装消费者购买行为的因素主要包括：社会文化因素、个人因素和心理因素等，如表 3-2 所示。

表 3-2 影响纺织服装消费者购买行为的主要因素

社会文化因素	个人因素	心理因素
·文化 ·亚文化群 ·社会阶层 ·相关群体 ·家庭、角色与地位	·年龄与家庭生命周期 ·性别、职业与受教育程度 ·经济状况 ·生活方式 ·个性与自我形象	·动机 ·感觉与知觉 ·学习 ·信念与态度

3.2.1 社会文化因素

3.2.1.1 文化

文化，是指人类在社会发展过程中所创造的物质财富和精神财富的总和，是根植于一定的物质、社会、历史传统基础上形成的特定价值观念、信仰、思维方式、宗教、习俗的综合体。文化作为一种观念，具有无形的一面，但人们能感觉到它的存在，像东、西方文化的巨大差异。而无形又通过有形的方式来体现，像城市建筑、饮食、纺织服装等方面。以东西方传统女性纺织服装为例，东方女性受传统文化的教育和影响，其纺织服饰崇尚含蓄、色调柔和、淡雅、朴素且庄重的风格特点，纺织服装多用刺绣、镶边等传统工艺点缀，以纺织服装本体美来修饰人体美。虽然这种纺织服装是平面的，但通过面料、颜色、纹饰等的精心设计，恰当地显示出消费者的社会地位和贵贱尊卑。而西方女性受希腊、古罗马雕塑和绘画的影响，其纺织服饰讲究平衡、和谐的整体感，追求个性化等，因此衣着多选用色彩鲜艳、热烈、款式标新立异而且较裸露的装束，并且运用自然悬垂褶皱表现自然形体，用藏胸、卡腰和蓬松裙身等立体造型方式塑造人体，以曲线美、个性美突出西方纺织服饰文化的特点。可见，不同的社会有着不同的文化，直接或间接地影响着人们的生活习惯、生活方式，从而导致了消费行为的差异，文化成为影响纺织服装消费者购买欲望和行为的基本因素。

3.2.1.2 亚文化群

亚文化群，是指在一定范围内具有文化同一性的群体。在我国，主要有：民族亚文化群、宗教亚文化群、地理亚文化群、区域亚文化群、职业亚文化群、种族亚文化群等。

(1) 民族亚文化群 是以历史渊源为基础的，具有基本文化总体特征，又有其自身的较稳定的以观念、信仰、语言文字、生活方式等形式表现出来的人群共同体。我国是个多民族国家，各民族经过长期发展形成了各自的语言、风俗习惯、爱好禁忌和文化传统等。不同的民族在居住、饮食、纺织服装、礼仪等方面各有特点，尤其在纺织服饰方面，争妍斗奇，各具特色，这些都会影响他们的购买欲望和行为。

(2) 宗教亚文化群 宗教是人类社会发展到一定阶段的历史现象，有一个产生、发展和消亡的过程。在现阶段，我国公民有宗教信仰的自由，存在着信奉佛教、道教、伊斯兰教和天主教等宗教的群体。这些宗教的文化偏好和禁忌，会影响信奉不同宗教的人们的纺织服装购买行为和消费方式。

(3) 地理亚文化群 是指人们由于受所处自然地理条件的影响而形成与气候条件、地理条件有关的生活方式和消费习俗的亚文化群体。世界上处于不同地理位置的各个国家，同一国家内处于不同地理位置的各个省份和市县，都有着不同的文化和生活习惯。由于地理环境、风俗习惯和经济发展水平的差异，人们具有不同的生活方式、趣味和爱好，这也会影响他们的购买行为。例如，从纺织服装颜色上看，我国北方人多爱深色，而南方人多爱浅色。

(4) 区域亚文化群 是以人口的行政区域分布为特色的亚文化群体。例如，城市纺织服装消费者，往往喜欢黑、白、灰等颜色的纺织服装，而农村消费者更青睐红、绿、黄等鲜艳的纺织服装。

(5) 职业亚文化群 是以人们的社会职业为特点的亚文化群体。由于纺织服装消费者的社会职业不同，经济收入随之不同，所形成的纺织服装消费心理和行为就不尽相同。例如，教师在选择纺织服装时，多注重大方庄重、舒适方便，而文艺界人士更注重纺织服装的时尚和个性。

(6) 种族亚文化群 是以种族渊源及遗传性特征为基础的亚文化群体。一个国家可能有不同的种族，由于不同种族的消费者在体形、肤色、发色等方面的差异，以及不同的生活习惯和文化传统，会对纺织服装消费者产生某些特定的心理与行为上的影响。例如，美国的黑种人和白种人在选择购买纺织服装商品时，都有其特有的文化风格和态度。

3.2.1.3 社会阶层

自有国家以来，社会就存在阶层。社会阶层，是指一个社会中具有相对的同质性和持久性的群体。它们是按等级排列的，每一阶层的成员具有类似的价值观、兴趣爱好、行为方式和消费行为。我国社会阶层大体可划分为：高收入阶层、较高收入阶层、中等收入阶层、低收入阶层四种类型，不同的阶层的人们对纺织服装的选择标准也就不同。

(1) 高收入阶层 主要是由外商投资企业的经理及高级管理人员、归国人员、演员和私营企业主等构成。这个阶层的纺织服装消费者，受教育程度相对较高，经济收入颇丰，这就导致了其区别于普通消费者的购买品味和独具个性的风格。他们在购买纺织服装时，崇尚的是高档，讲究的是品牌。对价格不敏感，是高档专卖店、高档精品店的常客，以身着品牌时装显示自身的经济实力和地位，但在整个纺织服装消费群中所占比例极小。

(2) 较高收入阶层 是由外商投资企业中层管理人员、效益良好的企业管理人员、兼职的知识分子等构成。这个阶层的纺织服装消费者，家庭中有较多的存款，日常开支较宽裕，购买纺织服装时既讲究时尚，又讲究实用。对价格有一定的敏感，并不是所有的纺织服装都追求品牌，高档专卖店、高档精品店会偶尔光顾。

(3) 中等收入阶层 是由经营状况良好的企业职工和农村富裕家庭等构成。这个阶层的纺织服装消费者，家中略有积蓄，购买纺织服装时追求物美价廉，不讲究品牌，对纺织服装的功能、质量要求较高，同时对价格敏感，大多光顾大众纺织服装商场或有折扣的纺织服装专营店。

(4) 低收入阶层 是由经营状况不佳的公司职工、下岗职工、多子女家庭、城市、农村的贫困家庭等构成。这个阶层的纺织服装消费者，家庭中几乎没有存款，家庭收入只够维系日常生活，没有多余的钱用于购买较高档次的纺织服装，对纺织服装的款式、色彩没有条件挑剔，把便宜、实用作为购买纺织服装的标准，经常在纺织服装批发市场、地摊选购所需的纺织服装。

由于不同阶层的纺织服装消费需求不同，纺织服装企业可以根据自己的实力，选择一定的社会阶层作为自己的目标市场，并根据目标市场的特点制订有效的营销策略，更好地满足纺织服装目标消费者的需求。

3.2.1.4 相关群体

相关群体，也称参照群体，是指那些直接或间接影响着消费者的看法和行为的个人或集体。相关群体有两种基本类型：一种是个人具有成员资格并因而受到直接影响的群体，其中又分为主要群体和次要群体。主要群体是给个人以最大影响的群体，像家庭、朋友、邻居、同事；次要群体则给个人以较次要的影响，像职业协会、学术团体等。另一种是个人并不具有正式成员资格，而是期望成为其中一员的群体，像对领袖、明星、名人等社会公众人物的崇拜，通过模仿他们的着装行为来表达自己与他们的亲近感和自信，这些社会公众人物就是崇拜者的相关群体。例如，当年里根总统穿上牛仔服，立刻为美国牛仔服装迎来了广阔的消费市场；而今长盛不衰的鳄鱼衫，却是借 20 世纪 20 年代法国著名网球明星拉科斯特的穿着而闻名的；又如各家电视台栏目主持人的服装，总是标明由某某纺织服装公司提供，目的是宣传公司的纺织服装品牌，以影响纺织服装消费者的购买欲望。

3.2.1.5 家庭、角色与地位

家庭是影响消费行为的最重要的社会因素。家庭的社会地位和经济条件不同，决定了家庭的购买能力，也决定了家庭成员的需求层次、消费水平和消费结构。家庭成员由于角色的不同，在纺织服装购买中起的作用也不尽相同。家庭角色可以分为购买者、影响者、决策者和使用者等。分析这个问题，有助于纺织服装企业抓住关键人物开展营销活动，提高营销效率。例如，作为家庭主妇的妻子在选购一般的纺织服装时，往往具有很大的决策权，不论是丈夫的穿戴还是孩子的穿戴，都受到妻子的影响。但当购买高档、昂贵的纺织服装时，丈夫有时参与决策或起决策者的作用。由于不同家庭所形成的不同家庭的价值观念和消费行为会影响下一代，故此，孩子在家庭中对纺织服装购买决定的影响力也不可忽视。

由于人们在社会生活中要参加许多群体，在群体中充当着一定的角色，一个人在群体中的位置可用角色和地位来确定。角色是周围的人对一个人的要求或一个人在各种不同场合应起的作用。每种角色都伴随着一种地位，反映了社会对他的总评价。例如，某位女士在女儿面前是母亲，在丈夫面前是妻子，在公司是经理，每一种角色的变化，都使这位女士的心理和行为发生变化，这种变化常常通过不同场合的穿着表现出来。另外，消费者做出购买选择时往往会考虑自己的角色和地位，人的购买行为、穿着方式与他们所扮演的角色、地位有关。

3.2.2 个人因素

3.2.2.1 年龄与家庭生命周期

(1) 年龄　由于不同年龄消费者对纺织服装的选择有不同的兴趣和偏好，他们对纺织服装的款式、色彩、面料、型号、舒适度等要求也不同。例如，年轻人有较强的反传统倾向和好奇心，自我表现欲强烈，他们常是流行纺织服装的创造者和早期使用者，着装追求的是时尚，购买纺织服装时，容易受各种信息影响，出现冲动性购买，以喜欢为标准；老年人一般对纺织服装的选择比较慎重，着装追求的是舒适、庄重、大方，注意选择与身份、地位和经济能力相适应的纺织服装，纺织服装购买是有计划的，以有、够为标准，一般不太重视广告等商业性信息；儿童纺织服装的消费，是父母购买欲望的体现，由于当前独生子女成为家庭中的核心人物，每一位父母都想让孩子穿得舒适、漂亮，他们已成为家庭中不可轻视的力量，影响着父母的购买行为和消费习惯。总之，随着现代人生活节奏的加快，生活质量的提高，促使纺织服装消费观念发生变化。消费者更关心纺织服装的舒适、健康等功能，而纺织服装款式、色彩、流行等因素也很重要，儿童和年轻人是纺织服装市场的主要消费者。

（2）家庭生命周期　是指纺织服装消费者从年轻时离开父母独立生活，到年老的家庭生活的全过程。研究家庭生命周期对纺织服装消费行为的影响，有助于纺织服装企业细分市场，从而有针对性地开发新产品。根据我国目前的社会及家庭状况，可把家庭生命周期划分为三个阶段：单身青年阶段、核心家庭阶段和空巢期阶段，这三个阶段对纺织服装购买行为有着不同的影响。

单身青年阶段，是指青年人成家之前的阶段。他们经济上开始独立，有一定的收入，有自己的工作和事业。因此，他们具有购买能力较强、对新鲜事物十分敏感、喜欢追赶流行、希望有一个能取悦于人并且突出个性的外表等特点。这一阶段的青年常常毫不犹豫地购买昂贵的纺织服装，以此吸引人们的注意力，并且希望得到社会的承认。他们的购买行为取决于个人爱好、情趣，绝大多数人购买纺织服装时，欠思考、缺乏计划性。因此，单身青年消费者消费弹性最大，稳定性较差，往往是纺织服装最有实力的购买者。

核心家庭阶段，是指子女出生一直到子女成家之前的阶段。在我国，核心家庭阶段可分为初期、中期和后期，各期都有不同的特点。初期：孩子较小，家庭经济基础薄弱，负担较重，家庭的开支主要用于吃、穿、日用品及儿童日用品等消费上。青年夫妇对流行的纺织服装追求的势头有所下降，而把对时装的向往体现在孩子身上，通过打扮孩子来弥补这一缺憾。中期：随着孩子的成长、升学，开支有增无减，负担仍比较重，购买纺织服装只能注重实用，购买力有限。后期：子女开始工作，家庭经济状况有所缓解，此时对纺织服装开始注意更新。因此，在中年纺织服装和中小学生纺织服装的生产营销上，纺织服装企业应强调实用性，价格不宜偏高。

空巢期阶段，是指子女开始成家，夫妇逐渐步入老龄之年。这个阶段家庭收入较高，开始重视身体保健，保健药品、保健服装是追求的热点，尤其是喜欢宽松舒适、质量好、美观大方的休闲服装和绿色食品。消费以营养、保健、舒适为标准，选择纺织服装的重点是穿着方便、面料质地轻软，保暖性、透气性好，一些老年人为了展示自己良好的心态，甚至穿鲜艳、花哨的纺织服装。但60岁以上的老年人，由于退休收入的下降，一般不重视纺织服装的质量与档次，而注重保健用品和健身运动。

总之，随着家庭生活周期的变化，家庭的需求结构、经济能力和消费水平也相应发生变化。研究家庭生命周期对纺织服装消费的不同需要，有助于把千千万万个家庭按照他们不同的收入和生活周期所处的阶段，区分成一个个不同特点的细分市场，并根据不同目标市场需要组织营销，以制订不同的策略。例如，我国中老年纺织服装市场潜力较大，一部分中老年消费者对衣着的需求出现了“满意为主，价格其次”的现象。因此，在生产中老年纺织服装时，要改变以往以低价、保暖为主，忽视款式与质量的营销策略，应该充分考虑中老年人形体变化后的特征，兼顾款式、色彩与穿着舒适，真正满足中老年消费者对纺织服装的需求。

3.2.2.2　性别、职业与受教育程度

由于生理和心理上的差异，不同性别的纺织服装消费者的欲望、消费构成和购买习惯也有所不同。女性与男性消费者在纺织服装选择时，分别具有不同的行为特征。例如，女性对纺织服装的面料、款式、色彩、价格等更加挑剔，在购买纺织服装时，更容易受感情的支配，喜欢从众与炫耀，常常产生冲动购买行为。随着近年来女性经济收入的提高、社会地位的提高，女性购买纺织服装已经开始朝着多样化、个性化方面发展；男性消费者购买纺织服装的频率比女性低得多，通常由女性代买。但当男性做出购买决定时，自主性更强，购买更加理性，很少冲动购买，一般会偏重纺织服装的品牌及做工等。此外，职业与受教育程度，对纺织服装消费者的购买行为，也有很大的影响。例如，外企管理者、职员、受教育程度较高的纺织服装消费者，审美能力较强，对纺织服装需求量较大，款式、面料、做工等要求也高。

3.2.2.3 经济状况

家庭的经济状况，直接影响着纺织服装消费者的购买行为。经济状况主要包括个人可支配收入、储蓄、固定资产以及借贷能力等。消费者对纺织服装产品的需求程度，以及对纺织服装质量、档次的需求，主要取决于纺织服装消费者的实际经济收入。实际经济收入高，个人可支配收入部分就高，往往就会增加纺织服装的购买，表现为追求名牌、高档的纺织服装；消费者收入越低，对生活越缺乏安全感、稳定感，此时就会减少纺织服装的购买，而且在购买时价格因素最为重要。可见，随着家庭经济收入的增加，纺织服装消费是增长的。

3.2.2.4 生活方式

生活方式对纺织服装消费的影响非常明显。出身于同一社会阶层，源于同一种文化背景，具有相似个性的消费者，由于生活方式的差异，对纺织服装形式和功能的需求会截然不同。例如，一个经常开会赴宴或在外企工作的人员，往往会选择正规的纺织服装；爱好运动、旅游的人士会选择舒适轻便、具备运动功能的纺织服装；从事娱乐业的年轻人士喜欢选择时尚、前卫的纺织服装。随着社会的进步，经济的发展，人们的生活方式也在不断地改变。

3.2.2.5 个性与自我形象

个性，是指纺织服装消费者的性格和气质，不同性格和气质对纺织服装的款式、颜色等会表现出差异性。性格与气质既有联系，又有些区别，性格偏重社会因素，气质则带有更多的生理色彩。人的性格大致可分为五种：一是外向型，这类性格的人心理活动倾向于外部，开朗活泼，善交际，勇于接受时髦的、花哨的纺织服装；二是内向型，这类性格的人感情不外露，少言语，丰富的思想集中于内心，对新时装接受速度慢，一般喜欢购买大众化的纺织服装；三是理智型，这类性格的人善思考，决策要作各种权衡；四是意志型，这类性格的人比较主观，购买目的明确，决策比较果断；五是情绪型，这类性格的人容易冲动，购买纺织服装往往带有浓厚的感情色彩，易受外表包装、商店的布置情调、旁人的评价等影响，也容易受到流行趋势的左右。

人的气质可分为四种：一是多血质，这类气质的人好动、灵敏、喜欢与人交往，对事物注意力和兴趣容易产生，也易消失，他们一般喜欢时新的纺织服装，且易受宣传影响；二是胆汁质，这类气质的人热情、直率、情绪容易冲动，购买纺织服装时愿花时间选择比较；三是黏液质，这类气质的人冷静、善于思考、善于忍耐、自制力强，他们讲究纺织服装的实用、得体，款式较保守；四是忧郁质，这类气质的人多疑、谨慎、孤僻、行动迟缓，对流行趋势反应迟钝，不在乎别人的评价，不喜欢引人注目的纺织服装，款式上不喜欢过多变化，纺织服饰品也用得少，他们的打扮与一般人相比有一定的距离感。

3.2.3 心理因素

3.2.3.1 动机

心理学认为，动机产生于需求，只有当需求转化为动机时，才能对行为具有影响与制约作用，纺织服装购买行为也不例外。关于动机对人的消费需求的影响理论中，最主要的是马斯洛的需要层次理论，即生理需要、安全需要、社交需要、尊重需要和自我实现需要，如图3-1所示。该理论认为，人的需要从低到高分为若干层次，只有当人们满足了较低一级层次的需要之后，才会产生较高一级层次的需要，未满足的需要才会形成主导动机。不同的纺织服装消费者，在购买纺织服装时的需求、动机各不相同。心理学家对此进行过调查，结果显示纺织服装可以满足人们以下的需求：对寒暑风雨的防护；为防止蚊虫、野兽和疾病；获得他人的评价；为了自我满足；吸引异性和性的魅力；为了和他人交往；为体验幻想的愉悦；为显示对他人的优越感；为得到他人的好感等。

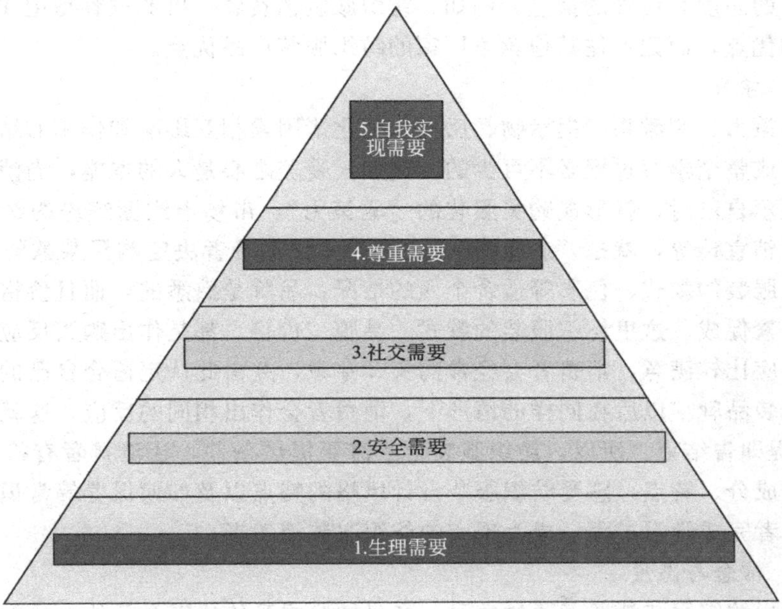

图 3-1 马斯洛需要层次结构图

需要层次理论可以帮助纺织服装企业，了解哪些款式、面料、颜色、做工的纺织服装适合哪些潜在消费者的生活水准、目标和计划。在实践中，研究纺织服装消费者的需求并非易事。例如，目前消费者对纺织服装的真正需求，已不仅仅停留在功能上，而更多地包含了文化、社会、心理等复杂而丰富的内涵。男士穿西装，主要展示他们充满自信与洒脱的阳刚之美；女士穿透明时装，主要是透明薄衣令女性美好的身材若隐若现，使其富于性感和形体美。

3.2.3.2 感觉与知觉

感觉和知觉属于感性认识，是指纺织服装消费者的感官，直接接触刺激物和情境所获得的直观、形象的反映。例如，纺织服装的款式、颜色、面料、做工，以及纺织服装专营店的装修风格等，刺激了纺织服装消费者的视、听、触、嗅、味等感官，使消费者感觉到它的个别特性。随着感觉的深入，各种感觉到的信息在头脑中被联系起来，进行初步的分析综合，使纺织服装消费者形成对刺激物或情境的整体反映，就是知觉。

由于每个人都以各自的方式注意、整理、解释感觉到的信息，因此不同纺织服装消费者，对同种刺激物或情境的知觉很可能是不同的，这就是知觉的三个特性：选择性注意、选择性理解和选择性记忆。选择性注意，是指纺织服装消费者每天面对大量的刺激物，像广告，但其中大部分都不会引起注意，留不下什么印象。一般说，纺织服装消费者倾向于注意那些与其当时需要有关的、与众不同的或反复出现的刺激物。例如，要购买皮衣的消费者，对皮衣的广告宣传比较注意；想低价购买纺织服装的消费者，便会对打折的纺织服装店的广告宣传比较注意。选择性理解，是指纺织服装消费者接受了外界信息的刺激，但却并不一定会像信息发布者预期的那样，去理解或客观地解释这些信息，而是按照自己的想法、偏见或先入之见来理解这些信息。例如，一贯钟爱某纺织服装品牌的消费者，当其接触新的品牌时，即使新品牌的质量等优于偏爱的品牌，消费者也不会轻易认可，总认为原先的品牌更好些。选择性记忆，是指纺织服装消费者常常记不住所获悉的所有信息，仅记住某些信息，特别是证实了他的态度和信念的信息。例如，纺织服装消费者，可能很容易记住自己所喜欢纺织服装品牌的优点，而记不住其他竞争厂家的纺织服装产品优点。

3.2.3.3 学习

学习是驱策力、刺激物、提示物、反应和强化诸因素相互影响和作用的结果。其中每一要素，都是完成整个学习过程必不可少的。例如，爱美之心是人的本能，当消费者试图通过纺织服装来展示自己时，就形成购买服装的“驱策力”，市场上绚丽缤纷的纺织服装，令人眼花缭乱的促销宣传等，就是“刺激物”，此时若一位消费者决定购买某款纺织服装，很可能是因为纺织服装的款式、色彩等适合个人的情况，品牌是熟悉的，而且价格也是可以被接受的等诸多因素促成。这里纺织服装的款式、品牌、价格，都是作出购买反应的诱因。如果对本次购买反应比较满意，消费者会经常购买、穿戴，并由此认定适合自己的款式、颜色和喜欢的纺织服装品牌，以后在同样的情形下，消费者会作出相同的反应，这就是反应的“强化”，学习过程即告结束。所以，纺织服装企业需要提供条件，让消费者有机会了解掌握纺织服装面料的成分、特点，感受纺织服装设计风格的特点以及如何保养等常识，帮助潜在的纺织服装消费者完成学习过程，成为现实的纺织服装消费者。

3.2.3.4 信念与态度

信念，是指纺织服装消费者通过学习、亲身体验或受传播媒介及他人的影响，形成的对某些纺织服装比较固定的观点或看法。例如，纺织服装消费者认为某品牌的衣服适合自己的年龄或体形，服务热情周到，这便是一种信念。消费者的信念决定了纺织服装企业和产品在他们心目中的形象，简化了消费者的购买过程，引导消费者习惯地购买某种纺织服装产品。所以纺织服装企业应当高度重视消费者对企业产品或品牌的信念，因为信念会形成产品和品牌形象，会影响消费者的购买选择。

态度，是指一个人对某些纺织服装产品或观念，持有的相对稳定的认识评价、情感感觉及行为倾向。纺织服装消费者在长期的学习和社会交往的过程中，形成了态度。消费者一旦形成对某种纺织服装产品或品牌的态度，以后就倾向于根据态度作出重复的购买决策，不愿费心去进行比较、分析、判断。例如，某人对纺织服装的态度是：生活严谨和有事业心的人都穿庄重的纺织服装，很少穿着过于前卫的纺织服装。基于这种态度，他总是购买正装而拒绝购买时尚前卫类服饰。另外，态度的形成与相关群体的影响有关。群体成员的相互作用、模仿、暗示等会使纺织服装消费者形成与群体信念或规范相适应的态度。消费者对某种纺织服装态度的形成，往往是在购买后，在穿着纺织服装的过程中形成的，这种态度可能是积极肯定的，也可能是消极否定的。

3.3 纺织服装消费者购买行为模式与过程

纺织服装消费者购买行为，是一种复杂的社会经济和社会心理的现象。从消费心理的角度来看，纺织服装消费者购买行为虽各不相同，但无不以某些共同的心理活动为基础，例如，认知过程、决策过程和购买过程，它们相互关联构成了消费行为的基本模式，具体地表现为不同纺织服装消费者复杂的心理活动。

3.3.1 纺织服装消费者购买行为基础

纺织服装消费者购买行为，是受自身心理活动支配的，心理活动是购买行为的基础。纺织服装消费者购买行为具体分为以下三个方面。

3.3.1.1 认知行为

纺织服装消费者的认知行为，是指消费者通过大脑对来自各方面的纺织服装商品信息进行整理、加工、选择和贮存，从而形成对纺织服装商品的初步认识。例如，消费者接收到某件纺织服装信息后，首先会对这件纺织服装的色彩、款式等表层信息做出知觉反应，产生外部印象。对纺织服装商品的认识过程，是纺织服装消费者心理活动的起点，也是纺织服装消费行为的主要心理基础，它是购买动机产生、消费态度形成和购买行为出现的先导。

3.3.1.2 决策行为

纺织服装消费者的决策行为，是指纺织服装消费者根据是否符合自身的需要，做出选择和判断，并对实现纺织服装购买行为采取肯定或否定的态度。纺织服装消费者在进行购买决策时，需要解决以下六个方面的问题，即“5W1H”。

(1) 购买主体（Who） 即谁是购买者，包括谁决定购买和谁实际购买纺织服装商品。

(2) 购买对象（What） 即购买什么，纺织服装消费者，决定要购买何种纺织服装商品。

(3) 购买原因（Why） 即为什么要购买，原因可能为：一是纺织服装消费者的兴趣爱好；二是生活必需；三是纺织服装消费者收入增加；四是纺织服装商品打折；五是出于好奇；六是馈赠亲友的需要等。

(4) 购买地点（Where） 即在哪里购买，也许是纺织服装专卖店，或是百货商店、网络店；可以是市中心，也可以是附近街边的摊点。它跟所购纺织服装商品的性质、消费者居住区、商店的声誉、商品种类、商店橱窗陈列布置、销售方式（自选还是店员服务等）和营业员服务态度及交通便利情况等都有关系。

(5) 购买时间（When） 即什么时间购买，是选择一天的早上、中午还是晚上；是平日还是周末、假日；一年的春季还是秋季，夏季还是冬季。它与纺织服装消费者的工作性质和生活习惯，以及风俗习惯都有关系，例如，在中国春节前，会形成纺织服装的销售旺季等。

(6) 购买方式（How） 即如何购买，它分为现金付款、延期付款、分期付款以及邮购、网购、自己买、托人买等。购买方式不仅会影响纺织服装市场营销活动、营销计划的制订和其他经营决策，也会影响纺织服装产品设计、价格政策。

3.3.1.3 购买行为

纺织服装消费者采取的购买行为，主要包括以下三个相互联系的阶段。

(1) 购买决定阶段 纺织服装消费者对纺织服装商品产生认知后，从自己的需求出发，结合自己的多方条件做出消费决定。

（2）执行决定阶段　纺织服装消费者做出购买决定后，把购买决定转化为实际的购买行动，使预定的购买目标得以实现。

（3）检验购买效果　纺织服装消费者实施购买行为后，通过对纺织服装商品使用效果的检验和反思，判断自己的购买行为是否明智。纺织服装消费者对购买决定执行效果的检验，对消费者以后的纺织服装购买行为将产生直接影响。

3.3.2　纺织服装消费者购买行为模式

研究纺织服装消费者购买行为的理论中，最有代表性的刺激-反应（S-R）模式，如图3-2所示。

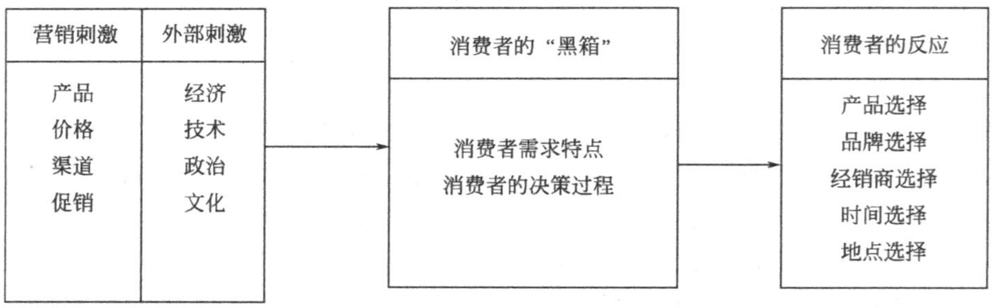

图 3-2　购买行为模式

纺织服装消费者购买行为，是一个投入产出的过程。一方面，纺织服装消费者接受各种外部刺激；另一方面，纺织服装消费者做出各种反应。营销刺激由产品、价格、销售渠道和促销组成，其他外部刺激包括购买环境中的主要因素，像经济、技术、政治和文化因素等。外部刺激和消费者的反应，往往是有形的、看得见的、摸得着的，而消费者如何消化各种外部刺激，从而形成各具特色的某种反应，则常常难以捉摸，它成为纺织服装消费者购买行为中的一个“黑箱”。这就是纺织服装消费者购买行为的刺激-反应（S-R）模式。纺织服装市场营销刺激和其他刺激，通过进入购买者的“黑箱”而引起反应。纺织服装消费者根据自己的特点处理这些信息，包括：纺织服装产品的选择、品牌的选择、经销商的选择、时间及地点的选择等。该“黑箱”模式表明：同样的外界刺激，作用于不同特征的纺织服装消费者，加上购买决定过程中所遇不同境况的影响，纺织服装消费者将做出不同的决定。在刺激和反应之间的纺织服装消费者的“黑箱”，由以下两个部分组成。一是消费者需求特点。不同特点的纺织服装消费者，对同一刺激会产生不同的理解和反应，纺织服装消费者会受到很多因素的影响，进而影响纺织服装消费者对刺激的理解和反应。影响纺织服装消费者需求特点的因素，包括：社会文化因素、个人因素和心理因素等，我们在前面已经学习。二是消费者的决策过程。纺织服装消费者购买行为决策过程，它直接影响纺织服装消费者最后的购买决定，下面进行具体介绍。

3.3.3　纺织服装消费者购买行为过程

纺织服装消费者购买行为，是一个十分复杂的活动过程，从经营的角度看，按照心理活动过程和购买行为加以分析，消费者购买纺织服装产品的过程，一般可归纳为以下五个阶段，即确认需求、收集信息、比较评估、购买决定和购后感受，如图 3-3 所示。

这个模式表明，购买决定过程在实际购买之前就已经开始，一直持续到购买之后，所以作为纺织服装企业应该关注整个购买过程，而不仅仅关注购买决定本身。

3.3.3.1　确认需求

需求引发购买动机，这是购买过程的起点。这种需求，可能是由纺织服装消费者内在的

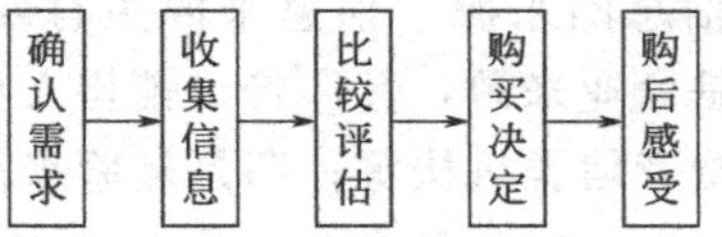

图 3-3 购买决策过程

生理活动引起的，也可能是受到外界的某种刺激引起的。当纺织服装消费者认识到有未满足的需求时，会产生购买欲望，这种欲望达到一定的强度就成为一种推动力，驱使人们去购买某种纺织服装商品来满足这种需求。例如，消费者的棉大衣已经破损，失去了御寒的基本保证，他就会产生购买一件新棉衣的需求，从而需求产生，购买过程开始。又如，一位女士看到时尚杂志、电视广告或者橱窗陈列展示的流行服装时，产生了购买冲动，这是受外界因素作用的结果。纺织服装消费者的需求可以分为功能性需求和心理性需求。功能性需求直接同产品的性能有关，像衣服破损后，失去了其使用价值，必须进行更换，从而满足消费者对于服装基本保护功能的需求。心理性需求与消费者购买纺织服装产品时，所获得的个人满足感相联系。例如，纺织服装本身并没有破损，仍可以用，但有的消费者会因为过时、不新潮而放弃，添置新的纺织服装，这也许并不比原来的具有更好的保护功能，但是却满足了消费者作为时尚的需求。因此，企业在开发设计纺织服装时，在增加纺织服装功能性的同时，应该注意如何满足消费者的心理性需求。

在产生需求阶段，纺织服装企业营销的主要任务有以下两点：一是了解与本企业产品有关的纺织服装消费者的现实的和潜在的需求。在价格和质量等因素既定的条件下，一种纺织服装产品如果能够满足消费者多种需要，就能吸引更多的购买。二是了解纺织服装消费者需求随时间推移，以及外界刺激变动的规律性，设计出诱发纺织服装消费者特定要求或兴趣的情境，增强对纺织服装消费者的刺激，唤起其需求，最终影响纺织服装消费者的购买行动。对于纺织服装这类季节性和流行性较强的产品来说，利用适当的时机，激发纺织服装消费者的兴趣，形成一定范围内的流行是十分重要的。

3.3.3.2 收集信息

当消费者确认了自己对纺织服装的需求以后，就会有意识地去寻找有关的信息。通常情况下，需求立即得到满足须有三个条件：一是这个需求很强烈；二是满足需求的产品很明显；三是该产品可立即得到。以上三个条件具备时，纺织服装消费者满足需求无须经过收集信息阶段，也可理解为这个阶段很短、很快，接近于零。但在一般情况下，被引起的需求不能马上得到满足，或是因为纺织服装消费者不具备能力，或是纺织服装消费者感觉还无十分把握，那么消费者会积极地收集所需纺织服装商品的信息资料，以便完成从对纺织服装商品的认识开始，到做出决定购买的过程。

在此阶段，纺织服装企业营销的主要任务有以下两点。

(1) 了解纺织服装消费者购买决策的参与者　在当今市场，尤其是中国的纺织服装市场是以家庭为基础的，消费者参与购买决策的通常是一个家庭的一个成员或几个成员，而且购买决策中各自扮演的角色是有区别的：一是发起者，这是首先想到或提议购买纺织服装产品的人；二是影响者，其看法或意见对最终决策具有直接或间接影响的人；三是决策者，即能够对买不买、买什么、买多少、何时买、何处买等问题做出最后决定的人；四是购买者，这是实际采购纺织服装商品的人；五是使用者，即直接使用所购纺织服装商品的人。值得注意的是，在以上五种角色中，纺织服装企业最应该关心的是决策者是谁。

（2）了解纺织服装消费者信息的来源　信息来源主有四个方面：一是个人来源，像家庭、朋友、邻居、熟人等；二是商业来源，像广告、销售人员、经销商、包装、陈列等；三是公共来源，像大众媒介、消费者信誉机构等；四是经验来源，像每个消费者都有自己过去的购物经验，这些经验形成了一个广泛的信息库，当消费者需要时，就会选择。一般来说，这些信息来源的相对影响力，随纺织服装产品和消费者的不同而变化。为了使消费者将所寻求的信息限定在自己的纺织服装产品上，纺织服装企业可以同时使用多种信息传播策略，通过电视、网络、广播、报纸、杂志方式进行宣传，也可以通过纺织服装展示会、时装表演、橱窗陈列等方式，让消费者及时感知该企业的纺织服装产品。

3.3.3.3　比较评估

比较评估，是指纺织服装消费者从各方面收集信息资料，根据这些信息和一定的评价方法对同类纺织服装产品的不同品牌加以分析、对比和评价。一般情况下，纺织服装消费者收集到各种信息资料后，就会对纺织服装商品进行分析对比和评价，对纺织服装还要经过试穿，最后做出购买决定。比较评估是实施购买决定过程中决定性的步骤，这一过程受到很多因素的影响，消费者在选择纺织服装时，会考虑以下几个方面的因素。

（1）纺织服装的属性　指纺织服装所具有的能够满足消费者需要的特性，在纺织服装消费者心中通常表现为一系列基本属性的集合，包括纺织服装的款式、颜色、面料、价格、做工、流行性等。消费者对纺织服装各种属性的关心程度因人而异。他们最关心的是那些最能满足其当前需要的属性，通常可以按照不同消费者群体所重视的主要属性的不同加以细分。例如，重视流行的消费者、重视品牌的消费者、重视价格的消费者、重视质量的消费者等。在价格不变的条件下，一个纺织服装产品有更多的属性，将更能吸引消费者购买，但是会增加企业的成本。

（2）纺织服装品牌形象　指消费者对某纺织服装品牌优劣程度的总的看法。消费者通过分析、比较并结合以往的经验，对每一属性实际达到了何种标准给予评价，然后将这些评价连贯起来，会对选择不同品牌纺织服装形成不同的品牌信念，并形成对某一特定品牌的信念组合，例如，某纺织服装品牌款式流行、色彩明快、价格适中等。

（3）期待效用　指消费者对该纺织服装品牌每一属性的效用功能应达到何种标准的要求。或者说，该纺织服装品牌每一属性的效用功能，必须达到何种标准才会被消费者接受。消费者总是为了满足某种需求，才购买纺织服装的。例如，消费者理想的纺织服装可能是样式新颖、做工精致、知名度高而价格便宜，如果某件纺织服装越接近这一“理想产品”，消费者越可以从中得到更大的满足。

3.3.3.4　购买决定

消费者经过对备选纺织服装产品的比较评估过程以后，会在几个品牌中形成偏好和购买意向，正常情况下，消费者会产生购买行动，购买自己所喜欢的纺织服装。但有时消费者会因为受他人的态度、不可预料情况、预期风险等因素的影响，放弃或暂缓作出购买决定。例如，因婚礼推迟或方式改变，新婚夫妇可能改变购买婚礼服的计划。

（1）他人的态度　他人的态度对纺织服装消费者购买决定的影响大小，取决于他人与该消费者的关系密切程度、否定态度的强度以及消费者顺从他人意愿的动机。他人的否定态度愈强烈、与消费者关系愈密切、则该消费者放弃购买的可能性就越大。相反，如果消费者尊敬或喜欢的人，喜欢某一纺织服装品牌或产品，则会促使他作出购买该纺织服装品牌或产品的决定。由于纺织服装具有整体外观和在他人面前展示自我的作用，因而纺织服装消费者在购买纺织服装时，一般会比较在意他人的看法，在拿不定主意时，常会与同事、亲友等一起商量选购。

(2) 不可预料情况　纺织服装消费者的购买决定，还受到不可预料情况的影响。例如，纺织服装价格上涨、家庭收入的突然减少，或其他必需品的支出增加等。所以纺织服装消费者即便形成了偏好和购买意愿，但并不意味着就一定会发生实际购买行为。

(3) 预期风险的大小　纺织服装消费者放弃、暂缓或修正某项购买决策，还受到预期风险大小的影响。纺织服装消费者的预期风险可分为六类：一是经济性风险，即担心金钱或资产的损失；二是社会性风险，即担心他人或所属群体的拒绝；三是心理性风险，即担心美的追求不能满足；四是机能性风险，即担心品质、性能有缺陷；五是生理性风险，即担心穿着过程中引起疾病或意外伤害；六是时间性风险，即担心退换、修理等花费精力和时间。纺织服装消费者对某种风险的重视程度，取决于纺织服装产品的款式种类、功能、流行性、价格以及个人的心理承受能力等因素。就纺织服装而言，消费者购买高档纺织服装、特殊场合用的纺织服装时，会感觉有较大的风险性。所以在此阶段，纺织服装企业要向消费者提供有关同类纺织服装商品的信息，以便于消费者从纺织服装的款式、质量、价格、服务等方面进行比较，促使消费者对本企业的纺织服装商品产生好感。

3.3.3.5　*购后感受*

消费者购买纺织服装产品以后，会通过自己的实际感受来检验购买决定的正确性，确认满意程度，作为以后类似购买活动的参考。例如，消费者购买到某种纺织服装商品以后，往往会征求家庭成员、同事、亲友的意见，并进行自我评论，来检验自己的购买选择，重新考虑购买这种纺织服装商品是否明智、价格是否合算、效用是否理想等，从而形成购后感受。

纺织服装消费者的满意程度，取决于消费者对纺织服装的预期性能，与穿着过程中的实际性能之间的对比。如果购买后，纺织服装的实际性能超过预期性能，像得到同事、邻居、朋友等人的肯定和欣赏，纺织服装消费者就会感到很满意；如果实际性能未能达到预期的效果，像引不起别人的注意，甚至被别人否定，纺织服装消费者就会不满意。介于两者之间的就是基本满意。根据这一“预期满意理论”，纺织服装企业在对其产品的宣传广告中必须实事求是，符合纺织服装产品的实际性能，以便使纺织服装消费者认可，或者在宣传中留有余地，以增加纺织服装消费者购后的满意程度。

随着人民生活水平的提高，审美观念的改变，消费者对纺织服装的需求呈现出多样化的趋势，这种趋势导致了纺织服装流行周期的缩短。所以纺织服装企业，必须善于根据纺织服装消费者购买行为过程各个阶段的不同情况，拟订有效的纺织服装市场营销策略，采取针对性的措施，影响纺织服装消费者购买行为决策。

核心概念：

(1) 纺织服装消费者需求：是指纺织服装消费者在一定的社会经济条件下，为了自身的生存和发展，而对纺织服装产品或服务的需求和欲望。

(2) 纺织服装消费者购买行为：是指纺织服装消费者为满足个人和家庭需要，而购买纺织服装的行为。

(3) 纺织服装消费者购买动机：是指纺织服装消费者为了满足自己一定的需要而引起购买行为的愿望或意念，它是引起纺织服装消费者购买某一纺织服装产品或服务的内在动力。

复习思考：

1. 单项选择题

(1) 纺织服装消费者需求按其是否在购买行为中表现出来分为：显性需求和（　　）。

A. 潜在需求　　B. 物质需求　　C. 社会需求　　D. 精神需求

(2) 纺织服装消费者购买行为分为：复杂型、和谐型、习惯型和（　　）四种类型。

A. 理想型　　B. 多变型　　C. 实践型　　D. 政治型

(3) 纺织服装消费需求（　　）是指纺织服装消费需求在受到内因和外因的作用时所产生伸缩的程度。

A. 多样性　　B. 周期性　　C. 伸缩性　　D. 层次性

(4)（　　）是以价廉物美为中心，同时注重纺织服装的款式与价格，更多考虑纺织服装的实用性及穿着效果。

A. 求廉动机　　B. 求新动机　　C. 求美动机　　D. 求实动机

(5) 消费者参与购买决策的通常是一个家庭的一个成员或几个成员，纺织服装企业最应该关心的是（　　）。

A. 发起者　　B. 影响者　　C. 决策者　　D. 购买者

2. 多项选择题

(1) 纺织服装消费者分为（　　）等十种类型。

A. 习惯型　　B. 理智型　　C. 冲动型　　D. 价格型

(2) 纺织服装消费者购买行为分为：复杂型、和谐型、（　　）。

A. 审美型　　B. 习惯型　　C. 多变型　　D. 经济型

(3) 影响纺织服装消费者购买行为的因素主要是（　　）。

A. 社会文化因素　　B. 个人因素　　C. 政治法律因素　　D. 心理因素

(4) 社会文化因素主要包括：文化和（　　）。

A. 亚文化群　　B. 社会阶层

C. 相关群体　　D. 家庭、角色与地位

(5) 消费者购买纺织服装产品的过程，一般可归纳为（　　）购后感受等阶段。

A. 确认需求　　B. 收集信息　　C. 比较评估　　D. 购买决定

3. 判断题（正确答案打“√”，错的打“×”）

(1) 潜在需求实际上是潜在市场，对于纺织服装企业更具有战略意义。（　　）

(2) 纺织服装消费者需求就对纺织服装产品或服务的需要。（　　）

(3) 纺织服装消费者购买行为是为满足个人和家庭需要而购买纺织服装的行为。（　　）

(4) 纺织服装消费者购买动机是引起消费者购买某一纺织服装产品或服务的内在动力。（　　）

(5) 家庭是影响消费行为的最重要的个人因素。（　　）

4. 简答题

(1) 纺织服装消费者需求涵义是什么？有何特点？

(2) 什么是纺织服装消费者购买动机？有哪些类型？

(3) 什么是纺织服装消费者购买行为？有哪些类型？

(4) 影响纺织服装消费者购买行为的主要因素是什么？

(5) 纺织服装消费者购买行为过程如何？

案例分析：

爷爷的购买行为

消费心理是消费者在满足消费需要活动中的思想意识，它支配着消费者的购买行为。进入老年后，由于生理器官的变化，必然地引起心理上的变化。粤穗纺织服装公司注重研究老年人的心理特征，了解和掌握老年人购买纺织服装的消费心理，为企业的纺织服装营销决策提供依据。

粤穗纺织服装公司在为老年人提供纺织服装时，采用了以下一些营销措施：①在广告宣传策略上，着重宣传产品的大方实用、易洗易脱、轻便、宽松；②在媒体的选择上，主要是投放电视和报刊广告；③在信息沟通的方式方法上，主要是介绍、提示、理性说服，而力求避免炫耀性、夸张性广告，不邀请名人明星；④在促销手段上，主要是搞价格折扣和展销会；⑤在销售现场，公司派出中年促销人员，为老年纺织服装消费者提供热情周到的服务，为他们详细介绍纺织服装商品的特点和用途，若有需要，就送货上门；⑥在销售渠道的选择上，主要选择大商场，靠近居民区，并设立了老年专柜或老年专卖店；⑦在产品的款式上，以庄重、淡雅、民族性为主。价格上，以中低档价格为主。面料的选择上，以轻薄、柔软为主，适当地配以福、寿等喜庆寓意的图案；⑧在老年顾客的接待上，公司再三要求销售人员在接待过程中，要不疾不徐，以介绍质量可靠、方便健康、经济实用为主，在介绍品牌、包装时要注意顾客的神色、身体语言，适可而止，不硬性推销。

星期天，在该公司设立的老年纺织服装店里来了四位消费者，从他们亲密无间的关系上可以推测出这是一家人。走在前面的爷爷面色红润、气定神闲、怡然自得，手拉着一位十来岁的小孙子。后面是一对中年夫妇，丈夫对妻子说："重阳节快到了，给孩子的爷爷买件新衣吧?"妻子点点头。中年夫妇转了一圈，很快就选中了一件较高档的上装，要爷爷试穿，可是爷爷不愿意，理由是价格太高、款式太新了。这时丈夫对爷爷说："反正是我们出钱，您就别管价钱高不高了。"可爷爷并不领情，脸色也有点难看。营业员见状，连忙说："爷爷，您可真是好福气啊！儿孙如此孝顺，您就别难为他们了。"小孙子也摇着老人的手说："爷爷，这件好，就买这件嘛！"爷爷一边说着小孩子懂什么好坏，一边脸上已露出了笑容。营业员见此情景，赶紧帮爷爷试穿，并将试好的服装很快包扎好，交给了妻子，丈夫付款后，一家人高高兴兴地走出了店门。

经过以上几方面的努力，粤穗纺织服装公司生产的老年纺织服装，很快被老年纺织服装消费者所接受，销售量急剧上升，公司得到了很好的经济效益。

问题分析：

1. 什么是纺织服装消费者购买行为？购买决策过程分哪几个阶段？参与者有哪些？

2. 本案例中八个方面体现了老年纺织服装消费者怎样的消费心理和购买行为，公司这样做的营销依据是什么？老年人对比青年人、妇女在消费心理、购买行为上有什么区别？

3. 请分析这家人不同的购买角色和营业员的销售技巧。

实践演练：

活动主题：认知体验纺织服装消费者

活动目的：增加感性认识，实地体验纺织服装消费者。

活动形式：将全班分成若干小组，3～5人为一组，以小组为单位开展活动，与教学时间同步，就近实地参观一个纺织服装商场。

活动内容和要求：活动之前，要熟练掌握纺织服装消费者需求概念、特点和纺织服装消费者购买动机、购买行为类型，了解影响纺织服装消费者购买行为的主要因素及购买行为决策过程，做好相应的知识准备；以小组为单位提交书面调查报告；调查报告撰写时间为2天；授课教师可根据每个小组提供的书面调查报告按质量评分，并计入学期总成绩。

任务4 实施纺织服装市场调查与预测

知识目标：

1. 纺织服装市场调查的概念；
2. 纺织服装市场调查的内容与方法；
3. 纺织服装市场调查的步骤；
4. 纺织服装市场调查问卷设计；
5. 纺织服装市场预测；

能力目标：

1. 能正确运用纺织服装市场调查与预测方法；
2. 能编写纺织服装市场调查问卷和调查与预测报告。

情景导入：

Levi's（李维斯）服装公司的市场调查

Levi's服装公司以生产牛仔裤闻名世界，同时兼营其他服装及鞋帽皮件等产品。该公司20世纪40年代末期的累计销售额800万美元，而90年代增加到30亿美元。Levi's公司的决策者认为，任何成功的生意都应该做到及时准确地了解顾客的需求，千方百计地满足顾客的需求，为此，公司设有专门机构负责市场调查，由全公司组织分类产品的市场调查，在国外按不同国别进行市场调查。公司对德国市场的调查表明，多数顾客首先要求合身，公司随即派人在该国各大学和工厂进行合身试验，一种颜色的裤子定出了45种尺寸，因而扩大了销路，根据多年市场调查积累的经验，公司把合身、耐穿、价廉、时髦作为产品的主要目标，力争使自己的产品长期打入青年人的市场。近年来，在市场调查中，他们了解到许多美国女青年喜欢穿男裤，公司经过精心设计，推出了适合妇女需要的牛仔裤和便装裤，使妇女服装的销售额不断上升。在调查中，他们还应用心理学、统计学等知识及手段，分析消费者的心理和经济状况的变化、环境的影响、市场竞争条件和时尚趋势等，据此制订企业发展战略、产品开发战略，并制订企业的五年计划和第二年的销售、生产计划。他们认为，产销是一个共同体，两者由同一个上级决策，工厂和市场之间要建立经常性的情报联系，这样才能使工厂产品紧跟市场需求而变化，虽然在美国国内和国际服装市场上竞争相当激烈，但由于Levi's服装公司积累了丰富的市场调查经验，因此，他们制订的生产与销售计划同市场上实际销售量只差1%～3%，获得了显著的经济效益。

想一想:

什么是纺织服装市场调查？Levi's公司做了哪些市场调查？纺织服装市场调查有什么作用？我们应该怎样进行纺织服装市场调查？下面将为你一一道来。

4.1 什么是纺织服装市场调查

4.1.1 纺织服装市场调查的涵义与作用

4.1.1.1 涵义

纺织服装企业为了使纺织服装顾客得到高品质的服务和最大程度的满意，每做一个决定都需要进行广泛的调查，好的纺织服装产品和好的纺织服装营销计划需要以对顾客需求的全面了解为前提。纺织服装企业还需要了解有关竞争者和其他各种纺织服装市场因素的实际情况。而这些有用的信息的即时获得是通过调查得到的。

纺织服装市场调查，是指用科学的方法和客观的态度，以纺织服装市场和纺织服装市场营销中的各种问题为研究对象，有效地搜集、整理和分析各种有关的信息，从而掌握纺织服装市场的历史和现状，以便为纺织服装企业的预测和决策提供基础性的数据和资料。

4.1.1.2 作用

纺织服装市场调查是纺织服装营销的起点，其作用表现在以下两个方面：一是有效的纺织服装市场调查能够及时、准确和充分地提供市场情报，有助于纺织服装企业分析和研究营销环境状况及其变化，从而有预见地安排纺织服装营销活动，减少决策风险；二是对纺织服装企业营销决策和计划的实施情况进行调查，可以对纺织服装营销决策的得失作出客观的评价并提出正确的建议。

4.1.2 纺织服装市场调查的类型

(1) 纺织服装探测性调查　是指纺织服装企业对所研究的市场情况缺乏认识甚至很不了解，为明确其范围、性质、原因等而进行的调查。纺织服装探测性调查有助于认识问题和界定问题，以便确定调查的重点和方向。例如，纺织服装企业的客户下降，是什么原因造成的呢？是纺织服装产品不吸引人？还是纺织服装价格太高？是纺织服装的渠道不畅？是促销不力？还是竞争者采取了新的策略？诸如此类。为了弄清到底是什么原因，就可用纺织服装探测性调查法去寻找最可能和最重要的原因，以确定问题研究的方向。

纺织服装探测性调查，回答的是“可以做什么”，即是“投石问路”。它通常采用一些简便易行的调查方法，例如，研究手头现有的资料，请教熟悉情况的人士，分析以往的类似案例等。

(2) 纺织服装描述性调查　是针对所研究的市场情况，通过搜集资料并经甄别、审核、记录、整理、汇总，做更深入、更全面的分析，揭示问题真相，并对问题的性质、形式、存在、变化等具体情况作出现象性和本质性的描述。纺织服装调查大多是描述性调查，例如，调查纺织服装顾客的年龄结构、收入状况、偏好情况、对纺织服装产品的态度等等。

纺织服装描述性调查，回答的是“是什么”，因为它一般是针对特定的市场情况寻找答案，为进一步调查提供基本资料，所以比纺织服装预测性调查要深入细致得多。纺织服装描述性调查需要制订详细的调查计划和提纲，搜集大量的信息，力求如实、具体地描述调查研究的对象。

(3) 纺织服装因果性调查　是对导致研究对象存在或变化的内在原因和外部因素的相互联系和制约关系做出说明，并对诸因素之间的因果关系、主从关系、自变量与因变量的关系进行定量与定性的分析，指出调查对象产生的原因及其形成的结果。例如，为什么皮尔·卡丹时装畅销国际服装市场？为什么某纺织服装企业产品的市场占有率今年比去年下降10%？等等。通过因果性调查，我们就可以弄清问题产生的前因后果，以便纺织服装企业对症下药。

纺织服装因果性调查，就是在纺织服装描述性调查的基础上，找出纺织服装市场上出现的各种现象之间、各种问题之间相互关系的原因和结果，它回答的是“为什么”。

(4) 纺织服装预测性调查　是对纺织服装市场未来变化趋势进行的调查，即在纺织服装描述性调查和纺织服装因果性调查的基础上，对市场可能的变化趋势进行估计和推断。因此，实际上是纺织服装调查结果在预测中的应用。纺织服装预测性调查的方法很多，可以通过综合专家和有经验人士的意见，对事物的发展趋势作出判断；也可以对纺织服装描述性调查或因果关系调查所获得的资料进行分析和计算，预测未来变化的量值。纺织服装预测性调查的结果常常被直接用做决策的依据。纺织服装预测性调查，着眼于纺织服装市场现象的未来，它回答的是“将来怎么样”。

上述四种调查类型是相互联系、逐步深入的。纺织服装探测性调查有助于识别问题和界定问题；纺织服装描述性调查有助于说明问题；纺织服装因果性调查有助于分析问题的原因；纺织服装预测性调查有助于估计问题的发展趋势，从而为会展企业经营决策提供服务。

4.2　纺织服装市场调查的内容与方法

4.2.1　纺织服装市场调查的内容

纺织服装市场调查的范围，涉及纺织服装营销的全过程。故此，纺织服装营销各方面、各环节的情况都可能成为纺织服装市场调查的内容，主要有纺织服装宏观环境调查、纺织服装动机和行为调查、纺织服装分析调查、纺织服装竞争情况调查和纺织服装营销因素调查几个方面。

(1) 纺织服装宏观环境调查　是指对政治、经济、社会、法律、生态、技术等因素的现状进行调查，研究其对纺织服装企业营销的影响。例如，纺织服装政治法律环境调查，主要了解政府的有关方针政策和国家的法律法规等；纺织服装经济环境调查，主要了解一个国家或地区的经济发展速度、经济结构、国民收入、消费水平、消费结构和资源条件等方面的情况；纺织服装技术环境调查，主要了解科学技术的发展状况，新技术、新工艺、新设备等的应用及普及推广情况。

(2) 纺织服装动机和行为调查　是指对纺织服装顾客购买动机和行为特性进行调查。主要是了解纺织服装顾客购买的原因、目的、时间、地点方式以及购买后的评价等。

(3) 纺织服装分析调查　主要是研究纺织服装需求的动向、现实和潜在的纺织服装需求、纺织服装的供求平衡状况、本企业和其他纺织服装企业的市场占有率状况、纺织服装营销策略变化对纺织服装收入的影响等。

(4) 纺织服装竞争情况调查　主要包括对纺织服装竞争者的调查分析和对纺织服装内容的调查分析。对纺织服装竞争者调查的内容包括纺织服装竞争者的能力、技术水平、市场占有率、纺织服装产品的成交量、地区、经营目标、营销策略以及优势和劣势等。对纺织服装内容调查主要包括纺织服装产品、纺织服装成交量、纺织服装成交结构分析、纺织服装成交价位分析、纺织服装成交的科技含量分析等。

(5) 纺织服装营销因素调查 主要包括纺织服装产品调查、纺织服装价格调查、纺织服装分销渠道调查和纺织服装促销调查等。对纺织服装产品调查，主要是了解纺织服装对象。纺织服装产品是否是新产品；是否具有一定的先进性和代表性：是填补了空白的产品还是老产品的升级换代。对纺织服装价格调查，主要是针对纺织服装企业价格策略的反应、影响纺织服装企业价格的主要因素、需求价格弹性、替代产品价格、互补产品价格、竞争者价格策略等。对纺织服装分销渠道调查，主要是了解纺织服装销售渠道的结构和覆盖范围、纺织服装经营状况、顾客对纺织服装的满意程度、纺织服装产品的运输和仓储情况等。对纺织服装促销调查，主要了解人员推销的效果、广告媒体情况和广告效果、营业推广的效果、社会公众对纺织服装企业公关活动的反映等。

4.2.2 纺织服装市场调查的方法

对于纺织服装市场调查者来说，选择恰当的纺织服装市场调查方法是十分重要的。纺织服装市场调查方法包括：纺织服装定性调查和定量调查两大类。纺织服装定性调查的目的在于发现问题以及寻找解决问题的方案，常见的方法有纺织服装文案调查法、询问法、观察法等；纺织服装定量调查是用来测试、衡量上述方法是否可行、有效，它最主要的方法是纺织服装问卷调查，不论是通过电话、信函、互联网还是面对面，都可以得到有价值的定量数据。在具体操作中，纺织服装企业可根据纺织服装调查目的、内容以及对象的特点，选择恰当的调查方法。

4.2.2.1 纺织服装文案调查法

纺织服装文案调查法，是指利用纺织服装企业内部和外部、过去和现在的有关资料，运用统计理论加以汇总分类整理，用以分析纺织服装市场供求或销售变动情况，经过综合研究、判断，探测其未来发展趋势。也就是说，在纺织服装文案调查中，纺织服装市场调查人员不需要亲临其境，只需从大量丰实的文献资料如书刊、报纸、图像、报表以及电脑网络、广播电视、新闻报纸等传媒中去寻找、去挖掘人们在纺织服装市场问题研究中所掌握的宝贵的资料，在此基础上形成对纺织服装市场问题的新的、有益的认识。由于纺织服装文案调查法所收集的是二手资料，故又称为纺织服装二手资料调查法。其优点是便于取得那些不可能直接接近，其他方法不能取得的资料；对所查阅的文献资料有较高的选择性；研究时间有较大的弹性；较之其他调查法，可以减少时间、人力、物力、财力的耗费。而缺点主要是向有关机关、部门、单位以及媒体收集查阅资料时，有时因保密性而不能取得所需要的资料。另外，所得资料需要较长时间又经多人转记，其真实程度难以保证。

4.2.2.2 纺织服装询问调查法

纺织服装询问调查法，是指通过询问的方式向被调查者了解纺织服装市场情况，询问问题收集资料的一种调查方法。它是纺织服装调查最常用的方法。根据纺织服装市场调查人员与被调查者之间的接触方式不同，又可分为个人访问法、座谈会法、函件通信调查法和留置问卷调查法四种。

(1) 个人访问法 是指纺织服装市场调查者与被调查者面对面地单独交谈。这种调查方法具有直观、灵活、真实等有利一面，但它比较费时，调查的范围受到一定的限制。

(2) 座谈会法 是指在纺织服装企业内部搞调查或对部分典型纺织服装顾客代表搞调查时通常采用的一种方式。座谈会法的特点与个人访问法类似，直观、灵活、真实，调查的范围也受到一定的限制。所不同的是，座谈会法是多个被调查者在一起接受调查，会议的气氛、领导人的语言以及其他被调查者都会不同程度地影响调查的结果，使调查的结果易于失真。因此，纺织服装市场调查员不能仅仅以座谈会的记录作调查结论，需要配合其他手段。

(3) 函件通信调查法　是指将设计好的问卷邮寄给被调查者，请他们填写后寄回的调查方法。这种方法的优点是不需要调查者亲自到场，只需邮寄函件，节省了调查的人力、物力和财力，调查成本低，调查不受地域的限制，可以扩大调查面。但是，函件的回收率通常较低（通常为50%左右），需要按一定的比例多邮寄问卷，而且，有的被调查者对问卷中的某些问题不理解，不作回答，问卷的空项较多，影响统计的效果。故此，函件通信调查需要设计好调查表，对于某些不容易被理解的内容，附加详细的说明，使被调查者能领会其中的含义。邮件中装有寄回所需的信封和邮票，以显示调查者的谢意和情感，邮件寄出后，尽量与被调查者取得联系，以促使其完成问卷并寄回。

(4) 留置问卷调查法　是指纺织服装市场调查人员将调查提问的内容（或问卷）当面交给被调查者，并说明回答的要求，由被调查者事后自行填写回答，再由会展调查人员约定时间收回的一种调查方法。留置问卷调查法的优点是回收率高，被调查者的意见可以不受调查人员意见的影响，也可以避免由于被调查者误解调查内容而产生误差。缺点是它的调查费用高，也不利于了解被调查人员的活动。

4.2.2.3　纺织服装观察法

纺织服装观察法，是指纺织服装市场调查者身临调查现场进行实地观察，在被调查者毫无察觉的情况下，对其行为、反应作调查或统计的一种方法。纺织服装观察法有直接观察法、亲身经历法、实际痕迹测量法和行为记录法四种不同的形式。

(1) 直接观察法　是指纺织服装市场调查人员直接到纺织服装现场观察。

(2) 亲身经历法　是指纺织服装市场调查人员以当事人的身份，实地体验、观察，以了解真实情况。

(3) 实际痕迹测量法　是指通过设纺织服装顾客意见簿、用户要求联系簿或广告附回条等方式，了解纺织服装顾客对纺织服装企业、产品和服务的看法。

(4) 行为记录法　是指通过将仪器（录音机、录像机、照相机）装在现场，如实地记录被观察者的行为的方法。

纺织服装观察法的特点是使被调查者察觉不到正在被调查，或者被调查者并不介意自己的行为受到调查人员的观察。其优点是得到的资料比较真实可靠，缺点是不能了解被调查者的心理状态。

4.2.2.4　纺织服装实验法

纺织服装实验法，它是指将调查范围缩小到一个比较小的规模上，进行试验后取得一定结果，然后再推断出总体可能的结果。例如，在调查纺织服装广告效果时，可选定一些顾客作为调查对象，对他们进行广告宣传，然后根据接受的效果来改进广告词语、声像等。纺织服装实验法是研究因果关系的一种重要方法。又如研究广告对纺织服装营销的影响，在其他因素不变的情况下，纺织服装销量增加就可以看成完全是广告源影响造成的。当然纺织服装营销情况受多种因素影响，在纺织服装实验期间，顾客的偏好、竞争者的策略，都可能有所改变，从而影响实验的结果。虽然如此，纺织服装实验法对于研究因果关系，能提供询问法、观察法所不能提供的材料，运用范围较为广泛。

4.2.2.5　纺织服装抽样法

纺织服装抽样调查法是指从需要调查的对象总体中，抽取出若干个体（即样本）进行调查，根据调查的情况推断总体特征的一种调查方法。纺织服装企业的调查通常是在局部范围内展开的，采用的是纺织服装抽样调查的方法。纺织服装抽样调查法包括随机抽样调查法和非随机抽样调查法。随机抽样调查法是指调查对象总体中每个个体被抽取为样本的机会都是均等的方法，包括简单随机抽样调查、分层抽样调查、分群抽样调查和等距抽样调查四种形式。非随机抽样调查法是指调查对象总体中每个个体被抽取为样本的机会不是均等的方法，包括任意抽样调查、判断抽样调查和配额抽样调查三种形式。在纺织服装市场调查中，常用的是简单随机抽样调查、分层抽样调查和分群抽样调查。

(1) 简单随机抽样调查　也叫纯随机抽样调查，它是指从总体中不加任何分组、划类、排队等，完全随机地抽取调查单位。特点是：每个样本单位被抽中的概率相等，样本的每个单位完全独立，彼此间无一定的关联性和排斥性。简单随机抽样是其他各种抽样形式的基础。通常只是在总体单位之间差异程度较小和数目较少时，才采用这种方法。

(2) 分层抽样调查　又称分类抽样调查或类型抽样调查，它是指将总体单位按其属性特征分成若干类型或层，然后在类型或层中随机抽取样本单位。特点是：由于通过划类分层，增大了各类型中单位间的共同性，容易抽出具有代表性的调查样本。该方法适用于总体情况复杂，各单位之间差异较大，单位较多的情况。

(3) 分群抽样调查　是指将总体按一定特征分成若干群体，然后从中随机抽取一个样本群，再从这个样本群中随机抽取样本。分群抽样调查适用于总体所含个体数量庞大而且比较分散的情况。当调查对象数量庞大且混乱、难以按一定标准分层时，就只能按地区等特征进行分群。随机抽样调查是将部分作为样本。分群抽样调查与分层抽样调查是有区别的：分群抽样调查是将样本总体划分为若干不同群体，这些群体之间的性质相同，然后将每个群体进行随机抽样，这样每个群体内部存在性质不同的样本；而分层抽样调查是将样本总体划分为几大类，这几大类之间是有差别的，而每一类则是由性质相同的样本构成的。

4.2.2.6 纺织服装网络调查法

纺织服装网络调查法，它是指通过互联网进行的有系统、有计划、有组织的收集纺织服装市场信息资料和分析的一种新型调查方法。纺织服装网络调查法不受时间、地点限制而方便、实用。纺织服装企业可通过网络邮箱或网上调查问卷方式展开对主要目标顾客、社会公众调查。纺织服装网上调查法的不利因素，是被调查者身份很难确定，同时可能出现重复填写调查问卷或填写的内容不真实等情况。此外，纺织服装网络调查的信息公开度相对较高，一些对纺织服装企业的不合理抱怨可能会给企业带来不利影响。

4.3 纺织服装市场调查的程序

纺织服装市场调查的程序，是指具有一定规模的一项正式调查，从调查准备到调查结束全过程工作的先后次序和具体步骤。在纺织服装市场调查中，建立一套系统的科学程序，有助于提高调查工作的效率和质量。通常，一项正式调查的全过程一般可分为：调查准备、调查实施以及分析和总结三个阶段，每一个阶段又可分为若干具体步骤，如图 4-1 所示。

4.3.1 纺织服装市场调查的准备阶段

纺织服装市场调查准备阶段是调查工作的开端。准备是否充分，对于实际调查工作和调查的质量影响颇大。一个良好的开端，往往可收到事半功倍之效。调查准备阶段，重点是解决调查的目的、要求，调查的范围和规模，调查力量的组织等问题，并在此基础上，制订一

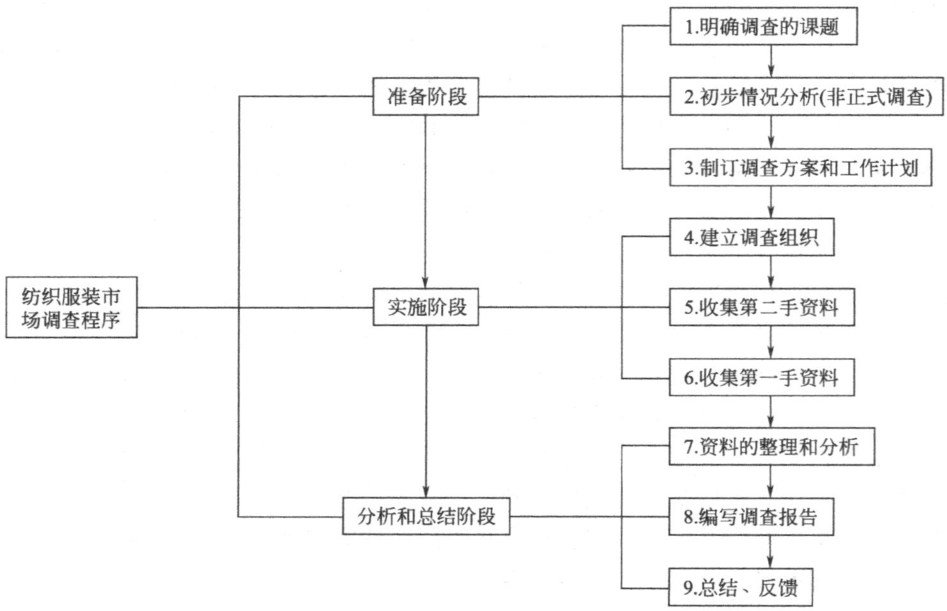

图 4-1　纺织服装市场调查的程序

个切实可行的调查方案和调查工作计划。这个阶段的工作步骤具体如下。

（1）明确调查的课题　在开展纺织服装市场调查之前，调查人员必须明确调查的问题是什么、目的要求如何。例如，要根据纺织服装企业决策、计划的要求，或者纺织服装企业营销活动中发现的新情况和新问题，提出需要调查研究的课题。一般可从下面三种情况中发现问题：一是明显与纺织服装市场需求不相适应的营销因素，如纺织服装产品的销量逐月下降或是库存超过了合理储备；二是与潜在的纺织服装市场需求不相适应的营销因素，如纺织服装产品的销量增加，但纺织服装市场占有率在下降，这是影响销售量的潜在因素，继续下去即将成为明显的现象；三是从纺织服装营销规律中考察、探索问题。如纺织服装企业新产品上市对本企业老产品销路的影响，消费需求的变化，对本会展企业纺织服装产品的影响等。

（2）初步情况分析（非正式调查）　纺织服装市场调查部门对初步提出来需要调查的课题，要搜集有关资料作进一步分析研究，必要时还可以组织非正式的探测性调查，以判明问题的症结所在，弄清究竟应当调查什么，才能为纺织服装企业营销活动提供客观依据。同时，要根据调查的目的，考虑调查的范围和规模多大才合适，调查的力量、时间和费用负担是否有保证，也就是从经济效益和社会效益来衡量这次调查是否可行。如果原来提出的课题涉及面太宽或者不切实际，调查的范围和规模过大、内容过多，无法在限定时间内完成调查任务，就应当实事求是地加以调整。在确定调查课题中一般应注意：一是确定的调查课题是否是关键问题，不是关键问题就应放弃；二是确定的调查课题是能够取得信息资料的，否则，就应改换项目；三是确定的调查课题费用大、收效小的也应舍弃。

（3）制订调查方案和工作计划　对纺织服装市场调查课题经过上述分析研究之后，如果决定要进行正式调查，就应制订调查方案和工作计划。

纺织服装市场调查方案是对某项调查本身的设计，目的是为了调查有秩序、有目的地进行，它是指导调查实施的依据，对于大型的市场调查是十分重要的。调查方案设计的内容：一是为解决调查的课题需要收集哪些信息资料才能达到目的；二是怎样运用数据分析问题；

三是明确获得答案及证实答案的做法；四是信息资料从哪里取得，用什么方法取得；五是评价方案设计的可行性及核算费用的说明；六是方案进一步实施的准备工作。纺织服装市场调查工作计划，是指对某项调查的组织领导、人员配备、考核、工作进度、完成时间和费用预算等的预先安排，目的是使调查工作能够有计划、有秩序地进行，以保证调查方案的实现。

纺织服装市场调查方案和调查计划，各有不同的作用。一般来说，大型的纺织服装市场调查，需要分别制订调查方案和调查工作计划。对于一些内容不很复杂，范围较小的纺织服装市场调查，可以把两者结合起来，只拟订一个调查计划，附以调查提纲即可。例如，可按表 4-1 设计调查计划。

表 4-1　调查计划表

调查目的	为何要作此调查，需要了解些什么，调查结果有何用途等
调查方法	询问法、观察法、实验法等
调查地区	被调查者居住地区、居住范围等
调查对象、样本	对象的选定(资格、姓名、条件)、样本数量、样本选取等
调查时间、地点	开始日期、完成日期、在外调查时间、调查开始时间、所需时间、地址等
调查项目	访问项目、问卷项目(附问卷表)、分类项目等
分析方法	统计的项目、分析、预测方法等
提交调查报告	报告书的形式、份数、内容、中间报告、最终报告等
调查进度表	策划、实施、统计、分析、提交报告书等
调查费用	各项开支数目、总开支额等
调查人员	策划人员、调查人员、负责人姓名、资历等

4.3.2 纺织服装市场调查的实施阶段

纺织服装市场调查方案和调查计划经有关部门和领导批准以后，就进入了调查实施阶段。这个阶段的主要任务，是组织调查人员深入实际，按照调查方案或调查提纲的要求，系统地收集各种可靠资料和数据，听取被调查者的意见。这一阶段的具体步骤如下：

(1) 建立调查组织　纺织服装市场调查部门，应当根据调查任务和调查规模的大小，配备好调查人员，建立纺织服装市场调查组织。调查规模大的可以建立调查队或大组，下面再分设若干小队或小组。调查规模小的一般可成立一个调查小组。调查人员可以是本企业调查部门的专职人员，也可以是从其他部门抽调配的人员。调查人员确定后，需要集中进行学习。对于临时吸收的调查人员，更需要进行短期培训。学习和培训的内容主要包括：一是明确调查方案；二是掌握调查技术；三是了解有关的方针、政策、法令；四是学习必要的经济知识和业务技术知识等。

(2) 收集第二手资料　第二手资料是指机关、企业等单位或个人现有的现成资料。取得这部分资料比较容易，花费较少。在实际调查中，应当根据调查方案所提出的资料范围和内容，尽可能组织调查人员收集第二手资料。本企业内部资料可以责成有关人员提供，外部资料要向有关单位或个人索取，可以根据所需资料的性质，确定向哪些单位或个人收集。有些市场信息资料，可以从图书馆、各种文献、报刊中取得。

(3) 收集第一手资料　在纺织服装市场调查中，光靠收集第二手资料是不够的，还必须通过实地调查收集第一手资料。例如，对羽绒衫的需求调查，除收集有关的第二手资料外，还必须选择一定数量的城乡居民家庭进行实地调查，以取得有关居民需求的第一手资料。在实地调查中，应当根据调查方案所确定的方式，先选择好调查单位，然后运用各种不同的调查方法取得第一手资料。纺织服装市场调查一般可采用普查、重点调查、典型调查和抽样调查等方式，向调查单位进行调查的方法一般有询问法、观察法和实验法等。

4.3.3 纺织服装市场调查的分析和总结阶段

纺织服装市场调查资料的分析和总结阶段，是得出调查结果的阶段。这一阶段的工作如果抓得不紧或者草率从事，会导致整个调查工作功亏一篑，甚至前功尽弃。它是调查全过程的最后一环，也是纺织服装市场调查能否发挥作用的关键环节。这一阶段有以下具体步骤。

4.3.3.1 资料的整理和分析

纺织服装市场调查所获得的大量信息资料，往往是分散的、零星的，某些资料也可能是片面的、不真实的，必须系统地加以整理分析，经过去粗取精，去伪存真，由此及彼，由表及里地改造制作，才能客观地反映被调查事物的内在联系，揭示问题的本质和各种市场现象间的因果关系。这一步的工作内容主要包括以下方面。

（1）资料的检查、核实和校订　对于纺织服装市场调查所得资料，在整理编辑过程中，首先要检查资料是否齐全，是否有重复或遗漏之处，是否有可比性，是否有差错，数据和情况是否相互矛盾，一经发现问题，应及时复查核实，予以订正、删改和补充。在实地调查中，调查人员应当边调查、边检查，以便及早发现问题，及时核实订正。调查告一段落后，应再仔细核实一遍，力求资料真实可靠。

（2）资料分类汇编　凡经核实校订的资料，应当按照调查提纲的要求，进行分类汇编，并以文字或数字符号编号归类，以便归档查找和使用。如果用电子计算机处理数据，要增加一个卡片打孔过程，把数据信息变换为代码，打入卡片。

（3）资料的分析和综合　调查所得的各种资料，反映着客观事物的外部联系。为了透过现象看本质，要用科学的方法，对大量资料进行分析和综合，弄清调查对象的情况和问题，找出客观事物的内在联系，从中得出合乎实际的结论。对于调查所得的数据，可以运用多种统计方法加以分析，并制成统计表。对于调查中发现的情况或问题，可以通过集体讨论，加以分析论证。

4.3.3.2 编写调查报告

纺织服装市场调查报告是对课题调查研究之后所编写的书面报告，它是调查的最后结果，是用客观材料对所调查的问题作出系统的分析说明，提出结论性的意见。编写一份有分析、有说明的调查报告，是纺织服装市场调查最后阶段最主要的工作。其调查报告的内容一般包括：一是调查目的、方法、步骤、时间等说明；二是调查对象的基本情况；三是所调查问题的实际材料与分析说明；四是对调查对象的基本认识，做出结论；五是提出建设性的意见和建议；六是统计资料、图表等必要附件。

4.3.3.3 总结、反馈

纺织服装市场调查全过程结束后，要认真回顾和检查各个阶段的工作，做好总结和反馈，以便改进今后的调查工作。总结的内容主要有以下几个方面：一是调查方案的制订和调查表的设计是否切合实际；二是调查方式、方法和调查技术的实践结果，有哪些成功的经验可以推广，有哪些失败的教训应当吸取；三是实地调查中还有哪些问题没有真正搞清，需要继续组织追踪调查；四是对参加调查工作的人员作出考核，要表彰先进，鞭策后进，促进调查队伍的建设，提高调查水平和工作效率。

4.4 纺织服装市场调查问卷设计

在纺织服装市场问卷调查中，问卷设计是非常关键的环节，问卷设计是否科学合理，决定着问卷的回收率、有效率，进而影响到纺织服装市场调查研究的效果。

4.4.1 调查问卷的作用与结构

4.4.1.1 纺织服装市场调查问卷的作用

纺织服装市场调查问卷有如下作用：一是由于问卷中大多已给出备选答案，一般不需要被调查者再作文字方面的解答，节省了调查时间，效率高；二是问卷内容通俗易懂，表达上容易为被调查者接受，同时问卷也不要求调查者一定要具备很高的交流技巧，实施起来比较方面；三是适用范围对象广泛，不仅适用于较大的国际、国内、区域市场，而且可针对纺织服装产品市场以及售后服务市场等；四是便于统计处理和定量分析，可以避免主观偏见，减少人为的误差。

4.4.1.2 纺织服装市场调查问卷的基本结构

纺织服装市场调查问卷的基本结构，可划分为前言、调查主体和结语三部分，其中调查主体是问卷的核心部分。问卷基本的内容应该包括问卷的标题、说明词、主体调查内容、被调查者基本情况等。

（1）问卷的标题　问卷的标题能够使被调查者对调查的主要内容、基本用意一目了然，一般位于问卷的上端居中，要求题目简明扼要，切中主题。例如："第 21 届中国国际服装服饰博览会（CHIC）观众满意度调查问卷"。

（2）说明词　说明词是调查者向被调查者写的一封简短信，主要说明调查的目的、意义、选择方法以及填答说明、对被调查者合作的回报等，用于消除被调查者的顾虑，引起调查者的兴趣，争取得到被调查者的支持和合作，语气要谦虚、诚恳、简练、准确，一般放在问卷的开头。

（3）主体调查内容　这是调查问卷最重要的部分，包括具体问题、备选答案、回答说明和编码。具体问题是围绕调查主题而设计的一系列问句。调查问题分封闭式、开放式和量表式三类。备选答案，是对封闭式问题所给出的可供选择的范围。回答说明，是包括对问题的填答方法、跳答指示等。编码，指问句的题号、备选答案的编号，这些都会用在后面资料预处理部分的编码表中。

（4）被调查者基本情况　了解被调查者的背景资料。如对参展商或采购商，基本情况包括其单位性质、所属行业、单位规模、单位所在地理区域等因素：对于个人观众，基本情况包括其性别、年龄、文化程度、从事职业等因素。有的调查问卷把该部分放在主体内容之前，还有些问卷出于降低敏感性的考虑，把该部分放在主体内容之后，这都是可以的。

4.4.2 问卷调查问题的设计

在纺织服装市场调查问卷中，所涉及的问题主要有三种形式：封闭式问题、开放式问题和量表应答式问题。

4.4.2.1 封闭式问题

封闭式问题，是指对所提出的问题给出可供选择的答案，被调查者只能在既定的答案中进行选择。具体到纺织服装市场调查问卷，最常见的封闭式问题有三种：

（1）二项选择法　二项选择法，即由被调查者在预先给定的、相互对立的两个答案中选择其一。例如：

您是否听说过 CHIC？（　　）

A. 是　　　　B. 否

（2）多项选择法　多项选择法，即对所提出的问题，预先给出若干个答案，请被调查者从中选择一个或几个。例如：

您获悉本届 CHIC 的信息来源是：（　　）

A. 新闻报道　　B. 广告宣传　　C. 网络媒体　　D. 专业刊物

E. 主承办单位邀请　　F. 朋友/同事告之　　G. 其他途径

您参观本届 CHIC 的主要目的是：（　　）

A. 了解前沿科技成果　　B. 了解市场信息

C. 采购服装服饰产品　　D. 寻找合作项目或伙伴

E. 寻找投资项目　　F. 其他

（3）顺位法　顺位法，即要求被调查者对所询问问题的答案，按照自己认为的重要程度排序作答。例如：

您对本届 CHIC 的哪一展示主题印象最深刻（请选择最主要的三个，并按重要程度排序）：（　　）

A. 最新科技成果　　B. 自主创新　　C. 国际合作　　D. 区域经济

E. 循环经济　　F. 数字畅游　　G. 科技生活　　H. 未来科技

调查问卷中的封闭式问题还有回忆法、再确认法、程度倾向法等，由于在纺织服装市场调查问卷中很少使用，为此不赘述。

对于封闭式问题，被访者易于作答，能节省调查时间，提高问卷回收率。同时，标准化的答案便于统计分析和制表。有鉴于此，封闭式问题在纺织服装市场调查问卷中被大量采用。但同时需要指出的是，封闭式问题也有缺陷，如被调查者在备选答案中找不出适合自己的选项时，很可能会任意选择，这就会导致调查结果出现偏差。为此，调查者在设计封闭式问题的答案时应力求全面、准确。封闭式问题适合于收集事实性信息或被调查者有明确看法的意向型问题，而对于那些寻找动机的探索性调查，采用开放式问题更适宜。

4.4.2.2 开放式问题

开放式问题，是指对所提出的问题，不给出应答的备选答案，被调查者可以畅所欲言，不受限制地回答问题。例如：

您对本届 CHIC 在组织、服务方面有哪些意见与建议？＿＿＿＿＿＿＿＿＿＿。

开放式问题的优点：一是调查者拟定问题比较容易；二是被调查者回答问题时思路不受限制，调查者可获得更为广泛的信息和建设性意见。其缺点是：首先，调查时间较封闭式问题长，调查易被拒答，回答率较低；其次，对答案的审核、编码、分析烦琐，不便于数据整理和上机进行统计分析。故此在设计纺织服装市场调查问卷时，应控制开放式问题的比例。

4.4.2.3 量表应答式问题

量表，是纺织服装市场调查中常用的一类问句。按照使用技术的不同，量表可分为多种类型，最基本的有评比量表和语意差别量表两种。

（1）评比量表　评比量表是量表的最基本形式，它是单选题，针对一个主题进行提问，选项是从一个极端经过一定的刻度值到另一个极端的尺度，如非常满意、满意、一般、不满意、非常不满意。例如：

您认为本届 CHIC 的现场组织管理水平：（　　）

A. 很高　　B. 较高　　C. 一般　　D. 较低　　E. 很低

（2）语意差别量表　对同一主题进行评价时如果有多个评价指标，就可以由多个评比量表组成一个语意差别量表。将各个子量表的得分刻度连线，就得到了被调查者对调查主题的看法的剖面图，其倾向性一目了然。例如：

CHIC 宣传推广的侧重点不同对您参展的影响程度（在您认为合适的格里划“○”）；

项目＼重要程度	非常重要	重要	不确定	不重要	非常不重要
展位价格					○
展会品牌		○			
地理区位特色			○		
洽谈机会	○				
主办方组织管理				○	

4.4.3 调查问卷的设计原则

调查组织者在设计纺织服装市场调查问卷时应遵循以下 4 个基本原则。

4.4.3.1 准确性原则

准确性原则，指问卷中的问题表达清楚明白，便于被调查者对提问做出明确的回答；答案选项完整、准确，避免相互交叉或包容。准确性原则是调查问卷设计的首要原则。当前问卷设计在准确性方面存在的问题主要如下。

（1）用词含糊不清，模棱两可　例如对 CHIC 观众满意度调查问卷中的问题：

您是否多次参观 CHIC？（　　）

A. 是　　　　B. 否

不同的被调查者对“多次”的理解是不同的，有人认为 2、3 次就可算“多次”，而有人认为每届都参观才能算“多次”，这样调查的结果必然出现偏差。

（2）问句一题多问　例如：

您对本次 CHIC 展览及专项交流活动是否满意？（　）

A. 很满意　B. 满意　C. 一般　D. 不满意　E. 很不满意

该问句包含了展览和专项交流活动两个主题，其结果可能是“对展览部分不满意”或是“对专项交流活动不满意”，以及“对两者都不满意”的被调查者都回答“不满意”，调查结果会出现偏差。因此，该问句应分为两个问题询问，例如：“您对本次 CHIC 展览部分是否满意？”或“您对本次 CHIC 专项交流活动是否满意？”

（3）答案选项含义模糊或相互交叉　例如：

您参观 CHIC 的主要目的是：（　　）

A. 信息沟通　B. 贸易洽谈　C. 寻找项目　D. 参观

该问句的答案选项语义模糊并且相互交叉，被调查者很难从中做出选择以准确表达自己的意见和看法，可能就会随便作答，影响调查结果的科学性。

4.4.3.2 简单性原则

一份好的调查问卷，应使被调查者能答、爱答、易答。要做到这些，则问卷设计必须简单。简单性原则包括：一是问题的设计通俗易答，符合被调查者的知识水平和理解能力；二是问卷中的措辞亲切有礼，使被调查者乐于合作并愿意如实回答；三是对敏感性问题采取一定的提问技巧；四是控制问卷的长度，答题时间以自填式问卷不超过 10 分钟、随机拦访问卷不超过 5 分钟为宜。

4.4.3.3 逻辑性原则

对整个问卷的问题排序要遵循逻辑性原则，即对于一般性的问题，要先问，因为这些问题相对简单，被调查者易于回答，同时这些问题也是让被调查者回答其他问题前的一个热身；思考性的问题放在中间；敏感性的问题放在最后，这样的排序符合一般人的逻辑思维顺序。逻辑性与问卷的条理性、程序性是分不开的，在一个综合性问卷中，调查者往往将差异较大的问卷分块设置，以保证每个“分块”的问题都密切相关。

4.4.3.4 中立性原则

调查问卷中的用词应是“中性”的，避免使用引导或暗示性的词句。例如：“本届 CHIC 规模宏大，影响深远，贵企业是否准备参展?”“历届 CHIC 的参展商都获得了满意的展出效果，本届 CHIC 贵企业是否取得了预期的展出效果?”这样的问题易使被调查者受到引导而得出肯定的结论，或者引起被调查者对问题的反感而简单得出结论，不能反映其真实态度和真实意愿，所产生的结论也缺乏客观性。

总之，一份有效的调查问卷应具备三个显著特征：集中、简洁、明了。集中，指所有调查问题都必须围绕调查目标而展开，无关或关系不密切的问题不出现在问卷中；简洁，指问题及答案的描述应简明扼要，问卷不能繁复冗长；明了，指问卷中的措辞清楚明白，使被调查者易于理解，便于回答。除此之外，问卷的外观及版面设计也非常重要。

4.5 进行纺织服装市场预测

纺织服装企业管理的关键在于决策，而决策的前提是预测。当前，纺织服装市场预测，已越来越受到我国纺织服装企业的极大重视。

4.5.1 纺织服装市场预测的涵义和作用

4.5.1.1 涵义

纺织服装市场预测，是指在对影响纺织服装市场的诸因素进行系统调查的基础上，运用科学的方法和数学模型，对未来一定时期内的纺织服装市场供求变化规律以及发展趋势进行分析，进而作出合乎逻辑的判断、预测和测算。例如，对纺织服装企业的某个纺织服装产品的需求情况的预测；销售发展变化情况的预测；对纺织服装原材料、纺织服装设备、纺织服装价格等的预测；以及对纺织服装消费者心理、习惯和购买力状况变化的预测等。

纺织服装市场预测和纺织服装市场调查，都是纺织服装企业在其经营活动中研究纺织服装市场变化的方法，它们对于纺织服装企业的经营决策起着同样重要的作用，但两者并不是一回事，两者既有密切的联系，也有不同的特点。纺织服装市场调查是纺织服装市场预测的基础和前提，而纺织服装市场预测是纺织服装市场调查的继续和发展。

4.5.1.2 作用

纺织服装企业进行的纺织服装市场预测，通常是微观市场预测，其作用主要有以下几个方面。

(1) 基础是纺织服装企业选择目标市场、制订经营战略的基础　纺织服装企业的经营战略，首先要在分析纺织服装企业外部环境和内部条件的基础上，确定较长时期的经营目标；然后选择为实现目标应采取的措施和途径，包括选择产品的发展方向、资源的获取和合理配置、重大技术创新项目的实施、企业组织结构和生产结构的调整等。纺织服装企业对外部环境的分析，本身就属于纺织服装市场调查与预测的范围。纺织服装企业经营目标的修正、经营手段的调整，也是对纺织服装市场变化做出的反应。

(2) 能力能促进纺织服装企业提高市场适应能力和竞争能力　纺织服装企业对纺织服装市场适应能力的强弱，集中表现在能否合理调动内部资源，能否及时按照市场需要组织生产和流通。通过纺织服装市场预测，掌握纺织服装市场需要什么纺织服装商品、消费这种商品的顾客是谁、需求的特点和变化趋势如何等信息，就能及时地调整纺织服装企业内部资源结构。纺织服装市场上的竞争也是一种获得信息的竞争，谁首先拥有纺织服装市场信息，谁就掌握了主动，也就能在市场竞争中处于优势地位。

(3) 关键是纺织服装企业产品进入国际市场并取得成功的关键　一般而言，纺织服装企业对其他国家的地理、文化和经济等方面情况了解得并不多，想知道自己的产品在国际市场上能否畅销更不容易，而且国际市场比国内市场更具有风险性。但是，国际市场上仍存在许多机遇可供纺织服装企业去捕捉。纺织服装企业要想把握这些市场机会，必然需要针对国际市场开展调查和预测。

(4) 效益能促进纺织服装企业提高经济效益　纺织服装企业全部经济活动的核心是提高经济效益。只有产品适销对路，才能增加销售收入，加快资金周转，减少费用开支。纺织服装企业通过纺织服装市场预测活动，指导生产和流通的时间安排，使纺织服装商品适时地进入纺织服装市场，及时地转移到纺织服装消费者手中，就能取得生产经营的主动性，使纺织服装企业以较少的资金，经营较多的纺织服装商品，促进经济效益的提高。

4.5.2 纺织服装市场预测的方法

纺织服装市场预测的方法很多，按照预测的性质划分，可以划分为定性预测法和定量预测法。纺织服装市场预测方法如表 4-2 所示。

表 4-2　纺织服装市场预测方法

<table>
<tr><th>项目</th><th colspan="2">方法</th><th>优点</th><th>缺点</th></tr>
<tr><td rowspan="6">定性预测法</td><td colspan="2">顾客意见法</td><td rowspan="6">不需要收集大量的数据、简单易行，能够对事物的性质进行预测</td><td rowspan="6">难以做出精确的量的说明，难以估计其误差和评价其可信程度</td></tr>
<tr><td colspan="2">销售人员意见法</td></tr>
<tr><td colspan="2">经理人员意见法</td></tr>
<tr><td rowspan="3">专家预测法</td><td>专家会议法</td></tr>
<tr><td>头脑风暴法</td></tr>
<tr><td>特尔菲法</td></tr>
<tr><td>定量预测法</td><td colspan="2">时间序列分析预测法、因果分析预测法</td><td>精确度比较高，还可以估算出预测误差和可信度</td><td>对数据资料的数量、质量、时效要求比较高，要具有较好的数学知识</td></tr>
</table>

4.5.2.1　定性预测法

纺织服装市场定性预测法，又称经验判断分析预测法，是指推测预测对象未来的性质和发展方向的预测方法。虽然也有数量计算，但主要不在于推算未来的数量表现。例如，纺织服装市场供求预测，就是要预见未来纺织服装市场是供大于求，还是供不应求。纺织服装市场定性预测法的优点是比较灵活，不需要多少经费，花费的时间短。如运行得当，很有实用价值。其缺点是比较主观、片面，预测精度较差。

纺织服装市场定性预测法主要有：顾客意见法、销售人员意见法、经理人员意见法、专家预测法。

(1) 顾客意见法　又叫用户意见法，是指通过收集用户购买意向、需求数量和对纺织服装商品评价等方面的意见，然后来推断纺织服装商品未来需求量的一种预测方法。纺织服装市场预测人员将征询到的用户意见，进行综合分析，并根据以往的经验和现时的经济状况，就可以预测用户在一定时期内对纺织服装商品的需求数量、质量、品种、规格和价格等资料。

(2) 销售人员意见法　就是在进行纺织服装市场预测时，纺织服装企业将本企业销售人员集中起来，让他们对自己负责的销售区域（或产品）未来的销售额作出估计，然后把他们每一个人的估计销售额汇总起来，对纺织服装市场销售前景作出预测的方法。该方法一般适用于近期或短期预测。

(3) 经理人员意见法　是根据厂长、经理等高级主管人员的意见，加以综合后得出预测结果的一种方法。由于经理等高级主管人员对纺织服装企业的产、供、销情况比较熟悉，掌握的资料也比较全面，而且对纺织服装企业的发展战略、宏观经济环境也了解较多，又具有实践经验，因而是一种常用的预测方法。

(4) 专家预测法　又叫专家征询法，它是以专家为索取信息的对象，根据专家自己的知识、经验和分析判断能力，在历史和现实有关资料综合分析基础上，对未来纺织服装市场变动趋势做出预见和判断的方法。它包括：一是专家会议法，又称会议调查法，是指预测者邀请专家以开调研会的方式，向与会专家获取有关预测对象的信息，经归纳、分析、判断和推算，预测纺织服装市场未来趋势的一种预测方法。二是头脑风暴法，是指根据纺织服装市场预测目标的要求，组织各类专家相互交流意见，在头脑中进行智力碰撞，使之产生新的思维和观点，并使这些论点进一步深化、集中，进而得出最佳预测结果。它是专家会议法的进一步发展，是运用专家们创造性思维进行预测的一种方法。三是特尔菲法，是在专家会议法的基础上发展起来的一种直观预测方法，它是采用函询调查，向参与预测课题有关的专家分别提出问题，然后将他们回答的意见综合、整理、归纳，匿名反馈给各个专家，再次征求意见，然后再加入综合、整理、反馈，这样经过多次的反复循环最终得出预测结果的一种经验判断法。特尔菲法具有匿名性、反馈性、多向性和收敛性等特点。主要适用于宏观的、长期的纺织服装市场预测。

4.5.2.2　定量预测法

纺织服装市场定量预测法，又称统计预测法，是指根据历史的数据，运用统计方法，对统计资料进行推算预测，对预测对象未来发展变化趋势进行定量的分析和描述的方法。其主要目的是推算预测对象未来的数量表现，它通常用于原始数据比较充分或数据来源多且稳定的情况。

纺织服装市场定量预测法，具体又可分为：纺织服装市场时间序列分析预测法、纺织服装市场因果分析预测法两种。

(1) 纺织服装市场时间序列分析预测法　纺织服装市场时间序列分析预测法，也称时间序列预测技术、时间数列预测法、时间序列分析法，或简称时序预测法，它是以连续性原理为依据，以假设事物过去和现在的发展变化趋势会延续到未来为前提，从预测对象的历史资料所组成的时间序列中，找出事物发展的趋势，并用其趋势延伸，来推断未来状况的一种预测方法。它的主要特点是以时间的推移来研究和预测需求趋势，排除外界因素影响。例如，纺织服装市场平均法、纺织服装市场指数平滑法、纺织服装市场线性趋势外推法、纺织服装市场季节指数法等预测方法，都属于纺织服装市场时间序列分析预测法。

（2）纺织服装市场因果分析预测法　纺织服装市场因果分析预测法，是一种从分析事物变化的因果联系入手，通过统计分析和建立数学模型，提示预测目标与其他有关的经济变量之间的数量变化关系，据此进行预测的方法。即把其他相关因素的变化看作“因”，把预测对象的变化看作“果”，建立因果之间的数学模型，并根据相关因素的变化，推断预测对象的变动趋势的方法。

在纺织服装市场预测的定量方法中，纺织服装市场因果分析预测法，是与纺织服装市场时间序列预测法不同的另一类预测方法。时间序列预测法侧重从时间轴来考虑预测对象的变化和发展，时间序列发展数学模型一般都是时间的函数。纺织服装市场因果分析预测法在预测时也需要历史数据，但是它与时间序列预测法还是有根本性区别的。主要是时间序列预测法只用预测变量的历史数据，不作因果分析，并假定现在的趋势会延续到未来。而因果分析预测法需要预测变量和影响变量的历史数据，并在预测时首先通过其他途径获得影响变量的未来值，然后再求得预测值。例如，纺织服装市场回归分析法、纺织服装市场投入产出法、纺织服装市场经济计量模型等，此外还有纺织服装市场因子推演法、纺织服装市场比例系数法等预测方法，都属于纺织服装市场因果分析预测法。

4.5.3　纺织服装市场调查与预测报告撰写

纺织服装市场调查与预测报告，是对已完成的市场调查与预测项目做完整而又准确的描述，目的是告诉有关读者，对所研究的问题是如何进行研究的，取得了哪些结果，未来的发展趋势怎样，调查与预测的结果对于认识和解决问题有哪些理论意义和实际意义等。因此，报告中通常包括如下内容：一是调查与预测目的、方法、步骤、时间等说明；二是调查与预测对象的基本情况；三是所调查与预测问题的实际材料与分析说明；四是对调查与预测对象的基本认识，做出结论；五是提出建设性的意见和建议。

纺织服装市场调查与预测报告是整个调查活动的最终体现，是对已完成的调查与预测项目做完整而又准确的描述，报告在为客户了解纺织服装市场情况、分析有关问题、制订管理和发展计划等方面起着积极的作用，为纺织服装企业管理决策提供了必要的依据。有利于指导和调节纺织服装行业的行动，使之做出正确的决策、采取适当的措施、谋求更大的利益。

4.5.3.1　基本结构

纺织服装市场调查与预测报告的结构多种多样，没有一个统一规定的、固定不变的格式和结构。纺织服装市场调查与预测项目的类型和性质、委托方的要求、调查人员本身的个性、经验等因素的不同，都会导致纺织服装市场调查与预测的差异。但是，纺织服装市场调查与预测报告必须具备良好的结构，能及时、简明地向决策者提供相关有效信息是不容置疑的。一般来说，纺织服装市场调查与预测报告包括如下基本结构。

（1）标题　作为纺织服装市场调查与预测报告的标题，文字要简洁明了，和调查与预测的内容相称，能反映全篇的内容。通常有两种写法：一是规范化的标题格式，即“主题”加“文种”，标题中明确了调查与预测的目标、内容，精练简洁、高度概括。例如，《关于长三角2013年人均服饰消费水平的调查报告》《国内纺织服装业ERP应用状况调查与预测报告》等。二是自由式标题，例如，《2014年北京居民纺织服装购买力调查报告》《纺织服装企业怎样管理才能出效益——对广东纺织服装企业的调查》等。

（2）目录　目录应给出调查与预测报告中所涉及的主要内容，以及对应的页号码。除了几页纸的调查与预测报告外，一般的调查与预测报告都应该编写目录，以方便读者查阅特定内容。一份完整的纺织服装市场调查与预测报告，所承载的信息量是非常大的，为了可以帮助阅读者准确快速地查找到调查与预测报告中信息的位置，一份将主要内容按其出现的顺序准确列出并注明页码的目录，就显得尤为必要了。

(3) 摘要 有时也以执行总结的形式出现，是在调查与预测报告正文之前对正文的概述，具有独立性和概括性，即不阅读全文就能获得必要的信息。摘要，是调查与预测报告中极其重要的部分。纺织服装市场调查与预测报告是为纺织服装生产经营决策的管理人员提供信息的，不同层次的决策者对报告的详细程度要求不同：直接的决策者需要了解调查与预测报告的详细内容（调查与预测的主体）；非直接人员只需要了解调查与预测报告的大致情况，这部分人员只需阅读报告的摘要。另外，部分高层管理决策者由于时间的关系，不能通篇阅读调查与预测报告，亦常通过摘要来了解报告，那么摘要很可能成为调查者影响决策者的唯一媒介。

(4) 正文 是纺织服装市场调查与预测报告的主要部分。正文部分必须准确阐明全部有关论据，包括问题的提出和引出的结论、论证的全部过程、分析研究问题的方法。还应当有可供纺织服装市场活动的决策者，进行参考的全部调查结果和必要的纺织服装市场信息，以及对这些情况和内容的分析、评论等。例如，引言、调查对象的基本情况、调查与预测方法、资料分析方法、调查与预测结果、局限和警告等内容。

(5) 结论和建议 是对前面工作的总结，即对纺织服装市场调查与预测目的的总体回答，它从逻辑上表述调研的发现，结论可以通过推理的方法得出。对大量的结果必须以几句话简要概括，这部分对调查与预测报告的使用者有意义，而前面的工作只是证明结论推导的合理性，结论才是大家无论是市场调查者还是报告使用者想要得到的东西。这部分内容要求切实可行、可实施操作、实用有效，通常可以涵盖五个方面：即概括全文、形成结论、提出看法和建议、展望未来、局限性。

(6) 附件 任何一份太具技术性或太详细的材料都不应出现在正文部分，而应编入附件。这些材料可能只为某些读者感兴趣，或者它们与调查研究没有直接的关系，只有间接的关系。附件通常包括的内容有：纺织服装市场调查与预测研究提纲、调查问卷和观察记录表、被调查者（机构、单位）名单、较为复杂的抽样调查技术的说明、一些关键数据的计算（最关键数据的计算，如果所占篇幅不大，应该编入正文）、较为复杂的统计表、参考文献等。

4.5.3.2 基本要求

要形成一份好的纺织服装市场调查与预测报告，除了以上精心组织安排报告的结构和格式外，还必须遵循以下几个要求。

(1) 客户导向 纺织服装市场调查与预测报告是给客户阅读和使用的，而不是写给自己看的，更不是文学作品，因此，必须高度重视纺织服装市场调查与预测报告特定的阅读者和使用者。从某种意义上说，纺织服装市场调查与预测报告是为阅读者和使用者写的。故此，要充分注意阅读者和使用者的特征及其需要。在撰写纺织服装市场调查与预测报告时，要注意以下事实；一是大多数经理人员很忙；二是他们大多很少精通调查与预测的某些技术和术语；三是如果存在多个阅读者和使用者，通常他们之间存在需要和兴趣方面的差异；四是决策人员和常人一样，不喜欢那种冗长、乏味、呆板的文字。

(2) 精心安排 整个纺织服装市场调查与预测报告要精心组织，妥善安排其结构和内容，给人以完整、系统的印象；报告结构要合理清晰，内容要扼要，逻辑性强；文字要简短易懂，尽量少用专业性强的术语；要注意形成生动有趣的写作风格，要注意正确运用好图表、数字表达等。

(3) 突出重点　纺织服装市场调查与预测报告必须在保证全面、系统地反映客观事物的前提下，突出重点，务必把所说的问题写得清楚透彻。尤其是要突出纺织服装市场调查与预测的目的，提高报告的针对性、实用性，从而提高其价值。

(4) 客观准确　纺织服装市场调查与预测报告必须符合客观实际，坚决反对弄虚作假。我们提出要重视阅读者和使用者的需要，并不意味着迎合他们的胃口，挑他们喜欢的材料来编写，要防止片面性和误导性，决不能隐瞒真相、歪曲事实或者夸大谎报。

核心概念：

(1) 纺织服装市场调查：纺织服装市场调查，是指用科学的方法和客观的态度，以纺织服装市场和纺织服装市场营销中的各种问题为研究对象，有效地搜集、整理和分析各种有关的信息，从而掌握纺织服装市场的历史和现状，以便为纺织服装企业的预测和决策提供基础性的数据和资料。

(2) 纺织服装文案调查法：是指利用纺织服装企业内部和外部、过去和现在的有关资料，运用统计理论加以汇总分类整理，用以分析纺织服装市场供求或销售变动情况，经过综合研究、判断，探测其未来发展趋势。

(3) 纺织服装询问调查法：是指通过询问的方式向被调查者了解纺织服装市场情况，询问问题收集资料的一种调查方法。

(4) 纺织服装观察法：是指纺织服装市场调查者身临调查现场进行实地观察，在被调查者毫无察觉的情况下，对其行为、反应作调查或统计的一种方法。

(5) 纺织服装实验法：是指将调查范围缩小到一个比较小的规模上，进行试验后取得一定结果，然后再推断出总体可能的结果。

(6) 纺织服装抽样调查法：是指从需要调查的对象总体中，抽取出若干个体（即样本）进行调查，根据调查的情况推断总体特征的一种调查方法。

(7) 纺织服装网络调查法：是指通过互联网进行的有系统、有计划、有组织地收集纺织服装市场信息资料和分析的一种新型调查方法。

(8) 纺织服装市场预测：是指在对影响纺织服装市场的诸因素进行系统调查的基础上，运用科学的方法和数学模型，对未来一定时期内的纺织服装市场供求变化规律以及发展趋势进行分析，进而作出合乎逻辑的判断、预测和测算。

(9) 纺织服装市场定性预测法：又称经验判断分析预测法，是指推测预测对象未来的性质和发展方向的预测方法。

(10) 纺织服装市场定量预测法：又称统计预测法，是指根据历史的数据，运用统计方法，对统计资料进行推算预测，对预测对象未来发展变化趋势进行量的分析和描述的方法。

复习思考：

1. 单项选择题

(1) 为纺织服装企业的预测和决策提供基础性数据和资料的是（　　）。

A. 纺织服装市场调查　　B. 纺织服装活动中的软件分析系统

C. 纺织服装营销中的各种消息　　D. 政府部门的支持力度

(2) 纺织服装探测性调查回答的是（ ）。

A. 是什么 B. 为什么 C. 将来怎么样 D. 可以做什么

(3) 纺织服装文案调查法又称为纺织服装（ ）调查法。

A. 一手资料 B. 二手资料 C. 询问 D. 观察

(4) 对政治、经济、社会、法律、生态、技术等因素的现状进行调查，研究其对纺织服装营销的影响的调查是（ ）。

A. 纺织服装动机和行为调查 B. 纺织服装分析调查

C. 纺织服装宏观环境调查 D. 纺织服装竞争情况调查

(5) 纺织服装网络调查法，它是指通过（ ）进行的有系统、有计划、有组织地收集纺织服装市场信息资料和分析的一种新型调查方法。

A. 电子邮箱 B. 互联网 C. 百度 D. QQ

(6)（ ）是指推测预测对象未来的性质和发展方向的预测方法。

A. 纺织服装市场定量预测法 B. 纺织服装市场时间序列分析预测法

C. 纺织服装市场定性预测法 D. 纺织服装市场因果分析预测法

2. 多项选择题

(1) 纺织服装询问调查法又可分为（ ）。

A. 个人访问法 B. 座谈会法

C. 函件通信调查法 D. 留置问卷调查法

(2) 纺织服装抽样法包括（ ）。

A. 非随机分层抽样 B. 随机抽样

C. 随机任意抽样 D. 非随机抽样

(3) 一项正式调查的全过程一般可分为（ ）阶段。

A. 调查准备 B. 调查培训 C. 调查实施 D. 分析和总结

(4) 纺织服装市场调查与预测报告的结构一般由标题、目录、（ ）组成。

A. 摘要 B. 正文 C. 结论和建议 D. 附件

(5) 纺织服装市场调查问卷的基本结构可划分为（ ）部分。

A. 前言 B. 调查主体 C. 结语 D. 附件

(6) 纺织服装市场定性预测法主要有（ ）等。

A. 顾客意见法 B. 销售人员意见法

C. 专家预测法 D. 经理人员意见法

3. 判断题（正确答案打“√”，错的打“×”）

(1) 纺织服装市场调查是纺织服装营销的起点。（ ）

(2) 纺织服装市场调查方法包括纺织服装定性调查和定量调查两大类。（ ）

(3) 随机抽样调查法是指调查对象总体中每个个体被抽取为样本的机会不是均等的方法。（ ）

(4) 纺织服装市场调查方案和调查计划具有相同的作用。（ ）

(5) 封闭式问题是指对所提出的问题，不给出应答的备选答案。（ ）

(6) 特尔菲法具有匿名性、反馈性、多向性和收敛性等特点。（ ）

4. 简答题

(1) 为什么要进行纺织服装市场调查？

(2) 纺织服装市场调查有哪些类型？有什么相互关系？

(3) 纺织服装市场调查的内容和方法有哪些？

(4) 什么是纺织服装市场调查的程序？分几个阶段？

(5) 纺织服装市场调查问卷有何作用？

(6) 什么是纺织服装市场定量预测法？有何优缺点？

案例分析：

郑州保暖内衣消费市场调查与预测报告

2012年，保暖内衣市场又有了繁荣的景象。为了了解郑州市保暖内衣市场的发展现状，消费者对保暖内衣的需求特点和消费特点，某市场研究有限公司于2012年11月1日至12日完成了此次关于郑州市场保暖内衣的相关调查。本次调查采用问卷调查的方式对郑州市区的居民进行了随机访问，共收回有效样本350份；并采用SPSSI0.0对此次的调查结果进行了统计分析。

一、被调查者基本情况

从收回有效样本中显示，被访者性别比例为女性占54.7%，男性占45.3%。被访者受教育程度本科19.4%，大专36.7%，高中/中专41.7%，初中及以上2.2%。

二、调查结果分析

1. 冬季保暖更方便

消费者被问及冬季穿保暖内衣和普通秋衣哪个更方便和实用时，有66.9%的被访者认为保暖内衣更方便和实用。有11.5%的被访者认为还是普通秋衣更实用。但还是有21.6%的被访者认为这两者相差不大（图4-2）。从这个结果我们可以看出，保暖内衣已经慢慢地取代了传统的秋衣的主体地位，相信不久的将来保暖内衣将成为人人的必备之品了。

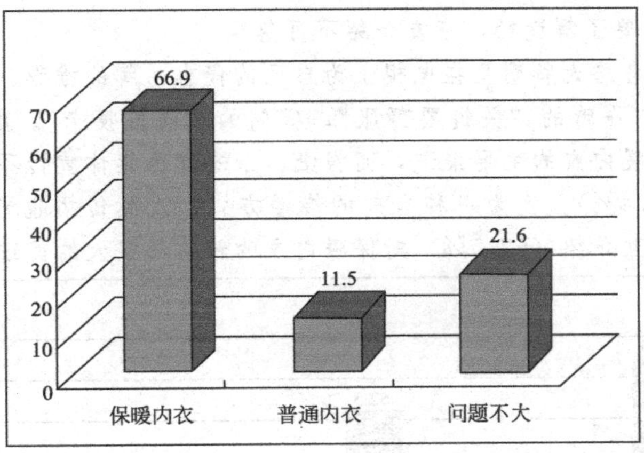

图4-2　被访问者对冬季穿保暖内衣或者普通内衣哪种更方便的看法

2. 是否购买，还看形势

今年的冬天来得特别突然，多多少少给人们不太适应的感觉。调查显示，今冬明确打算购买保暖内衣的被访者占到了27.3%，而还有50.4%的被访者还处于观望态度，另有22.3%的被访者明确表示不会购买（图4-3）。这些消费者还要看天气的变化；另一方面被访者还要等待各品牌的旺季促销活动情况。现在保暖内衣的旺季刚刚到来，各品牌的价格相

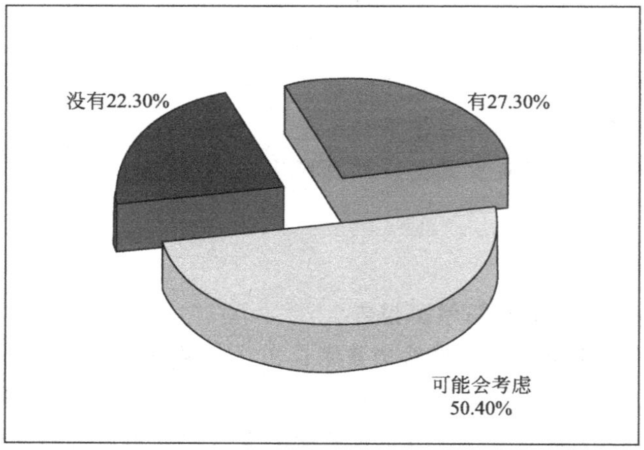

图 4-3　被访问者是否有购买保暖内衣的打算

对比较高，一部分消费者还处于观望阶段。

3. 品牌众多，各有所爱

目前，保暖内衣的市场竞争还是比较激烈的，保暖内衣品牌众多，新老品牌共同抢夺这个市场，共同充斥着消费者的眼球。调查显示，在被访者最喜欢的品牌中，新老品牌各有亮点。在老品牌中，北极绒、南极人、恒源祥的表现尚佳，分别占到20%以上。在新品牌中，暖倍尔、婷美、纤丝鸟、帕兰朵等品牌都有不俗的表现。在被访者打算购买的品牌中，暖倍尔、帕兰朵、恒源祥都是被访者理想的购买品牌。从市场反映来看，各个档次的保暖内衣都有一定的市场。低端市场的品牌选择性不强。主要是价格起到较大的作用，高档保暖内衣的品牌竞争也比较激烈，消费者的品牌选择比较分散。市场上还没有形成垄断的品牌或主导品牌。各个品牌的市场上升空间都比较大。

4. 电波媒体是主要了解途径，亲友介绍不可忽视

调查显示，通过各路大牌明星在电视上为自己的代言品牌的推荐。如赵本山还延续以往的“地球人都知道”；许晴的“关键要舒服”；巩俐的“高科暖卡”。电视、广播（64.9%）是被访者主要了解保暖内衣的主要渠道，而报纸、杂志作为媒体宣传不可缺少的补充，也占有相当高的比例（25.4%）。作为一种有效的传播方式：人际传播也起到了相当大的作用，可见家人和亲友的相互介绍（52.5%）对保暖内衣的销售起很大的促进作用（图 4-4）。

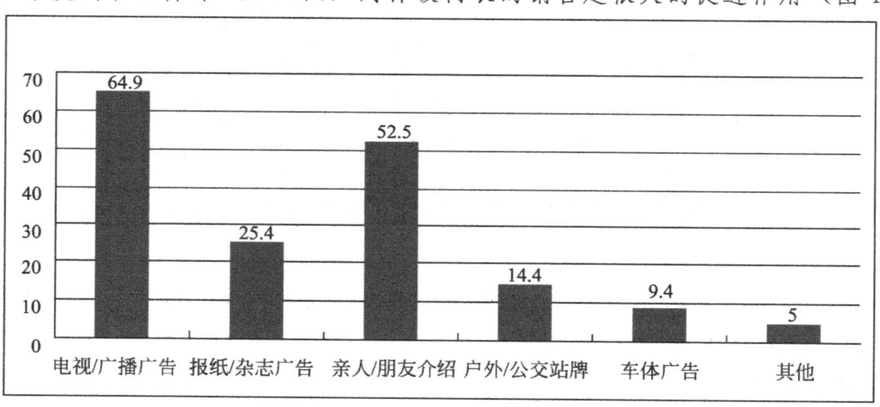

图 4-4　被访问者了解品牌的途径

5. 保暖内衣，保暖第一

在影响消费者购买保暖内衣的各种因素中，保暖性是消费者考虑的最主要因素(60.4%)，其次是舒适性（42.4%）和价格（42.4%）(图 4-5)，可见消费者购买保暖内衣的最主要的目的是实用性，考虑的也是产品的基本功能。另外，由于保暖内衣的价格较高，市场上同类保暖内衣的价格比较性也较强，所以保暖内衣的价格也是消费者重要的考虑因素。只有满足了消费者的需求和购买力，消费者才能真正考虑购买。

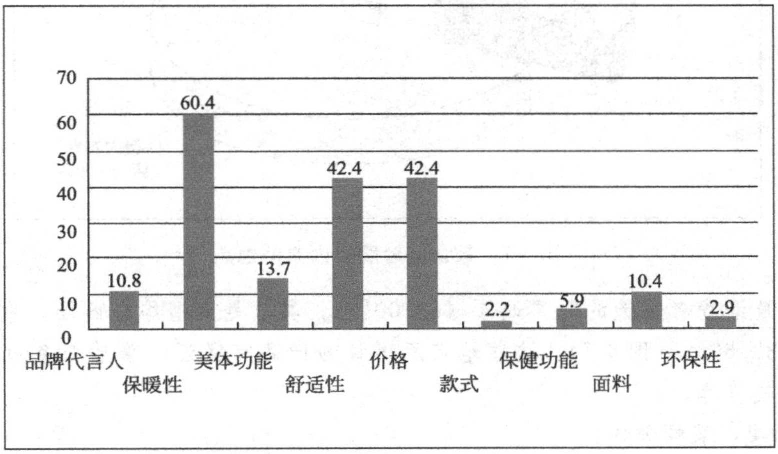

图 4-5 被访问者购买保暖内衣时考虑的因素

6. 价格选择，101～200 元为最佳

市场上保暖内衣的档次高低划分不一，价格相差也甚远。市场上从几十元到几百元的保暖内衣层出不穷。价格较低的产品无论是产品质量还是在品牌知名度上都和消费者的需求相差甚远。300 元以上的保暖内衣品牌也比比皆是。调查显示，101～200 元的保暖内衣是消费者最理想的价位（68.40%）(图 4-6)。这一价位上的产品在产品质量上还是有保证的。但品牌知名度就稍稍欠缺。高档保暖内衣也有一定的消费群体。这部分消费者是较注重产品的品牌价值的。

7. 购买地点，信誉很重要

在众多销售网点中，被访者多会选择信誉和服务都相对较好的地点购买，调查显示：保

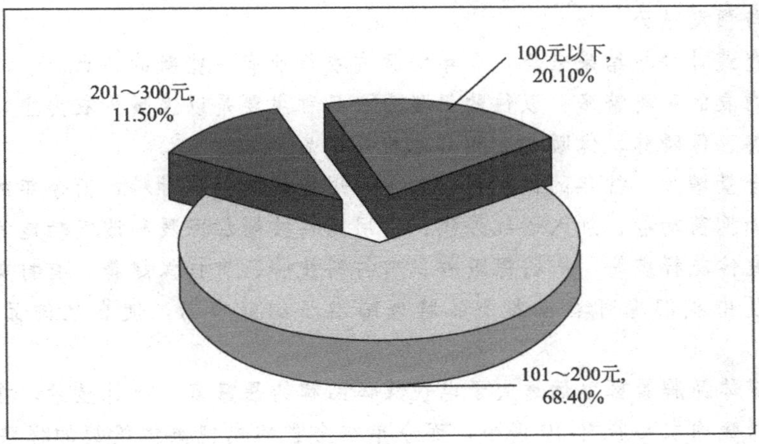

图 4-6 被访问者能接受的价格

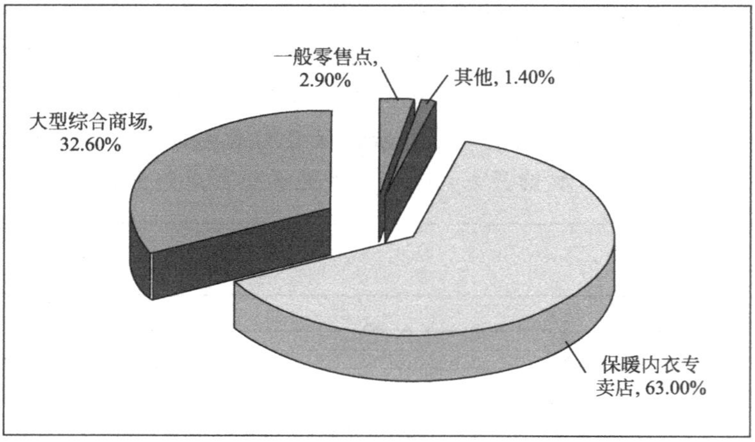

图 4-7 被访问者购买内衣的地点

暖内衣专卖店是消费者首选的购买地点（63.00%），其次是大型综合商场，也是消费者主要的购买场所（32.60%）(图 4-7)。这些地点所出售的产品有保证，售后服务也有保证。其他渠道就显得比较单薄。

8. 注重保暖，兼顾美体

今年的保暖内衣在宣传保暖性的同时，更注重了美体效果，从而增加产品的卖点。有的产品的主诉求点是美体效果。但消费者的反映不一，有 65.20%的消费者更注重保暖性；另外有 34.80%的消费者比较重视保暖内衣的美体效果。美体效果是今年保暖内衣一个新的卖点。

9. 打折销售，评价不一

打折销售是厂家最常用的促销手段。但打折对消费者的吸引力到底有多少，消费者对商家打折的理解又怎样？调查显示：有 38.80%的被访者认为是市场竞争导致商家不得已的结果。有 32.70%的被访者认为打折并没有给消费者带来实惠。还有 28.50%的被访者认为打折使消费者得到了实惠。看来打折还不能打动所有的消费者，商家还要在促销手段上多下些工夫，使消费者真正得到实惠，增加购买的欲望。

三、调查与预测结论

从市场调查统计分析结果来看，今年保暖内衣行业有一些新的特点。

(1) 保暖内衣的种类繁多　以往的保暖内衣品种主要是以保暖内衣为主，而今年出现了大量的如保暖裤、保暖袜、保暖背心和其他相关产品。

(2) 科技含量增加　往年的保暖内衣大多采用传统的保暖材料，而今年的保暖内衣增加了保健功能，如抑菌功能、加入远红外线；利用高科技增加保暖和透气功能等。

(3) 广告宣传花样缤纷　有打保暖牌、有打科技牌、有打保健牌、有打美体牌，宣传形式多种多样，从中我们也可看出各个品牌也瞄准了细分市场，使自己的品牌有了明确的定位。

(4) 平面媒体品牌暴露率远远大于电视媒体品牌的暴露率　统计显示，在郑州的五大平面媒体投放的保暖内衣品牌有 30 多个，而今年在全省的电视媒体投放的保暖内衣品牌只有十几个。(资料来源：赵雨《郑州保暖内衣消费调查与预测报告》)

问题分析：

1. 什么是纺织服装市场调查与预测？它有什么作用？

2. 通过本案例你得到哪些启示？

实践演练：

活动主题：认知体验纺织服装市场调查与预测。

活动目的：增加感性认识，能够撰写纺织服装市场调查问卷和调查与预测报告，实地体验纺织服装市场调查。

活动形式：将全班分成若干小组，3～5人为一组，以小组为单位开展活动，与教学时间同步，就近实地参观一次大型纺织服装展览。

活动内容和要求：活动之前要熟练掌握纺织服装市场调查与预测的内容、方法和程序，以及问卷设计等知识点，做好相应的知识准备；以小组为单位提交书面纺织服装市场调查问卷和调查与预测报告；调查问卷和调查与预测报告撰写时间各为2天；授课教师可根据每个小组提供的书面调查问卷和报告按质量评分，并计入学期总成绩。

项目三

选择纺织服装STP战略

任务5 如何进行纺织服装市场细分

知识目标:

1. 纺织服装STP战略的内涵;
2. 纺织服装市场细分的依据;
3. 纺织服装市场细分的程序和方法。

能力目标:

1. 能运用纺织服装市场细分来发掘和开拓市场机会;
2. 能根据纺织服装市场细分的原则和程序等，使纺织服装市场细分变得简单化、清晰化和科学化。

情景导入:

“三枪”的细分市场

“三枪”纺织服装集团自成功地占领了成人内衣市场后，注意到了儿童内衣市场。他们调查发现，长期以来我国童装存在着内外衣不分的现象，夏天当外衣，冬天当内衣，特别是11～16岁的“小大人”更是没有合体的内衣。

根据人口统计资料显示，我国1～15岁的少年儿童占总人口的26.81%，是一个很大的市场。随着人们生活水平的提高和独生子女的增多，对少儿内衣的需求也日益增多。但由于少儿内衣分档细，加之性别、款式、颜色的要求，给厂家开发和生产这类纺织服装产品带来了困难。“三枪”纺织服装集团经过一年多的市场调研，认为依靠自己的规模生产和科学管理，有能力填补这个市场空缺，并且以“三枪”的品牌效应和价格优势同外来品抗衡，在竞争中取胜。于是，“三枪”纺织服装集团从1996年开始进行试制、试销少儿内衣，到最后大批量投放纺织服装市场。

为了使"三枪"少儿内衣品牌深入儿童心里，"三枪"纺织服装集团还成功地策划了一系列品牌宣传活动。首先，"三枪"纺织服装集团将少儿内衣系列作为拳头产品推向纺织服装市场。针对少年儿童消费者更加情感化、更具冲动性的特点，策划了"征选吉祥物"的活动。在短短一个月里就收到了来自全国20个省市的近三万封儿童来信，在此基础上选出了"三枪"少儿内衣的吉祥物——"三枪虎"。随后，又配之以广告舆论的宣传，"三枪"少儿内衣脱颖而出。

去年底，"三枪"针织精品展在上海展览中心举行。在这次展销会上，"三枪"纺织服装集团集中推出了少儿内衣系列。在展厅的黄金位置设立"三枪虎乐园"，请参加"评选吉祥物"活动的小朋友在家长的带领下来参加活动。小朋友在参加了多种娱乐活动的同时也选购了称心的内衣。"三枪虎"少儿内衣在参展的14个系列5000多个品种中，成为最热销的纺织服装产品。由此产生了巨大的轰动效应，同时也带来了丰厚的市场效益。

想一想：

"三枪"纺织服装集团是如何进行市场细分的？什么是纺织服装市场细分？它有何作用？它与STP战略有何关系？我们如何运用纺织服装市场细分来发掘和开拓市场机会？等等，下面我们来一一揭晓。

5.1　什么是纺织服装市场细分

5.1.1　纺织服装STP战略

纺织服装STP战略具体包括纺织服装市场细分（Segmentation）、纺织服装目标市场选择（Targeting）和纺织服装市场定位（Positioning）三部分。

纺织服装STP战略是纺织服装企业根据企业发展的战略规划，在综合考虑外部市场机会及内部资源状况等因素的基础上，确定目标市场，选择相应的纺织服装市场营销策略组合，并予以有效实施和控制的过程。它具有以下几个特点：一是对纺织服装企业长期发展进行的系统规划，并被全体员工所高度认同；二是从纺织服装企业长远发展来考虑如何有效地战胜竞争对手，立于不败之地：三是在对纺织服装市场营销环境和市场变化准确分析的基础上，进行科学决策；四是汇聚科学发展的观念，符合纺织服装市场的动态变化。

5.1.2　纺织服装市场细分的内涵和意义

纺织服装市场细分是运用市场细分的理论和方法，对纺织服装消费者市场进行的细分。

5.1.2.1　纺织服装市场细分的内涵

纺织服装市场细分，指纺织服装企业根据主要纺织服装目标消费者对纺织服装产品和服务的不同需求，把纺织服装消费者市场划分为若干子市场（亚市场），分属于同一纺织服装子市场的消费者需求基本相同，而分属于不同纺织服装子市场的消费者需求存在明显差别。

通常来讲，纺织服装市场细分需要两个前提条件：其一是纺织服装市场竞争非常激烈，企业需要通过市场细分寻找到最适宜发展的目标市场；其二是纺织服装消费者需求的异质性，即不同的消费者对纺织服装产品与服务的需求具有明显的差异性和多样化。当前，我国纺织服装市场竞争日趋激烈，消费者对同类纺织服装产品有了更多的选择机会，其在购买行为过程中，对纺织服装产品与服务的需求也愈发表现出差异化和个性化，如果纺织服装企业不做市场细分，忽略消费者需求的差异化，以不变应万变，则很难满足大多数消费者的需求，最终可能导致顾客流失。有鉴于此，市场细分对纺织服装市场营销具有重要意义和影响。

纺织服装市场细分是在异质化的市场中，寻求同质化需求的消费者的过程。因为尽管每个消费者对纺织服装产品和服务的需求是不同的，但如果把每一个消费者都作为目标市场是不现实，也是不经济的。纺织服装企业需要把有相似或相近需求的消费者聚合起来，形成消费者群，作为纺织服装营销的目标市场。同时，虽然纺织服装市场细分是对整个消费者市场的细分，但这并不意味着将市场整体进行硬性分解，市场细分的目标是为了聚合，即把需求相似或相近的消费者聚合在一起，根据该目标市场的需求特征有针对性地提供纺织服装产品和服务，提高目标顾客的满意度。

5.1.2.2 纺织服装市场细分的意义

纺织服装市场细分作为纺织服装市场营销三大战略之一，其意义主要体现在以下四个方面。

（1）有利于选择纺织服装目标市场和制订纺织服装市场营销策略　通过纺织服装市场细分后得到的子市场，即是纺织服装企业的营销服务对象。该细分市场具体且需求明确，有利于纺织服装企业针对消费者需求的特点，结合自身的经营理念、方针及服务水平和营销力量，提供更具针对性的营销服务。同时，在该细分市场上，信息沟通和反馈便利且及时，一旦消费者需求发生了变化，纺织服装企业可迅速改变营销策略，制订相应的对策，以适应消费者需求的变化，提高应变能力和竞争力。

（2）有利于发掘市场机会，开拓新的纺织服装市场　通过对纺织服装市场进行细分，纺织服装企业可以对每一细分市场的消费者的购买潜力和需求程度进行对比，发现有利于本企业的市场机会，从而及时做出反应，进行市场策划和筹备，或根据纺织服装企业的专长，推出新的纺织服装产品，开拓新的市场，以便适应纺织服装消费者的需要。

（3）有利于集中优势资源开展纺织服装市场营销活动　任何一个纺织服装企业的人力、物力、资金等营销资源都是有限的，通过纺织服装细分市场，纺织服装企业可以选择适合自己的纺织服装目标市场，能够集中优势资源对其纺织服装目标顾客展开集中营销，争取局部纺织服装市场上的优势，然后再进一步巩固和扩大自己的纺织服装市场规模。

（4）有利于纺织服装企业提高经济效益　纺织服装企业通过纺织服装市场细分后，可以根据纺织服装目标顾客需求的不同，有针对性地提供他们所需要的纺织服装产品和服务，这既能满足纺织服装目标顾客的需要，维持与他们之间的关系，又可增加纺织服装企业的经济效益。

5.2 纺织服装市场细分的依据

5.2.1 纺织服装市场细分的标准

既然纺织服装市场细分对于纺织服装市场营销具有重要意义，要使之付诸实践，就必须找到适当的、科学的细分标准。对纺织服装市场细分的标准可分为地理因素、人口因素、心理因素和行为因素四大类，如表 5-1 所示。

对于以上标准还可以进一步细分，以年龄为例，不同的年龄层次的女性消费者，在心理特征和纺织服装偏好上有较大差异，由此形成各自的细分市场，如表 5-2 所示。

表 5-1 纺织服装市场细分的常用指标

	细分变量	细分举例
地理因素	地区	东北、华北、华东、华中、华南、西北、西南
	省市	北京、上海、广州、武汉、成都、西安……
	城乡	大、中、小城市，镇、乡、村，郊区和农村
	气候	热带、亚热带、温带、寒温带、寒带
	人口密度	高密度、中密度、低密度
人口因素	性别	男、女
	年龄	老年、中年、青年、少年、儿童、婴儿
	文化	高等、中等、初等教育
	职业	公务员、教师、工人、农民、医生、律师、军人等
	民族	汉族、满族、蒙古族、回族、壮族、苗族等
	种族	黄种人、白种人、黑种人
	宗教	基督教、天主教、佛教、伊斯兰教等
	家庭人口	多、少
	国籍	中国、美国、英国、日本等
	收入	高、中、低、贫困
	家庭生命周期	新婚期、子女婴幼期、子女学龄期、子女就业和结婚迁出期、养老期等
心理因素	社会阶层	上层、中层、下层
	生活方式	传统型、新潮型、节俭型、奢侈型
	个性	随和、孤独、内向、外向
行为因素	追求利益	便宜、实用、安全、方便、服务
	购买动机	求新、求美、求名、求廉、求实、求异、求同、求安全
	购买状况	未使用、以前用过、潜在使用、初次使用、经常使用
	购买时机	平时、双休日、节假日
	品牌忠诚	无、一般、较强、非常强
	对价格反应的敏感程度	不敏感、敏感

表 5-2 不同年龄层次女性消费者市场细分特征

年龄层	心理特征	纺织服装偏好	营销特征
花季期 15～17 岁	生理心理不稳定、好动、爱新奇、爱引人注目	款式活泼新奇，鲜艳夺目、见异思迁	注重款式、颜色跳跃、节奏、名牌效应、服饰配件；价格较低、做工面料适中；运动装需求大
婚恋期 18～24 岁	生理心理趋成熟、刻意装扮、执着爱美、对他人的评价和穿着反应敏感、表现欲强烈、有收入、负担轻	追求时髦、对纺织服装欣赏品位高、对纺织服装美有强烈要求且目的明确	款式颜色应符合潮流、面料考究；注意名店、名牌、名师效应；易受广告影响；价格高；高级套装、礼服、休闲装需求大
成熟期 25～34 岁	有生活、社会经验和较高的文化素养；稳重、收入稳定；打扮成为生活的一部分	欣赏水平高，对纺织服装有独特的见解	款式颜色应符合流行趋势、面料考究、做工精细；名店、名师、名牌效应；对广告较为关注，纺织服装价格较高；对正规套装、休闲装需求大
不惑期 35～50 岁	生活经验丰富，其中一大部分为职业女性；有较高文化素养、稳重；对渐去的青春留恋与回忆	雅致、俏而不艳，对纺织服装的选择标准趋于稳定	颜色冷而稳重、款式设计线条简洁、庄重而不古板；对正装、休闲装需求大；不易受广告影响

总而言之，进行纺织服装市场细分时，纺织服装企业应该根据自身的实际情况，选择适当的细分指标（或称变量），通常选择2～3个细分变量的组合。此外，在不同的竞争阶段，细分标准也应随之改变，以不断适应纺织服装市场竞争的新变化。

5.2.2 纺织服装市场细分的原则

纺织服装市场细分最大的问题，是有可能增加经营成本，纺织服装企业必须在纺织服装市场细分所得的收益，与纺织服装市场细分所要增加的成本之间做一权衡。因此，纺织服装市场细分的原则如下。

（1）差异性　差异性也称异质性，对此有两方面的理解：一是在同一个纺织服装细分市场内，纺织服装消费者的需求极为相似；而分属于不同纺织服装细分市场的消费者，其需求有明显的不同。二是对同一个纺织服装细分市场内的消费者，实施同一套纺织服装营销策略，其反应大体相同；而对分属于不同纺织服装细分市场的消费者，实施同一套纺织服装营销策略，其反应有较大的差异。这其中的道理很简单，纺织服装细分市场是对整个纺织服装消费者市场的分割，如果细分出来的不同纺织服装子市场之间，纺织服装消费者的需求没有明显差异，各纺织服装细分市场对同一套纺织服装营销策略的反应也大体相同，那就没有必要细分纺织服装市场了，此时应该实施“反细分化”，将细分出来的纺织服装子市场进行合并，以降低经营成本和营销费用。

（2）可进入性　纺织服装细分市场应该是可以进入的，这样的纺织服装细分市场才有效。因此，评估纺织服装细分市场是否有效，主要要看纺织服装企业有无能力进入该纺织服装市场。细分出来的纺织服装市场应与纺织服装企业的自身状况相匹配，其有优势占领这一纺织服装市场。可进入性具体表现在：信息进入、产品进入和竞争进入。考虑纺织服装市场的可进入性，实际上是研究其营销活动的可行性。

（3）规模性　规模性，是指细分出来的纺织服装市场规模必须足够大，大到足以补偿纺织服装企业为进入该纺织服装细分市场而付出的成本，同时能实现一定的利润目标。如果该纺织服装细分市场规模太小，甚至不能补偿为进入该纺织服装细分市场所付出的成本，这样的纺织服装细分市场是没有意义的。

（4）稳定性　实施纺织服装市场细分的目的，是为了确定纺织服装企业的目标市场。如果纺织服装细分市场能在一定的时间内保持相对稳定，使纺织服装企业制订的营销计划得以顺利执行，那么该纺织服装细分市场就具备成为纺织服装企业目标市场的基本条件；如果纺织服装细分市场的营销机会变化无常，难以把握，即使市场的吸引力再大，纺织服装企业也不应将其确定为目标市场，以免给纺织服装企业造成损失。

（5）可衡量性　可衡量性，指纺织服装细分市场是可以识别和衡量的，也即细分出来的纺织服装市场不仅范围明确，而且对其容量大小也能大致作出判断。如果细分变量无法确定，被细分出来的纺织服装市场的量化指标难以确定，纺织服装企业也就无法制订和实施相应的营销策略。例如，有些细分变量，像具有“依赖心理”的青年人，在实际中是很难测量的，如果以此为依据，纺织服装细分市场不一定有意义。

5.3 纺织服装市场细分的程序和方法

5.3.1 纺织服装市场细分的程序

纺织服装市场细分作为一个过程，通常需要以下7个步骤来完成。

（1）选定纺织服装市场范围　纺织服装企业通过对纺织服装企业内部环境、供应商、营销中介、顾客、竞争者和公众等微观环境，以及人口、经济、自然、政治法律、社会文化、科学技术等宏观环境的调查，结合自身实力，确定经营目标，选定纺织服装市场范围。选定纺织服装市场范围要适度，不能贪大，过大的市场范围会给纺织服装市场营销调研活动带来困难，增加营销成本；但是如果纺织服装市场范围过小，则会限制纺织服装企业自身的发展和业务开拓。

（2）列举潜在纺织服装顾客的需求　纺织服装企业选定好纺织服装市场范围后，纺织服装营销人员就应该通过深入的纺织服装市场调研和系统分析，发现该纺织服装市场中的顾客对纺织服装产品或服务的全部需求，包括现实需求和潜在需求，并将这些需求列出，进行全面而详细的分类，为进一步的纺织服装市场细分提供翔实的资料。

（3）分析可能存在的纺织服装细分市场　通过了解纺织服装目标顾客对纺织服装产品与服务的需求，根据主要纺织服装目标顾客的地区分布、所属行业、规模实力等方面的因素，推测其潜在的市场需求，分析可能存在的纺织服装细分市场。

（4）选取重要的差异需求作为纺织服装细分标准　在异质化的纺织服装市场中，每一个纺织服装顾客之间的需求都存在差异，但是有的差异大一些，有的差异小一些，筛选出需求差异较大的纺织服装顾客，寻找这一群体的共同特征，这些特征即可作为细分纺织服装市场的标准。

（5）根据所选标准细分纺织服装市场　依据纺织服装市场细分的标准，将整体纺织服装市场进行分割，形成若干个纺织服装子市场。在各个纺织服装子市场之间，纺织服装顾客的特征差异较大，而在各个纺织服装子市场内部，纺织服装顾客的特征大致相同。

（6）分析各个纺织服装细分市场的购买行为　对每个细分后的纺织服装子市场进行调查，分析纺织服装子市场中纺织服装目标顾客的购买动机和意愿，分析其购买习惯和行为。

（7）评估各个纺织服装细分市场的规模　对细分后的纺织服装子市场进行规模评估，评估纺织服装子市场内是否有足量的纺织服装顾客，是否有足够的现实需求和潜在需求，以确保纺织服装企业在该市场内有足够的市场机会和发展空间。

5.3.2 纺织服装市场细分的方法

由于纺织服装消费者需求的差异性是纺织服装市场细分的依据，因此，凡是构成纺织服装消费者需求差异的因素，都可用来进行纺织服装市场细分。纺织服装市场细分的方法，主要有：单一因素法、综合因素法和系列因素法三种。

（1）单一因素法　是指根据影响纺织服装消费需求的某一种因素，对纺织服装市场进行细分。例如，纺织服装按年龄细分市场，可分为童装、少年装、青年装、中年装、中老年装、老年装；又如按气候的不同，可分为春装、夏装、秋装、冬装。

（2）综合因素法　是指根据影响纺织服装消费者需求的两种或两种以上因素，对纺织服装市场进行细分。例如，纺织服装市场的消费者既有女性，又有男性，而其年龄层次有儿童、青年、中年、老年之分，消费水平有高、中、低差异，故此，纺织服装企业如果仅仅考虑这三种因素，就可以进行综合因素法细分，如表 5-3 所示。

表 5-3　综合因素法细分纺织服装市场表

消费水平	男				女			
	儿童	青年	中年	老年	儿童	青年	中年	老年
高								
中								
低								

（3）系列因素法　是指根据纺织服装企业经营的特点，并按照影响纺织服装消费者需求的诸因素，由粗到细、由浅入深地进行纺织服装市场细分。下一步的细分，均在上一步选定的子市场中进行。细分过程，其实也就是比较、选择纺织服装目标市场的过程，这种方法可使纺织服装目标市场更加明确而具体，有利于纺织服装企业更好地制订相应的纺织服装市场营销策略。例如，系列因素法细分纺织服装市场如表 5-4 所示。

表 5-4　系列因素法细分纺织服装市场

性别	年龄	职业	学历	收入	个性
男	婴儿	工人	中学及以下	高	冲动型
女	儿童	农民	中专/技校/职高	中	进攻型
	青年	公务员	大专	低	交际型
	中年	律师	本科		内向型
	老年	教师	硕士及以上		外向型

从理论上讲，细分纺织服装市场时使用的因素越多，分的越细，越容易找到市场机会，当然，操作起来也越麻烦，成本越高。因此，在细分某一个纺织服装市场时究竟使用几个因素为好，要综合权衡确定，既不是越少越好，也不是越多越好。除上述的三种纺织服装市场细分方法外，还可以采用按人口和社会经济因素细分、按心理因素细分、按地理因素细分、按顾客利益细分、按用途细分、按促销反应细分、按服务要素细分等方法。

核心概念：

（1）纺织服装 STP 战略：是纺织服装企业根据企业发展的战略规划，在综合考虑外部市场机会及内部资源状况等因素的基础上，确定目标市场，选择相应的纺织服装市场营销策略组合，并予以有效实施和控制的过程，具体包括：纺织服装市场细分（Segmentation）、纺织服装目标市场选择（Targeting）和纺织服装市场定位（Positioning）三部分。

（2）纺织服装市场细分：指纺织服装企业根据主要纺织服装目标消费者对纺织服装产品和服务的不同需求，把纺织服装消费者市场划分为若干子市场（亚市场），分属于同一纺织服装子市场的消费者需求基本相同，而分属于不同纺织服装子市场的消费者需求存在明显差别。

（3）单一因素法：是指根据影响纺织服装消费需求的某一种因素，对纺织服装市场进行细分。

（4）综合因素法：是指根据影响纺织服装消费者需求的两种或两种以上因素，对纺织服装市场进行细分。

（5）系列因素法：是指根据纺织服装企业经营的特点，并按照影响纺织服装消费者需求的诸因素，由粗到细、由浅入深地进行纺织服装市场细分。

复习思考：

1. 单项选择题

(1) 纺织服装 STP 战略具体包括（　　）、纺织服装目标市场选择和纺织服装市场定位三部分。

A. 纺织服装市场细分　　B. 纺织服装市场营销
C. 纺织服装市场顾客　　D. 纺织服装市场策略

(2) 纺织服装市场细分是指纺织服装企业把纺织服装消费者市场划分为若干（　　）。

A. 子公司　B. 子市场　C. 子商场　D. 子机构

(3)（　　）指纺织服装细分市场是可以识别和衡量的。

A. 规模性　B. 可进入性　C. 差异性　D. 可衡量性

(4)（　　）是指根据影响纺织服装消费需求的某一种因素对纺织服装市场进行细分。

A. 综合因素法　B. 系列因素法　C. 单一因素法　D. 需求因素法

2. 多项选择题

(1) 纺织服装 STP 战略具体包括（　　）。

A. 纺织服装市场细分　　B. 纺织服装市场评估
C. 纺织服装目标市场选择　　D. 纺织服装市场定位

(2) 纺织服装市场细分的标准可分为（　　）。

A. 地理因素　B. 人口因素　C. 心理因素　D. 行为因素

(3) 纺织服装市场细分的原则是（　　）和稳定性。

A. 可进入性　B. 规模性　C. 可衡量性　D. 差异性

(4) 纺织服装市场细分的方法主要有（　　）。

A. 地理因素法　B. 单一因素法　C. 综合因素法　D. 系列因素法

3. 判断题（正确答案打“√”，错的打“×”）

(1) 纺织服装市场细分是在同质化的市场中寻求异质化需求的消费者的过程。（　　）
(2) 纺织服装细分市场应该是可以进入的，这样的纺织服装细分市场才有效。（　　）
(3) 分属于同一纺织服装细分市场的消费者其需求有明显的不同。（　　）
(4) 分属于不同纺织服装细分市场的消费者其需求极为相似。（　　）
(5) 实施纺织服装市场细分的目的是为了确定纺织服装企业的目标市场。（　　）

4. 简答题

(1) 纺织服装 STP 战略有何特点？
(2) 纺织服装市场细分有何意义？
(3) 纺织服装市场细分的依据有哪些？
(4) 纺织服装市场细分通常需要哪几个步骤来完成？
(5) 纺织服装市场细分的方法有哪些？

案例分析：

BESTSELLER 集团的市场细分

ONLY 是丹麦 BESTSELLER 纺织服装集团麾下的四个品牌之一。BESTSELLER 纺织服装集团成立于 1972 年，现在在欧洲 18 个国家拥有超过 500 家专卖店，是欧洲最大的纺织服装集团之一。

在进入中国市场之前，集团公司先考察了中国市场，尤其关注北京、上海两大城市的百货商场。他们调查发现，中国的消费者购买中高档纺织服装主要是在大商场。从销售额看，这些大商场每平方米产出的销售额与哥本哈根和伦敦相差不大，但与欧洲人习惯在时装街购物不尽相同，中国虽然也有各种时装街，但从经营档次和个性化方面来看，临街的专卖店不太适宜ONLY这样的品牌树立形象。而且，在欧洲开设专卖店的租金和销售额之比一般为12：100，而在中国则要昂贵得多。这些情况使他们改变了惯用的专卖店式销售，改为入驻商场。而对商场潜力的调查结果显示，中档、高质、时尚的纺织服装大有可为。在ONLY之前，中国市场上Esprit、贝纳通等品牌已为人熟知，但价格颇高，普通消费者对这些纺织服装心里非常喜欢，但却无力购买。很多消费者就等打折时购买，这些品牌一旦过季打折，营业额就会大幅度上升。如果有同样时尚的品牌以较低价位入市，则正好迎合了这种消费心理。因此，ONLY在中国的第一家零售店在北京西单赛特商场设立，并一举成功。整个卖场营造得个性鲜明：丰富多变的纺织服装代表着欧洲的时尚潮流，年轻、时髦、充满思想和新意。在当时的纺织服装市场上，ONLY不能说最好，但绝对是最具活力和创意的。

问题分析：

1. 什么是纺织服装市场细分？它有什么原则和方法？
2. 本案例如何运用纺织服装市场细分的依据进行市场细分的？你得到哪些启示？

实践演练：

活动主题：认知体验纺织服装市场细分。

活动目的：增加感性认识，实地体验纺织服装市场细分。

活动形式：将全班分成若干小组，3～5人为一组，以小组为单位开展活动，与教学时间同步，就近实地参观一个纺织服装市场。

活动内容和要求：活动之前要熟练掌握会展市场细分的依据、程序和方法等知识点，做好相应的知识准备；能运用纺织服装市场细分来发掘和开拓市场机会；以小组为单位提交书面调查报告；调查报告撰写时间为2天；授课教师可根据每个小组提供的书面调查报告按质量评分，并计入学期总成绩。

任务6 如何选择纺织服装目标市场

知识目标：

1. 纺织服装目标市场的概念；
2. 纺织服装目标市场选择；
3. 纺织服装目标市场策略。

能力目标：

1. 掌握纺织服装目标市场选择步骤和条件；
2. 能灵活运用纺织服装目标市场策略。

情景导入：

"富绅牌"衬衫的目标市场

"富绅牌"衬衫是升信服装实业有限公司的产品，作为高档优质产品的"富绅牌"衬衫投产后，产品应进入什么样的市场？产品在市场中应如何定位？公司经过市场调研和可行性分析后，决定同时进入国际市场和国内市场。

公司认为，产品进入国际市场关键是要有适当的营销渠道，升信公司的港方合资者是大制衣公司，年出口水洗牛仔服600万件。他们不仅有丰富的制衣经验，而且有众多的海外营销渠道，如果海外客商对该公司的产品需求稳定，预计"富绅牌"衬衫在国际市场上的销售量将能够得到保证。接着，公司对国内市场考察后发现，衬衫市场的产品结构及价位是，低档产品销售量大，价格一般为10～30元一件；高档产品也有一定需求，每件价格在150元以上，国内广大消费者对衬衫的需求正处于从低档向中高档转化时期，但由于受家庭收入等因素的影响，对价格的承受力还有限。根据市场调查分析，公司把国内市场中的"高质中价"细分市场确定为公司将要进入的目标市场，并制订了相应的价格策略，决定把国内市场上销售的"富绅牌"衬衫定价为70元一件，但产品的质量要超过目前国内市场上"高档高价"衬衫的质量。

为了提高"富绅牌"村衫在国内市场上的竞争力，树立"富绅牌"衬衫"高档中价"的产品形象，公司投入巨资更新设备、改进技术，在设计生产中精选面料、确保质量。经过努力，"富绅牌"村衫终于在国内市场打开销路，并赢得消费者的信赖，在国内衬衫市场上占有一席之地。

想一想：

什么是纺织服装目标市场？"富绅牌"衬衫运用了何种纺织服装目标市场策略？等等，下面我们将为大家作一介绍。

6.1 什么是纺织服装目标市场

6.1.1 纺织服装目标市场概念

纺织服装目标市场，就是纺织服装企业决定自己的产品或服务要进入的细分市场，即纺织服装企业为自己的生产经营活动所确定的市场范围。纺织服装企业的一切活动，都是围绕纺织服装目标市场进行的。

纺织服装目标市场选择，是指纺织服装企业对不同的纺织服装细分市场进行价值评估后，对进入哪个细分市场和如何满足该市场消费者需求作出决策的过程。在纺织服装市场细分的基础上，根据纺织服装企业的经营目标和经营能力，选择有利的纺织服装细分市场，作为纺织服装企业营销的目标市场。选择和确定纺织服装目标市场，明确纺织服装企业的具体服务对象，是纺织服装企业制订营销战略的首要内容和基本出发点。

6.1.2 纺织服装目标市场选择条件

纺织服装目标市场选择，是在纺织服装市场细分的基础上进行的。纺织服装企业在纺织服装市场细分的基础上，选择某一个或某几个纺织服装细分市场，作为可能进入的纺织服装目标市场。在选择可进入的纺织服装目标市场时，需要考虑来自多方面的因素。一般来说，可进入的纺织服装目标市场至少应符合以下三个条件。

（1）有一定的规模和发展潜力　纺织服装企业必须考察这个潜在的纺织服装目标市场，是否对纺织服装企业具有吸引力，即该纺织服装市场大小适宜，需要有一定的规模、具有良好的成长性、易形成规模经济、盈利空间较大等。

（2）纺织服装竞争者未完全控制　在选择进入纺织服装目标市场前，纺织服装企业还需要对该纺织服装目标市场内竞争者的数量和实力进行调查。纺织服装目标市场内竞争者数量，预示着该纺织服装市场内的竞争激烈程度，而纺织服装竞争者的实力，则代表纺织服装竞争者在该纺织服装市场的占有率。若进入一个基本被纺织服装竞争者完全控制的纺织服装市场，则不会有很大的发展前景。

（3）符合纺织服装企业目标和能力　纺织服装企业必须考虑，对纺织服装细分市场的投资，是否与自身的发展目标相一致。某些纺织服装细分市场虽然具有很大吸引力，但不符合纺织服装企业的长远目标，不得不放弃。同时也必须考虑自身的资源能力，是否能够支持纺织服装企业成功进入该纺织服装细分市场，并获得一定的竞争优势。例如，当前，中式纺织服装越来越受到消费者的喜爱，是值得重视的一种纺织服装发展方向，在全国各地也成长起一批专门从事中式纺织服装设计和生产的中小型纺织服装企业。但是，对于有些纺织服装企业来说，像生产休闲装的纺织服装企业，如果选择这一细分市场，则可能会得不偿失。

6.2 选择纺织服装目标市场

6.2.1 纺织服装目标市场选择步骤

纺织服装目标市场选择作为一个过程，通常可以通过以下 4 个步骤来完成。

6.2.1.1 细分纺织服装市场

通过对纺织服装企业的经营特点和纺织服装整体市场需求状况的了解和研究，选出特征突出的纺织服装需求因素作为依据，将整体纺织服装市场划分成为众多纺织服装细分市场。

6.2.1.2 评估纺织服装细分市场

对各个纺织服装细分市场进行全面细致的分析，特别是对它的规模、潜力、经济效益等进行评估，以利于纺织服装企业能正确选择纺织服装目标市场。在评估各种不同的纺织服装细分市场时，纺织服装企业必须考虑以下因素：

（1）是否有吸引力　纺织服装企业必须考察，这个潜在纺织服装市场的细分市场，是否对纺织服装企业具有吸引力，例如，它的大小、成长性、盈利率、规模经济等。

（2）是否与纺织服装企业的目标相一致纺织服装企业必须考虑，对纺织服装细分市场的投资是否与纺织服装企业的目标相一致。某些纺织服装细分市场虽然具有很大吸引力，但不符合纺织服装企业的长远目标，不得不放弃。

（3）纺织服装企业资源能力纺织服装企业必须考虑，自身的资源能力是否能够支持本企业成功进入该纺织服装细分市场，并获得一定的竞争优势。如果不能，该纺织服装细分市场也应该放弃。

6.2.1.3 选择纺织服装目标市场

纺织服装企业根据本身的资源情况、营销能力，以及纺织服装细分市场吸引力大小，进行纺织服装目标市场的最终选择。

6.2.1.4 制订纺织服装目标市场策略

为实现纺织服装目标市场的销售计划，纺织服装企业要制订相应的纺织服装产品策略、富有针对性的价格策略，以及通过各个渠道，开展广泛宣传活动的促销策略等各种经营策略。

6.2.2 纺织服装目标市场选择模式

纺织服装企业进行目标市场的选择，主要有五种模式：即产品-市场集中化、产品专业化、市场专业化、选择专业化和全面进入，如图 6-1 所示。

（1）产品-市场集中化 指纺织服装企业只生产或销售一种纺织服装产品，只满足某一消费者群的需求。例如，纺织服装厂专门生产青年休闲服投入纺织服装市场，满足青年消费者的需求，如图 6-1(a) 所示。这一模式特点是：有利于集中纺织服装企业的人力、物力、财力，通常被较小的纺织服装企业所采用。

（2）产品专业化 指纺织服装企业生产或销售一种纺织服装产品，满足各类消费者群的需求。例如，纺织服装企业生产或销售儿童休闲服、青年休闲服、中年人休闲服，满足不同

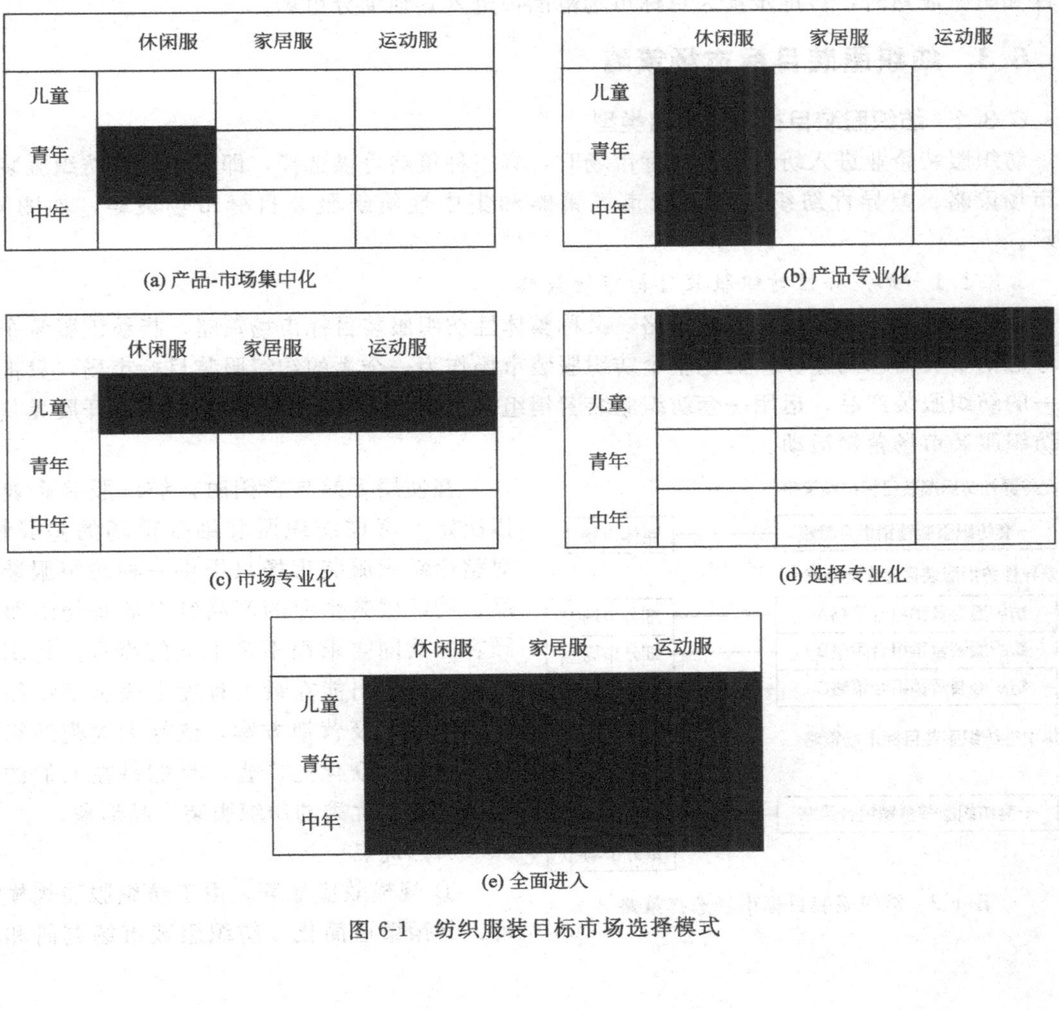

图 6-1 纺织服装目标市场选择模式

消费者的需求，如图 6-1(b) 所示。这一模式特点是：纺织服装企业经营对象较宽，但纺织服装产品单一。

(3) 市场专业化　指纺织服装企业生产各种纺织服装产品，向某一顾客群提供各种纺织服装产品，满足其各种不同的需求。例如，纺织服装企业只生产或销售儿童休闲服、家居服和运动服，满足儿童需求，如图 6-1(c) 所示。这一模式特点是：纺织服装企业经营对象面较窄，但可以根据其目标顾客的需要，提供不同纺织服装产品，吸引顾客。

(4) 选择专业化　指纺织服装企业生产或销售几种纺织服装产品，同时进入几个不同的细分市场，满足不同消费者群的需求。例如，纺织服装企业生产中年人的休闲服、青年人的运动服、儿童的家居服，如图 6-1(d) 所示。这一模式特点是：目标市场分散，但对不同的消费者有选择地提供纺织服装产品，有利于纺织服装企业提高生产率。

(5) 全面进入　指纺织服装企业为所有消费者生产或销售各种纺织服装产品，满足所有细分市场的需求。一般是实力雄厚的大企业所为。例如，纺织服装企业生产或销售休闲服、家居服、运动服，同时满足儿童、青年、中年人的需求，如图 6-1(e) 所示。这一模式特点是：通常是资金雄厚的纺织服装大企业，为在纺织服装市场上占据领导地位，甚至垄断全部纺织服装市场而采取的模式。

总的说来，在运用以上模式时，纺织服装企业总是首先进入最有吸引力的细分市场，待条件和时机成熟时，再逐步扩大目标市场范围，进入其他细分市场。

6.3 纺织服装目标市场策略

6.3.1 纺织服装目标市场策略类型

纺织服装企业进入纺织服装目标市场时，有三种策略可供选择，即无差异性纺织服装目标市场策略、差异性纺织服装目标市场策略和集中性纺织服装目标市场策略，如图 6-2 所示。

6.3.1.1 无差异性纺织服装目标市场策略

无差异性纺织服装目标市场策略，又称整体性纺织服装目标市场策略，指纺织服装企业不考虑消费者需求的差异，而把整个纺织服装市场作为一个大的纺织服装目标市场，只推出单一的纺织服装产品，运用一套纺织服装营销组合策略，去满足所有的消费者，开展无差异的纺织服装市场营销活动。

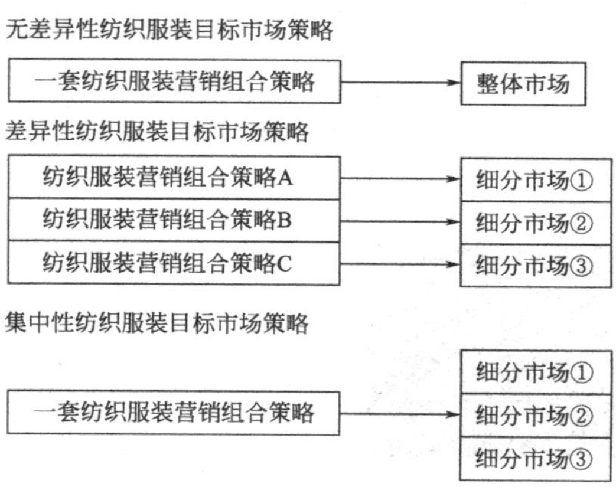

图 6-2　纺织服装目标市场选择策略

在使用无差异营销时，纺织服装企业可以决定不考虑纺织服装细分市场的差异性，对整个纺织服装市场只提供一种纺织服装产品。纺织服装企业的产品针对的是纺织服装顾客的共同需求而不是不同的需求。纺织服装企业设计出能在最大程度上吸引纺织服装顾客的产品及营销方案，依靠大规模纺织服装分销和大众化的广告，目的是在人们的头脑中树立起优秀的纺织服装产品形象。

(1) 优点

① 规模效应显著。由于纺织服装规模销售、分销渠道简化、纺织服装市场调研和广

告宣传开支较低，纺织服装销售成本降低，可以获得纺织服装规模经济效益。

② 垄断性强。这种策略，易于形成垄断性的名牌纺织服装产品的声势和地位。

（2）缺点

①“以不变应万变”。消费者的需求客观上是不断变化的，一种纺织服装产品长期为该产品的全体消费者所接受极为罕见（同质纺织服装市场的产品除外），对纺织服装消费者来说也过于单调。当众多纺织服装企业如法炮制，都采用这种策略时，就会形成整体会展纺织服装市场竞争异常激烈，而小的纺织服装细分市场的需求却得不到满足的局面，这对纺织服装企业、消费者都是不利的。

② 不适于竞争。这种策略只适用于少数垄断性强、供不应求的纺织服装产品，无差异性纺织服装目标市场策略，已不适应现代国际纺织服装市场的竞争。

6.3.1.2 差异性纺织服装目标市场策略

差异性纺织服装目标市场策略，是指纺织服装企业根据资源条件和外部环境，选择两个或两个以上纺织服装细分市场为目标市场，针对各个纺织服装目标市场的需求特点，分别推出不同的纺织服装产品，并采取不同的纺织服装营销组合策略。例如，纺织服装企业为不同性别、不同年龄、不同偏好的消费者生产不同面料、不同规格、不同款式、不同颜色、不同档次的上衣，该纺织服装企业在纺织服装市场上，实行的就是差异性纺织服装目标市场策略。

（1）优点

① 有利于提升竞争力。由于能够较多较快地变换纺织服装产品的种类与特点，以适应和满足消费者的需求，因而有利于增加消费者对该纺织服装企业的信赖感和提高购买几率，提升纺织服装企业的市场竞争能力。

② 有利于提高经济效益。因为同时在几个纺织服装细分市场中占有优势，有利于树立纺织服装企业在消费者心中的形象，从而利于经济效益的提高。

③ 分散经营风险。由于差异性纺织服装营销的灵活机动性，可以在一定程度上分散纺织服装企业的经营风险。

（2）缺点

① 成本增加。由于差异性纺织服装营销，带来纺织服装运营成本与营销宣传费用的增加，因此，难以使纺织服装企业取得规模效益。

② 管理难度加大。经营纺织服装目标市场数量越多，越会影响经营效率，使纺织服装企业管理难度增大。

③ 资源分散。由于多元化分散经营，可能使纺织服装企业的资源配置不能有效集中，影响某些优势的发挥。

纺织服装企业在采用差异性纺织服装目标市场战略时，必须保证所选定的纺织服装目标市场由于总销量扩大所带来的收益，要大于营销总成本费用的增加。差异性纺织服装目标市场策略适合一些实力雄厚的大型纺织服装公司或企业集团，实力相对较小的纺织服装企业一般不宜采用此策略。

6.3.1.3 集中性纺织服装目标市场策略

集中性纺织服装目标市场策略，又称密集性纺织服装目标市场策略，是指纺织服装企业在纺织服装市场细分的基础上，只选择一个纺织服装细分市场作为目标市场，集中所有力量进行高度专业化经营，以确保在该纺织服装细分市场上占有较大的份额。该策略适合实力比较弱、资源有限的小型纺织服装企业。例如，“奇妮”纺织服装公司发现孕妇服市场潜力大，就将原来的生产范围缩减集中在孕妇服的生产上，并针对孕妇的特点，向目标市场推出中、高档的孕妇服装。于是，“奇妮”孕妇服深受消费者喜爱，企业很快发展成为最大的孕妇服装生产商。

（1）优点

① 具有相当竞争力。由于纺织服装企业营销相对集中，在单一化较小范围的纺织服装市场上活动，占有资金相对小，且资金周转相对快，成本费用相对低，可以集中力量在特定纺织服装市场占领优势和实现一定的规模经济效益。

② 产品特色鲜明。由于纺织服装企业经营范围明确，有利于创造出特色纺织服装产品与服务。

③ 有的放矢。由于纺织服装营销对象集中，能够更深入地了解特定纺织服装消费者的需求状态，提供的纺织服装产品和服务更加有的放矢。

④ 相对经济性。集中性纺织服装营销的本质是对单一纺织服装细分市场的完全覆盖，故此，也可获得成本的相对经济性，并可提高纺织服装企业产品或服务的知名度和市场占有率。

（2）缺点

① 风险性大。纺织服装企业经营具有很大的风险性，小部分纺织服装市场生存的纺织服装企业，承担的经营风险较大，一旦纺织服装市场突然发生变化，例如，有强大竞争对手的进入，或者有新的更有吸引力的替代产品出现等，都可能使纺织服装企业没有回旋余地而陷入困境。

② 竞争者多。如果选定不是较大的纺织服装细分市场，则竞争者太多，纺织服装市场竞争者过于激烈。

集中性纺织服装目标市场策略的指导思想是，与其四处出击收效甚微，不如突破一点取得成功。实施这一策略的纺织服装企业不是追求在纺织服装大市场上占有小份额，而是追求在相对小的纺织服装市场上占有大份额。故此，采用这一策略的纺织服装企业必须密切注意纺织服装目标市场的动向，并应制订适当的应急措施，以求进可攻，退可守，进退自如。

6.3.2 如何选择纺织服装目标市场策略

一个纺织服装企业，究竟应当采用上述哪一种纺织服装目标市场策略，取决于纺织服装市场营销宏观环境、纺织服装企业自身实力条件、纺织服装产品或服务特点、纺织服装市场需求状况、纺织服装产品生命周期、纺织服装市场竞争状况等多方面的条件。

（1）纺织服装市场营销宏观环境　纺织服装市场宏观环境，影响消费者的购买行为以及纺织服装市场的供求关系。一般情况下，当某种纺织服装产品处于供不应求的卖方市场，可采用无差异性纺织服装目标市场策略；而在供大于求的买方市场情况下，则可采用差异性与集中性纺织服装目标市场策略。

（2）纺织服装企业的自身实力条件　纺织服装企业的自身实力条件，主要包括人力、财力、物力条件，以及策划能力、技术能力和销售能力。具体表现为纺织服装企业产品的设计与营销组合能力、宣传促销能力、服务与管理能力等方面。如果纺织服装企业的实力雄厚，管理水平较高，信息资源丰富，可考虑采用无差异性纺织服装目标市场策略或差异性纺织服装目标市场策略；如果纺织服装企业的实力不足，人力、财力、物力、信息等资源有限，纺织服装企业无力顾及整个纺织服装市场或多个纺织服装细分市场，则适宜采用集中性纺织服装目标市场策略。

（3）纺织服装产品或服务的特点　同质性纺织服装产品或服务，由于其差异性小，替代性很强，竞争主要集中在价格上，较适宜实行无差异性纺织服装目标市场策略。而对于一些差异性较大、消费者选择性很强的纺织服装产品或服务，则适宜采用差异性纺织服装目标市场策略或集中性纺织服装目标市场策略。

（4）纺织服装市场需求状况　当纺织服装市场上的消费者，在某一时期的需要与偏好及其他特征很接近，纺织服装市场类似程度很高时，适宜采用无差异性纺织服装目标市场策略。而对消费者需求异质程度很高的纺织服装市场，一般要采用差异性纺织服装目标市场策略或集中性纺织服装目标市场策略。

（5）纺织服装产品生命周期　纺织服装产品的生命周期分为导入期、成长期、成熟期和衰退期四个阶段。纺织服装产品处于导入期或成长期，应采用无差异性纺织服装目标市场策略或集中性纺织服装目标市场策略。当纺织服装产品进入成熟期后，竞争者也增多，此时适宜采用差异性纺织服装目标市场营销策略，以开拓纺织服装市场，扩大纺织服装市场份额。当纺织服装产品进入衰退期，则应采用集中性纺织服装目标市场策略，以便保持部分纺织服装市场，延长纺织服装产品的生命周期。

（6）纺织服装市场竞争状况　如果纺织服装竞争者数量较少或弱，且纺织服装产品具有垄断性，纺织服装企业则可采取无差异性纺织服装目标市场策略。若纺织服装竞争者采用无差异性纺织服装目标市场策略，纺织服装企业则可反其道而采用差异性纺织服装目标市场策略或集中性纺织服装目标市场策略。如果竞争太多，则应采取差异性或集中性纺织服装目标市场策略。

核心概念：

（1）纺织服装目标市场：就是纺织服装企业决定自己的产品或服务要进入的细分市场，即纺织服装企业为自己的生产经营活动所确定的市场范围。

（2）纺织服装目标市场选择：是指纺织服装企业对不同的纺织服装细分市场进行价值评估后，对进入哪个细分市场和如何满足该市场消费者需求作出决策的过程。

（3）无差异性纺织服装目标市场策略：又称整体性纺织服装目标市场策略，指纺织服装企业不考虑消费者需求的差异，而把整个纺织服装市场作为一个大的纺织服装目标市场，只推出单一的纺织服装产品，运用一套纺织服装营销组合策略，去满足所有的消费者，开展无差异的纺织服装市场营销活动。

（4）差异性纺织服装目标市场策略：是指纺织服装企业根据资源条件和外部环境，选择两个或两个以上纺织服装细分市场为目标市场，针对各个纺织服装目标市场的需求特点，分别推出不同的纺织服装产品，并采取不同的纺织服装营销组合策略。

（5）集中性纺织服装目标市场策略：又称密集性纺织服装目标市场策略，是指纺织服装企业在纺织服装市场细分的基础上，只选择一个纺织服装细分市场作为目标市场，集中所有力量进行高度专业化经营，以确保在该纺织服装细分市场上占有较大的份额。

复习思考：

1. 单项选择题

（1）纺织服装企业的一切活动都是围绕（　　）进行的。

A. 纺织服装营销策略　　B. 纺织服装市场细分

C. 纺织服装市场定位　　D. 纺织服装目标市场

(2) 纺织服装目标市场选择是指纺织服装企业对（　　）纺织服装细分市场进行价值评估后作出决策的过程。

A. 相同的　　B. 相似的　　C. 不同的

(3)（　　）指纺织服装企业只生产或销售一种纺织服装产品，只满足某一消费者群的需求。

A. 产品-市场集中化　　B. 产品专业化

C. 市场专业化　　D. 选择专业化

(4) 无差异性纺织服装目标市场策略又称为（　　）。

A. 密集性纺织服装目标市场策略　　B. 整体性纺织服装目标市场策略

C. 差异性纺织服装目标市场策略　　D. 集中性纺织服装目标市场策略

2. 多项选择题

(1) 纺织服装目标市场选择可以通过以下（　　）步骤。

A. 细分纺织服装市场　　B. 评估纺织服装细分市场

C. 选择纺织服装目标市场　　D. 制订纺织服装目标市场策略

(2) 纺织服装企业进入纺织服装目标市场时，有（　　）策略可供选择。

A. 无差异性纺织服装目标市场策略　　B. 差异性纺织服装目标市场策略

C. 集中性纺织服装目标市场策略　　D. 分散性纺织服装目标市场策略

(3) 纺织服装企业采用哪一种纺织服装目标市场策略，取决于（　　）纺织服装产品生命周期、纺织服装市场竞争状况等多方面的条件。

A. 纺织服装市场营销宏观环境　　B. 纺织服装企业自身实力条件

C. 纺织服装产品或服务特点　　D. 纺织服装市场需求状况

(4) 纺织服装企业进行目标市场的选择，主要有产品-市场集中化、（　　）模式

A. 选择专业化　　B. 产品专业化　　C. 市场专业化　　D. 全面进入

3. 判断题（正确答案打“√”，错的打“×”）

(1) 纺织服装目标市场是纺织服装企业为自己的生产经营活动所确定的市场范围。（　　）

(2) 纺织服装目标市场选择是在纺织服装市场细分的基础上进行的。（　　）

(3) 差异性纺织服装目标市场策略，又称整体性纺织服装目标市场策略。（　　）

(4) 集中性纺织服装目标市场策略，又称密集性纺织服装目标市场策略。（　　）

(5) 差异性纺织服装目标市场策略适用于少数垄断性强、供不应求的纺织服装产品。（　　）

4. 简答题

(1) 纺织服装目标市场选择条件有哪些？

(2) 纺织服装目标市场选择分几个步骤？

(3) 纺织服装目标市场选择有哪些模式？

(4) 纺织服装目标市场选择策略有哪些？各有何优缺点？

(5) 纺织服装目标市场策略选择有哪些依据？

案例分析：

“金利来”的目标市场选择

正确地选择高、中、低档市场，对纺织服装企业的生存和发展至关重要。“领带大王”

曾宪梓的经历就充分说明了这个问题。

领带是西装的饰物，20 世纪 60 年代的香港纺织服装业已经相当发达，然而曾宪梓却发现，西装如此盛行的香港，却找不到一家像样的领带厂。于是，他决定抓住时机，开设领带厂。最初，他生产廉价领带，自己制作，自己推销。因为他是客家人，广东话讲得不好，推销时常被人讥笑。创业艰难，曾宪梓可谓饱尝了酸甜苦辣。他曾试图以便宜的价格来吸引顾客，然而即使价格降得已经很低，买主仍然拼命压价，领带也不畅销。

无奈，曾宪梓只好另辟蹊径，决定走生产高档领带的道路。他用仅有的一点钱买了 4 条高档领带，逐一"解剖"，研究制作过程。并以此为样本裁出另外 4 条领带，他把 8 条领带一起交给行家鉴别，结果以假乱真，令行家也难以辨认。这证明了他所做的领带，在用料及款式上已能与一流领带相媲美，也增强了他继续发展领带事业的信心。于是他赶紧借了一笔款子，购进一批布料，赶做了许多样式的领带。不料香港的商店却不敢从他的作坊中进货，因为他们还不相信曾氏领带的质量。无路可走的曾宪梓一咬牙，把自己缝制的 4 打领带寄存在当时位于旺角的瑞兴百货公司内，要求陈列在显眼的位置上供顾客选择，自己不赚分文。出乎意料，他制作的领带从花纹到款式都与随之而来的流行领带相吻合，销量非常好，一抢而光。

经历了两年的风风雨雨，曾宪梓终于在 1970 年注册成立了"金利来"（远东）有限公司。现在，"金利来"的规模在东南亚地区首屈一指，成为拥有领带、丝织品等八家公司的大企业。"金利来，男人的世界"这句广告词，已响彻内地、港台地区以及东南亚等地。

问题分析：

1. 什么是纺织服装目标市场选择？它有哪些条件和步骤？
2. 本案例如何运用运用了何种纺织服装目标市场策略？你得到哪些启示？

实践演练：

活动主题：认知体验纺织服装目标市场选择。

活动目的：增加感性认识，实地体验纺织服装目标市场选择。

活动形式：将全班分成若干小组，3～5 人为一组，以小组为单位开展活动，与教学时间同步，就近实地参观一家纺织服装企业的目标市场选择。

活动内容和要求：活动之前要熟练掌握纺织服装目标市场选择条件、步骤、模式和策略等知识点，做好相应的知识准备；能灵活运用纺织服装目标市场选择策略；以小组为单位提交书面调查报告；调查报告撰写时间为 2 天；授课教师可根据每个小组提供的书面调查报告按质量评分，并计入学期总成绩。

任务 7 如何进行纺织服装目标市场定位

知识目标：

1. 纺织服装目标市场定位的内涵；
2. 纺织服装目标市场定位标准和步骤；
3. 纺织服装目标市场定位策略。

能力目标：

1. 能根据纺织服装企业的现状选择纺织服装目标市场定位策略；
2. 能利用纺织服装目标市场定位确立纺织服装企业的竞争优势。

情景导入：

Lee牌牛仔的成功定位

Lee抓住的是长久以来一直被忽略的一个市场——女性市场。对这一市场的主体——25～44岁的女性消费者的定性研究表明，这一群体对牛仔服装是情有独钟的（因为牛仔是她们青春的见证、成长的伴侣），而“贴身”是她们最关心的利益。大多数女性都需要一件在腰部和臀部都很合身而且活动自如的牛仔裤，而她们平均要试穿16件牛仔裤才能找到一件称心如意的。于是，Lee聪明地定位于此，在产品设计上一改传统的直线裁剪，突出女性的身材和线条。在广告表现中充分体现Lee恰到好处的贴身、穿脱自如特点。“最贴身的牛仔”，是Lee的经典广告文案，一个“贴”字将Lee与众不同的特点表达得淋漓尽致。

Lee的中间商和零售商一开始不了解这一定位的绝妙之处，他们的错误坚持，曾让Lee的广告走入误区，变得和其他品牌没什么两样。而后Lee的销售陷入困境。在总结了教训之后，Lee又重返“Fit”，贴近了目标市场，Lee重获生机并蓬勃发展起来。“如果你和大多数美国女人一样，衣柜里放了3条或4条牛仔裤，有一条太小，有一条太大，有一条则令人绝望的不流行。然而有一条非常合身，每次你都会穿它。”这虽是Lee的又一条广告语，但决非夸张之词。

在妇女们对买到合身的牛仔服已快失去信心的时候，是Lee让她们感到那是专为她们设计的最贴身的时装，而且Lee还是唯一一个能够适合所有场合的品牌。妇女们终于有了“精心、安全的选择”——“最贴身的牛仔”。Lee简直成了一种日常用品，与她们的生活息息相关。

想一想：

Lee是如何进行目标市场定位的？什么是纺织服装目标市场定位？它有何标准和步骤？有哪些策略？等等，下面我们将为同学们一一道来。

7.1 什么是纺织服装目标市场定位

7.1.1 定位理论与纺织服装目标市场定位

纺织服装目标市场定位与纺织服装市场细分、纺织服装目标市场选择之间存在着密切关联，纺织服装企业找到了有效的纺织服装细分市场，只是成功的第一步，还必须为自己的纺织服装产品找到有效的纺织服装目标市场，而纺织服装企业一旦选定了纺织服装目标市场，就要在纺织服装目标市场上进行纺织服装产品的市场定位。

7.1.1.1 定位理论回顾

定位理论的先驱，是美国营销学家艾·里斯和杰克·特劳特。早在1969年，两人在美国《工业营销》杂志上发表了论文《定位是人们在今天的模仿主义市场上所用的竞争手段》。

论文以美国RCA电脑公司为例，认为遵循定位的原理，RCA不应该与占据美国电脑业第一位置的“蓝巨人”IBM公司做面对面的抗衡。而在当时业内人士均对RCA与IBM的正面抗衡持乐观和鼓励态度。但是，不到一年时间，RCA公司在与IBM的较量中惨败。1971年11月，两人继续在《工业营销》杂志上发表探讨“定位”的文章，后又将定位的概念和运作方法集结成书，人们渐渐从事实中，认识到他们观点的正确性。直至今日，定位理论已成为企业市场营销战略的核心。

在纺织服装市场营销学理论中，定位包括纺织服装市场定位和纺织服装产品定位。纺织服装市场定位，是将纺织服装产品定位于以纺织服装市场细分为基础选择的纺织服装目标市场上，其着眼点是不同的纺织服装市场需求。而纺织服装产品定位，是在纺织服装产品差别化基础上，通过塑造独特的纺织服装产品个性和鲜明的纺织服装产品形象，以区别于同类竞争产品，其着眼点是已经存在的纺织服装产品。

7.1.1.2 纺织服装目标市场定位的内涵

纺织服装目标市场定位，是指对纺织服装企业的产品或服务和企业形象进行设计，从而使其能在纺织服装目标市场中占有一个独特位置的行为。它有三层含义：

(1) 确立纺织服装企业形象　纺织服装企业需要了解纺织服装目标顾客的需求特征，尤其是他们的主要需求，分析其对纺织服装产品和服务价值的理解，在纺织服装产品的名称、价格和包装等方面做文章，给纺织服装目标顾客留下好印象，确立纺织服装企业形象，以扩大销售，增加利润。

(2) 应变调整定位　纺织服装企业的产品和服务，在纺织服装消费者心目中的位置受很多因素的影响，包括纺织服装消费者自身的一些因素，例如：纺织服装消费者的学识、经历、收入水平、社会地位、性格等，都会在一定程度上影响其定位；同时也包括纺织服装企业方面的因素，纺织服装企业所处的位置、历史、外在形象等因素，另外经济、社会、法律等外在环境也是影响因素。故此，纺织服装企业的目标市场定位要结合实际情况，当条件发生变化时，纺织服装目标市场定位及其定位策略也要作相应调整。

(3) 具有同一性　纺织服装产品和服务的生产和消费具有同一性，纺织服装消费者的购买决策，往往取决于纺织服装消费者对纺织服装企业形象及其所提供的纺织服装产品和服务的印象，即纺织服装企业及其产品和服务，在纺织服装目标顾客心目中的位置。

7.1.2 纺织服装目标市场定位的有效标准

纺织服装目标市场定位，是能否有效地区别本纺织服装企业与同类竞争企业，能否树立独特而鲜明的纺织服装市场形象，进而为纺织服装营销做出贡献的关键，可以从以下四个方面进行判断。

(1) 符合自身条件　即纺织服装目标市场定位是否符合纺织服装企业自身的资源条件。“用己所长”是纺织服装企业进行纺织服装目标市场定位时，必须考虑的问题。否则，纺织服装目标市场定位再新颖独特，纺织服装企业没有资源条件将其付诸实现，也是徒劳的。

(2) 定位独特　即纺织服装目标市场定位是否独特。该定位应该是同类纺织服装尚未提出或无法复制的，即便是竞争对手也难以模仿的。独特的纺织服装目标市场定位，是纺织服装企业的核心竞争力，它为纺织服装企业设置了一道无形的保护层，向纺织服装竞争者筑起了进入壁垒，使纺织服装能够以更优越的方式向消费者提供服务。

(3) 具有高价值　即纺织服装目标市场定位是否具有高价值。纺织服装目标市场定位，应该能够为纺织服装消费者提供高价值，并且纺织服装消费者是可以充分认可这一点的。

（4）便于沟通　即纺织服装目标市场定位是否便于沟通。纺织服装目标市场定位，只是纺织服装企业在纺织服装市场上确定了一个适当的位置，塑造了一个与众不同的纺织服装市场形象，但纺织服装目标市场定位还需要传播，即以形象生动的方式传达给纺织服装消费者。故此，纺织服装目标市场定位是否便于表达、便于传播、便于纺织服装消费者理解和体验，就显得尤为重要。

7.2 进行纺织服装目标市场定位

7.2.1 纺织服装目标市场定位的步骤

纺织服装目标市场定位的关键之一，是纺织服装企业要设法在自己的纺织服装产品和服务上，找出比纺织服装竞争对手更具有竞争优势的特性。纺织服装竞争优势一般有两种基本类型：首先，纺织服装价格竞争优势。即在同样的条件下，比纺织服装竞争对手给出更低的价格，这就要求纺织服装企业采取一切努力来降低纺织服装经营成本；其次，偏好纺织服装竞争优势。即能提供确定的特色来满足纺织服装顾客特定的需求偏好，这就要求纺织服装企业采取一切努力，在纺织服装产品和服务特色上下工夫。纺织服装目标市场定位，可以通过以下三个步骤来完成。

（1）分析纺织服装目标市场现状，确认潜在竞争优势　这一步骤的中心任务是要回答以下三个问题：首先，竞争对手的纺织服装目标市场定位如何？其次，纺织服装目标市场上消费者需求的满足程度如何，确实还需要什么？再次，针对竞争对手的纺织服装目标市场定位，和潜在纺织服装顾客的真正需要及利益要求，本纺织服装企业应该及能够做什么？通过回答上述三个问题，纺织服装企业就可以从中把握和确定自身的潜在竞争优势在哪里。要回答这三个问题，纺织服装企业的营销人员必须通过各种调研手段，系统地设计、搜索、分析并报告有关上述问题的资料和研究结果。

（2）准确选择竞争优势，初步定位纺织服装目标市场　纺织服装竞争优势，代表纺织服装企业的核心竞争力，这种能力既可以是现有的，也可以是潜在的。选择纺织服装竞争优势，实际上就是纺织服装企业与纺织服装竞争者各方面实力相比较的过程，其比较的指标应是一个完整的体系。通常的做法是，分析和比较与纺织服装竞争者在经营模式、技术开发、采购、生产、产品、市场营销和财务控制等方面的差距。评价自己与纺织服装竞争者相比有哪些优势，又有哪些劣势，以及选择哪些纺织服装目标市场对自身最为有利，借此选出最适合的优势项目，以初步确定纺织服装企业在纺织服装目标市场上所处的位置。

（3）显示独特竞争优势，重新定位纺织服装目标市场　这一步骤的主要任务，是通过一系列的宣传与推广活动，将纺织服装企业独特的竞争优势准确传达给纺织服装目标顾客，进而在纺织服装消费者心目中留下深刻印象。因此，纺织服装企业要弄清楚纺织服装目标顾客是否了解、熟悉、认同本企业？纺织服装目标市场定位是否与纺织服装目标顾客的实际理解相一致？纺织服装目标顾客对本企业是否具有较高的忠诚度？同时，纺织服装企业还要时刻关注纺织服装目标顾客，对纺织服装目标市场定位的理解是否出现了模糊、混乱或偏差？以及这些偏差是否系宣传失误所造成？

纺织服装企业应该通过各种手段强化纺织服装目标顾客对企业的好感，稳定纺织服装顾客的态度，增进与纺织服装顾客的感情，巩固纺织服装产品在纺织服装目标顾客心目中的地位。当纺织服装目标顾客对纺织服装目标市场定位的理解出现偏差时，纺织服装企业还要及时纠正这些问题。

7.2.2 纺织服装目标市场定位的常见策略

纺织服装目标市场定位，是纺织服装企业竞争策略和营销策略的具体体现。由于纺织服装企业的愿景、经营目标等具有各自特点，其纺织服装营销策略也各有千秋，从而形成不同的纺织服装市场竞争力与盈利模式，这些都会对纺织服装目标市场定位产生一定的影响。下面介绍几种有效的纺织服装目标市场定位策略。

7.2.2.1 避强定位策略

避强定位策略，是指纺织服装企业力图避免与实力最强的或较强的其他纺织服装企业直接发生竞争，而将自己的纺织服装产品定位于另一纺织服装目标市场区域内，使自己的纺织服装产品在某些特征或属性方面，与最强或较强的纺织服装竞争对手有比较显著的区别。这是一种避开强有力的纺织服装竞争对手的纺织服装目标市场定位，又可分为补缺定位策略和特色定位策略。

避强定位策略的优点：能使纺织服装企业较快地在市场上站稳脚跟，并能在纺织服装目标顾客心中树立形象，风险小。由于这种定位方式市场竞争风险较小，成功率较高，常常为多数纺织服装企业所采用。

避强定位策略的缺点：纺织服装企业必须放弃某个最佳的纺织服装目标市场位置，很可能使纺织服装企业处于最差的纺织服装目标市场位置。此外，空白的纺织服装细分市场，往往同时也是难度最大的纺织服装细分市场。

（1）补缺定位策略　是一种不与纺织服装竞争者直接冲突，而是重新开拓潜在纺织服装目标市场的策略。该策略的实施必须具备以下条件：首先，本纺织服装企业有提供高品质服务的能力；其次，本纺织服装企业以相对较低的价格出售高品质服务，仍能赢利；再次，能够使纺织服装目标顾客相信本纺织服装企业的服务质量比较好。

（2）特色定位策略　是一种突出自己与众不同的特色，另辟蹊径式的纺织服装目标市场定位策略。该策略实施必须具备以下条件：首先，本纺织服装产品服务的独有特色，会受较多纺织服装目标顾客的喜爱；其次，其他纺织服装企业未注意该纺织服装目标市场或不愿改变其服务特色，因而使本纺织服装企业有机会先入为主。

7.2.2.2 迎头定位策略

迎头定位策略，是指纺织服装企业根据自身的实力，为占据较佳的纺织服装目标市场位置，不惜与纺织服装市场上占支配地位的、实力最强或较强的纺织服装竞争对手发生正面竞争，而使自己的纺织服装产品进入与对手相同的纺织服装目标市场位置。这是一种与最强的纺织服装竞争对手“对着干”的纺织服装目标市场定位，例如，“李宁”牌运动服，把自己的定位和体育明星联系在一起，定位在中、高档运动服上。

在纺织服装竞争过程中，往往相当惹人注目，甚至产生所谓的轰动效应的纺织服装企业及其产品，可以较快地被纺织服装目标顾客所了解，易于达到树立纺织服装目标市场形象的目的。但是迎头定位策略是一种危险的战术，具有较大的风险性。

迎头定位策略在实施时，纺织服装企业必须知己知彼，尤其应清醒地估计自己的实力，不一定要压垮对方，只要能平分秋色，对纺织服装企业来讲，就已经是获得了巨大的成功。该定位策略的实行必须具备以下条件：一是本纺织服装企业能比竞争者提供更好的纺织服装产品或服务；二是纺织服装目标市场容量大，足以吸纳两个以上纺织服装竞争者的纺织服装产品或服务；三是本纺织服装企业所拥有的资源不低于纺织服装竞争者；四是该纺织服装目标市场定位，与纺织服装企业的特长和信誉相适应，纺织服装企业有较高的竞争艺术和信誉。

7.2.2.3 重新定位策略

重新定位策略，通常是指对销路不佳、纺织服装市场反应差的纺织服装产品或服务和纺织服装企业形象设计，进行第二次定位。例如：为青年人设计的颜色鲜艳的纺织服装，却在中老年消费者中流行起来，这种纺织服装产品的重新定位，是由于意外地扩大了纺织服装产品的销售范围而引起的。纺织服装企业在选定了纺织服装市场定位目标后，如定位不准确或虽然开始定位得当，但纺织服装市场情况发生变化，像遇到纺织服装竞争者定位与本纺织服装企业接近，侵占了本纺织服装企业部分市场，或由于某种原因纺织服装目标顾客的偏好发生变化，转移到纺织服装竞争者方面时，就应考虑重新定位。重新定位是以退为进的策略，目的是为了实施更有效的定位。

重新定位旨在摆脱困境，重新获得增长与活力。造成困境的原因可能是纺织服装企业决策失误引起的，也可能是纺织服装企业自身的实力发生变化，或竞争对手有力反击，以及出现新的强有力纺织服装竞争对手，或纺织服装企业所处的外在政治、经济、社会、法律、技术等因素发生较大的变化造成的。

核心概念：

(1) 纺织服装目标市场定位：是指对纺织服装企业的产品或服务和企业形象进行设计，从而使其能在纺织服装目标市场中占有一个独特位置的行为。

(2) 避强定位策略：是指纺织服装企业力图避免与实力最强的或较强的其他纺织服装企业直接发生竞争，而将自己的纺织服装产品定位于另一纺织服装目标市场区域内，使自己的纺织服装产品在某些特征或属性方面，与最强或较强的纺织服装竞争对手有比较显著的区别。

(3) 迎头定位策略：是指纺织服装企业根据自身的实力，为占据较佳的纺织服装目标市场位置，不惜与纺织服装市场上占支配地位的、实力最强或较强的纺织服装竞争对手发生正面竞争，而使自己的纺织服装产品进入与对手相同的纺织服装目标市场位置。

(4) 重新定位策略：通常是指对销路不佳、纺织服装市场反应差的纺织服装产品或服务和纺织服装企业形象设计，进行第二次定位。

复习思考：

1. 单项选择题

(1) （　　）是指对纺织服装企业的产品或服务和企业形象进行设计，从而使其能在纺织服装目标市场中占有一个独特位置的行为。

A. 纺织服装目标市场定位　　B. 纺织服装目标市场选择

C. 纺织服装市场细分　　D. 纺织服装营销策略

(2) 特色定位策略是一种（　　）。

A. 补缺定位策略　　B. 避强定位策略

C. 迎头定位策略　　D. 重新定位策略

(3) （　　）通常是指对销路不佳、纺织服装市场反应差的纺织服装产品或服务和纺织服装企业形象设计，进行第二次定位。

A. 避强定位策略　　B. 迎头定位策略

C. 重新定位策略　　D. 补缺定位策略

2. 多项选择题

(1) 纺织服装目标市场定位有效的标准是（　）。

A. 符合自身条件　　B. 定位独特

C. 具有高价值　　D. 便于沟通

(2) 纺织服装目标市场定位策略（　）。

A. 避强定位策略　　B. 迎头定位策略

C. 重新定位策略　　D. 目标定位策略

(3) 避强定位策略又可分为（　）。

A. 迎头定位策略　　B. 重新定位策略

C. 补缺定位策略　　D. 特色定位策略

3. 判断题（正确答案打“√”，错的打“×”）

(1)“用己所长”是纺织服装企业进行纺织服装目标市场定位时，必须考虑的问题。（　）

(2) 独特的纺织服装目标市场定位，是纺织服装企业的核心竞争力。（　）

(3) 重新定位策略是一种避开强有力的纺织服装竞争对手的纺织服装目标市场定位。（　）

(4) 特色定位策略是一种迎头定位策略。（　）

(5) 补缺定位策略是一种避强定位策略。（　）

4. 简答题

(1) 什么是纺织服装目标市场定位？它的三层含义是什么？

(2) 纺织服装目标市场定位的有效标准是什么？

(3) 纺织服装目标市场定位的步骤有几步？

(4) 纺织服装目标市场定位有哪些策略？

案例分析：

Lotto 的目标市场定位

“耐克”“阿迪达斯”“李宁”等纺织服装产品，都是消费者熟知的运动品牌。近年来，运动服装品牌对市场的争夺越来越激烈。在激烈的纺织服装市场竞争中，意大利运动服饰“Lotto”开拓目标市场的成功经验值得我们借鉴。

“Lotto”于 1970 年起源于意大利，一直在足球领域占据重要地位，其技术含量、品牌影响和资金实力在欧洲丝毫不亚于其他品牌。从其发展历史和在国际市场上的影响力看，也是运动服装一个大品牌。20 世纪 90 年代，“Lotto”进入中国市场，但所谓进入，仅仅是依靠中国地区的总代理——香港骏星贸易有限公司在全国各地开设代理机构，消费者对产品的认识仅仅停留在终端销售中的广告宣传和店员的推荐，缺乏广告推广。自 1999 年开始，中国内地的运动服装品牌蓬勃发展，“李宁”“康威”等品牌市场地位渐渐壮大，如果不及时推广，“Lotto”将被挤出竞争的跑道。于是，2000 年，香港骏星贸易有限公司从广州着手，开始对“Lotto”进行传播推广，希望通过广州市场的宣传，将“Lotto”推向全国。

一、纺织服装目标市场环境分析

1. 其他品牌的优势

首先，“耐克”凭借其深入各种体育运动领域的巨大实力，在广州纺织服装市场占有近

37%的市场份额。同时，耐克规模庞大的广告投放，使其品牌影响深入人心。“阿迪达斯”在广州的纺织服装市场占有率也超过10%，而且，“阿迪达斯”通过对中国男足、女足的全面赞助，以及邀请众多体育明星作为其形象代言人，在年轻一代中享有相当好的口碑。其次，就是国产品牌“李宁”和“康威”的天下。以上几大品牌，都具有以下特点：一是在纺织服装目标市场稳定，短期内难以动摇其完善的市场根基；二是知名度高，在青少年中几乎是无人不晓；三是品牌资产积累丰厚，基本上都形成了自己的鲜明个性。

2. “Lotto”开拓纺织服装市场的困难

一是“Lotto”在中国纺织服装市场没有厂家强有力的支持，是一个完全的经销商代理品牌。虽然广告有利于所代理产品的直接销售，但与制造商相比，代理商面对的品牌众多，分摊到每一个品牌上的推广经费就会相对紧张。二是经销商经营某品牌，只从利润的角度出发，而不会从厂商的角度考虑如何长线规划、壮大品牌，而且只要品牌在运作上有一丝失误，经销商就会躲避风险而降低投入。三是香港骏星贸易有限公司虽然选择广州作为推广的起点，但它不具备统一的品牌管理和纺织服装市场预测能力，也无法动用较大的人力、物力进行市场研究，它更关心的是广告与投入之间的比例关系。“Lotto”若想迅速吸引纺织服装目标群体的注意，唯有出奇制胜。

3. “Lotto”开拓纺织服装市场的优势

“Lotto”是国际知名品牌，起点很高；拥有尤文图斯等一大批具影响力的赞助球队和形象代言人；“Lotto”产品的设计前卫时尚，技术含量高；与“耐克”的高价位相比，具有一定的价格优势。

二、“Lotto”的纺织服装目标市场定位

1. 消费群体的分析

大学生的消费观念感性而讲求实际，前卫而不太定型，接受新品牌、进行品牌转换的可能性较大，这一点在广州这个观念开放的城市表现得尤为突出。“Lotto”产品独树一帜、前卫时尚的品牌形象，符合大学生追求个性化消费的特点，并且大学生是未来10年中的主力消费群体，抓住他们的心理，就等于为未来10年的品牌推广铺垫了道路。

2. 纺织服装目标市场定位的正确传播

首先，举办高校三人足球赛。每年暑假举办的百事“三人篮球赛”代表着时尚、运动、参与、光荣与梦想，已深入年轻一代的心。“Lotto”确定在广州高校中最有代表性的中山大学、暨南大学、广东工业大学和广东外语外贸大学举办“高校三人足球赛”。其次，选择大学校园为传播媒介。大学校园是一个信息量大、传播途径多样且速度快的场所，它吸引的不仅是参加三人制足球赛的队员，更包括拉拉队、观众、师长、新闻媒体以及广大的群体。第三，在比赛的每一个细节中，都要完成“Lotto”品牌和产品形象的建立。如用“Lotto”作为奖品进行现场促销活动等。第四，做好充足的宣传工作。围绕“Lotto”的广告语“潮流只是短暂，经典才是永恒”，“Lotto”设计了海报、传单及潮流手册，着力表现“Lotto”的经典美感和时尚风格。活动前期在大学校园内张贴、派送，让学生了解“Lotto”，并在一系列大众媒体上分布广告和软性宣传文章。

问题分析：

1. 什么是纺织服装目标市场定位？它有哪些标准和步骤？
2. “lotto”是如何进行纺织服装目标市场定位？“lotto”的成功定位给你哪些启示。

实践演练：

活动主题：认知体验纺织服装目标市场定位。

活动目的：增加感性认识，实地体验纺织服装目标市场定位。

活动形式：将全班分成若干小组，3～5 人为一组，以小组为单位开展活动，与教学时间同步，就近实地参观一家纺织服装企业，了解其纺织服装目标市场定位。

活动内容和要求：活动之前要熟练掌握纺织服装目标定位标准和步骤等知识点，做好相应的知识准备；能利用纺织服装目标市场定位确立纺织服装企业的竞争优势，并根据纺织服装企业的现状选择纺织服装目标市场定位策略；以小组为单位提交书面调查报告；调查报告撰写时间为 2 天；授课教师可根据每个小组提供的书面调查报告按质量评分，并计入学期总成绩。

项目四

实施纺织服装市场营销组合策略

任务8 如何实施纺织服装产品策略

知识目标：

1. 纺织服装产品与纺织服装产品组合的概念；
2. 纺织服装产品生命周期及策略；
3. 纺织服装产品品牌及策略；
4. 纺织服装新产品开发及策略；
5. 纺织服装产品包装及策略。

能力目标：

1. 能对纺织服装产品的整体、生命周期、品牌、开发、包装等概念有初步的了解；
2. 在不同生命周期，能够运用不同的纺织服装产品策略。

情景导入：

朵彩棉内衣产品策略

长期以来，保暖内衣行业一直沿用“纺纱—织造—染整”的传统工艺。虽然这一工艺能够制造出比较漂亮的纺织服装产品，但是却不够环保和健康。而全球的消费趋势表明，纺织服装消费者对健康与保健的意识越来越强烈，并且随着生活水平的不断提高，这一趋势越来越明显。彩棉是一种特色棉，代表的是“天然健康”的消费理念，它极大地满足了纺织服装消费者的心理需求，同时也与其他棉相区别，而这正是朵彩棉内衣产品的营销理念。广告口号“穿朵彩，还用说吗?”极端口语化，语气坚决果断，自信张扬，暗示了一种彰显品位与智慧选择的品牌体验。同时，凭借电影明星形象代言人的个性形象，朵彩棉内衣产品“时尚、智慧、品味”的品牌体验得到了进一步的生动化，品牌个性感受一触即发，形成了强大的销售力。在2003年秋冬的惨烈价格战中，朵彩棉内衣产品坚决不打折，有力地维护了其“自信、智慧、品味、高贵”的品牌形象，并得到广大纺织服装消费者的认同。正如该公司董事长鲁晓强所说：“差异、细分、另辟蹊径，这是一条迈向成功的捷径。”实践证明，一个初生的纺织服装产品品牌，如果不能跳出原有的套路，那就只能慢慢排队，在原有成名的产品品牌的后面一直跟随。

想一想：

朵彩棉内衣采取了什么产品策略？什么是纺织服装产品？纺织服装产品策略有哪些？等等，下面将作较深入的探讨。

8.1 纺织服装产品与产品组合

8.1.1 纺织服装产品内涵

纺织服装产品，是指通过交换而满足人们穿着使用、审美欲望和需求的有形产品和无形服务的集合体。它包括物品（西服、领带、床单、蚊帐）、服务（产品咨询、保养、洗涤说明）、人员（服装技师）、组织（纺织服装协会）、地点（巴黎、东京）和观念构造（流行趋势预测、纺织服装设计概念）等。这是现代纺织服装市场营销学意义上的产品概念。

现代意义上的纺织服装产品整体观念，包含多层次的内容，一般认为：

纺织服装产品整体＝纺织服装产品实体＋纺织服装产品服务

理解纺织服装产品整体概念时，主要考虑产品的五个层次，即纺织服装核心产品、纺织服装形式产品、纺织服装期望产品、纺织服装附加产品和纺织服装潜在产品，如图8-1所示。

（1）纺织服装核心产品　也是纺织服装核心利益，是消费者真正要购买的纺织服装服务或利益。纺织服装核心产品是产品整体概念最基本的层次，它表现的是纺织服装顾客需求的

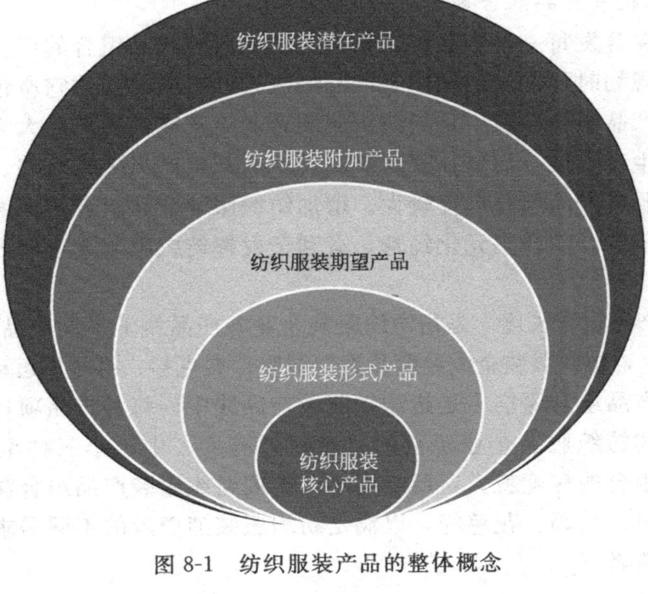

图8-1　纺织服装产品的整体概念

中心内容，即纺织服装产品为顾客所提供的最基本的效用和利益，也是顾客真正要购买的纺织服装服务或者利益。

（2）纺织服装形式产品　是纺织服装核心利益借以实现的形式，是纺织服装企业向纺织服装目标顾客提供的纺织服装产品实体和服务的外观。纺织服装形式产品有五个基本特征，即质量、特色、款式、品牌和包装。例如，流行时尚的窗帘、轻松明快的运动服、飘逸轻盈的连衣裙等。

（3）纺织服装期望产品　也就是消费者购买纺织服装产品期望的一系列属性和条件。例如，西服，人们期望的是悦目的色彩、挺拔流畅的造型、舒适耐穿的材料等。

（4）纺织服装附加产品　也就是纺织服装产品包含的附加服务和利益，从而把一个纺织服装企业的产品与其他企业的产品区分开来。纺织服装产品可以通过洗涤说明、广告介绍等附加手段增加产品内涵，这些是纺织服装目标顾客所得到的引申服务与收益。

（5）纺织服装潜在产品　也就是目前这种纺织服装产品最终可能的所有演变。一般来说，纺织服装附加产品表明了产品现在的内容，而纺织服装潜在产品则指出了产品可能的演变，它是某种纺织服装产品将来可能的发展趋势。例如，当前男西服可以不配套穿着，未来的西服产品将改变以往工整严谨的感觉，而加入更多轻松、休闲、运动的设计元素。

8.1.2　纺织服装产品组合

8.1.2.1　纺织服装产品组合含义

纺织服装产品组合，是指纺织服装企业在某一时间所生产和销售的全部纺织服装产品的结构，实质上是一个纺织服装企业所经营的全部产品线和产品项目的有机组合方式。纺织服装产品组合一般是由若干条纺织服装产品线组成的，每条纺织服装产品线又是由若干个产品项目构成的。纺织服装产品线，又称纺织服装产品大类，或纺织服装产品系列，是指具有相似的使用功能，但规格型号不同的一组相关的纺织服装产品。纺织服装产品之间的相关性，是指纺织服装产品功能上相似、供给相同的顾客、属于同一价格范围、有相同的分销渠道等。纺织服装产品项目，是指在同一产品线中的不同型号、样式、规格和包装的纺织服装产品，也就是纺织服装企业产品目录上列出的每一个纺织服装产品。

8.1.2.2　纺织服装产品组合因素

纺织服装企业在开发每一种产品时，常常对纺织服装产品组合的广度、长度、深度和相关性进行规划。在规划时要考虑纺织服装产品的流行性，同时预估它所包含的风险。

（1）纺织服装产品组合广度　是指纺织服装企业生产或销售产品大类的组合。例如，一家纺织服装企业只生产女装，而另一家纺织服装企业却生产男装、女装、童装和鞋帽等产品系列，后者的纺织服装产品组合广度较大。增加纺织服装产品组合的广度，可以扩大纺织服装企业的业务经营范围，实行多元化经营，有利于发挥纺织服装企业潜力，分散纺织服装企业投资风险。

（2）纺织服装产品组合长度　是指纺织服装企业各产品线上不同产品项目的多少。例如，在童装这条产品线上，纺织服装企业经营儿童羽绒服、夹克衫、衬衫、运动服四个产品项目。

（3）纺织服装产品组合深度　是指纺织服装产品线中，每种产品项目有多少个花色品种和规格。例如，上述纺织服装企业经营的儿童衬衫有大、中、小三种型号。品种、规格齐全，纺织服装产品组合的深度就大，反之则小。扩展纺织服装产品组合深度，即增加纺织服装产品的式样、型号、尺码、花色等，以满足纺织服装消费者的不同需求和爱好，从而吸引更多的纺织服装消费者。

(4) 纺织服装产品组合相关性 是指纺织服装企业各个产品线在产品的用途、生产条件、分销渠道等方面的相关程度。如果将生产女装和童装的纺织服装企业和一家既生产女装、童装，又生产皮具的纺织服装相比，则前者的产品组合的相关程度较强。

8.1.3 纺织服装产品组合策略

8.1.3.1 纺织服装产品组合

纺织服装产品组合，也叫纺织服装产品花色品种配合，是指纺织服装企业提供给纺织服装市场的一组产品，包括所有纺织服装产品线和项目，也就是这个纺织服装企业生产经营的全部纺织服装产品的结构。例如，罗蒙服饰集团的纺织服装产品组合如表 8-1 所示。

表 8-1 罗蒙服饰集团的纺织服装产品组合

男西服正装系列	单排、双排 2 扣西服套装，单排 3 扣、单排 4 扣，开背衩西服套装，开双摆衩西服套装
男西服休闲系列	单排 1 扣双贴袋西服，单排 3 扣，单排 5 扣开双摆衩西服套装
男大衣系列	短大衣、中大衣、长大衣
女西服系列	单排 2、3、4 扣女西服套装，双排 2、4、6 扣女西服套装
女时装系列	职业套装，风衣，连衣裙，单裙，衬衫
男衬衫系列	全棉衬衫系列，涤棉衬衫系列，毛混衬衫系列，真丝衬衫系列
服饰系列	领带，围巾，皮包，皮鞋，皮带
团服系列	公安制服，海关制服，校服，宾馆服，银行职业服
外贸系列	男西服，男便服，男大衣，男风衣

(1) 产品组合宽度 罗蒙集团纺织服装产品组合宽度，是 9 条纺织服装产品线，表现为表 8-1 中的各种纺织服装系列。

(2) 产品组合长度 罗蒙集团纺织服装产品组合长度，是纺织服装产品项目总数，表 8-1 中一共有 41 个，其纺织服装产品线的平均长度为 41（总长度）÷9（产品线），结果约为 4.6。

(3) 产品组合深度 罗蒙集团纺织服装产品组合深度，以男西服正装系列为例，共有 6 个品种，如果假定每种 30 个规格，那么男西服正装产品项目共 180 个规格，因此，其纺织服装产品组合的深度是 180。

(4) 产品组合相关性 罗蒙集团纺织服装产品组合的相关性较强，原因在于罗蒙集团的纺织服装服饰产品都通过同样的销售渠道营销，就消费用途来说，都是使用的纺织服装类产品。

8.1.3.2 纺织服装产品组合策略的类型

纺织服装产品组合策略，是指纺织服装企业根据营销目标及企业所拥有的资源、技术条件，对纺织服装产品进行优化组合来确定经营范围的策略。常见的纺织服装产品组合策略有以下几种类型。

(1) 多系列全面型 是指纺织服装企业向消费者提供一切所需要的纺织服装产品。这一策略要求纺织服装企业具备充足的资源条件和雄厚的实力才能实现正常运作。

(2) 少系列专业型 是指纺织服装企业根据自身的特点，集中经营单一或少数纺织服装产品系列。其优点是纺织服装产品和市场较集中，适合于中小型纺织服装企业。

(3) 市场专业型 是指为某种专业或某些消费者提供所需要的各种纺织服装产品。其优点是针对性较强，容易被纺织服装消费者接受，能够很快占领专业市场。

(4) 专业产品多系列型 是指纺织服装企业集中经营某一类纺织服装产品，但是将纺织服装产品销售给各类消费者。这种类型是用一类纺织服装产品满足不同消费者的需求，其优点是由于技术接近，生产专业化程度和生产效率高。

(5) 特殊产品型　是指纺织服装企业根据自己特长，生产某些具有优势销路的特殊纺织服装产品项目。其优点是纺织服装产品具有特殊性，所能开拓的纺织服装市场范围较小，但相对来说纺织服装市场竞争的威胁性也较小。

8.1.3.3　纺织服装产品组合策略的运用

纺织服装产品组合由各种各样的纺织服装产品线构成，纺织服装产品组合策略就是调整纺织服装产品及产品线的策略。纺织服装企业可以根据纺织服装市场的需要和自身的实际能力，选择不同的纺织服装产品组合策略。通常可供纺织服装企业选择的纺织服装产品组合策略有以下几种。

(1) 纺织服装产品差别化策略　是指纺织服装企业为了使自己的纺织服装产品，差别于竞争者而改变产品的某些特征，使之与竞争对手之间有明显的差异性，从而使纺织服装消费者产生新颖感，满足个性化需求，形成独特的品牌风格，树立鲜明的纺织服装企业形象。例如，纺织服装产品中的女装，差异化最为明显。

(2) 扩大纺织服装产品组合策略　是指纺织服装企业不断扩展纺织服装产品组合的广度、深度，包括扩大纺织服装企业的经营范围，在同一产品线中增加产品项目。例如，某品牌女装在成熟女装市场上销售状况一直很好，该纺织服装企业可以增加一些连带性的扩展产品，像丝巾、皮具、胸针等服饰搭配品，也可以推出一个少女品牌进行市场扩展。

(3) 缩减纺织服装产品组合策略　是指纺织服装企业通过减少纺织服装产品项目和产品线，实行单项或高度专业化的经营策略。这种策略适用于纺织服装市场需求量大或市场畅销的名牌产品以及专用性强的纺织服装产品。其优点是：减少投入纺织服装市场营销的费用，可以使纺织服装企业集中资源与技术，扩大纺织服装产品生产规模并提高质量，产生规模效益并提高竞争力；还可以减少资金占用，加快资金周转。同时，使市场促销、销售目标集中，提高效率。缺点是：风险较大，一旦产品销售不畅，纺织服装企业可能损失惨重。

(4) 改进现有纺织服装产品策略　这是纺织服装产品常常采用的策略。例如，男装公司的纺织服装产品类型相对稳定，一般情况下，不像时装公司纺织服装产品那样具有很强的品种及款式变化节奏，而只需改变某些细节来改进现有纺织服装产品，或者进行设计包装和重新陈列来使人感觉纺织服装产品更新换代，促进销售。因为不是全新的纺织服装产品，所以能节约大量技术改造资金，风险较小。

(5) 纺织服装产品线延伸策略　是指纺织服装企业通过全部或部分改变纺织服装产品的市场定位，以形成新的纺织服装产品市场定位格局的策略。例如，“范思哲”品牌在整个纺织服装市场上处于高档产品和高价范围。后来又推出了“韦尚时”系列，超过原有范围来增加其产品线的长度。这一策略又可分为：向上延伸、向下延伸和双向延伸三种情况。向上延伸策略，是在一种纺织服装产品线内，增加高档或高价纺织服装产品。高档名牌纺织服装的高附加值、高利润率是吸引纺织服装企业选择向上延伸策略的主要原因。由于这种策略有些风险，因此，采用这一策略的纺织服装企业必须具备先进的技术条件，并有相应的纺织服装市场拓展实力。向下延伸策略，是指在纺织服装产品线中增加低档或廉价纺织服装产品项目。原来生产高档纺织服装的企业采用这种策略，能够充分利用名牌纺织服装的知名度，吸引那些“求名”心切但购买力较低的纺织服装消费者。但如果向下延伸策略运用不当，则会损害原有名牌的市场形象。双向延伸策略，是纺织服装企业同时实施向上和向下延伸策略，即在增加高档纺织服装产品的同时也增加低档纺织服装产品，使纺织服装企业产品在纺织服装市场的阵容不断扩大。例如，某西服公司为了进一步扩大市场份额，根据市场细分化原则，进一步完善产品结构，决定拉长男西服生产线，在原有1000～3000元中档西服的基础上推出5000元以上羊绒、纯麻产品和向下推出1000元以下涤毛及化纤产品，在短期内市场占有率明显提高。

(6) 纺织服装产品线现代化策略　是指正常情况下，每个运行良好的纺织服装企业的产品线长度是适当的，但还必须使纺织服装产品线现代化。特别是纺织服装企业属劳动密集型企业，如何成为智能密集型或技术密集型的纺织服装企业，这是目前我国纺织服装业面临的首要问题。

8.2 纺织服装产品生命周期及策略

8.2.1 纺织服装产品生命周期理论

纺织服装产品生命周期，是纺织服装市场营销学中一个十分重要的概念。任何一种纺织服装产品，在市场上的销售地位和获利能力都处于变动之中，都有一个发生、发展和衰退的过程，这就类似于生物的生命历程。纺织服装产品生命周期的概念，是基于所有纺织服装产品都有有限的生命周期的假设，按照生物的生命规律把纺织服装产品划分为引入期、成长期、成熟期与衰退期四个阶段。

8.2.1.1 纺织服装产品生命周期的含义

纺织服装产品生命周期，是指纺织服装产品从进入市场到退出市场的全部过程，它是以纺织服装产品在市场上的销售额或所获得利润变化情况来衡量的。纺织服装产品生命周期是指纺织服装产品的经济寿命，即纺织服装产品在市场上的销售周期，而不是指纺织服装产品的使用寿命。纺织服装产品的使用寿命，是指纺织服装产品从开始使用，直到最后消耗而被废弃所经历的全部时间。

8.2.1.2 纺织服装产品生命周期的形态

纺织服装产品生命周期通常延伸一个或数个季节，一般用钟形曲线来描述产品生命周期模式，如图8-2所示。从图中可以发现，纺织服装企业从开发纺织服装产品到获得市场回报，需要投入大量的时间和资本。

(1) 引入期　是指在纺织服装市场上推出纺织服装新产品，纺织服装产品的销售呈缓慢

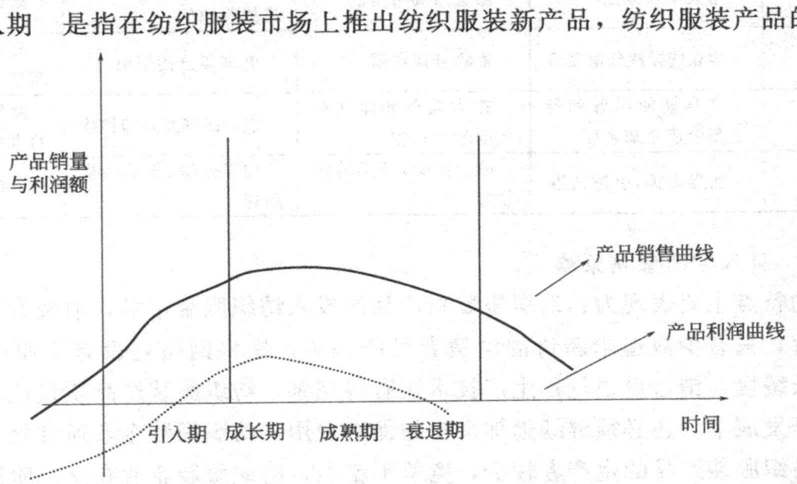

图8-2　纺织服装产品生命周期示意图

增长状态。在引入期，纺织服装企业没有销售额，利润也为负值。

(2) 成长期　是指纺织服装产品在纺织服装市场上迅速被消费者所接受，纺织服装产品销售额迅速增长，成本大幅度降低，纺织服装企业利润逐步提高。纺织服装产品开发成功后进入成长期，纺织服装企业应大力宣传和推广纺织服装产品，销售额和利润会呈现增长的态势，随着时间推移，纺织服装产品在纺织服装市场上逐步被消费者认可，批量化的生产能够降低纺织服装产品的成本。

(3) 成熟期　是指纺织服装产品被大多数消费者所接受，纺织服装市场销售额缓慢增长或下降。纺织服装产品进入成熟期后，此时纺织服装产品已成为大多数消费者熟悉的商品，而且同类纺织服装产品趋于饱和，竞争加剧。

(4) 衰退期　是指纺织服装产品的销售额急剧下降，利润逐渐趋于零。纺织服装产品进入衰退期，销量由原来上升转为缓慢下降，这时，纺织服装企业利润逐渐下降为零，甚至是负值。

8.2.2　纺织服装产品生命周期策略

纺织服装产品在纺织服装市场生命周期的各个阶段，销售额、成本、价格、利润等指数多呈不同的变化态势，由此，我们可以归纳出纺织服装产品生命周期四个阶段的特点、营销目标和营销策略，如表 8-2 所示。

表 8-2　纺织服装产品生命周期的特点、营销目标和营销策略

纺织服装产品生命周期		引入期	成长期	成熟期	衰退期
特点	销售	销售量低	销售量剧增	销售量最大	销售衰退
	成本	单位产品成本高	单位产品成本一般	单位产品成本低	单位产品成本低
	利润	亏本	利润增长	利润高	利润下降
	消费者	创新者	早期使用者	中期大众	落后者
	竞争者	很少	增多	人数稳中有降	下降
营销目标		创造产品知名度，提高试用率	市场份额最大化	保护市场份额，争取最大利润	压缩开支，提升品牌价值
营销策略	产品	提供基本产品	扩大服务保证	品牌和型号多样化	逐步撤出衰退产品
	价格	用成本加成法	渗透市场市价法	定价与竞争者抗衡或战胜他们	降价
	渠道	建立选择性分销渠道	密集分销渠道	更密集分销渠道	有选择地减少无利润出口
	广告	在早期使用者和经销商中建立知名度	在大众市场建立知名度激发兴趣	强调品牌差异和利益	降低至维持忠诚者的水平
	促销	加强促销，引诱试用	减少促销，鼓励转换品牌	加强促销，鼓励转换品牌	降低到最低标准

8.2.2.1　引入期的营销策略

引入期的特点主要表现为：纺织服装新产品刚投入纺织服装市场，消费者对纺织服装产品还不太了解，只有少数追求新奇的消费者可能购买；销售网络还没有全面有效地建立起来，销售增长缓慢，销售量很低；生产技术还有待完善，纺织服装产品质量还不够稳定；前期投入大量开发成本，还必须继续追加高额的促销费用，纺织服装企业通常处于亏损或微利状态；同类纺织服装产品的生产者较少，竞争不激烈，纺织服装企业在这一阶段要承受很大的市场风险。引入期纺织服装企业营销策略的总思路可以概括为：加大推广力度，缩短介绍

表 8-3 引入期纺织服装企业营销策略

促销力度	价格水平	
	高	低
高	快速撇脂策略	快速渗透策略
低	缓慢撇脂策略	缓慢渗透策略

周期，推出纺织服装品牌，突出一个“快”字，如表 8-3 所示。

(1) 快速撇脂策略　以高价和高促销费用推出纺织服装新产品。在该纺织服装市场环境下，大部分潜在消费者、目标市场的顾客对纺织服装求新的心理强烈，愿意出高价。纺织服装企业面临潜在竞争者的威胁，急需建立品牌。实行高价格是为了从单位销售额中获取最大的利润，高促销费用是为了尽快引起纺织服装目标市场的注意，引起流行，占领纺织服装市场。

(2) 缓慢撇脂策略　以高价和低促销费用将纺织服装新产品推入纺织服装市场。制订高价格，支出少量促销费用，纺织服装企业可以获取更多利润。采用这种策略的纺织服装市场环境是：市场容量很大，消费者可以了解这种纺织服装新产品；购买者愿意出高价；潜在竞争的威胁不大。

(3) 快速渗透策略　以低价和高促销费用推出纺织服装新产品，其目的在于先发制人，迅速打入纺织服装市场，取得最大的市场占有率。采用这种策略的纺织服装市场环境是：市场容量相当大，消费者对这种纺织服装新产品不了解且十分敏感；潜在竞争比较激烈；纺织服装新产品单位成本可因大批量生产而降低。

(4) 缓慢渗透策略　以低价和低促销费用推出纺织服装新产品，目的是鼓励消费者迅速接受纺织服装新产品，较低的促销费用使纺织服装企业有利可图。采用这种策略的纺织服装市场环境是：市场需求大；消费者对这种纺织服装新产品已经了解；消费者对价格比较敏感，市场需求价格弹性高而促销弹性小；有相当的潜在市场竞争者。这是众多中小纺织服装企业常用的策略。

8.2.2.2 *成长期的营销策略*

成长期的特点是纺织服装产品开始流行，是纺织服装产品在市场上打开销路、销售迅速增长的时期。此时期消费者对纺织服装产品已经熟悉，大量消费者开始购买，形成较大的市场需求，销量大增；纺织服装产品基本成型，技术、工艺和设备均成熟，质量、性能趋于稳定；随着生产规模扩大，成本下降，以及产量和销量迅速增加，纺织服装企业扭亏为盈，利润迅速上升；竞争者受到纺织服装新产品丰厚利润的吸引，大量加入，开始仿制，同类纺织服装商品投入市场。成长期纺织服装企业营销策略的总思路可以概括为：抢占市场份额，加快推广速度，创出名牌，突出一个“争”字。具体而言，纺织服装企业可以采取的营销策略主要有以下几个方面。

(1) 产品策略　从质量、性能、品种、式样、规格、包装等方面，改进和完善纺织服装产品，从而提高纺织服装产品的竞争能力，吸引更多的消费者，使纺织服装产品保持更长久的成长期。

(2) 价格策略　在大量生产的基础上，选择适当的时机降低纺织服装产品价格，既可以争取那些对价格比较敏感的消费者，又可以冲击竞争对手。

(3) 渠道策略　开拓新的销售渠道，增设销售网点和经销代理机构，扩大纺织服装产品的销售面。同时，加强纺织服装产品的销售服务工作，以巩固纺织服装市场，提高市场占有率。

(4) 促销策略　在成长期，要从以建立纺织服装产品知名度为中心，转移到树立纺织服装产品形象为中心，促销重点是宣传纺织服装产品的特色，运用产品定位策略，树立纺织服装产品形象，建立品牌偏好，维系老顾客，吸引和发展新顾客。

除了以上四种策略之外，处于成长期的纺织服装企业还要注意以下两个问题：一是生产能力问题。在成长期，销量大幅上升，在纺织服装企业积极销售的同时，生产能力必须跟上，否则仿制品和替代品会乘虚而入，也会让竞争者有机可乘。二是短期效益问题。在成长期的后期，由于竞争加剧，纺织服装企业必须放弃短期的最大收益，将部分资金再投入，以确保其纺织服装产品的市场优势地位。

8.2.2.3 成熟期的营销策略

成熟期的特点是：纺织服装产品销售量增长缓慢，纺织服装市场需求量逐渐趋于饱和；生产量很大，生产成本降到最低程度；纺织服装产品的服务、广告和推销工作十分重要，销售费用不断提高；利润达到最高点，并开始下降；很多同类纺织服装产品进入市场，纺织服装市场竞争十分激烈。成熟期纺织服装企业营销策略的总思路可以概括为：巩固纺织服装市场地位，延长成熟期限，护好纺织服装名牌，突出一个“改”字。具体而言，成熟期纺织服装企业的营销重点是维持市场占有率，并积极扩大纺织服装产品销量，争取利润最大化。在成熟期，纺织服装企业可以采取的营销策略主要有以下四个方面。

(1) 市场改良策略　主要通过发现纺织服装产品的新用途，创造纺织服装产品新的消费方式，从而增加消费者人数及频率、进入新的纺织服装细分市场、提高使用频率及使用量、将非用户吸引为用户。例如，美国杜邦公司开发的尼龙产品最初用于军事上制造降落伞和绳索，后来用于纺织服装领域，现在用于轮胎的衬布等，使该产品在一种市场饱和后又在另一个新的市场焕发生机。

(2) 产品改良策略　具体包括质量改进、特色改进、式样改进和服务改进四个方面。通过纺织服装产品自身的改变，更好地满足消费者的不同需要，从而扩大纺织服装产品的销售量。

(3) 营销组合改良策略　是指通过改进营销组合要素来增加销售和利润，主要是通过改变定价、渠道及促销方式，来延长纺织服装产品的成长期和成熟期。例如，增加分销渠道和广告费用、更改媒体、变化广告时间及频率、改进促销方式、降低价格、提高服务品质等，都属于此范畴。

(4) 转移生产基地策略　是指把处于成熟期的纺织服装产品转移到某些生产成本低、市场潜力大的国家和地区。

成熟期的四种营销策略，如果应用得当，可使纺织服装产品出现“循环-再循环”的曲线效应，这样，无形中延长了纺织服装产品生命周期，在保持纺织服装产品市场占有率的同时，使纺织服装企业保持良好的竞争势头。

8.2.2.4 衰退期的营销策略

衰退期的特点是：纺织服装产品技术已经老化，缺点逐渐暴露；纺织服装产品销售量迅速下降，甚至出现积压；纺织服装产品价格不断下降；纺织服装企业获利很少，甚至亏损，部分纺织服装企业因无利可图，被迫退出竞争；换代产品层出不穷，纺织服装市场份额迅速扩大。衰退期纺织服装企业营销策略的总思路可以概括为：在衰退期，由于纺织服装企业面临销售和利润直线下降，大量竞争者退出市场，消费者的消费习惯已发生转变等情况，此时，纺织服装企业应突出一个“转”字。因此，可供选择的营销策略有以下几个方面。

(1) 继续策略　它也称维持策略或自然淘汰策略，是指纺织服装企业继续沿用过去的策略，按照原来的纺织服装细分市场，使用相同的销售渠道、定价和促销方式，直到该纺织服装产品完全退出市场为止。当纺织服装企业在该纺织服装市场中有绝对支配地位，且竞争者退出市场后，该纺织服装市场仍有一定潜力时，通常采用这种策略。

(2) 集中策略 是指纺织服装企业缩短纺织服装产品营销战线，将人力、财力、物力等各种资源集中在具有最大优势的细分市场，同时减少广告宣传规模和促销活动，维持一定的销售量，从最有利的局部市场获得尽可能多的利润，这样有利于缩短纺织服装产品退出市场的时间。

(3) 收缩策略 是指大幅度降低促销投入，收缩营销战线。当纺织服装产品处于衰退期，但在市场上还有一些消费者，纺织服装企业可维持该产品的一定生产能力，但大幅度降低促销成本，尽量减少销售费用，在不增加成本的前提下获得眼前利润，保证近期的良好收益。

(4) 放弃策略 是指当机立断，放弃经营，退出市场。纺织服装新产品取代老产品是必然趋势，当老产品无法为纺织服装企业带来利润的时候，很显然，纺织服装企业应该当机立断放弃该产品。既可以采取完全放弃的方式，也可以采取逐步放弃的方式，使其所占用的资源逐步转向其他纺织服装产品，力争使纺织服装企业的损失减少到最低。当然，纺织服装产品退出市场后，还要继续提供一定期限的维修和售后服务，这样才能维持纺织服装企业的良好声誉，对企业的长远发展有利。

在选择衰退期的营销策略时，要注意两种不正确的应变态度：一是仓促丢弃纺织服装老产品，但换代新产品不能及时推向市场；二是盲目依恋纺织服装老产品，而不着眼于纺织服装新产品开发。

8.3 纺织服装产品品牌及策略

8.3.1 纺织服装品牌的涵义和作用

8.3.1.1 纺织服装品牌涵义

纺织服装品牌，是指用来识别不同纺织服装产品的商业标志，它通常是由文字、标记、符号、图案和颜色等要素组合而成。纺织服装品牌是一个集合概念，主要包括纺织服装品牌名称、纺织服装品牌标志和纺织服装商标。

(1) 纺织服装品牌名称 即品牌中能用语言称呼的部分。例如，"李宁""骆驼""新郎"等。它的主要功能是产生听觉效果。

(2) 纺织服装品牌标志 是品牌中能够识别、而不能用语言直接读出的部分，常常为某种符号、图案或其他独特的设计。例如，品牌中的李宁图案、骆驼图案、长城城墙的图案都是品牌标志。它的主要功能是产生视觉效果。

(3) 纺织服装商标 是按法定程序向商标注册机构提出申请，经审查予以批准，并授予专用权的品牌或品牌的一部分。经注册登记的商标有"®"标记或"注册商标"的字样，纺织服装商标所有者，具有使用纺织服装品牌名称和（或）品牌标志的专用权。在我国对所有商标不论其注册与否，统称商标，故另有注册商标与非注册商标之别。

(4) 联系与区别 纺织服装品牌与商标是既密切联系又有所区别的，它们的联系在于：纺织服装品牌包括纺织服装商标；它们的对象都是纺织服装商品；它们的功能都在于与其他竞争者的纺织服装商品相区别；其设计都是由名称、文字、图形、符号构成的，是纺织服装企业的无形资产。它们的区别在于：纺织服装品牌侧重于名称，纺织服装商标侧重于标志（或标记）；品牌与纺织服装企业联系在一起，往往品牌与厂牌同一，而商标与具体商品联系在一起；纺织服装品牌侧重于名称宣传，纺织服装商标侧重于防止他人侵权；纺织服装品牌是一种商业称谓，纺织服装商标则是一个法律术语；纺织服装商标相当于一个受法律保护的品牌，而纺织服装品牌若没有注册，则不受法律保护。由于两者是从不同角度指称同一事物，故在日常生活中，它们经常被混用。

(5) 内涵　纺织服装品牌的内涵可从六个方面来理解：一是属性，即纺织服装品牌所代表的特定品质或品位，首先使人想到某种属性。例如，Lee 牌牛仔意味着贴身、舒适、自然等属性，多年来的 Lee 广告一直强调“The Brand that Fits”（最贴身的牛仔)。二是利益，即纺织服装品牌不止意味着一组属性。顾客不是在买属性，而是在买利益，属性需要转化成功能性或情感性利益。例如，昂贵的属性可转化成情感利益：“皮尔·卡丹西服让我感觉到自己很重要并受人尊重。”三是价值，即纺织服装品牌还体现了生产者的某些价值观。例如，Levi's 代表着高效率、经营灵活、适应市场的纺织服装企业形象，这种有利的纺织服装企业形象会激发消费者的购买热情。四是文化，即纺织服装品牌代表着一定的文化，尤其对于纺织服装这种深富文化内涵的产品，品牌更使纺织服装洋溢文化的光彩。例如，Levi's 体现美国文化，崇尚自然，头脑开放，追求个性解放。五是个性，即纺织服装品牌代表了一定的个性。例如：Levi's 很可能会使人想到一位富有活力的年轻人，或者摩天大楼。六是角色，即纺织服装品牌是某些特定纺织服装目标顾客群体的特定角色和地位的象征，它为该纺织服装目标顾客群体所喜欢和选择。例如，Boss 西服使人想起春风得意的商界成功人士。

8.3.1.2　纺织服装品牌作用

对不同的纺织服装品牌进行区分，便于消费者选购，同时对纺织服装企业展开营销活动有着重要作用。

(1) 有利于品牌选择　纺织服装品牌的首要功能是方便消费者进行纺织服装产品选择，缩短消费者的购买决策过程。选择知名的纺织服装品牌，对于消费者而言无疑是一种省事、可靠又减少风险的方法。同时，有了品牌名称可以使纺织服装企业比较容易处理订单并发现一些问题。现代纺织服装企业多数都实施了品牌战略，这样就把纺织服装企业生产的众多产品区分为不同的品牌和型号，从而有利于客户订货，而且一旦出现差错或质量问题，纺织服装企业可以较容易的通过追踪订单去纠正错误。

(2) 企业利器　纺织服装品牌，是纺织服装企业控制市场的有利武器。纺织服装市场竞争的目的，就是取得纺织服装市场的控制能力。在大规模纺织服装市场营销中，纺织服装企业为扩大销售，提高效率，必须在某种程度上依赖中间商进行多层次分销，这必然削弱生产厂商的纺织服装市场控制力。品牌化为纺织服装企业提供了建立消费者忠诚的机会，而品牌忠诚使纺织服装企业在竞争中占据了相当多的竞争优势，并使他们在规划纺织服装市场营销时具有较大的控制能力。例如，杉杉西服潜心致力品牌的树立，在消费者心中形成了较好的品牌形象，故此，杉杉西服有强劲的市场渗透力，订货单从全国各地源源不断地汇集到杉杉手中。

(3) 有利于市场细分　纺织服装品牌化，有助于纺织服装企业对整个纺织服装消费市场进行细分。例如，Hugo Boss 公司把整个男装市场分为三块，并通过不同的品牌文化定位，确立各自的形象，在各自的细分市场上更好地满足消费者需求。

(4) 有利于形象树立　纺织服装品牌是产品质量水准的标志，它能促使纺织服装企业保持不断增强产品质量的责任感，树立纺织服装产品的良好形象。同时，良好的纺织服装品牌有助于建立企业形象。品牌上都印有纺织服装企业的名称，起到宣传企业产品以及企业本身的作用。纺织服装企业为维护自己的品牌声誉，必须在提高产品质量和服务水平的基础上，开展纺织服装品牌的文化活动，不断增强纺织服装企业活力和竞争能力，保证企业在消费者心目中的创新形象。

(5) 有利于法律保护　注册的纺织服装品牌即商标受法律保护，具有严格的排他性，一经发现侵权行为，可依法追究，索赔。同时，纺织服装企业可以通过转让商标的使用权获取利润。例如，皮尔·卡丹已在全球授权 840 家企业挂他的名字，公司遍布 110 多个国家，有 540 家工厂直接或间接为其工作。每年行销的皮尔·卡丹牌产品，销售额都在 10 亿美元以上，皮尔·卡丹从中获得 7500 万美元的品牌特许使用费。

8.3.2 纺织服装品牌的设计

纺织服装品牌的创立，应该抓住品牌的内涵。在策划纺织服装品牌之前，应该确定纺织服装品牌名称和纺织服装品牌标志色的选择。

8.3.2.1 纺织服装品牌名称的设计

纺织服装品牌名称，是纺织服装品牌的核心要素，是形成纺织服装品牌概念的基础。纺织服装品牌名称，为纺织服装品牌联想奠定了基础。

(1) 类型　纺织服装品牌名称类型主要有四类：一是企业式名称，即借用纺织服装企业的名称为产品命名。例如，顺美牌职业装，阿迪达斯运动服等。二是人物式名称，即直接以人物的名字作为品牌的名称，可以是古人的名字，也可以是创业者的名字。例如，夏奈尔、范思哲等纺织服装品牌。三是动物式名称，即以动物的名称为品牌命名，这种命名通常能给消费者较深刻的印象。例如，海螺牌衬衫、雪豹皮衣等。四是植物式名称，即以植物的名称作为品牌名称，例如，杉杉西服、苹果牛仔等。

(2) 原则　纺织服装企业经营者在为纺织服装选择品牌名称时，应注意遵循以下三项原则：一是易读易记原则，即取字要简洁、明快，易于被消费者接受和传播。而且名字越短，就越有可能引起消费者的联想，涵义更丰富。例如，Lee、杉杉等。二是启发良好联想，即纺织服装名称还应暗示纺织服装的某种面料或风格。例如，白领女性服装，暗示了该服装的目标消费者及该产品的品质档次。Maidform 是美国著名的女性纺织服装公司创立的女性内衣驰名品牌，有少女丰姿的含义等。三是适应市场文化环境，即纺织服装是人精神面貌的外在体现，是文化的载体。纺织服装命名应对市场文化有所适应，就是要适合该市场上消费者的文化价值观念。纺织服装品牌名称不仅要适应目前市场的文化价值观念，还要适应潜在的市场文化观念。纺织服装品牌进入新的市场，必须入乡随俗，被当地消费者认可。例如，金利来最初叫金狮，在粤语中金狮与尽输同音，香港人热衷赌马，且特别迷信，自然没人理睬这个品牌。曾宪梓将金狮改为金利来后，从此打开销路。

8.3.2.2 纺织服装品牌标志的设计

(1) 形式　纺织服装品牌标志是纺织服装商品的象征，是纺织服装产品信息的外在表现。在一定的条件，它可以作为纺织服装产品代替者的身份出现，使消费者见到标志就能联想到纺织服装产品、生产者、商业信誉等。纺织服装品牌标志通常有两种形式：一是文字标志。纺织服装品牌的文字标志，多采用不同风格的字体和艺术性文字，使文字标志与纺织服装产品的形象相互适应，这依赖于人们分析语言文字的文化特征和视觉特征。不同类别和特色的品牌标志各不相同，不同字体所创造的氛围和品牌内涵能帮助消费者更好地了解纺织服装产品和企业形象。二是图形标志。纺织服装品牌的图形标志，具有强烈的视觉效果。一个成功的纺织服装品牌图形标志既需要表达美感，又要符合作为商业性标志的特点。它应该结合纺织服装企业经营与发展战略，通过艺术表现形式，达到传达纺织服装产品信息、塑造品牌形象、吸引消费者的目的。纺织服装品牌的图形标志有如下几类：产地象征特征的标志、企业行业特征的标志、民族文化标志、具象型标志、抽象型标志等。

（2）原则　纺织服装品牌标志设计原则有以下四点：一是独特醒目、便于识别。纺织服装品牌的基本作用，是便于消费者区别一个企业的产品与另一个企业的同类产品，故此，纺织服装品牌标志就要有与众不同的独特性和可区分性。二是简洁明了、易于记忆。要让消费者对纺织服装品牌留下印象，简洁明了的标志符合人们记忆规律和特点，而且简明的标志可超越国家民族语言文化的限制，便于大众理解和记忆。三是具有广泛的文化适应力及长久生命力。纺织服装品牌标志要经得住时间的考验，又能在不同的文化环境下使用，这就要求品牌标识设计既有新意，又要有长久的生命力，体现稳定性与应变性的统一。纺织服装品牌标志应该在各种文化环境下使用，要遵守各种商标注册和管理制度，特别还要注意商品销往国的文化传统、风俗习惯及社会道德规范、宗教等。四是品牌的设计要适应商品流通的国际化。除了具备易记易认的特点外，还要注意西方发达国家的品牌设计流行趋势。例如，德国品牌标志设计风格严谨，以高度概括的视觉图形传递信息；法国强调优雅与自由的表现；美国倾向于活泼自由的空间组合；日本将东方传统的直觉设计方式与欧洲结构主义的形式集为一体等。

8.3.3　纺织服装品牌策略

纺织服装品牌不仅是产品的名称和标志，在现代纺织服装市场营销过程中，纺织服装品牌还是一种重要的营销手段。纺织服装品牌策略是整个产品策略的重要组成部分，纺织服装企业要想合理地使用品牌，发挥品牌的作用，必须正确地运用纺织服装品牌策略。一般来说，纺织服装品牌策略分为纺织服装品牌决策策略和纺织服装品牌经营策略。

8.3.3.1　纺织服装品牌决策策略

纺织服装品牌决策策略，是指根据纺织服装企业产品的特点，结合企业经营状况和经营目标，在纺织服装市场调查和分析的基础上，决定是否使用纺织服装品牌和如何定位品牌。纺织服装品牌决策策略主要包含下列几层内容。

（1）品牌化决策　是指纺织服装企业是否使用纺织服装品牌。纺织服装是个性化、文化性极强的产品，同时纺织服装材料更新换代很快，非专业消费者难以区别。一般纺织服装生产企业都要根据不同的目标顾客群，给自己的纺织服装产品标注不同的品牌标志，赋予有特色的内涵，便于消费者树立纺织服装品牌偏好，产生品牌重复购买行为。另外，因为对于品牌产品，纺织服装企业要在产品包装、运输、广告等方面付出更多的费用，而非品牌产品在这些方面把费用压到了最低限度，所以不是所有的纺织服装产品都要使用品牌才能在市场上销售，纺织服装企业必须根据产品特点、市场行情、企业自身状况等因素来决策。

（2）品牌使用决策　在决定对纺织服装产品使用品牌时，制造商在如何使用品牌方面有三种选择：一是制造商品牌，即产品以制造商品牌推入市场。纺织服装企业有较高的信誉，希望通过自己的品牌来控制市场，同时由于消费者往往通过制造商品牌来判断质量，所以制造商品牌占支配地位。一般有一定规模的纺织服装企业，均以企业自己的品牌推出纺织服装产品。二是零售商品牌，又叫分销商品牌，也就是中间商品牌，随着商品流通领域的发展，零售企业规模越来越大，遍布全球，对纺织服装产品销售有很强控制力，大型零售商已陆续树立自己的品牌。例如，新加坡的麦特劳（METRO）百货商店，创立了几个品牌，像玛丽莎（Marissa）、安娜贝拉（Annabella）、索菲斯（Sophis）和富特维（Footway）等。三是特许品牌，即以特许品牌推入市场。制造商根据特许合同，为他人以来样加工或来料加工等形式制造纺织服装产品，制造商的利润就是加工费。我国有许多纺织服装企业既使用制造商品牌，又使用特许品牌。

（3）品牌名称决策　纺织服装企业在决定品牌名称时，可以有三种选择：一是统一品牌，即纺织服装企业将自己所生产的全部产品都用统一的品牌，或以一定的品牌为基础形成品牌系列。采用统一品牌的各种产品都应具备相近的质量水平。例如，耐克品牌，它的体育用品、服装、鞋帽、箱包都采用相同的品牌名称。产品特点、价格和目标市场大致相同的纺织服装企业一般运用统一品牌策略，其优点是：建立一个好的品牌形象，可以带动一系列产品的销路；建立在消费者对品牌信任的基础上，企业推出的纺织服装新产品较容易进入目标市场；纺织服装企业只需集中力量推广一个统一的品牌形象，可以节约新品牌的设计和推广投资费用。二是个别品牌，即每种产品一种品牌，或同种产品不同质量标准而采用多种品牌。例如，NIKE 公司新近推出乔丹鞋，就是个别品牌策略。其好处是：没有将企业的声誉与某一产品品牌的成败相联系，一个品牌的产品失败，不会损及制造商的声誉；企业可以为每一种新产品寻找最佳名称，一个新的品牌可以造成新的刺激，建立新的品牌偏好和品牌忠诚。缺点是：个别品牌策略必须为每种产品制订新品牌名称标志，为建立品牌认知，增加了纺织服装企业的促销费用，给企业带来一定的负担，运用这种策略的纺织服装企业较少。三是分类品牌，即对不同类别的纺织服装产品或不同目标市场的纺织服装产品使用不同的名称。例如 Hugo Boss 公司把男装市场分为三块：一块是商界经理，一块是年轻人，还有一块是有品位的高层次人士。分别使用 Boss、Hugo、BALDESSARINI 三个品牌，这样不同品牌定位确立各自形象，在各自的细分市场上更好地满足消费者需求。

8.3.3.2 纺织服装品牌经营策略

（1）确立品牌认知　纺织服装品牌认知，是指消费者识别或回忆出某类产品中某一品牌的能力。纺织服装品牌认知可以分为四个层次：一是消费者对某一品牌无印象，称之为对纺织服装品牌无意识阶段；二是消费者在消费时能够对产品、品牌名称和标志有粗略的印象，此阶段称为纺织服装品牌识别阶段；三是消费者在不经提示的条件下能够识别某种品牌，此阶段称为纺织服装品牌记忆阶段；四是消费者在不经提示的条件下能够回忆起某类产品的第一品牌，此阶段称为纺织服装品牌深刻阶段。在纺织服装品牌深刻阶段，品牌知晓度和品牌尊重程度最高，当认知达到此时，消费者才会对某类产品有较强的偏好，进而形成一定的纺织服装品牌忠诚。

（2）CI 导入　CI 是 Corporate Identity 的缩写，它是指纺织服装企业识别系统或纺织服装企业形象体系。CI 计划把纺织服装企业潜在的形象、个性、特点卓有成效地传播给大众，是一种信息传达的象征和符号，它有助于纺织服装企业传达经营理念，突出统一的企业形象，使公众深刻地了解和认识企业，最终增强纺织服装企业整体竞争能力。CI 由三部分组成：MI（Mind Identity），即纺织服装企业理念，指纺织服装企业经营方针、经营宗旨、行为准则、精神标准等方面的规范；BI（Behavior Identity），即行为规范，指纺织服装企业组织制度、管理方式、教育训练、社会公益活动、营销活动等行为方式的规范；VI（Visual Identity），即视觉识别，指将纺织服装企业理念、文化特质、服务内容、企业规范等抽象化语言，用可视的具体符号予以明确和规范。

（3）维持高质量品牌形象　纺织服装品牌经营，应该以纺织服装市场为中心，如果品牌不能随着消费者的需求变化作出相应的调整，品牌就会被市场淘汰。同时，纺织服装品牌是高品质的象征，树立品牌的形象，让消费者对纺织服装产品产生感情和忠诚，必须确保产品高质量。纺织服装产品是品牌的实体，质量是产品的核心，质量好的纺织服装产品应该满足消费者的生理和心理需求。例如，纺织服装产品，具体表现为舒适性、耐用性、安全性和美观性的高度统一。

(4) 保持特色和创新 纺织服装品牌要有鲜明的特色和独具的价值，不断创新并且体现时代感的品牌在竞争中才能够长盛不衰。例如，CHANEL 是 20 世纪二三十年代法国的著名女装品牌，它以简洁的紧身套服、紧身女装而闻名，经过几十年的演变，品牌保持其不变的风格，由不同的设计师按时代潮流不断创新，设计出充满现代气息的作品，使品牌不断发展，保持国际领先地位。

(5) 品牌定位 品牌定位，是指纺织服装企业设计出自己的纺织服装产品和形象，使纺织服装目标市场的消费者，对纺织服装企业及其营销组合予以认知。定位可始于纺织服装产品，也可始于消费者和纺织服装市场。纺织服装品牌定位的核心是 STP，即纺织服装市场细分(Segmentation)、纺织服装目标市场选择（Targeting）和纺织服装品牌定位（Positioning)。

(6) 品牌保护 纺织服装品牌经过注册，可以得到法律保护，利用注册商标保护纺织服装品牌，对纺织服装企业来说是一种有效的方式。纺织服装商标是区别不同品牌商品的特定标志，注册后的纺织服装商标能够保障注册人获得专用权。纺织服装商标有多种形式，纺织服装企业应该根据纺织服装品牌的具体情况，选择适当的纺织服装商标形式，以有效维护纺织服装品牌形象，保护品牌的纺织服装市场地位。例如，红豆集团注册策略是联合与防御共用，他们在国内 34 种纺织服装商品上全部注册了商标的同时，还把与“红豆”中文近似的发音，相同的含义，像“虹豆”、“ 相思豆”等都注册了。同时还在国外 54 个国家和地区申请了注册商标，从而形成了完整有效的纺织服装市场商标体系。

8.4 纺织服装新产品开发及策略

8.4.1 纺织服装新产品概念与开发步骤

8.4.1.1 纺织服装新产品概念

纺织服装市场营销学中所说的纺织服装新产品，是从纺织服装市场和企业两个角度来认识的，它与因科学技术在某一领域的重大发展所产生的纺织服装新产品不完全相同。纺织服装新产品是相对于老产品而言的，从纺织服装企业营销的角度来说，纺织服装新产品，是指纺织服装产品在产品结构、性能、材料和制作工艺等方面有所改进和创新。纺织服装产品整体概念中任何一部分的创新、革新和改良，都可视为新产品。例如，女装企业根据纺织服装市场行情，决定生产男性时装，那么男性时装就是该女装企业的新产品。

8.4.1.2 纺织服装新产品开发步骤

纺织服装新产品的开发被看作是纺织服装企业生存和发展的首要条件，对于纺织服装企业来说，新产品开发是一项复杂的系统工作，需要掌握大量信息，考虑消费心理，并结合纺织服装企业具体的生产技术条件进行实施。一般来说，纺织服装新产品开发的步骤概括为以下六个阶段。

(1) 信息收集阶段 是指纺织服装企业需要将各种信息收集起来加以分析，再进行纺织服装产品策划、设计、生产和销售。纺织服装行业的信息收集至关重要，信息的渠道越多，层次越细，对纺织服装市场的把握就越准确。纺织服装信息收集的方法一般有两种：一是从纺织服装的销售市场、各种纺织服装博览会和发布会、国内外的流行情报、纺织服装报纸杂志等渠道获得信息；二是从社会生活中获得信息，例如，关注社会动向、时代精神，参与各种展览活动，从事音乐、戏剧、电影、文艺项目等。

(2) 产品构思阶段 是指纺织服装新产品构思需要设计人员集思广益，在收集大量流行信息的基础上，作出预测性的判断，并从大量的构思中选出有商业价值的方案。在构思方案时，要与纺织服装品牌的形象接近，而且要融入设计师的个人设计风格。在这个阶段更多的是体现概念，确定创意的主题。在纺织服装新产品开发前，要确定新产品是否有一定的市场容量，力求使新产品比市场现有产品更有特色，在质量、性能、价格、包装等方面能有更多的突破。从艺术风格上纺织服装设计师必须让主题具有时代感，通过策划传达给消费者纺织服装品牌的精神和设计师推崇的生活方式。纺织服装设计师在构思过程中常常要考虑各种因素，例如，纺织服装新产品是否适合消费者的心理要求、消费水平、价值观念等。不断明确纺织服装新产品为谁服务；消费者在什么时候，什么地点以什么形式使用纺织服装；不同层次消费者的分布状况；市场类似纺织服装品牌的供应情况；本纺织服装企业的生产能力和技术情况等。

(3) 方案设计阶段　是指根据对各种信息的分析，纺织服装设计师开始对纺织服装的造型、色彩、面料、结构、工艺等设计因素进行全盘的考虑和策划。纺织服装设计师在方案设计初期，为了便于纺织服装公司从各个方面进行评审和筛选，要做大量的设计工作，包括以下几个方面内容。

首先是纺织服装效果图。纺织服装效果图有两种：一种是表现纺织服装穿着在人体上的效果图，包括纺织服装的款型、色彩、面料、配件，穿着的场合、背景及气氛等。画法不论是采用电脑或是手绘，都要求风格明确，人体及纺织服装的比例准确、结构表达清楚。纺织服装画常以绘制模特的正面或侧面的穿着角度为主，并加画纺织服装后背图，在一些细节处还可以绘制解析图和部件特写图，目的是为了全面、准确地表达纺织服装的款式结构。另一种是纺织服装平面结构图，这类图在设计生产中运用较为广泛，这种形式不强调纺织服装在人体上的状态，而是强调纺织服装的款式及结构。

其次是面料、辅料的选择与确定。面料的选择能决定纺织服装的风格和定位，也能确定纺织服装的档次，纺织服装设计师越来越注重面料的选择。纺织服装企业为自己的品牌确立独创性，需要以国际流行面料信息为基础，组合品牌所需要的面料。有时为了表现纺织服装品牌的个性，需要研发和定织定染一些独特的面料。

再次是制作工艺的说明。纺织服装的工艺设计非常重要，特别是一些特定的纺织服装，例如，皮装、针织类服装、内衣、被单等，光有纺织服装效果图和结构图，没有对工艺的精心设计，纺织服装不可能达到预期的效果。制作工艺说明，是指用文字或图表表示出纺织服装各个部位的缝制方法、制作要求等。初步设计的工艺说明区别于生产工艺单，不需要过于详细和具体，但在对纺织服装效果相关的关键结构和特殊要求必须详尽地注明，有时还需要备注特定的设备辅助工艺。

(4) 精心筛选阶段　是指纺织服装设计师的设计方案可能有很多，需要精挑细选。对纺织服装企业来说，各个相关部门会选择实行众多方案中的最佳设计方案，即最有市场价值和最具市场潜力的构思。方案不可能一次到位，纺织服装设计师需要不断地整理和修改，其目的是尽可能地提炼出好的作品。在方案的筛选中，永远没有绝对的标准，也许所选的构思在市场的验证中不尽如人意；也许未选择的作品恰恰有盈利的机会。所以在方案的确定过程中，需要纺织服装企业各个部门的沟通和协作。评审的标准有：设计构思是否符合纺织服装市场需求；纺织服装的造型、配色、选料是否能吸引消费者；纺织服装的结构和工艺是否合理；加工技术条件是否合适；成本核算是否符合纺织服装品牌定位；纺织服装品牌的风格是否能够得以体现等。

(5) 样品研发阶段　是构思方案的具体实施过程。从一个抽象的设计概念转化为实际投放市场的纺织服装产品，需要制版、修版、制作样衣、试穿等一系列过程，在样品研发过程中可以考察纺织服装产品的结构、工艺、面辅料的适合度，为纺织服装新产品的生产提供完整的技术资料，并通过对纺织服装样品的试用和检验，判断纺织服装产品是否符合设计概念，在技术上和商业上是否具备可行性。

(6) 市场开发阶段　是指纺织服装新产品在上市时，消费者有不同的表现，接受时间和接受程度都不尽相同。通过观察各种消费群的关注程度，能够了解纺织服装真正的市场反应，也能确定属于自己的消费群。此阶段包括试销和商业性的投放，纺织服装企业可以依据市场的反应调整营销手段，为纺织服装新产品正式全面上市做准备。

8.4.2 纺织服装新产品与流行传播

8.4.2.1 纺织服装流行概念

流行，是指个别事物迅速传播或盛行一时的社会现象，也就是某种事物的短时间大范围的传播。流行受所处时代的多种因素影响，其中包括政治、经济、文化、科技等，是随着人类历史的发展变化而不断变化的。纺织服装流行，不是指某一具体纺织服装的流行，而是指纺织服装的流行倾向，是在一定的时间和一定范围内，被较多的人所接受或认可，并风行一时，形成潮流。

纺织服装流行元素具体表现在：纺织服装的造型、面料、色彩、装饰以及使用方式等方面，这些因素形成了纺织服装的不同风格。纺织服装流行意味着人们审美心理和审美标准的变化，同时也体现了整个时代的风貌。作为纺织服装企业，只有正确地把握纺织服装流行趋势，不断推出新式样、新风格的纺织服装产品，准确地制订出合理的营销策略和推广计划，才能有效地占领市场。

8.4.2.2 纺织服装流行特点

纺织服装流行　具有新奇性、短暂性、普及性和周期性特点。

(1) 新奇性　是纺织服装流行最为显著的特点。“新”表示与以往不同，与传统不同；“奇”表示与他人不同，与众不同，即所谓“标新立异”。纺织服装流行的新奇性往往表现在色彩、花纹、材料、样式等设计的变化上，这种不断的变化满足了消费者求新求异的心理。纺织服装只有“创新”“标新立异”，才能吸引消费者。

(2) 短暂性　是指纺织服装流行时间相对短暂，这是由流行的新奇性决定的。一种新的样式或行为方式出现后，当被消费者广泛接受，流行形成一定规模时，便失去了新奇性。这时一部分消费者会舍弃，另一部分消费者也可能逐渐放弃，也可能继续采用，从而演变为日常纺织服装。流行持续时间的长短，受多种因素的影响。例如，纺织服装样式的可接受性、满足消费者真实需要的程度，以及与社会风尚的一致程度等。

(3) 普及性　是现代社会流行的一个显著特点，也是流行的外部特点之一，表现为在特定的环境中，某一社会阶层或群体成员对某种样式或行为方式的普遍接受或追求。这种接受和追求，是通过人们之间的相互模仿和感染形成的。纺织服装流行普及性往往表现为：一种纺织服装样式或色彩被少数人发现并使用，接着会有一些人模仿或追随，追随者的行为会影响到纺织服装产品的流行规模、时间长短和普及程度。

(4) 周期性　是指纺织服装流行随着时间变化，呈现周期性的特点。纺织服装流行周期有两层含义：一是流行的纺织服装具有类似于一般产品的生命周期，即从投入纺织服装市场，经历从引入、成长、成熟到衰退的过程；二是纺织服装流行具有循环交替反复出现的特点。从历史上看，全新的纺织服装样式很少，大多数新样式的纺织服装只是对已有样式进行局部的改变。例如，裙子的长度、上装肩部的宽度、裤腿肥瘦等的循环变化。另外，纺织服装色彩、外观轮廓也具有循环变化的周期性特点。

8.4.2.3 纺织服装流行的传播方式

纺织服装流行具有一定的周期和规律，从开始流行到纺织服装产品淘汰出纺织服装市场，要经历产生、发展、盛行、衰退四个阶段。纺织服装流行传播反映在时间和空间两个层次上。在时间层次上，纺织服装流行是一个动态的变化过程，这一过程称为纺织服装流行的生命周期。纺织服装流行受多种因素的影响，不同纺织服装产品的流行周期长短和流行规模各不相同。在空间层次上，首先是从纺织服装流行发源地向其他区域的传播，从经济发达的大城市向经济相对落后的中小城市的传播。其次是纺织服装流行的群体传播过程。纺织服装流行的群体传播过程，是指在特定环境下，纺织服装流行样式从一些人向另一些人的传播过程。通常认为纺织服装流行的群体传播有三种基本模式，即上传下模式、下传上模式和水平传播模式。

(1) 上传下模式　是关于纺织服装流行传播的早期学说。这种学说认为，在等级社会中，纺织服装流行样式首先产生于社会上层，并通过社会下层的模仿逐渐流行，这一模式至今仍有一定的适用性。一些纺织服装流行样式首先出现于社会上有影响的名人之中，而敏感的纺织服装企业不失时机地大量生产价格较低、能为大多数消费者所接受的仿制品，迎合大众消费，配合宣传鼓动从而在社会上形成一定的流行规模。

(2) 下传上模式　是关于纺织服装流行传播的一种较新的理论。20 世纪 60～70 年代，出现了与传统模式完全相反的纺织服装流行过程，即新的纺织服装样式首先由年轻人发起，特别是那些劳动阶层的纺织服装产生的流行元素被创造和采用，并逐渐为社会高收入阶层及年长者接受而形成流行。例如，现在被人们普遍接受的牛仔装、猎装、T 恤、运动装等，开始都起源于普通的年轻人，以后逐渐被富有者、年长者所接受。

(3) 水平传播模式　是现代社会流行传播的主要方式。水平传播是一种多向、交叉的传播过程，引起流行不是在社会阶层之间的垂直传播，而是在同一阶层的群体内部或之间的横向扩散过程。这一传播模式对纺织服装企业产品的销售计划有着极其重要的意义，也就是说，传统意义上的时尚形成模式已发生变化，社会上层的生活方式对普通大众的影响力正在减弱，而在流行观念和需求等方面存在差异的各种群体中，时尚流行的特点也不相同。因此，对纺织服装企业来说，应仔细发掘自己的目标顾客，关注他们的工作、年龄、教育程度、生活方式等，通过适当的广告和推广形式引导消费，不断扩大纺织服装产品的市场规模。

8.4.3 纺织服装新产品的推广策略

纺织服装新产品正式进入纺织服装市场销售，被消费者接受需要一个过程。纺织服装企业为了让流行的纺织服装产品热销，必须大力推广纺织服装新产品。根据纺织服装流行与传播的内在规律，结合纺织服装企业的实际生产能力，纺织服装企业可采用的纺织服装新产品推广策略主要有渐进推广策略和急进推广策略两种。

(1) 渐进推广策略　是指纺织服装企业将纺织服装新产品，先推入主要的纺织服装市场，然后逐步将纺织服装新产品推广到其他纺织服装新市场。采取渐进推广策略，其优点是：保持纺织服装产品的供应与市场的扩大协调一致，纺织服装产品的推广稳中求进，但纺织服装企业收益增加的速度变慢，其他竞争者会威胁其纺织服装市场的发展。

(2) 急进推广策略　是指纺织服装企业在确定纺织服装新产品，具有理想的纺织服装市场前景的前提下，采取的一种全速占领纺织服装市场的策略。纺织服装企业采用急进推广策略，在短期内会获得很好的纺织服装市场回报，同时也能降低竞争者的威胁程度，但是资金投入大，风险大。

8.5 纺织服装产品包装及策略

8.5.1 纺织服装产品包装概述

8.5.1.1 纺织服装产品包装概念

纺织服装产品包装，是指在纺织服装产品运输、储存、销售的过程中，用以保护纺织服装产品外形和质量，以及为了便于识别、销售和使用纺织服装产品而使用的特定容器、材料及辅助物等物品的总称。纺织服装企业使用包装来提高纺织服装产品形象，因此，纺织服装产品包装是实现纺织服装产品价值并提高商业价值的一种重要手段。

8.5.1.2 纺织服装产品包装种类

因为纺织服装产品包装在流通中出现的阶段不同，故此，纺织服装产品包装具有不同的形态和作用，纺织服装产品包装可以按不同的标准进行分类，主要有以下几种。

(1) 按层次分类　可以分为内包装和外包装。内包装，是最贴近纺织服装产品的直接包装，主要是加强对纺织服装商品的保护，便于再组装，同时也是为了分发、销售商品时便于计算。纺织服装产品内包装多以件或套为单位进行计算，可以是单件，也可以是 5 件、10 件或一打组成一个整体。外包装，是用于保护内包装的第二层次包装，外包装也叫运输包装或大包装，是指在纺织服装商品的销售包装或内包装外面再增加一层包装，一般在纺织服装产品使用后被丢弃，其作用主要是用来保障纺织服装商品在流通过程中的安全，有利于装卸、运输、储存和保管。

(2) 按用途分类　可以分为销售包装、工业包装和特种包装。销售包装，是以销售为主要目的的包装，它随同纺织服装产品进入零售环节，与消费者直接接触。因此，销售包装不仅要保护纺织服装商品，而且更为重要的是要传递纺织服装商品信息，吸引顾客，方便消费者认识、选购携带和使用。包装上一般印有商标、说明、生产单位，具有美化产品、宣传产品、指导消费的作用。工业包装，又称物流包装，通常将个体纺织服装商品用箱、桶、袋、包、坛、罐等容器进行包装，达到成组化。成组化还可以组成更大的包装单元，也就是集合包装。集合包装是为了便于装卸、搬运、储存和运输等物流作业，将若干纺织服装包装件包装在一起，形成一个合适的搬运单元。常见的集合包装有集装箱、托盘和集装袋等。工业包装注重包装的牢固性以方便运输，不需讲究外观设计。特种包装，是指对纺织服装产品包装材料有特殊的要求，须由发货和接收单位共同商定，并有专门文件加以说明。

(3) 按营销方式分类　可以分为相似包装、组合包装和附赠品包装。相似包装，是指在纺织服装企业生产的各种产品或某类产品上，采用相同的图案、色彩或其他共同特征，以提醒顾客这是同一企业或品牌的产品。这种方式具有与统一品牌策略相似的好处，常与统一品牌策略结合使用。与这种做法相对的是不同纺织服装产品包装策略，即不同产品采用不同包装。组合包装，是指纺织服装企业常把相关用途的产品纳入同一容器或包装盒内，同时出售。例如，童装企业把婴幼儿的服装和各种用品通过巧妙设计放置在一个包装盒内，不仅提高了价格，而且颇受顾客欢迎。与组合包装相对的是个别包装。附赠品包装，即在包装内放入给顾客的赠品或奖券，这是较为流行的纺织服装产品包装策略，例如，在童装包装中，放入玩具。

8.5.1.3 纺织服装产品包装作用

纺织服装产品包装从总体上说是以吸引消费者注意力，刺激其购买为前提。纺织服装产品包装作为商品的重要组成部分，其作用主要表现在以下几个方面。

（1）保护产品 是指避免在装卸、搬运、储存和运输等物流作业中以及外界自然环境中发生损害，价值降低。在流通过程中，纺织服装产品要处于不同的情形之下，四个因素易引起产品损坏：振动、碰撞、刺穿、挤压。致使产品损坏的自然因素有温度、湿度、光照、微生物等。通过设计良好的包装，可以将纺织服装产品与不良的环境分隔，而处于适宜的环境中，保证产品的价值不发生变化。因此，纺织服装产品在包装时要根据纺织服装产品的不同性质和特点，选用科学先进的包装材料和包装技术。

（2）甄别产品 即便于消费者识别纺织服装产品。现在的纺织服装产品越来越复杂，消费者缺乏判断产品质量的能力和手段，总是收集一些外在的线索来判断内在的质量，纺织服装产品包装是消费者甄别质量的一个重要的方面。纺织服装产品包装一般都有相对固定的材料、色彩以显示其独特性，并以图案、文字显示包装物内所装产品的种类、规模、型号、式样以及商品的性能、特点、使用方法等内容。纺织服装产品包装可以帮助消费者认识本企业产品，并与其他同类产品相区别。一般来说，消费者可以通过对纺织服装产品包装的感知、认识和记忆，了解厂商、商品规模、款式等，在日后的购买活动中，只要接触到该包装物，就可以分辨出不同厂家生产的不同种类的纺织服装产品。

（3）便于贮运 纺织服装产品从生产到消费的过程中，都要经过装卸、运输和储存，而纺织服装产品经过包装后可以为装卸提供方便，并可以节约运输工具和节约贮存空间。销售包装一般要排列组合成运输包装，才能适应运输和贮存的需要。包装对小件纺织服装产品起着集中的作用，便于装卸、搬运和堆码。销售包装的造型结构，既要便于陈列摆放，又要便于消费者识别和选购。例如，采用透明纺织服装产品包装和“开窗”包装等。

（4）促进销售 纺织服装产品的包装具有增加产品特色、提高竞争力的广告和推销功能。它能改进纺织服装产品的外观，提高顾客的视觉兴趣，激发消费者的购买欲望；它能形成纺织服装产品差异，使产品易于辨认，在竞争中先声夺人，促进消费者对产品的偏爱，提高纺织服装企业的声誉；货架上的广告，被称为“无声的推销员”，而在纺织服装产品使用时产生更为长久的广告作用。例如，原来的内衣用塑料袋包装，比较平淡，没有特色。现在改用纸质长方矩形包装，盒面印有品牌的广告内容，独特精致，具有一定的特色。总之，优秀的纺织服装产品必须与优良的包装相匹配，才能发挥竞争力，为消费者提供便利，吸引消费者，从而促进其产品的销售，增加了企业的利润。

（5）便于使用 适当的纺织服装产品包装，还可以起到便于使用和指导消费的作用。纺织服装产品包装上的使用说明、注意事项等，对消费者使用、保养、保存产品具有重要的指导意义。为了方便消费者和满足购买者的不同需要，纺织服装产品包装的容量和形状应当多种多样。为适应消费者的不同需要，可以采用单件包装、多件包装和配套包装。此外，还要注意尽量采用可供重复使用和再生的包装器材，以便于处理废弃包装和充分利用包装材料。对于消费者来说，经过包装的纺织服装产品携带和贮存也十分方便。

（6）包装创新 纺织服装产品包装的创新，有助于消费者携带使用和产生信任与联想，扩大消费者的选购量，为创新的纺织服装企业带来利润与声誉。好的纺织服装产品包装，能够增加消费者对产品的信任。纺织服装产品包装不仅要比较真实地反映产品的性质和用途，而且还要间接地反映产品的潜在效果，引发消费者的种种联想，激发其购买兴趣，坚定其购买信心。例如，儿童纺织服装的包装一般具有可爱的形状、鲜艳的色泽、有趣的图案，使消费者很容易根据这些包装外观形象，去联想产品的质量和舒适度，以及想象使用之后的满足感。

8.5.2 纺织服装产品包装设计

8.5.2.1 纺织服装产品包装设计原则

纺织服装产品包装的设计，应符合以下基本原则。

（1）造型美观　纺织服装产品包装的好坏，既可反映纺织服装企业的管理水平，又是纺织服装企业管理人员的文化水平、艺术修养、科学文明的一个重要标志。销售包装具有美化产品、宣传产品的作用。故此，纺织服装产品包装造型要美观大方，引人注目，尽量采用新造型、新材料、新图案，不落俗套，避免模仿，使人得到一种美的享受。

（2）体现价值　纺织服装产品包装，应与纺织服装产品的价值或质量水平相配合，贵重的纺织服装产品包装，要烘托出产品的高雅贵重，所以包装必须精美高档，如果配以普通低档包装，自己贬低产品的高价值和优质量，还令消费者对纺织服装产品产生种种不信任和怀疑。所以对于高、中、低档纺织服装产品，其包装的设计也应分为高、中、低档，互相匹配。

（3）显示风格　纺织服装产品包装，要能显示纺织服装产品的特色或风格，准确传递纺织服装产品的信息。纺织服装产品包装上的图案与文字说明，要充分反映纺织服装产品的各项属性，像商标、生产企业名称、规格、出厂日期、使用说明、性能特点等。例如，意大利纺织服装企业推出的流行性新包装，用密封的金属质感的材料制成的T恤包装和立体透明材质制成的毛衫包装，显得既前卫、有新意，而且又能防污、防潮、减少储存空间。

（4）携带方便　纺织服装产品包装的形状、结构、大小，应为运输、销售、携带、保管和使用提供方便。运输包装要求大包装，销售包装要求小包装；容易开启的包装结构，便于密闭式包装商品的使用。纺织服装产品包装设计，主要是内盒、外箱、包装袋、承托材料的样式和规格的设计。对纺织服装产品进行包装设计时，应对被包装物品的性质和流通环境进行充分的了解，选择适当的包装材料和方法，设计出性能好、经济实用的包装结构。

（5）增加信任　纺织服装产品包装上的图文，应能增加顾客的信任感并指导消费。例如，在纺织服装产品包装上，可标明穿戴方法和尺码表等。在纺织服装产品包装上，还可直接传达购买者所关心的问题，消除可能存在的疑虑。文字说明必须与纺织服装产品性质相一致，有可靠的检验数据或使用效果的证明。虚假不实的文字说明等于欺骗性广告，既损害消费者的利益，也损害纺织服装企业的声誉。

（6）符合心理需求　纺织服装产品包装设计，要求新、求美、求实，适合消费者心理。纺织服装产品包装，应不落俗套、勇于创新，避免模仿、雷同；要尽量采用新材料、新图案、新造型，给消费者新鲜感。纺织服装产品包装要讲求艺术感，给人以美的享受，造型要美观大方、图案要生动形象。此外，纺织服装产品包装装潢的色彩、图案，要符合消费者的心理需求，不能与目标市场的民族习惯、宗教信仰相抵触。同一色彩、图案的含意对不同消费者来说是不一样的，要考虑消费者不同年龄、不同地区、不同民族、不同宗教信仰的不同爱好及忌讳。例如，中国人庆祝节日喜欢用红色；埃及人崇尚白色；法国人偏爱蓝色。在信奉伊斯兰教的国家和地区忌用猪作装饰图案；欧洲人认为大象呆头呆脑；法国人视孔雀为祸鸟。不同年龄的消费者也有不同的偏好，中老年人喜欢稳重沉着的色调，青年人喜欢明快活泼的搭配。

8.5.2.2 纺织服装产品包装形式

纺织服装产品包装形式，是指纺织服装产品包装物的大小、形状、材料、色彩、文字说明以及品牌标志。

（1）包装大小　即纺织服装产品包装的尺寸、规格。主要取决于目标顾客的消费习惯、购买力水平及纺织服装产品的有效期等因素。应力求让顾客使用方便，经济合算。纺织服装产品包装，过大过小都不利于销售。

（2）包装材料　是指纺织服装产品包装常使用不同种类的纸张、塑料薄膜、各种规格的衣架、绳、胶带等。在材料选用上，要求包装的各个因素必须相互协调。例如，纺织服装首饰品，从保护产品的角度而言，应采用具有一定强度的密封包装物；从显示产品特色的要求来看，应用透明材料，或美观的展示方式增加其观赏度。

（3）包装形式　是指纺织服装产品包装所用的容器有各式袋、盒、箱等，包装的形式主要取决于产品的特性。例如，硬质与软质、厚与薄在包装的形式上都有所不同，包装形式应该能够美化纺织服装产品，有吸引力，便于运输、装卸、携带及陈列、展示。又如，西装包装要保证定型后的产品造型完好，立体感强，采用立体包装和吊挂式集装箱形式包装；而T恤衫和化纤成分的毛衫则可用叠式包装。

8.5.3　纺织服装产品包装决策步骤

纺织服装产品包装决策，主要是基于成本和生产的考虑。近年来随着自助服务销售方式的增加，纺织服装产品包装必须执行许多销售任务，包装已经成为一项重要的营销工具。它必须能吸引顾客注意，描述纺织服装产品的功能特色，给顾客以信心，使纺织服装产品在顾客心目中有一个很好的印象。纺织服装产品包装决策通常分为以下三个步骤。

8.5.3.1　建立观念

建立观念，是指建立纺织服装产品包装观念，确定纺织服装产品包装的基本形态、目的和基本功能。例如，婴儿纺织服装公司推出的“可爱BABY”系列产品，管理部门确定其包装的主要功能有两方面：首先，保护产品在流通过程中不破损、不受潮；其次，显示产品特色，使购买者直观地了解纺织服装的颜色、款式和功能。

8.5.3.2　决定因素

决定因素，是指决定纺织服装产品包装因素。纺织服装产品包装因素，指纺织服装产品包装的大小、形状、材料、色彩、文字说明以及商标图案等。纺织服装产品包装因素，是由纺织服装产品包装观念决定的。要注意包装因素之间的互相协调，而且决定这些包装因素时，也必须和定价、广告等纺织服装市场营销策略协调一致。如果纺织服装企业已对纺织服装产品作出优质优价的营销决策，则纺织服装产品包装的材料、造型、色彩等都要与之配合。例如，婴儿纺织服装产品的包装，从保护产品的要求而言，应采用具有一定强度的密封包装。从显示产品特色的要求来看，应该采用透明材料，使消费者能直接看到产品的色彩和款式。

8.5.3.3　设计试验

设计试验，是指纺织服装产品包装设计试验。纺织服装产品包装设计出来以后，要经过试验，以考察包装是否能满足各方面的要求，在正式采用前作出改进。纺织服装产品包装试验有工程试验、视觉试验、经销商测试和消费者测试四种。

（1）工程试验　指检验纺织服装产品包装在正常的运输、贮存、携带等情况下的适用性，包括磨损程度、变形程度、密封性能、褪色程度等。

（2）视觉试验　指确定纺织服装产品包装的色彩、图案是否协调悦目，造型是否新颖，包装上的文字说明是否简明易读。

（3）经销商测试　指为了扩大盈利，经销商常会希望纺织服装产品包装引人注目，能确实保护好纺织服装产品，避免各种损害和污染给经销商带来困难。

(4) 消费者测试　指用来了解纺织服装产品包装是否能被消费者认可，并根据消费者意见及时对纺织服装产品包装加以改进。

8.5.4 纺织服装产品包装策略

在纺织服装市场营销中，纺织服装产品包装是一个强有力的武器，根据不同的纺织服装市场营销目标，纺织服装企业应采用恰当的包装策略。常用的纺织服装产品包装策略有以下几种。

8.5.4.1 适应产品的包装策略

(1) 类似包装策略　也称一致性包装策略，是指纺织服装企业将其所生产的各种纺织服装产品，在包装方面采用相同的图案、相同的色彩、相同的外形、共同的特征，使消费者易于辨认这是同一纺织服装企业的产品。这种策略的主要优点是：可以节省纺织服装产品包装的设计成本；能增加纺织服装企业声势、提高企业声誉，一系列格调统一的纺织服装产品包装，势必会使消费者受到反复的视觉冲击而形成深刻的印象；有利于纺织服装新产品上市，并使新产品迅速在纺织服装市场上占有一席之地。例如，皮尔·卡丹的纺织服装产品的包装风格十分简洁、醒目，均以黑色为底色，上面标有品牌名称及标志；莱尔斯丹的包装以白色为底色，以黑色的英文标识出品牌名称。类似包装适用于质量水平档次类同的纺织服装产品，不适于质量等级相差悬殊的纺织服装产品，否则，会对高档优质纺织服装产品产生不利影响，并危及纺织服装企业声誉。

(2) 等级包装策略　指纺织服装企业所生产经营的纺织服装产品，按质量等级的不同实行不同的包装。由于纺织服装产品有不同等级、不同的档次，因此，其成本不同，价值也不相同。即使是同种纺织服装产品，档次不同，其质量和价值也不同。纺织服装产品包装是整体产品的外形，必须同纺织服装产品的内在质量与价值相适应。例如，对高档优质的纺织服装产品采用优质包装，而一般的纺织服装产品可采用普通包装。

(3) 配套包装策略　指纺织服装企业依据消费者生活消费的习惯，把几种相关的纺织服装产品配套一起包装、一起销售、便于消费者购买使用。这种配套包装可方便消费者购买和使用，有利于带动多种纺织服装产品销售，且提高了纺织服装产品档次，也为消费者提供了一种消费模式，培养新的消费习惯。例如，金利来的领带、皮夹、皮带联合包装，精致而方便，定价低于三者之和，利于多销。在纺织服装产品中，常见的是把一些服饰配件配套包装，也有将内衣裤配套包装的。

8.5.4.2 适应促销的包装策略

(1) 适度包装策略　指谋求纺织服装产品包装所应有的恰如其分的作用，并且其作用、效益和包装的诸项成本处于协调、平稳的状态。选择纺织服装产品包装时应考虑包装的整个过程，对纺织服装产品包装进行科学设计，实施标准化，在保证包装功能的同时，尽量减少包装材料，降低包装成本，从而降低整体纺织服装产品成本，增强产品的竞争力。

(2) 方便包装策略　指纺织服装企业采用便于携带和存放、便于开启和重新密封的纺织服装产品包装方式。例如，提袋式、拎包式、皮箱式、背包式等便于携带的包装，以及拉环式、按钮式、撕开式等易于开启的包装，以引起顾客重复购买，促进销售。

(3) 差别包装策略　由于经济收入、消费水平、文化程度以及年龄的差异，不同消费者对纺织服装产品包装的需求也不同。一般而言，高收入者对纺织服装产品包装讲求精美，喜欢创意独特、造型别致、有品位的纺织服装产品包装；而低收入者则喜欢经济实惠、简易便利的纺织服装产品包装。因此，纺织服装企业应根据不同层次消费者的需求，对纺织服装产品采用不同等级的差别包装策略，以争取更多的顾客，开拓纺织服装市场。例如，纺织服装企业可以按质量等级不同实行不同的纺织服装产品包装，把高档、中档、低档纺织服装产品分别采用相应的包装方式。此外，还可以根据消费者购买目的的不同，对同一种产品采用不同的包装。例如，购买商品作为礼品赠送亲友，则可精致包装；若购买者自己使用，则简单包装。

(4) 再用包装策略　又叫多用途包装策略，是指在消费者将包装容器内的纺织服装产品使用完毕后，这一包装容器还可以继续利用，可能是用于购买原来的纺织服装产品，也可能用作他途。例如，西服的挂式包装，可以在日后作为挂衣袋使用。又如 Bloomingdale's 或 Macy's 这些纺织服装企业，经常把购物袋纳入他们多种方式的系列广告中，使纺织服装包装袋可以用做购物袋，当顾客提着这种购物袋时，由于袋上有品牌标识，它们就构成了活动的广告。购物袋不仅仅是把他们所购的纺织服装商品带回家，而是一遍一遍地使用，纺织服装企业将因此而获得额外的广告效果。

(5) 馈赠包装策略　指在包装物内附有赠品以诱发消费者重复购买的做法。为了刺激消费者的购买欲望，除纺织服装核心产品外，包装物内还附有图片、实物、奖券等其他东西赠送给消费者。该包装策略对儿童、青少年以及低收入者比较有效，这也是一种有效的营业推广方式。例如，在许多童装的包装内，都附有趣味性的小玩具或卡片，让孩子们爱不释手。

(6) 绿色包装策略　又叫生态包装策略，指包装材料可重复使用或可再生、再循环，包装废物容易处理或对环境影响无害化的纺织服装产品包装。纺织服装企业营销观念在 20 世纪 90 年代已定位于绿色营销。随着环境保护浪潮的冲击，消费者的环保意识日益增强，伴随绿色技术、绿色产业、绿色消费而产生的绿色营销，已经成为当今纺织服装企业营销的新主流。与绿色营销相适应的绿色包装已成为当今世界包装发展的潮流。实施绿色包装策略，有利于环境保护和与国际包装接轨，易于被消费者认同，从而产生促销作用。

8.5.4.3　适应地点的包装策略

根据销售地点不同，纺织服装企业应该因地制宜，采取悬挂式包装、堆叠式包装、展开式包装、透明包装等不同形式的纺织服装产品包装，灵活机动地展示宣传纺织服装产品，从而促进纺织服装产品的销售。

8.5.4.4　适应价格的包装策略

在分析纺织服装市场营销因素组合时，通常需要根据纺织服装市场预期反应和生产成本高低来确定价格。故此，与纺织服装产品要素、地点要素和促销要素相适应的各种纺织服装产品包装策略，都要与纺织服装产品价格要素相适应。

核心概念：

(1) 纺织服装产品：是指通过交换而满足人们穿着使用、审美欲望和需求的有形产品和无形服务的集合体，它包含纺织服装核心产品、纺织服装形式产品、纺织服装期望产品、纺织服装附加产品和纺织服装潜在产品五个层次。

(2) 纺织服装产品组合：是指纺织服装企业在某一时间所生产和销售的全部纺织服装产品的结构，实质上是一个纺织服装企业所经营的全部产品线和产品项目的有机组合方式。

(3) 纺织服装产品生命周期：是指纺织服装产品从进入市场到退出市场的全部过程，它是以纺织服装产品在市场上的销售额或所获得利润变化情况来衡量的。它包括引入期、成长期、成熟期与衰退期四个阶段。

（4）纺织服装品牌：是指用来识别不同纺织服装产品的商业标志，它通常是由文字、标记、符号、图案和颜色等要素组合而成。

（5）纺织服装新产品：是指纺织服装产品在产品结构、性能、材料和制作工艺等方面有所改进和创新。

（6）纺织服装产品包装：是指在纺织服装产品运输、储存、销售的过程中，用以保护纺织服装产品外形和质量，以及为了便于识别、销售和使用纺织服装产品而使用的特定容器、材料及辅助物等物品的总称。

复习思考：

1. 单项选择题

（1）（　　）是纺织服装核心利益借以实现的形式，是纺织服装企业向纺织服装目标顾客提供的纺织服装产品实体和服务的外观。

A. 纺织服装核心产品　　B. 纺织服装形式产品

C. 纺织服装期望产品　　D. 纺织服装附加产品

（2）纺织服装产品被大多数消费者所接受，纺织服装市场销售额缓慢增长或下降，即进入（　　）。

A. 引入期　　B. 成长期　　C. 成熟期　　D. 衰退期

（3）纺织服装品牌中能够识别而不能用语言直接读出的部分，即（　　）。

A. 纺织服装品牌标志　　B. 纺织服装商标

C. 纺织服装品牌名称　　D. 纺织服装主题

（4）纺织服装的“创新”、“标新立异”，是纺织服装流行最为显著的（　　）特点。

A. 短暂性　　B. 普及性　　C. 周期性　　D. 新奇性

（5）纺织服装企业常把相关用途的产品纳入同一容器或包装盒内，同时出售。属于（　　）。

A. 相似包装　　B. 组合包装　　C. 销售包装　　D. 附赠品包装

2. 多项选择题

（1）纺织服装产品是一个整体概念，它包含（　　）、纺织服装潜在产品等层次。

A. 纺织服装核心产品　　B. 纺织服装形式产品

C. 纺织服装期望产品　　D. 纺织服装附加产品

（2）引入期纺织服装企业营销策略为（　　）。

A. 快速撇脂策略　　B. 快速渗透策略

C. 缓慢撇脂策略　　D. 缓慢渗透策略

（3）纺织服装品牌是一个集合概念，主要包括（　　）。

A. 纺织服装品牌名称　　B. 纺织服装品牌标志

C. 纺织服装商标　　D. 纺织服装品牌识别

（4）纺织服装新产品推广策略主要有（　　）。

A. 渐进推广策略　　B. 有形化策略

C. 急进推广策略　　D. 差异化策略

(5) 纺织服装产品包装决策步骤为（ ）。

A. 调查研究 B. 建立观念 C. 决定因素 D. 设计试验

3. 判断题（正确答案打“√”，错的打“×”）

(1) 纺织服装产品组合实质上是一个纺织服装企业所经营的全部产品线和产品项目的有机组合方式。（ ）

(2) 在衰退期，纺织服装企业应突出一个“转”字。（ ）

(3) 纺织服装品牌就是纺织服装商标。（ ）

(4) 纺织服装产品整体概念中任何一部分的创新、革新和改良，都可视为新产品。（ ）

(5) 纺织服装企业使用包装不能提高纺织服装产品形象。（ ）

4. 简答题

(1) 纺织服装产品组合策略有哪些？

(2) 根据纺织服装产品生命周期的不同特点，一般依次要经过哪几个发展阶段？各阶段有何策略？

(3) 纺织服装品牌内涵应该从哪几方面来理解？

(4) 纺织服装新产品开发有哪些步骤？

(5) 常用的纺织服装产品包装策略有哪些？

案例分析：

“芭比”娃娃的新衣服……

在美国市场上曾出现过一种注册为“芭比”的洋娃娃，每只售价仅10美元95美分。就是这个看似寻常的洋囡，竟弄得许多父母哭笑不得，因为这是一种“爱花钱”的儿童玩具，请看下面的故事。

一天，当父亲将价廉物美的“芭比”娃娃买下并作为生日礼物赠送给女儿后，很快就忘记此事，直到有一天晚上，女儿回家对父亲说：“芭比需要新衣服。”原来，女儿发现了附在包装盒里的商品供应单，提醒小主人说“芭比”娃娃应当有自己的一些衣服。做父亲的想，让女儿在给娃娃换穿衣服的过程中得到一些锻炼，再花点钱也是值得的，于是又去那家商店花了45美元买回了“芭比系列纺织服装”。可是，过了一个星期，女儿又说得到商店的提示，应该让“芭比”娃娃当“空中小姐”，还说一个女孩在她的同伴中的地位，取决于她的“芭比”有多少种身份，还含着泪花说她的“芭比”娃娃在同伴中是最没“身份”的。于是，父亲为了满足女儿不算太过分的虚荣心，又掏钱买了“空姐系列纺织服装”。接着又是“护士系列纺织服装”和“舞蹈演员系列纺织服装”等等，这一下，父亲的钱包里又少了几十美元。

然而事情并没有完，有一天，女儿得到“信息”，说她的“芭比”喜欢上了英俊的小伙子“凯恩”。不想让“芭比”娃娃“失恋”的女儿央求父亲买回“凯恩”娃娃。望着女儿腮边的泪珠，父亲还能说什么呢？于是，父亲又花费11美元让“芭比”与“凯恩”成双结对。洋娃娃“凯恩”进门后，同样也附着一张商品供应单，提醒小主人别忘了给可爱的“凯恩”添置纺织服装、浴袍、电动剃须刀等物品。没有办法，父亲又一次打开了钱包。

事情总该结束了吧？没有！当女儿眉飞色舞地在家中宣布“芭比”和“凯恩”准备“结婚”时，父亲显得无可奈何了。当初买回“凯恩”让他与“芭比”成双结对，现在就没有理由拒绝女儿的愿望。为了不给女儿留下“棒打鸳鸯”的印象，父亲忍痛破费让女儿为婚礼“大操大办”。父亲想，谢天谢地，这下女儿总该心满意足了。谁知，有一天女儿又收到了商品供应单，说她的“芭比”和“凯恩”有了爱情的结晶——“米琪”娃娃。天啊，又冒出个“爱花钱”的“第二代”洋囡！

问题分析：

1. 什么是纺织服装产品和产品组合？
2. 试分析“芭比”成功的产品组合策略，从这个案例中你得到了哪些启迪。

实践演练：

活动主题：认知体验纺织服装产品策略。

活动目的：增加感性认识，实地体验纺织服装产品策略。

活动形式：将全班分成若干小组，3～5 人为一组，以小组为单位开展活动，与教学时间同步，就近实地参观一家纺织服装企业，通过查阅其纺织服装产品目录，计算该企业纺织服装产品组合的广度、长度和深度，并为企业选择适宜的纺织服装产品组合策略。

活动内容和要求：活动之前要熟练掌握纺织服装产品的整体、生命周期、品牌、开发、包装概念和策略等知识点，做好相应的知识准备；在不同生命周期，能够运用不同的纺织服装产品策略；以小组为单位提交书面调查报告；调查报告撰写时间为 2 天；授课教师可根据每个小组提供的书面调查报告按质量评分，并计入学期总成绩。

任务 9 如何实施纺织服装价格策略

知识目标：

1. 影响纺织服装价格的因素；
2. 纺织服装定价步骤与方法；
3. 纺织服装价格策略。

能力目标：

1. 掌握常用的纺织服装定价方法和策略；
2. 能在不同的纺织服装市场环境与需求下，进行纺织服装价格调整。

情景导入：

“百圆”裤业通天下

杨建新在 16 岁时进入太原市六建，成为一名建筑工人，工作不到 1 年后他被迫赋闲在家。杨建新决定下海经商。拿着家里的 2 万元钱投资开了两个小杂货店，但付出的努力并没有得到应得的回报，他的店在坚持了 2 年后倒闭。1988 年，拿着向朋友借来的 500 元钱，杨建新在太原市的街边靠着一张折叠床、两根竹竿和一条绳子开始了他的第二次创业——卖裤子。

1995年，杨建新结束了路边买卖，将自己的“百圆”裤店开到了当时非常火暴的太原市解放大楼。同时，花1万多元购买了1台扦边机，给顾客免费扦边，即使从其他店铺买的裤子，同样可以拿来免费扦边。当时，同一个商场另外20多家卖裤子的摊位，一天加起来的营业额没有他一家的多。

20世纪90年代末，“10元店”在一些大城市开始热闹起来，杨建新突然从“10元店”中获得灵感，开始了他的“百圆”裤：也就是每条裤子100元，根据顾客的不同需求，依靠合理的价格和优质的服务取胜。当时，同样面料的裤子，市场价两三百元，而他们所有裤子一律卖100元，即使有的进价超过100元，也都亏本卖了，生意一下子火了起来。之后，杨建新又受国外快餐“麦当劳”、“肯德基”经营模式的影响，1998年，他正式导入特许连锁经营模式。别说在山西，就在全国范围内，这种模式也不是很常见，在服装界更少见。

经过16年科学规范的发展，截至2010年5月，“百圆”裤业特许加盟网络已覆盖到全国28个省、直辖市、自治区，特许加盟专卖店达到1400余家。

想一想:

“百圆”裤业为何能够成功？影响纺织服装价格的因素有哪些？有哪些纺织服装定价方法和策略？我们应该如何制定纺织服装价格方案？等等，下面将为大家逐一介绍。

9.1 影响纺织服装价格决策的因素

9.1.1 纺织服装价格涵义与构成

9.1.1.1 纺织服装价格涵义

纺织服装价格是纺织服装商品价值的货币表现，纺织服装价值由生产过程中所消耗的物化劳动和活劳动组成，是价格形成的基础。在实际交换过程中，纺织服装价格，是指消费者为得到某一款式、品牌的纺织服装产品而必须支付的货币数量单位。这里的纺织服装价格，是指消费者对纺织服装商品效用的评价，通常被称为认知价值，它说明了纺织服装价格现象。流通领域仍要继续消耗物化劳动和活劳动，其中的一部分劳动仍属于生产过程在流通过程的继续。例如，纺织服装产品在到达消费者手中前，要经过纺织服装的运输、保管、售前整烫、包装等劳动，这是创造价值的劳动；另一部分劳动是在流通过程中的各种买卖、辅助服务等活动的劳动，这些是不创造价值的，但又是不可缺少的必要劳动，这些费用也必须通过价格得到补偿。

9.1.1.2 纺织服装价格构成

纺织服装价格构成，是指组成纺织服装价格的各种因素和这些因素在价格中的相互关系。影响纺织服装价格及价格变动的因素主要有生产成本、流通费用（营业费用）、税金、利润。

（1）生产成本　是指纺织服装在生产过程中发生的生产资料消耗费用和劳动报酬费用，一般包括材料费（面料、辅料、里料、胆料及服饰配件等）、燃料、动力、员工工资、房屋租金、设备折旧等。生产成本是影响纺织服装价格的基本因素。另外，对于时装而言，尤其是高级时装，其成本还包括市场调查费用、设计费用和广告费用等。生产成本在不包含供求、竞争、品牌等因素的前提下，对决定纺织服装的价格起着主导作用。

(2) 流通费用　也称营业费用，是指纺织服装产品从生产领域通过流通领域进入消费领域，所耗用的物化劳动和活劳动的货币表现。它是构成纺织服装价格的组成部分，它发生在流通领域的各个环节之中，并和纺织服装产品运动的时间、空间相依存，是正确制定各种纺织服装价格的基础。

(3) 税金　是指纺织服装企业为社会创造价值的货币表现，是价值的构成因素。它是国家按法律规定参与国民收入分配和再分配，从剩余产品价值中收取的一部分金额，具有强制性、无偿性和稳定性的特点。

(4) 利润　是指纺织服装企业获取的经营成果，是收入扣除相关成本、费用、税金后的余额。利润是维持扩大再生产的重要资金来源，也是纺织服装价格的构成要素。另外，税金和利润统称盈利。

纺织服装价格构成，用公式表示为：

纺织服装价格＝生产成本＋流通费用(营业费用)＋税金＋利润

在纺织服装价格中，各个部分所占的比例往往存在较大的差异。例如，就成本而言，普通服装的成本是以基本成本为主的，而高级时装或品牌服装的成本则以设计、广告等费用为核心；就利润的产生而言，有的纺织服装在相当长的一段时间内，均可获得较为稳定的利润，而有的纺织服装，往往只是在流行初期、中期有较高的获利能力。因此，在现代纺织服装市场营销实践中，纺织服装企业定价的成功与否依赖于有效的纺织服装市场营销组合。纺织服装产品的定价必须与纺织服装企业产品、分销渠道、促销手段等营销因素相互配合。

9.1.2　影响纺织服装价格的因素

纺织服装企业在给纺织服装定价时，应考虑纺织服装企业当时的内部环境和外部环境因素。一般来说，影响纺织服装定价的内部因素包括纺织服装企业定价目标、纺织服装产品成本和纺织服装产品特征；外部因素包括社会文化因素、经济因素、纺织服装产品需求特征、消费者心理价格界限、纺织服装竞争环境和国家政策法规因素。其中，纺织服装定价的内部因素，是纺织服装企业自己可以控制或者通过努力可以改变的因素，而外部因素对纺织服装价格制定造成的影响，纺织服装企业无法控制。影响纺织服装价格的因素如表 9-1 所示。

表 9-1　影响纺织服装价格的因素

纺织服装价格内部因素	1. 纺织服装企业定价目标：纺织服装利润目标、纺织服装市场份额目标、纺织服装市场撇取目标、纺织服装生存目标
	2. 纺织服装产品成本
	3. 纺织服装产品特征
纺织服装价格外部因素	1. 社会文化因素
	2. 经济因素
	3. 纺织服装需求特征
	4. 纺织服装消费者心理因素
	5. 纺织服装竞争状况
	6. 国家政策法规因素

9.1.2.1. 影响纺织服装价格内部因素

(1) 纺织服装企业定价目标　是指纺织服装企业通过制定或调整特定水平的价格所要达

到的预期目的。纺织服装企业定价目标以其营销目标为基础，是纺织服装企业营销目标的具体表现。它的制定必须服从于纺织服装企业营销总目标，也要与其他营销目标（如促销目标）相协调。在纺织服装产品生命周期的不同阶段，体现营销总目标的定价目标是不同的，而且具体产品的定价目标可能与企业的营销总目标产生一定的偏差。因此，纺织服装企业在制定定价目标时，都应该根据自身特点作出相应的选择。一般而言，纺织服装企业定价目标主要有以下几种。

一是利润目标，即以追求当期利润最大化为目的的纺织服装企业定价目标。

二是生存目标，即以维持生存为目的的纺织服装企业定价目标。当纺织服装企业陷入困境，甚至濒临破产时，则需要把维持生存作为纺织服装企业的基本定价目标。

三是市场份额目标，即以市场占有率最大化为目的的纺织服装企业定价目标。许多纺织服装企业以争取最大限度的纺织服装市场占有率作为定价目标。

四是市场撇取目标，即以最优产品质量占领市场为目的的纺织服装企业定价目标。有些纺织服装企业以高质量的产品占领市场作为定价目标，这种定价目标要求以高价来弥补高质量所耗费的研发费用和生产成本。例如，意大利著名的纺织服装品牌阿玛尼，以其高贵优雅的款式、风格独特的板型、精致的做工，为上层社会成功人士所喜爱，而它采取的就是高价格的定价策略。

（2）纺织服装产品成本　是指补偿生产耗费的尺度，是纺织服装产品定价的基础。当纺织服装产品定价高于成本时，纺织服装企业才能获得盈利；反之则亏本。而纺织服装产品成本则是经济核算的盈亏临界点，纺织服装产品定价时，必须考虑补偿成本，这样才能保证纺织服装企业的生存和发展。由此可见，纺织服装产品成本是影响纺织服装价格的一个重要因素。就单个纺织服装企业来说，纺织服装产品成本亦称之为个别成本，即总成本，它是指单个纺织服装企业生产某一纺织服装产品时，所耗费的实际费用，由固定成本和变动成本组成。固定成本，是不随产量变化而变化的成本。例如，固定资产折旧、机器设备租金、管理人员工资等。而变动成本，是随产量变化而变化的成本。例如，原材料、生产人员工资等。

（3）纺织服装产品特征　是指纺织服装产品自身构造所形成的特色，一般指纺织服装产品外形、质量、功能、服务、名称、商标和包装等。纺织服装产品特征，能反映纺织服装产品对消费者的吸引力。纺织服装产品特征好，该产品就可能成为名牌产品、时尚产品、高档产品，就会对消费者产生极大的吸引力。消费者不仅注重纺织服装购买后的需求满足，而且期望通过使用来显示自己的个性，以获得某种精神上的满足。此时消费者对价格不大敏感，纺织服装企业确定纺织服装价格的自由度较大。另外，纺织服装产品标准化差异程度、产品生命周期阶段，产品的易毁性、易腐性等也影响纺织服装价格。

9.1.2.2　影响纺织服装价格外部因素

（1）社会文化因素　纺织服装在很大程度上属于社会文化范畴，与其他一般商品相比，有明显的人文特征，是人的思想和期望的载体。因为纺织服装是大众的文化，所以它必然与社会文化有着千丝万缕的联系，反映了人们的价值观念和生活方式。在时装与高档纺织服装方面，有些因素，例如，设计思路的独创性等无形资产，往往要超过纺织服装面辅料等有形资产对纺织服装价格的影响。

（2）经济因素　纺织服装作为人民生活的必需品，受经济因素的影响极大。当经济处在高增长期时，消费者的收入增加较快，他们对价格变化的敏感性较低，此时纺织服装消费就会上升。纺织服装生产企业面对景气的市场形势，随之扩大再生产，提高纺织服装质量，增加产品款式，以争取更多的市场份额，纺织服装价格也会因消费市场的繁荣而提高。当经济处在衰退时期，则反之。

（3）纺织服装需求特征　纺织服装需求特征对价格的影响，主要表现在以下几方面。

一是纺织服装流行性。纺织服装的三大构成要素——款式、面料、色彩具有明显的流行性。流行的纺织服装价格调整余地较大。纺织服装流行初期，价格往往较高，在追求新异的心理下，价高也会被消费者接受。而在纺织服装流行后期，由于该产品在消费市场上已经接近饱和，同类的、具有竞争性的纺织服装相继出现，此时必须把握消费者的求廉心理，制定较低的价格，才能将纺织服装销售出去。但不同款式的纺织服装流行特点各异，其对价格的影响也不同。纺织服装流行与价格的关系如表 9-2 所示。

表 9-2　纺织服装流行与价格的关系

纺织服装类型	流行周期	消费者类型	流行价格
新潮型	极短，前期增长很快，后期下降也快	追求流行的女士以及青少年，国外的雅皮士等	初期价格高，中期价格不稳，后期价格暴跌
一般型	较长，演变周期基本遵循纺织服装产品生命周期模式	社会各阶层，基本按照纺织服装产品生命周期消费类型划分	按照纺织服装产品生命周期的演变而由高到低
传统型	极长，前期同一般纺织服装，后期无明显衰落和消亡现象	社会大众，其中前期消费者按纺织服装产品生命周期模式划分	前期价格较高，后期价格趋于稳定

二是纺织服装消费者的购买频率。纺织服装消费者对纺织服装的购买频率同样决定着价格的制定。购买频率高的纺织服装，经营者可以经常调整其价格；购买频率低的纺织服装，经营者应尽量保持价格的稳定。例如，由于女士天生喜欢换装，对纺织服装的购买频率就很高，纺织服装经营者便可针对这些爱美女士，经常调整纺织服装价格，以取得较好的收益。

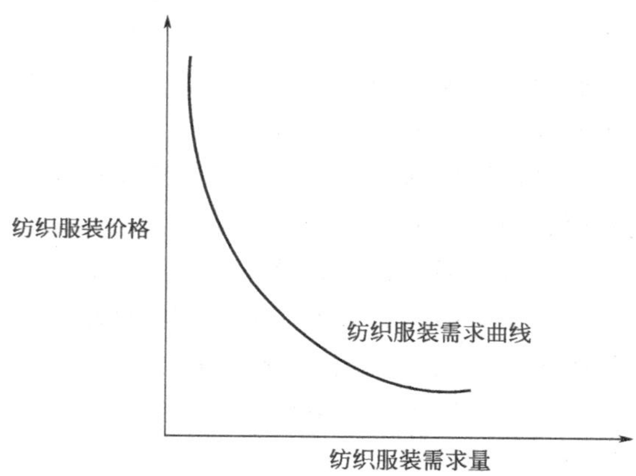

图 9-1　纺织服装价格与纺织服装需求的关系

三是纺织服装的需求状况。纺织服装价格具有买卖双方双向决策的特征，纺织服装企业制定纺织服装价格不能仅从卖方的角度，还要从买方（纺织服装目标客户）的角度考虑对纺织服装价格的接受能力。一般而言，纺织服装价格和纺织服装需求量之间呈负相关关系，如图 9-1 所示。

由图 9-1 可知，在通常情况下，纺织服装价格提高，则纺织服装目标客户对该纺织服装的需求减小；而纺织服装价格降低，则纺织服装目标客户对该纺织服装的需求就增加。在实际中我们也发现，纺织服装目标客户对一些纺织服装价格变化的反应特别敏感，而对另一些纺织服装价格变化的反应不太敏感。例如，一套旅游服定价 400 元，年需求量为 2.6 万套，如果每套定价为 600 元，需求量可能下降到 2 万套，假如定价为 300 元，则需求量可能增加为 3 万套。这就引出一个经济学概念——需求的价格弹性，又简称为需求弹性或价格弹性，是指因产品价格的变动而引起需求相应变化的比率，反映需求对价格变动的敏感程度。用需求价格弹性系数（E_p）来表示，其计算公式为：

$$\text{需求价格弹性系数}(E_p)=\frac{\text{需求量变动的百分比}}{\text{价格变动的百分比}}$$

当 $E_p=1$ 时，表明市场需求的变动幅度与价格的变动幅度相等，这时企业无论调低调高价格其总收益是不变的，定价时可采用通行的价格，同时将其他市场营销措施作为提高盈利率的主要手段。当 $E_p>1$ 时，表明市场需求的变动幅度大于价格的变动幅度，属价格弹性充足的产品，这时企业可通过调低价格、薄利多销达到增加盈利的目的。当 $E_p<1$ 时，表明市场需求的变动幅度小于价格的变动幅度，属价格弹性不足的产品，定价时，企业通过调高价格往往会增加盈利，而低价对需求量刺激效果不明显，薄利并不能多销，相反会降低企业的收入水平。纺织服装是一种需求弹性变化较大的产品，不同的纺织服装其需求弹性也不同。因此，对于不同的纺织服装应根据其需求弹性的大小制定相应的价格。例如，对于常规纺织服装而言，其需求弹性较大，属价格富有弹性产品，在这种情况下，企业可以通过降价，薄利多销的方法提高盈利水平。又如，对于时装而言，其需求弹性较小，属价格缺乏弹性产品，在这种情况下，纺织服装企业可以通过在时装上市的初期，采取厚利少销的方法取得短平快的利润。

(4) 纺织服装消费者心理因素　纺织服装消费者的心理是影响纺织服装企业定价的一个重要因素。无论哪种纺织服装消费者，在消费过程中，必然会产生复杂的心理活动来指导自己的消费行为。面对不太熟悉的纺织服装，消费者常常从价格上判断好坏，认为高价高质。故此，纺织服装企业在定价时必须考虑消费者对纺织服装价格与价值的感受，以及其对购买决策的影响。纺织服装消费者在选购时，心理上都有一个能够接受的价格界限，包括上限(指可被消费者接受的纺织服装的最高价格）和下限（指可被消费者接受的纺织服装的最低价格)。一方面，纺织服装的价格不能高于上限，否则会使消费者感到不值而抑制购买；另一方面，纺织服装的价格不能低于下限，否则会使消费者对纺织服装的品质产生怀疑而放弃购买。所以纺织服装企业必须了解消费者心中的价格界限，生产、销售为广大消费者看好的纺织服装的同时，制定出与消费者承受力或价格界限相符的价格。当然，纺织服装消费者的心理价格界限也不是难以逾越的，有时也会突破消费者的心理价格界限，来制定纺织服装价格，例如，通货膨胀会使纺织服装价格上限全面上浮；季节性甩货，则会使换季的纺织服装价格低于下限。

(5) 纺织服装竞争状况　当纺织服装目标市场定位确定后，基本价格定位也会比较清晰，但相同市场定位的其他竞争品牌或同类产品的价格会对纺织服装企业产品的销售产生影响。同类纺织服装产品的竞争最直接的表现就是价格竞争。纺织服装企业试图通过适当的价格和及时的价格调整来争取更多消费者，这就意味着其他同类企业将失去部分市场，或维持原市场份额要付出更多的营销努力。因此，在竞争激烈的纺织服装市场上，纺织服装企业必须认真分析竞争对手的价格策略，密切关注其价格动向并及时作出反应。一是在定价前要深入了解竞争产品的价格及其可能的变化，了解竞争产品的品质、营销目标和策略；二是将自己的纺织服装产品与竞争者的进行比较。例如，纺织服装产品品质相似，那定价也应相似或略低，以便扩大市场占有率。又如，纺织服装产品品质比对手差，那么定价应较低；如果较对方优，则可高于竞争者，但必须让纺织服装消费者认识到本企业的纺织服装产品优良独特之处。

(6) 国家有关政策法规因素　纺织服装价格在社会主义市场经济条件下是关系到国家、企业和个人三者之间物质利益的大事，故此，国家在自觉运用价值规律的基础上，通过立法、执法、监督和纺织服装行业协会的协调，用市场规范和积极引导的方式，来实现国家对纺织服装市场价格的宏观调控作用。

总之，纺织服装企业定价时，除了受以上因素影响外，还要受货币价值、货币流通量、纺织服装的销售环境、纺织服装商品的比价与差价等因素的影响。纺织服装企业在制定价格时，必须综合地、充分地研究影响价格的各方面因素，以制定出较为合理的纺织服装价格。

9.2 纺织服装企业定价步骤与方法

9.2.1 纺织服装定价步骤

纺织服装价格是决定纺织服装企业市场占有率和盈利能力的一个至关重要的因素，因此，纺织服装企业同其他类型的企业一样，在制定价格时，必须采取一系列步骤和措施。一个完整的纺织服装价格制定过程一般经过以下六个步骤。

9.2.1.1 确立定价目标

定价目标，是指纺织服装企业通过制定特定水平的价格，凭借价格产生的效应达到的预期目标。确立定价目标的最重要原则是使定价目标与纺织服装企业的经营目标和市场目标相一致。纺织服装企业的定价目标主要有获取利润、保持与扩大市场占有率、维持企业生存，如表 9-3 所示。

表 9-3 纺织服装企业定价目标

定价目标类型	主要表现形式	适用产品	注意事项
获取利润	最大利润	垄断性的新产品	消费者承受力与法规
	目标利润	有明确目标利润的产品	行业进入门槛高低与企业竞争力
	合理利润	竞争充分，信息透明的产品	行业平均利润水平的趋势
市场占有率	以较低的价格迅速赢得更大的市场份额	竞争激烈但格局并不明朗的产品	需求弹性与竞争者的反应能力
企业生存	保本或亏本以维持最低的现金流需求，度过市场严冬	进入衰退期产品，企业遭遇突发事件，难以有效应对	企业亏本承受的时间长短

9.2.1.2 测定需求与弹性

纺织服装市场供求的变化影响并决定着纺织服装的价格。当市场上纺织服装的需求大于供给时，纺织服装企业的定价应该高一些；当需求小于供给时，纺织服装企业的定位应该低一些。对需求价格弹性大的服装纺织服装可采取适度的降价策略，以增加销量，从而增加销售收入和利润。相反，对需求价格弹性小的纺织服装可采取适度的提价策略，以小幅度销量的减少，换取较大幅度的销售收入和利润的增加。不同层次的纺织服装需求价格弹性特征如表 9-4 所示。

表 9-4 不同层次的纺织服装需求价格弹性特征

品种类型	需求价格弹性特征
大众纺织服装	富有弹性。占纺织服装比例大，纺织服装企业可采取适时降价的策略，充分运用价格竞争手段占领市场
传统纺织服装	有一定的弹性。纺织服装企业可以有计划地降价，能争取更多潜在的顾客。但是折扣比例应相对比较大，才能反映出价格的需求弹性
新潮纺织服装	弹性较小。一旦确定价格定位，应将其作为不变因素。如果采用降低价格的策略，则效果不大，应该依靠非价格竞争策略作为营销手段
高级纺织服装	缺乏弹性。高价是高级纺织服装的一种标志，价格是一种壁垒，高级纺织服装价格是名誉价值、艺术价值的一种表现，是一种品牌资产无形价值的体现。像限量销售的高档纺织服装提价后，销量还有可能增加

9.2.1.3　估算成本费用

纺织服装市场需求，在很大程度上为纺织服装企业在制定纺织服装价格时，确定了一个最高限度，而纺织服装的成本可以说是定价的基础，纺织服装企业所制定的价格，必须包括所有生产加工、销售环节的相关费用以及纺织服装企业所应得到的回报。纺织服装企业的生产成本还可以划分为两部分：一是固定成本；二是变动成本。固定成本不随产量的变化而变化，变动成本直接随生产能力的变化而变化。纺织服装企业在制定纺织服装价格时要进行成本估算，纺织服装价格的最高限度取决于市场需求及有关限制因素，而最低价格不能低于纺织服装的经营成本费用，这是纺织服装企业价格的下限。

9.2.1.4　分析竞争对手

纺织服装企业的价格要受竞争者同类纺织服装价格的影响，一般来说，市场需求决定了纺织服装最高价格，成本费用决定了纺织服装最低价格。纺织服装价格在最高价格和最低价格之间的变动，则取决于纺织服装市场上的竞争状况。纺织服装企业定价前应充分了解自身所处的竞争地位，了解自身的优势和劣势，了解竞争对手的定价目标和策略，预估竞争对手的市场反应，也可以调查消费者对本企业纺织服装的认知价值和竞争者的认知价值等。

9.2.1.5　选择定价方法

纺织服装价格既不能低得使纺织服装企业赔本，也不能高得使消费者望而却步。而应以成本作为制定纺织服装价格的下限，纺织服装竞争者的价格作为参考。对纺织服装企业而言，尤其应该考虑纺织服装消费者的消费心理，确定他们的认知价值。

9.2.1.6　确定最终价格

纺织服装企业通过以上步骤制定的价格，可称为纺织服装基本价格。此外，纺织服装企业还要考虑政策法规、经销商需求以及消费者的心理等相关因素，因此，需要在纺织服装基本价格的基础上再做一些调整，制定出最终的纺织服装价格，以期最有效的实现纺织服装企业目标。

9.2.2　纺织服装定价方法

纺织服装价格的高低，主要受纺织服装成本费用、纺织服装市场需求和纺织服装竞争状况三方面影响。纺织服装企业为纺织服装定价时，应以纺织服装目标客户的需求为前提，以纺织服装成本费用为基础，以同类纺织服装价格为参照，据此有三种定价方法，即纺织服装成本导向定价法、纺织服装需求导向定价法、纺织服装竞争导向定价法。

9.2.2.1　纺织服装成本导向定价法

纺织服装成本导向定价法，是以纺织服装单位成本为基本依据，再加上预期利润来确定价格的方法。纺织服装成本包括固定成本和变动成本两部分。单位纺织服装成本，需要根据项目财务分析，预测纺织服装销售量来推算。由于考虑的因素相对简单，操作也方便，因此这种定价法常被纺织服装企业所采用。纺织服装成本导向定价法又分为三种：纺织服装成本加成定价法、纺织服装目标收益定价法和纺织服装边际成本定价法。

(1) 纺织服装成本加成定价法　纺织服装成本加成定价法，就是在纺织服装单位成本基础上，加上一定的加成金额，作为纺织服装企业盈利的一种定价方法。这种以纺织服装成本为基础的定价法有两种计算方式：

一是顺加法，即在成本上附加一个对成本而言的百分比作为纺织服装单位产品的出售价格。其计算公式为：

$$P=C\times(1+R)$$

公式中，P 为纺织服装单位售价；C 为纺织服装单位成本；R 为成本加成率。

例 1 南方纺织服装公司生产的熊猫牌外套，单位成本为 300 元，加成率为 50%，按顺加法定价，则每件外套的售价为多少元？

解：根据 $P=C\times(1+R)$，故每件外套的售价为

$$P=300\times(1+50\%)=450(元)$$

顺加法的优点主要是成本资料直接可得，计算简便。这种方法的基础原则是“将本求利，水涨船高”。它比较适合于销量与单位成本相对稳定的纺织服装产品的定价。

二是倒扣法，即以纺织服装销售额中的预计利润率为加成率来定价。计算公式如下：

纺织服装单位价格＝纺织服装单位成本/(1－销售额中的预计利润率)

公式中的纺织服装单位成本就是纺织服装零售企业的进价，这种方法主要应用于纺织服装零售企业。

例 2 东东纺织服装零售商进了一批高级羽绒服，单位进货成本为 1800 元，该零售商想要在销售额中有 40%的利润，按倒扣法定价，则每件羽绒服的售价为多少元？

解：其加成价格的计算如下

每件羽绒服销售价格＝1800÷(1－40%)＝3000(元)

销售额中的预计利润率（毛利率）的确定，因行业和纺织服装特性的不同而有所差异，大众化纺织服装的毛利率较低，时尚、名牌等纺织服装的毛利率较高。

（2）纺织服装目标收益定价法　纺织服装目标收益定价法，即在制定纺织服装价格时，使纺织服装的售价能保证纺织服装企业达到预期的目标利润率的一种定价方法。纺织服装目标收益定价法与纺织服装成本加成定价法的主要区别在于：首先，前者是根据预计的销售量倒推出纺织服装单位成本，后者却不管销售量如何，先确定纺织服装成本；其次，前者的纺织服装收益率是纺织服装企业按需要和可能自行制定的，后者是按照纺织服装行业的习惯标准制定的。纺织服装目标收益定价法常用的有以下两种。

①纺织服装盈亏平衡定价法，即根据盈亏平衡点原理进行定价的一种方法。盈亏平衡点又称保本点，是指在一定价格水平下，纺织服装企业的销售收入刚好与同期发生的费用额相等，收支相抵，不盈不亏的销售量，或一定销量前提下，使收支平衡的价格。纺织服装盈亏平衡定价法使纺织服装企业无利润可言，只是在市场不景气时，纺织服装企业为了维护生产不得已而采取的定价方法。

纺织服装单位保本价格＝(固定成本总额＋变动固定成本总额)/预期销售量

＝(固定成本总额/预期销售量)＋单位变动成本

例 3 金马纺织服装商厦全年固定成本 200 万元，其中经营男式休闲服应摊固定成本为 3 万元，每件男式休闲服进价为 150 元，销售费用和税金为 15 元，即每件男式休闲服变动成本为 160 元。若该纺织服装商厦每年预期销量为 2000 套，每件男式休闲服售价应定为多少时才能保本？若该纺织服装商厦采取与竞争者同样的价格 200 元出售，不盈不亏的销售量是多少？

解：

男式休闲服单位保本价格＝30000÷2000＋160＝175(元)

即如果每件男式休闲服定价为 175 元，该纺织服装商厦就能做到收支相抵，不盈不亏。若该纺织服装商厦采取与竞争者同样的价格 200 元出售，则收支相抵，不盈不亏的销售量为：

男式休闲服保本销售量＝30000÷(200－160)＝750(套)

即如果每件男式休闲服售价200元，则只需出售750套就能保本。

由此可见，纺织服装盈亏平衡定价法的关键是必须正确预测纺织服装市场销售量。

②纺织服装目标投资收益率定价法，也叫纺织服装目标利润定价法，是纺织服装企业根据产品生产总成本和预计的总销售量，加上预期利润计算出销售价格的定价方法。其计算公式如下：

纺织服装目标投资收益率价格＝(总成本＋预期利润)/预期销售量

＝[(固定成本总额＋预期利润)/预期销售量]＋单位变动成本

例4　荷花纺织服装集团生产简易布鞋能力为100万双，明年预计的销售量是生产能力的80%，预计总成本为1000万元，其中固定成本600万元，单位可变成本5元，该纺织服装集团计划明年获得200万元的利润，请问明年该简易布鞋定价是多少才能实现计划利润？

解：因预计明年的销售量是生产能力的80%，该纺织服装集团只应生产100万双×80%＝80万件产品，而不应足量开工。

解法1：销售价格＝(1000＋200)÷80＝15(元)

解法2：销售价格＝(600＋200)÷80＋5＝15(元)

纺织服装目标投资收益率定价法是纺织服装企业常用的定价方法，特别是应用数量、成本、利润分析，可以清晰地看到纺织服装企业在不同的产量状态下的收益和利润情况。但是，纺织服装目标投资收益率定价法的缺陷是先假设销售量是一定的，然后再考虑价格，没有考虑到价格对销售量的影响，而实际情况往往是价格变化将导致销售量发生变化，这样就可能出现达不到预计销量、实现不了预期目标收益的情况，所以它只适用于某些受价格影响较小的纺织服装产品价格的计算。

由上可见，纺织服装成本导向定价法是一种卖方定价导向，它忽视了纺织服装市场需求、竞争和价格水平的变化，有时候与定价目标脱节。另外，运用这一方法制定的价格均是建立在对销量主观预测的基础上，从而降低了价格制定的科学性。故此，在采用纺织服装成本导向定价法时，还需要充分考虑需求和竞争状况，来确定最终的市场价格水平。

(3) 纺织服装边际成本定价法　纺织服装边际成本定价法，是指纺织服装增加一个产品时所带来的总成本的增加。纺织服装边际成本定价法，即边际成本加边际预期利润计算出纺织服装价格的方法。它要充分考虑纺织服装的规模效应，并且在纺织服装产品增加所引起的追加成本的基础上制定价格。

9.2.2.2　纺织服装需求导向定价法

纺织服装需求导向定价法，主要是以纺织服装市场需求为导向，以纺织服装目标客户对纺织服装的价值理解和认同程度为依据，并以他们所乐意接受的价格来制定纺织服装价格的方法。常用的方法有纺织服装理解价值定价法、纺织服装区别需求定价法和纺织服装需求心理定价法三种。

(1) 纺织服装理解价值定价法　纺织服装理解价值定价法，是一种以纺织服装目标客户对纺织服装的认可程度和认同价值为依据，而不是以纺织服装成本为定价基础，来制定纺织服装价格的方法。纺织服装目标客户对纺织服装往往有自身的价值观念，这种价值观念实际上是纺织服装目标客户对纺织服装能给自己带来效益的高低来衡量的。在实际操作中，往往是纺织服装企业通过纺织服装市场调查，考量本企业产品在纺织服装目标客户心目中所形成的价值。这也是纺织服装目标客户认同的纺织服装“性价比”合适时的价格，我们称之为纺织服装目标客户理解价值。

（2）纺织服装区别需求定价法　纺织服装区别需求定价法，又叫纺织服装差别定价法，就是指根据纺织服装市场需求强度的不同，而确定的不同价格，所定出的价格差别与纺织服装成本之间没有直接关系。其主要形式有：一是以不同纺织服装目标客户定价。以不同纺织服装目标客户定价，即是以纺织服装目标客户的差异为基础的差别定价。对于纺织服装行业内有影响力的纺织服装目标客户和一般的纺织服装目标客户规定不同价格，因为它们对于提升纺织服装品牌作用不同。二是以数量不同定价。以数量不同定价，即是以数量差异为基础的差别定价。一般来说，纺织服装目标客户越多，得到的价格折扣就会越多。三是以地域不同定价。以地域不同定价，即是以地域差异为基础的差别定价。目前，我国对于国内和国际纺织服装目标客户实行价格双轨制。四是以时间不同定价。以时间不同定价，即是以时间差异为基础的差别定价。预定纺织服装产品越早的纺织服装目标客户，一般得到的纺织服装价格优惠就越多。

（3）纺织服装需求心理定价法　纺织服装需求心理定价法，就是根据纺织服装目标客户的消费心理特点，来确定纺织服装价格的方法。由于价格与质量、价格与支付能力之间存在着密切的关系，纺织服装会展目标客户形成了多种与价格有关的消费心理定势，这些消费心理可成为定价的基础。例如，根据纺织服装目标客户的“从众”心理，纺织服装价格可与其他同类纺织服装的价格趋同；根据纺织服装目标客户的“按质论价”心理，纺织服装企业可按本产品的名牌、声誉、地位来确定价格。

9.2.2.3　纺织服装竞争导向定价法

纺织服装竞争导向定价法，是以纺织服装竞争为导向，以与本纺织服装有竞争关系的纺织服装价格为定价依据的一种定价方法。根据纺织服装竞争双方的力量对比等情况，纺织服装企业制定比竞争者的价格或高或低的价格，或相同的价格，以达到增加利润，扩大纺织服装销售量，或者提高纺织服装市场占有率目标的定价。总的原则是，以确保该纺织服装价格是在加强，而不是在削弱自己在纺织服装市场竞争中的地位。常用的方法有以下三种。

（1）纺织服装随行就市定价法　纺织服装随行就市定价法，就是纺织服装企业根据本企业产品，或本地区纺织服装的基本价格水准，来制定本企业纺织服装价格的方法。这种方法适合于处在完全竞争市场中的纺织服装定价。此外，对于那些难以估计纺织服装价格与需求量之间关系的产品，“随行就市”集中了纺织服装行业现有的经验，可以很大程度上规避定价风险。同时，采用这一定价方法，还可以避免纺织服装之间的过度竞争、排挤，这对竞争能力较弱的中小纺织服装企业十分有利。

（2）纺织服装追随领先定价法　纺织服装追随领先定价法，就是指纺织服装企业为了应付或者避免竞争，或者为了稳定纺织服装市场，以利于长期经营，采用以同行业中影响最大的纺织服装企业的价格为标准，来制定本企业的纺织服装价格。

（3）纺织服装渗透定价法　纺织服装渗透定价法，就是指纺织服装企业往往以较低的价格，打入纺织服装新市场或原有市场，扩大市场占有率，以强化自身在市场中的地位为目标的一种定价方法。这种定价方法的特点，就是在制定纺织服装价格是完全根据纺织服装市场竞争需要，而不考虑纺织服装成本、利润等问题，往往从长计议。

纺织服装定价的三种方法各具特色、各有优劣，纺织服装企业往往将三种定价方法综合运用，以便扬长避短、各取所长。换言之，纺织服装企业为纺织服装定价时，既要考虑纺织服装成本的补偿，又要考虑纺织服装目标客户的心理预期，以及对纺织服装价格的接受能力，还要考虑到同类竞争的价格水平，在统筹考虑的基础上制定出最终的合理报价。

9.3　纺织服装企业常用的价格策略

上一节我们学习了纺织服装定价的主要方法，纺织服装企业综合运用这些定价方法，为纺织服装制定了基本价格后，为使定价更具有吸引力，进而更好地促销纺织服装，还可以运用一些价格策略（或称之为定价技巧）。纺织服装企业为了实现自己的经营战略和目标，经常根据不同的纺织服装产品、市场需求和竞争状况，采取各种灵活多变的价格策略，使价格与纺织服装市场营销组合中的其他因素更好地结合，促进和扩大销售，提高纺织服装企业的整体效益。本节将介绍几种常见的纺织服装价格策略。

9.3.1　纺织服装新产品定价策略

纺织服装新产品定价是一项十分重要的工作，因为上市之初，纺织服装新产品定价没有可以借鉴的依据，价格定得高，消费者不接受，可能会使一个有前途的新产品昙花一现；价格定得过低，不仅会影响纺织服装企业的形象和效益，还可能会影响新产品的形象。一般来说，常用的纺织服装新产品定价策略有以下三种。

9.3.1.1　纺织服装新产品撇脂定价策略

纺织服装新产品撇脂定价策略，是指在纺织服装新产品生命周期的最初时期，把纺织服装企业将其新产品的价格定得很高，在最短的时间里获得最大利润，犹如从牛奶中撇取奶油一样的策略。纺织服装新产品撇脂定价策略的优缺点及条件如下。

（1）优点　一是纺织服装新产品刚上市，竞争者还没有进入，利用消费者的求新心理，以较高价格刺激消费，开拓早期市场；二是由于价格较高，因而可以在短期内取得较大的利润；三是定价较高，在竞争者大量涌入纺织服装市场时，便于主动降价，增强在价格上的竞争力，同时也符合纺织服装消费者对价格由高到低的心理。

（2）缺点　在纺织服装新产品尚未建立起声誉时，高价不利于打开市场，有时甚至无人问津。另外高价投放纺织服装市场而供不应求，很容易引来竞争者，加速本行业的竞争，容易导致价格下跌，经营不长就会发生产品滞销，被迫转产的局面。故此，在采用高价策略时，要注意这种方法的适应条件。

（3）条件　采用纺织服装新产品撇脂定价法的前提条件，一是新产品在款式设计、面料、做工等方面拥有专利或技术诀窍，很难仿制，高价格不会迅速引来竞争对手；二是新产品有足够多的消费者，而且消费者对价格的需求弹性较小。三是新产品从做工到面料的选取及质量，与所确定的高价相符，使新产品一投入市场就树立高档、质优的形象；四是制定高价带来的收益，必须大于小批量生产而增大的成本。

9.3.1.2　纺织服装新产品渗透定价策略

纺织服装新产品渗透定价策略，是指在纺织服装新产品生命周期的最初时期，纺织服装企业将其新产品的价格定得相对较低，以吸引大量消费者购买，提高纺织服装新产品市场占有率，犹如往海绵里渗水一样的策略。这种策略的优缺点及条件如下。

（1）优点　一是纺织服装新产品利用低价迅速占领市场，从薄利多销中增加利润；二是纺织服装新产品的低价可以阻止竞争者进入，有利于控制纺织服装市场。

（2）缺点　纺织服装新产品投资回收期长，见效慢，风险大，一旦定价与纺织服装市场需求相悖，还会使纺织服装企业蒙受损失，有可能形成产品“低价低质”的品牌形象。

（3）条件　采用纺织服装新产品渗透定价策略应符合的条件，一是消费者对纺织服装新产品的价格非常敏感，即新产品的需求价格弹性较高，低价能刺激需求迅速增长；二是新产品无明显特色，低价不会引来现有和潜在的竞争者；三是纺织服装企业有很强的生产能力，并能随着产销量的增加而实现规模效益。

纺织服装新产品撇脂定价策略和渗透定价策略各有利弊，采用哪一种策略更为合适，应根据纺织服装市场需求、竞争情况、市场潜力、生产能力和成本等因素综合考虑。纺织服装新产品撇脂定价策略和渗透定价策略比较，如表 9-5 所示。

表 9-5 纺织服装新产品撇脂定价策略和渗透定价策略比较

项 目	撇脂定价策略	渗透定价策略
定价水平	高	低
纺织服装市场需求强度	强	弱
纺织服装市场潜力	小	大
需求价格弹性	小	大
消费者购买力	高	低
生产能力	不足	充足
产品的独特性	强	弱
仿制的难易程度	难	易
规模经济效益	不大	明显
投资回收期	短	长

9.3.1.3 纺织服装新产品满意定价策略

纺织服装新产品满意定价策略，又称为纺织服装新产品折中定价策略或稳妥定价策略，是指在纺织服装新产品生命周期的最初时期，在新产品成本的基础上增加适当的利润，把价格定在高价与低价之间的一种策略。也就是说，可以把纺织服装新产品的价格定在撇脂定价和渗透定价之间，取折中价格。这种定价策略优缺点及条件如下。

(1) 优点　一是纺织服装新产品既能对消费者产生一定的吸引力，又能使纺织服装企业弥补成本后还有赢利，使纺织服装企业和消费者双方都感到满意；二是可以避免撇脂定价因高价带来的风险，又可消除渗透定价因低价引起的纺织服装企业生产经营困难，因而既能使纺织服装企业获取适当的平均利润，又能兼顾纺织服装消费者的利益；三是价格较为稳定、风险小，一般能使纺织服装企业收回成本和适当赢利。

(2) 缺点　由于定价比较保守，容易使纺织服装企业造成高不成低不就的局面，失去高额利润和市场机会。

(3) 条件　纺织服装新产品满意定价策略一般适用于纺织服装市场需求不太复杂多变、竞争不太激烈的环境。

综上所述，三种纺织服装新产品定价策略之间的关系如图 9-2 所示。

9.3.2 纺织服装折扣折让定价策略

纺织服装折扣折让定价策略，是指纺织服装企业为鼓励客户及早清偿货款、大量购买、淡季不淡，以及鼓励经销商积极推广纺织服装，在已确定好的原始价格上给予一定幅度的优惠的策略。其中，直接折扣的策略有现金折扣、数量折扣、功能折扣和季节折扣，间接折扣策略有回扣、津贴等。

9.3.2.1 纺织服装现金折扣策略

纺织服装现金折扣策略，是指纺织服装企业为鼓励经销商迅速付款所采用的价格优惠策

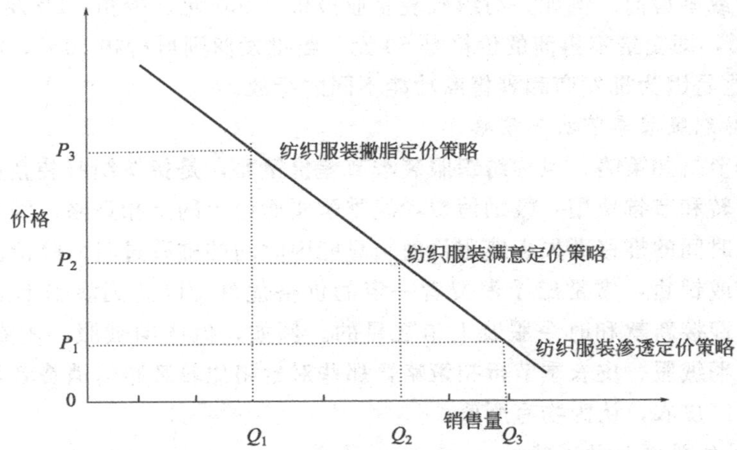

图 9-2 三种纺织服装新产品定价策略之间的关系

略。例如，2/10 是指纺织服装经销商在 30 天必须付清货款，如果在 10 天之内付清货款，纺织服装供应商则给予 2%的折扣；1/20 是指如果纺织服装经销商在 20 天之内付清货款，可获得 1%的折扣。这种策略在很多行业已成惯例，纺织服装企业也不例外。通过折扣优惠，纺织服装企业可以及时收回账款，保持充足的现金流量，降低发生坏账的比率。此外，纺织服装企业要注意计算折扣的比例，应小于因提前收回货款而节省的利息。

9.3.2.2 纺织服装数量折扣策略

纺织服装数量折扣策略，是指纺织服装企业为鼓励消费者大量购买，从而扩大销售量的一种策略。它按照购买纺织服装的数量或金额，分别给予不同的折扣比率。折扣比率与购买数量成正比，纺织服装数量折扣策略具体又可分为累计数量折扣和非累计数量折扣。

(1) 累计数量折扣 指在规定时间内，消费者购买纺织服装达到一定数量或金额，则按其总量大小给予不同折扣。例如，有的商家规定消费者只要在一年内买够 12 件纺织服装，年底时就可自由选择一件自己喜爱的纺织服装作为赠品；也有商家规定购买纺织服装满一定金额，就可以办一张贵宾卡或打折卡，享受永久优惠。这种做法的其目的在于鼓励消费者反复购买本企业的纺织服装，以稳定消费群，增加销量，确保收入。

(2) 非累计数量折扣 也称为订单折扣，指对一次性购买或订货某种纺织服装达到一定数量或金额的购买者，给予的折扣优惠。非累计折扣强调的是一次性购买，其促销力度如果静止在某一个时间点要大于累计折扣。例如，纺织服装商家抓住假日经济效应这一机会，在节假日（春节、圣诞节、国庆节等）打折，采用各种促销措施来刺激消费，像返券、买几赠一等，使假日的营业额明显高于平日。这种做法的其目的在于鼓励消费者大量购买本企业的纺织服装，以促进产品多销、快销，降低营业费用。此外，要注意折扣的设计，要小于因消费者一次性购买大量纺织服装而使企业节约的管理费和装卸搬运费等成本。

9.3.2.3 纺织服装功能折扣策略

纺织服装功能折扣策略，又称纺织服装贸易折扣策略，是指纺织服装企业根据中间商在产品流通中所承担的功能、责任和风险不同，所给予不同的价格折扣策略。这种折扣形式有别于以上两种折扣形式，它是减少纺织服装企业自身进行的产品推广、存储、服务的职能，而将其节省下来的费用，以折扣的形式转嫁给经销商，往往由经销商来体现企业形象，从而密切与经销商的合作关系。纺织服装企业按出厂价给经销商，经销商在允许的范围内确定价格转卖给批发商或零售商。例如，纺织服装企业报价“100 元，折扣 40%及 10%”，表示给零售商折扣 40%，即卖给零售商的价格是 60 元；给批发商则再折扣 10%，即卖给批发商的价格是 54 元，这是因为批发商和零售商功能不同的缘故。

9.3.2.4 纺织服装季节折扣策略

纺织服装季节折扣策略，也称纺织服装季节差价策略，是指纺织服装企业为保持均衡生产、加速资金周转和节省费用，鼓励消费者淡季购买而给予的折扣策略。因为纺织服装不同于食品，不会因时间的推移而失去使用价值，只能因时间的推移过时而降价。所以纺织服装企业为稳定生产或销售，常常给予消费者一定的价格优惠，以达到淡季不淡、及时回笼货币、促进销售、迎接新款和时令服装上市之目的。例如，生产羽绒服、皮衣的纺织服装企业，在夏季实施羽绒服、皮衣季节折扣策略，那些对价格比较敏感的消费者就会前来争相购买换季的羽绒服、皮衣，认为物有所值。

9.3.2.5 纺织服装折让策略

纺织服装折让策略，是指纺织服装企业不改变售价，另给一定的优惠的策略。常采用的折让有推广折让、运费让价、回扣和津贴三种形式。

（1）推广折让　指纺织服装企业为回报经销商在广告宣传、展销等产品推广方面所做的努力，在价格上给予的一定的优惠。例如，南方纺织服装商场为了增加营业额在电视上做“名豪”纺织服装广告，从而扩大了“名豪”纺织服装品牌的销量，纺织服装企业为了鼓励和回报商场的努力，给予商场一定比例的折扣，以弥补商场支付的广告费。

（2）运费让价　指纺织服装销售企业对路途较远的消费者减价或补贴运费，以弥补部分运费或全部运费的策略。纺织服装企业采取这种策略，有利于扩大纺织服装市场的范围。

（3）回扣和津贴　回扣是间接折扣的一种形式，是指消费者在按价格目录将货款全部付给纺织服装销售者以后，纺织服装销售者再按照一定比例将货款的一部分返还给消费者。津贴是纺织服装企业为特殊目的，对特殊顾客以特定形式所给予的纺织服装价格补贴。

总而言之，纺织服装折扣折让定价策略的这些形式，一个共同的特征是：薄利多销、薄利快销，优惠那些大量购买本企业纺织服装的购买者。

9.3.3 纺织服装心理定价策略

纺织服装心理定价策略，是指纺织服装企业定价时利用消费者不同的心理需要和对不同价格的感受，有意识地采取多种价格形式，以促进纺织服装销售的策略。常见的纺织服装心理定价策略有如下四种。

9.3.3.1 纺织服装尾数定价策略

纺织服装尾数定价策略，又称为纺织服装零头定价策略，是指利用消费者数字认知的某种心理，尽可能在价格数字上不进位，而保留零头，是使消费者产生价格低廉和卖主经过认真核算成本才定价的感觉，从而使消费者对企业的纺织服装及定价产生信任感的策略。例如，一双袜子卖 4.95 元，比 5 元更受欢迎。此外，这一策略还要结合不同消费者对数字认识的心理差异而灵活运用。例如，有些人喜欢偶数，认为偶数给人以稳定、安全的感觉，尤其是 6、8 给人以吉祥、一帆风顺、财运亨通的感觉；有人喜欢奇数，尤其是 9 给人以长久的感觉，故此，很多纺织服装的价格纷纷定为 168 元、398 元、1688 元、499 元等，以满足消费者的感知差异，同时增强低廉感，因为价格控制在某一个整数之下。

9.3.3.2 纺织服装声望定价策略

纺织服装声望定价策略，是指纺织服装企业利用消费者仰慕名牌产品或名店声望的心理来制定纺织服装价格，故意把价格定高的策略。因为消费者有崇尚品牌的心理，往往以价格判断质量，认为高价高质。设计极品价格形象，主要应强调纺织服装产品品牌的著名、做工的精良、面料的考究、包装的精美与豪华以及能够给消费者带来精神上的高度满足。例如，提到纺织服装品牌，人们立刻会想到皮尔·卡丹、克里斯汀·迪奥、伊夫·圣·洛朗、暇步士、鳄鱼等，这些品牌既以质优高档而闻名于世，更以价格昂贵而引人注目。虽然如此，高价消费心理既是一个购买纺织服装、穿着纺织服装的过程，也是一个向社会展示其自身价值和所属群体特征的过程。有时展示的需要超过选取纺织服装保暖性、实用性的需要。例如，20 世纪 80 年代推出的“权贵穿着”即刻被大多数人认同。当然，这种定价策略也不能总是把价格定得过高，在换季或新款上市时，可以适当调整一些价格，以使更多的消费者体验本品牌的纺织服装，否则永远会使对价格需求弹性大的消费者望而却步。

9.3.3.3　纺织服装习惯定价策略

纺织服装习惯定价策略，是指织服装企业利用消费者习惯于接受某些纺织服装特定价格水平的消费心理来制定价格的策略。在长期的消费活动中，一些消费者对钟爱的纺织服装品牌的认知产生了心理定势，认定某种品牌的纺织服装价格就应处在某种水平，对这些纺织服装品牌价格变动较为敏感。如果实际价格高于特定水平，具有这种心理的消费者就会产生价格上涨的感觉；如果实际价格低于特定水平，消费者就会对纺织服装的质量产生怀疑。针对这种心理，纺织服装企业应尽力将一个品牌的价格维持在消费者习惯接受的水平，避免因涨价、降价等影响纺织服装企业的销售额。

9.3.3.4　纺织服装招徕定价策略

纺织服装招徕定价策略，又称纺织服装特价品定价策略，是指纺织服装企业利用消费者求廉的心理，特意将某几款纺织服装降低价格，以此作为吸引消费者的手段，从而带动其他纺织服装销售的策略。例如，设定纺织服装特价区，将低价纺织服装放在“花车”上任消费者挑选，并以此大做广告宣传，作为“引子”招徕消费者。像一些商场的纺织服装区、纺织服装专卖店等纺织服装厂商和经销商经常采用这一策略。采用这一策略时应注意，作为“引子”招徕的纺织服装必须做到物美价廉，受消费者喜爱，否则会使消费者有被欺骗的感觉而达不到目的。

9.3.4 纺织服装差别定价策略

纺织服装差别定价策略，又称纺织服装价格歧视策略，是指纺织服装企业按照两种或两种以上与成本无关的差异价格来销售同一种纺织服装，以适应消费者的不同需要，从而扩大纺织服装销售，增加收益的策略。纺织服装企业惯用的差别定价策略，具体有以下四种。

9.3.4.1　纺织服装顾客差别定价策略

纺织服装顾客差别定价策略，是指纺织服装企业按照不同的价格将同一纺织服装卖给不同的消费者。例如，在教师节，教师凭借教师证购买纺织服装时，可以享受价格优惠，这是商家在教师节之际真情回报教师的一种策略，也是企业文化的体现。又如纺织服装品牌专卖店，给予 VIP 顾客八折优惠，而对于一般顾客九折优惠。

9.3.4.2　纺织服装产品形式差别定价策略

纺织服装产品形式差别定价策略，是指纺织服装企业对于同样品质的纺织服装，按照不同的型号、款式、颜色、需求等制定不同价格的策略。例如，同一面料、成本的纺织服装，因花色、款式不一样，需求量也不同，所以价格也有所差异。也就是说，纺织服装价格之间的差额与成本费用之间的差额并不成比例。

9.3.4.3 纺织服装产品部位差别定价策略

纺织服装产品部位差别定价策略，是指纺织服装企业对处在不同位置的同一纺织服装分别制定不同价格的策略。例如，有的纺织服装陈列在高档次的商场销售，因购物环境优雅，相关费用较高，纺织服装的价格也随之提高；相反，有的纺织服装在大街或简陋的、低档次的购物条件下陈列，相关费用支出的少，纺织服装价格可制定得略低些。这是因为消费者对纺织服装的偏好不同所致。

9.3.4.4 纺织服装销售时间差别定价策略

纺织服装销售时间差别定价策略，是指纺织服装企业对不同季节、不同时期甚至不同钟点的纺织服装制定不同价格的策略。例如，在圣诞前夜或除夕之夜，为了增加营业额，纺织服装商家延长营业时间至午夜时分，为了鼓励消费者在午夜前来购买纺织服装，规定凡在晚上22～24点之间购买纺织服装者，可以享受10%的优惠。

9.3.5 纺织服装产品组合定价策略

纺织服装的组合，是纺织服装企业依靠原有生产某种纺织服装名牌的能力，就深度、广度开发出一系列或一整套的纺织服装产品，使消费者在一家店里能买到所有类型的纺织服装，以满足消费者的多方面的需求。纺织服装产品组合定价策略，是指纺织服装企业从整体利益出发，为发挥每一种纺织服装产品的相关作用而制定相关价格的策略。如果纺织服装企业的原有品牌已经具有良好的声誉，那么其在同一品牌下推出新款产品，就不需要花费巨额广告费来建立品牌的认知与偏好。尤其对于纺织服装产品系列，其产品间差异性不是很大，并带有较强的相关性，这样通过有效的组合定价，纺织服装企业往往能获得最大的利润。例如，“金利来”集团有限公司的成名产品是领带。为适应市场的需要，该公司的经营范围从领带发展到男士系列用品，产品包括休闲西服、便装裤、衬衫、毛衣、T恤、羊绒大衣、时尚西装、袜子等，并对其分别制定了不同的价格，使其成为一个整体，既保持了产品的形象又提高了产品的盈利水平。常用的纺织服装产品组合定价策略具体有以下几种。

9.3.5.1 纺织服装产品线定价策略

纺织服装产品线定价策略，是指纺织服装企业利用本企业生产的系列纺织服装产品存在需求和成本的内在关联性，为了充分发挥这种内在关联性的积极效应，而制定相关价格的策略。采取这种策略在定价时，首先确定某种纺织服装产品的最低价格，以这种价格在产品线中充当招徕角色，以吸引消费者前来购买其他纺织服装产品；其次确定产品线中某种纺织服装产品的最高价格，充当产品线中品牌质量象征和收回投资的角色；最后依据其他纺织服装产品在产品线中的不同角色，制定不同的价格。纺织服装品牌当前较流行这种“一主多线”的经营模式，即在一个主线之下发展若干条副线，分别进入不同的细分市场。对不同的品牌线，需要用不同的方法进行定价，使之分别适应相应的市场环境和消费者口味。此外，纺织服装企业在运用这种策略时，必须确立认知质量差异，使不同品牌线之间的价格差异合理化。例如，富绅纺织服装专卖店经营三种价格档次的纺织服装：1500元、2500元和3500元，消费者会从三个纺织服装价格点上联系到低、中、高三种质量水平的产品。又如，意大利著名品牌 Gianni Versace 旗下便有 Versace classic V2、Versus、Versace Couture、Versace Home Signature、Istante 五个副线，由于品牌线的扩充，使得范思哲纺织服装公司拥有了多种价位的产品，让更多的消费者能买得起标有范思哲商标的纺织服装。由于目标市场数量增加，使纺织服装企业的价格活动空间也增大了，故此，纺织服装产品线定价策略是纺织服装企业较频繁使用的方法。

9.3.5.2 纺织服装附带产品定价策略

纺织服装附带产品定价策略，是指纺织服装企业对与主要产品配套使用的产品进行定价的策略。它包括纺织服装必须附带产品策略和纺织服装任选附带产品策略两种。

(1) 纺织服装必须附带产品策略 纺织服装必须附带产品策略，是指纺织服装企业对与主要产品配套使用的必须附带产品进行定价的策略。由于主导产品都可以多次反复使用，而附带产品属易耗品，消费者买了主导产品就必须不断地购买附带产品，所以一般情况下，同时生产主导产品和附带产品的纺织服装企业，往往把主导产品的价格定得较低，目的是以主导产品的大量销售带动附带产品的销售。例如，西服套装和衬衫，衬衫的穿着频率高于西服，纺织服装企业就可以用西服套装的薄利带动衬衫市场的销量，以其盈利补偿西服套装的微利。

(2) 纺织服装任选附带产品策略 纺织服装任选附带产品策略，是指纺织服装企业对与主要产品配套使用的任选附带产品进行定价的策略。这类附带产品与主导产品的使用密切相关，但消费者可买可不买，这类产品价格的确定，就需要认真分析市场环境、消费者偏好等因素。如果任选附带产品的有无将会影响消费者对主导产品的选择，就可把其价格定得较低些，甚至免费赠送；如果消费者对主导产品的偏好十分强烈，消费者的选择比较固定，这时任选附带产品的价格可定得高些。例如，主要产品纺织服装与配套的附带产品纽扣、主要产品领带与配套的附带产品领带夹等的定价，就可以采取纺织服装任选附带产品策略。

9.3.5.3 纺织服装产品群定价策略

纺织服装产品群定价策略，是指纺织服装企业为了促进产品销售，将有关联的纺织服装产品组合在一起制作成精美的套装销售的价格策略。由于纺织服装企业通过配套销售，这一组合纺织服装产品的价格，低于单独购买某种纺织服装产品时的价格总和，使消费者感到成套购买既便宜又方便，深受消费者的欢迎，从而提高整体销售水平。例如，婴儿纺织服装，组合成礼品盒销售比单件销售，更具吸引力。又如两三件套的男女套装，同色彩搭配、整体感也是某些消费群体所追求的。因此，为了促进产品销售，纺织服装企业往往采用产品群定价策略，但采用这种策略必须使价格为消费者所接受，并且避免产品的硬性搭配。

9.3.6 纺织服装调价策略

纺织服装企业在确定纺织服装价格后，仍然要时刻面对不断变化的纺织服装市场营销环境，所以还要随时面临纺织服装价格变动的压力，以制定适合的价格调整策略来应对市场变化。纺织服装调价策略，是指纺织服装企业依据客观环境和市场形势的变化而对原有纺织服装价格进行调整的策略。它包括维持纺织服装原价策略、纺织服装非价格反击策略、纺织服装降价策略和纺织服装升价策略四种。

9.3.6.1 维持纺织服装原价策略

维持纺织服装原价策略，是指纺织服装企业依据客观环境和市场形势的变化，对原有纺织服装价格作出不进行调整的策略。在某种情况下，维持原价格也是一种反应。采用这种策略，纺织服装企业对自己的判断必须有十足的把握，否则会因维持原价而招致损失。因此，纺织服装企业必须考虑以下情形：一是如果降价，自己会失去很多的利润；二是如果竞争者的进攻没有太大威胁，自己并不会失去很多市场份额；三是如果主要消费群仍由自己控制，流失一些份额给竞争者也无妨。基于这种考虑，则纺织服装企业可以按兵不动，采取维持纺织服装原价策略，保持原有价格不变。

9.3.6.2 纺织服装非价格反击策略

纺织服装非价格反击策略，是指纺织服装企业依据客观环境和市场形势的变化，对原有纺织服装价格作出非价格方面的变化来反击竞争者的调整策略。采用这种策略，要求企业做好纺织服装市场调查，不能盲目利用非价格方面的变化来反击竞争者，因为非价格方面的变化需要资金的投入，应该使其投入发挥有效作用。例如，纺织服装企业根据市场调查，可增加资金在纺织服装的款式、颜色、质地或花样、风格或整体外观上进行改进，使消费者感到物有所值，虽然纺织服装价格没有调整，却增强纺织服装的竞争性。

9.3.6.3 纺织服装降价策略

纺织服装降价策略，也称为纺织服装削价策略，是指纺织服装企业依据客观环境和市场形势的变化，对原有纺织服装价格作出降低价格的调整策略。例如，瑞典的古玛纺织服装公司采用月月降价的方法销售纺织服装，其每月降价的幅度为：新装上市后第一个月为3%，第二个月为8%，第三个月为10%，第四个月为15%，第五个月为20%，第六个月为30%～35%。古玛公司规定，在纺织服装上市10天内，消费者可到公司预定，预付的定金在货款中扣除。这种降价策略显得从容不迫，给消费者提供了一个自由选择的机会。纺织服装企业采取纺织服装降价策略的原因和方式有以下情形。

(1) 降价原因　纺织服装企业降低价格的原因比较复杂，有市场因素，也有企业内部因素，还有社会其他方面的因素，归纳起来有以下几种：一是纺织服装企业的生产能力过剩，库存积压严重，需要扩大业务，但又不能通过产品改良和加强促销等手段来扩大销售，在这种情况下，就必须考虑通过降价来提高销售量；二是在强大的竞争压力下，纺织服装企业的市场占有率下降，迫使降低价格来维持和扩大市场份额；三是纺织服装企业为了控制市场，通过销售量的扩大来进一步降低成本费用，从而降低价格；四是市场需求不振，降低价格以保住市场占有率；五是根据产品生命周期阶段的变化进行调整，像新款纺织服装刚上市阶段制定较高的价格，在流行或者季节过去后，通过下调价格来吸引更多的消费者。

(2) 降价方式　因纺织服装企业产品所处的地位、环境及引起降价原因的不同，纺织服装企业选择降价的方式也会各不相同，具体来说有两种：一是直接降价，即直接降低纺织服装价格。例如，缤纷纺织服装在国庆节降价，立刻吸引了众多消费者纷纷前往购买。二是间接降价，即纺织服装企业保持价格目录表上的价格不变，通过赠送礼品或者增大各种折扣、回扣等手段，在保持名义价格不变的前提下，降低纺织服装的实际价格。

9.3.6.4 纺织服装升价策略

纺织服装升价策略，又称纺织服装提价策略，是指纺织服装企业依据客观环境和市场形势的变化，对原有纺织服装价格作出提升价格的调整策略。在纺织服装市场营销中调高价格，是纺织服装企业为了适应市场环境和自身内部条件的变化的一项举措，纺织服装企业采取纺织服装升价策略的原因和方式有以下情形。

(1) 升价原因　纺织服装企业提升价格的原因归纳起来有以下几种：一是由于纺织服装成本上涨，妨碍了纺织服装企业合理利润的取得，企业只能通过涨价来转嫁负担。这是纺织服装企业调高价格的最主要原因。例如，原辅料成本上升，而纺织服装企业生产效率的提高跟不上成本提高的速度，纺织服装企业为保持原有利润而提高价格；二是由于纺织服装供不应求，纺织服装企业必须通过提价来抑制部分需求，以缓解纺织服装市场压力；三是纺织服装企业通过改进纺织服装的质量、性能、结构来提高纺织服装市场竞争力；四是竞争策略的需要。即以产品的高价位，来显示产品的高品位。

(2) 升价方式　纺织服装企业采用升价策略时，一般有两种方式可供选择：

一是直接升价，即直接提高纺织服装价格。例如，荷花牌的床上用品，以前卖3500元一套，现在卖4500元一套。二是间接升价，即纺织服装企业采取一定方法使纺织服装价格保持不变，但实际隐性上升。例如，减少价格折让；减少纺织服装的功能；缩小纺织服装的尺寸、分量；采用更便宜的面料作为替代品等。

一般来说，纺织服装企业降价容易涨价难，调高纺织服装价格往往会遭到消费者的反对。故此，在使用纺织服装升价策略时必须慎重，尤其应掌握好升价幅度、升价时机，并注意与消费者及时进行沟通。

9.3.6.5 纺织服装企业调价应注意的问题

纺织服装价格的适当变化能够产生良好的效果，但是如果变化不当，则适得其反。因此，无论是升高价格还是降低价格，纺织服装企业都应注意消费者与竞争者对调价的反应。

(1) 消费者对调价的反应 衡量调价成功与否的重要标志是纺织服装企业所确定的价格能否被消费者所接受，并能促使其增强购买纺织服装的欲望。当纺织服装企业准备调价时，首先应考虑的是调整后的纺织服装价格能否为消费者所接受，消费者将如何理解这种调价行为。一般情况下，消费者对于那些价值高和经常购买的纺织服装价格变动较为敏感，而对于那些价值低和不经常购买的纺织服装价格变动则不大注意。通常，消费者对调价会作出多种反应。例如，消费者对纺织服装企业降价作出的反应是多种多样的，有利的反应是认为纺织服装企业让利于消费者，不利的反应是认为纺织服装款式过时或过季，很快有新款或应季的纺织服装上市；纺织服装在用料、做工上有问题；纺织服装企业在生产经营资金周转上出现困难，急于出货回笼货币；同类款式的纺织服装在市场上已接近饱和等。又如，纺织服装企业升价时，有利的反应会认为纺织服装质量提高了，功能增多了，产品供不应求等。不利的反应是认为纺织服装企业想通过升价获得更多的利润。故此，纺织服装企业在调价前，要着重分析消费者可能出现的各种反应，一看消费者的购买量是否增加；二看消费者如何理解这次调价，以便采取相应措施，制定合理的价格。

(2) 竞争者对调价的反应 纺织服装企业在调价时，除了要考虑消费者的反应，还要考虑竞争者对调价的反应，尤其当某一市场内纺织服装企业数量有限，提供的是相同面料、款式的纺织服装，且消费者颇具辨别能力、了解市场的情况下，竞争者的反应就愈显重要。但是了解竞争者对纺织服装企业调价的反应要比了解消费者的反应更复杂。因为纺织服装企业要面临一个或多个的竞争对手，如果纺织服装企业只面临一个强大竞争对手，采取降价方式时竞争对手可能认为：这个企业降价，目标是争夺市场；是希望全行业跟随降价，从而刺激需求；是经营不善，为了扩大销量等，强大的竞争对手由此可能会立即作出调价反应。如果企业面临众多竞争对手，在调价时就必须估计每一个竞争者的可能反应；如果所有的竞争者反应大体相同，就可以集中力量分析典型的竞争者；如果每个竞争者在规模、市场占有率及管理政策等方面有所不同，其反应也有所不同，这时就必须对各竞争者进行分析；如果某些竞争者作出调价反应，也可以预期其他竞争者的反应。例如，当竞争者的策略保持不变时，纺织服装企业降价可能会起到扩大市场份额的作用；而当竞争者也随纺织服装企业同幅或更大幅度降价时，纺织服装企业降价的效果就会被抵消，销售利润也会不如调价前。又如，在纺织服装企业调高价格后，如果竞争者并不随之升价，那么纺织服装企业原来供不应求的市场就可能变成供过于求的市场，所以纺织服装企业预先必须对竞争者的反应进行估计。引以为重的是竞争者作出的相应调价反应，不仅会抵消纺织服装企业降价效果，甚至会恶化纺织服装企业的销售环境。但如果竞争者对纺织服装企业升价不作出反应，则会使纺织服装企业丧失市场份额，影响相应企业利润的获取。故此，纺织服装企业在实施调价行为前，还必须分析竞争者的企业目标、财务状况、生产、销售，以及消费者的忠实程度等状况，以确保调价的有效性。

核心概念：

（1）纺织服装价格：是指消费者为得到某一款式、品牌的纺织服装产品而必须支付的货币数量单位。

（2）纺织服装企业定价目标：是指纺织服装企业通过制定或调整特定水平的价格所要达到的预期目的。

（3）纺织服装成本导向定价法：是以纺织服装单位成本为基本依据，再加上预期利润来确定价格的方法。

（4）纺织服装需求导向定价法：主要是以纺织服装市场需求为导向，以纺织服装目标客户对纺织服装的价值理解和认同程度为依据，并以他们所乐意接受的价格来制定纺织服装价格的方法。

（5）纺织服装竞争导向定价法：是以纺织服装竞争为导向，以与本纺织服装有竞争关系的纺织服装价格为定价依据的一种定价方法。

（6）纺织服装新产品撇脂定价策略：是指在纺织服装新产品生命周期的最初时期，纺织服装企业将其新产品的价格定得很高，在最短的时间里获得最大利润，犹如从牛奶中撇取奶油一样的策略。

（7）纺织服装新产品渗透定价策略：是指在纺织服装新产品生命周期的最初时期，纺织服装企业将其新产品的价格定得相对较低，以吸引大量消费者购买，提高纺织服装新产品市场占有率，犹如往海绵里渗水一样的策略。

（8）纺织服装新产品满意定价策略：又称为纺织服装新产品折中定价策略或稳妥定价策略，是指在纺织服装新产品生命周期的最初时期，在新产品成本的基础上增加适当的利润，把价格定在高价与低价之间的一种策略。

（9）纺织服装折扣折让定价策略：是指纺织服装企业为鼓励客户及早清偿货款、大量购买、淡季不淡，以及鼓励经销商积极推广纺织服装，在已确定好的原始价格上给予一定幅度的优惠的策略。

（10）纺织服装心理定价策略：是指纺织服装企业定价时利用消费者不同的心理需要和对不同价格的感受，有意识地采取多种价格形式，以促进纺织服装销售的策略。

（11）纺织服装差别定价策略：又称纺织服装价格歧视策略，是指纺织服装企业按照两种或两种以上与成本无关的差异价格来销售同一种纺织服装，以适应消费者的不同需要，从而扩大纺织服装销售，增加收益的策略。

（12）纺织服装产品组合定价策略：是指纺织服装企业从整体利益出发，为发挥每一种纺织服装产品的相关作用而制定相关价格的策略。

（13）纺织服装调价策略：是指纺织服装企业依据客观环境和市场形势的变化而对原有纺织服装价格进行调整的策略。

复习思考：

1. 单项选择题

（1）（　　）是指纺织服装企业自己可以控制或者通过努力可以改变的因素。

A. 纺织服装定价外部因素　　B. 纺织服装定价国际因素
C. 纺织服装定价内部因素　　D. 纺织服装定价国内因素

(2) 在通常情况下，纺织服装价格提高，则纺织服装目标客户对该纺织服装的需求（　　）。
A. 减小　　B. 增加　　C. 无关　　D. 有关

(3) 对于需求（　　）的纺织服装，纺织服装目标客户对纺织服装价格的变化反应不敏感。
A. 富有弹性　　B. 缺乏弹性　　C. 固定弹性　　D. 不定弹性

(4)（　　）是以纺织服装单位成本为基本依据，再加上预期利润来确定价格的方法。
A. 纺织服装差别导向定价法　　B. 纺织服装竞争导向定价法
C. 纺织服装需求导向定价法　　D. 纺织服装成本导向定价法

(5)（　　）是指纺织服装企业从整体利益出发，为发挥每一种纺织服装产品的相关作用而制定相关价格的策略。
A. 纺织服装心理定价策略　　B. 纺织服装产品组合定价策略
C. 纺织服装差别定价策略　　D. 纺织服装折扣折让定价策略

2. 多项选择题

(1) 影响纺织服装定价的内部因素包括（　　）。
A. 纺织服装企业定价目标　　B. 纺织服装产品成本
C. 纺织服装产品特征　　D. 会展行业的竞争状况

(2) 影响纺织服装定价的外部因素包括（　　）。
A. 社会文化和经济因素
B. 消费者心理价格界限
C. 纺织服装产品需求特征
D. 纺织服装竞争环境和国家政策法规

(3) 纺织服装需求导向定价法常用的方法有（　　）。
A. 纺织服装理解价值定价法　　B. 纺织服装边际成本定价法
C. 纺织服装区别需求定价法　　D. 纺织服装需求心理定价

(4) 纺织服装竞争导向定价法常用的方法有（　　）。
A. 纺织服装随行就市定价法　　B. 纺织服装追随领先定价法
C. 纺织服装顾客差别定价法　　D. 纺织服装渗透定价法

(5) 常见的纺织服装心理定价策略包括（　　）。
A. 纺织服装尾数定价策略　　B. 纺织服装声望定价策略
C. 纺织服装习惯定价策略　　D. 纺织服装招徕定价策略

3. 判断题（正确答案打“√”，错的打“×”）

(1) 纺织服装新产品撇脂定价策略是在最短的时间里获得最大利润，犹如从牛奶中撇取奶油一样的策略。（　　）

(2) 纺织服装企业可以控制外部因素对纺织服装价格制定造成的影响。（　　）

(3) 对需求价格弹性小的纺织服装可采取适度的提价策略，以小幅度销量的减少，换取较大幅度的销售收入和利润的增加。（　　）

(4) 纺织服装企业定价目标是指纺织服装企业通过制定或调整特定水平的价格所要达到

的预期目的。（　　）

(5) 纺织服装声望定价策略是故意把价格定低的做法。（　　）

4. 简答题

(1) 影响纺织服装价格的因素有哪些？

(2) 什么是纺织服装成本导向定价法？又分为哪三种？

(3) 什么是纺织服装差别定价策略？常见的有哪几种？

(4) 什么是会展声望定价策略？试举例说明。

(5) 纺织服装企业实施调价策略应注意什么问题？

5. 计算题

(1) 北方纺织服装集团生产的北极星牌羽绒服，单位成本为1300元，加成率为50%，按顺加法定价，则每件外套的售价为多少元？

(2) 粤海纺织服装商场全年固定成本400万元，其中经营休闲服应摊固定成本为6万元，每件休闲服进价为300元，销售费用和税金为30元，即每件休闲服变动成本为320元。若该纺织服装商厦每年预期销量为4000套，每件休闲服售价应定为多少时才能保本？若该纺织服装商场采取与竞争者同样的价格400元出售，则只需出售多少套就能保本？

案例分析：

自动降价纺织服装店与“巴厘克”的价格策略

美国波士顿有一家“自动降价纺织服装店”，该店规定：如果一件纺织服装在货架上陈列了13天还未售出，就自动降价20%；过了6天仍未售出，再降50%；再过6天，降价75%。到第25天还无人问津，就将纺织服装从货架上取下来送到慈善机构。这家商店的纺织服装大多数属于中档商品，种类齐全，物美价廉。加上美国人生活节奏快，所以往往不等商品降到最低价格就已被抢购一空。

“巴厘克”是印尼久负盛名的传统纺织服装，印尼纺织服装厂的设计师经过革新，在纺织服装设计中将精美与典雅、娟秀与华丽并存。“巴厘克”到日本展销期间，日本名流应邀光顾，虽获赞扬，却无人愿意购买。经过调查发现，是定价太低，贵妇们认为低价则脸上无光。之后设计师又改进设计，第二年再到日本展销，虽然质量并无大变化，但是价格却比上次高数倍，结果却被抢购一空。原来日本妇女认为，“巴厘克”价格高，又久负盛名，一定货真价实，购买这种纺织服装穿在身上，可以显示自己的身份和地位。

问题分析：

1. 影响纺织服装价格有哪些因素？
2. 以上案例中分别采取的是什么价格策略？为何会取得成功？

实践演练：

活动主题：认知体验纺织服装价格策略。

活动目的：增加感性认识，实地体验纺织服装价格策略。

活动形式：将全班分成若干小组，3～5人为一组，以小组为单位开展活动，与教学时间同步，就近实地参观一家大型纺织服装商场，获得相关资料。

活动内容和要求：活动之前要熟练掌握影响纺织服装价格的因素、纺织服装企业定价方法、纺织服装企业常用的价格策略等知识点，做好相应的知识准备；能在不同的纺织服装环境与需求下，使用不同的纺织服装定价方法调整价格，运用不同的纺织服装价格策略；以小组为单位提交书面调查报告；调查报告撰写时间为 2 天；授课教师可根据每个小组提供的书面调查报告按质量评分，并计入学期总成绩。

任务 10　如何实施纺织服装渠道策略

知识目标:

1. 纺织服装渠道概述；
2. 纺织服装渠道成员；
3. 纺织服装渠道策略。

能力目标:

1. 掌握纺织服装渠道的分类、设计与协调；
2. 能运用纺织服装渠道策略，进行纺织服装渠道的选择与评估管理。

情景导入:

戴安娜的营销渠道

戴安娜是一个著名内衣品牌，该品牌内衣定位为高档，曾经是内衣行业采用连锁加盟模式最成功的企业之一，到 2000 年其全国专卖加盟店最多时达到 200 多个，其所有加盟店都是由公司总部直接管理，物流统一由公司总部配送。可随着市场的发展壮大，问题就逐渐暴露出来了：偏高的产品价格，使得终端没有竞争力；发货周期比较长，客户需要的货物迟迟不能到达店里，错过销售时期，引来很多抱怨；经销商的素质良莠不齐，统一的形象、推广活动等根本执行不下去；很多加盟店都在经销别的低档次的产品，品牌形象受到较大冲击，与品牌定位逐渐背离。2001 年，该公司痛下决心，逐渐终止了加盟店的经营，进行大规模的渠道整改，直接在全国设立十多个分公司，开设旗舰形象店，主攻各地大中型商场，规范品牌形象，经历了一年多的阵痛和沉寂之后，2003 年该品牌终于重现辉煌，重为行业主导品牌之一，并且成功地实现了从加盟连锁店到直营店模式的转变。

想一想:

戴安娜为何能成功？它有怎样的营销渠道？什么是纺织服装渠道？纺织服装渠道有哪些？我们如何选择纺织服装渠道，以及可以采取哪些纺织服装渠道策略？等等，下面将一一探讨。

10.1 纺织服装渠道概述

10.1.1 纺织服装渠道的含义与结构

10.1.1.1 纺织服装渠道含义

纺织服装渠道，也称为纺织服装分销渠道，是指纺织服装产品由生产者转移给消费者所经过的途径，是促使纺织服装产品顺利地被使用或消费的一整套相互依存、相互协调的有机系统。在纺织服装市场营销中，纺织服装企业为了获得竞争优势，应该寻找纺织服装分销商，扩大和方便纺织服装目标客户对纺织服装产品的购买。纺织服装销售过程，涉及参与从起点到终点之间流通活动的个人和机构。

10.1.1.2 纺织服装渠道结构

纺织服装渠道的基本结构，由纺织服装生产商、中间商和消费者三个基本要素组成，如图 10-1 所示。

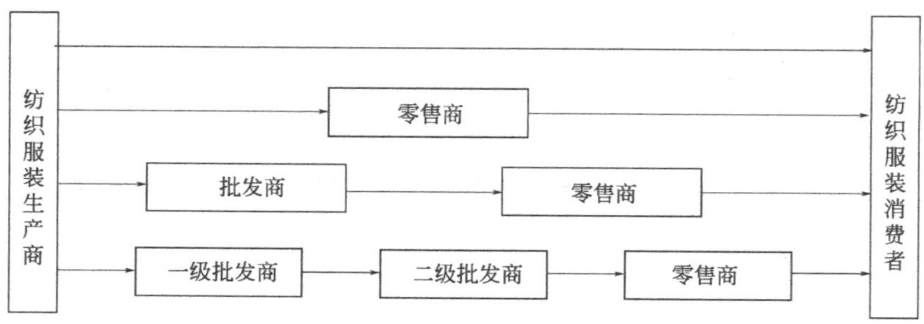

图 10-1 纺织服装渠道的基本结构

从图 10-1 中可以看出，纺织服装渠道的基本结构：零层渠道，也称直接渠道，即由纺织服装生产者直接将纺织服装销售给消费者；一层渠道，即只包含一个销售中间环节，例如，纺织服装零售商；二层渠道，包含两个中间环节，例如，纺织服装批发商和纺织服装零售商；三层渠道，包含三个中间环节，例如，纺织服装一级批发商、纺织服装二级批发商和纺织服装零售商。当然，还有更多中间环节的渠道。通常随着渠道层次的增加，将大大提高纺织服装生产者控制销售过程的难度，并可能增加流通加价的可能。

纺织服装渠道也可作为信息传递的途径，对纺织服装企业广泛、及时、准确地收集纺织服装市场情报和有关销售、消费的反馈信息起着重要的作用。纺织服装企业如果能正确地选择纺织服装渠道，采取合适的纺织服装渠道策略，使纺织服装销售渠道畅通无阻，不仅能保证纺织服装及时的销售，而且能加速纺织服装企业资金周转，降低销售费用，提高纺织服装企业的经济效益。纺织服装企业需要找到散布于各地的机构和居民点，使其纺织服装产品接近纺织服装目标客户，并为其所购买。

10.1.2 纺织服装渠道的分类

纺织服装分销渠道可以从不同的角度，按不同的标准来分类。

10.1.2.1 按有无中间环节分

按纺织服装分销渠道有无中间环节，可以分为纺织服装直接渠道和间接渠道，如图 10-2 所示。

(1) 纺织服装直接渠道　纺织服装直接渠道，是指纺织服装生产者将纺织服装产品直接销售给最终消费者和用户的渠道，中间不经过任何形式的中间商，是一种产销结合的经营方

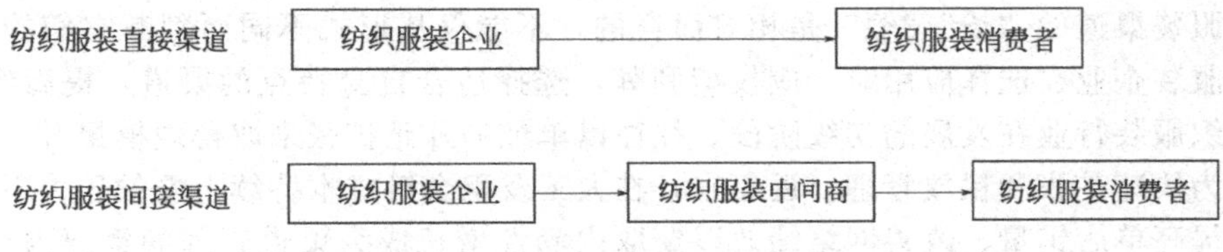

图 10-2 纺织服装直接渠道和间接渠道

式，主要包括推销员上门推销、邮购、电视直销、产品订货会或展示会、开设自销商店、电子商务订购等方式。例如，李宁纺织服装公司通过自己的专卖店销售体育运动类纺织服装产品。采取直接渠道，意味着纺织服装生产者不仅要承担生产职能，还要承担纺织服装商品的贮存、运输、包装、资金周转等各种职能。纺织服装直接渠道的优点：一是消费者的需求信息可以直接传递到纺织服装生产企业，企业可以针对个性顾客提供个性化的纺织服装产品；二是可以加强纺织服装企业对市场信息的收集、处理和使用，便于企业掌握纺织服装市场需求变动和时尚潮流；三是由于没有中间环节，降低了物流费用和减少纺织服装的流通时间及产品损耗，使纺织服装价格和送达时间上具有优势。其缺点是：会使纺织服装企业的纺织服装产品销售范围受到限制，难以做到大面积的市场覆盖，从而影响销售量和市场占有率。

(2) 纺织服装间接渠道　纺织服装间接渠道，是指纺织服装商品从生产领域向最终消费者或用户转移时，要经过若干中间商的分销渠道。间接渠道通常有以下三种情况：第一种是一级渠道。纺织服装生产者和消费者之间包括一个中间环节，这在消费者市场通常是零售商，在纺织服装生产者市场通常是代理商或经纪人。第二种是二级渠道。纺织服装生产者和消费者之间经过两个中间环节，这在消费者市场一般是一个批发商和一个零售商，在纺织服装生产者市场则可能是销售代理商与批发商。第三种是三级渠道。纺织服装生产者和消费者之间经过三个环节，例如，七匹狼纺织服装，就是经过生产厂家—省级代理商—市级代理商—零售商—消费者，属于三级渠道。纺织服装间接渠道的优点：一是可以充分利用纺织服装中间商具有的纺织服装集中、平衡和扩散的功能，减少纺织服装的交易次数，简化分销渠道；二是可以利用纺织服装中间商的资金，减少纺织服装企业的资金占用，加速资金周转；三是可以利用纺织服装中间商降低销售费用，同时可以扩大纺织服装的销售范围。其缺点是：会导致流通成本和纺织服装价格的提高，也会带来纺织服装企业渠道控制力下降，以及纺织服装市场反应迟缓等问题。

10.1.2.2 按中间环节多少划分

按纺织服装分销渠道中间环节的多少划分，可以分为纺织服装长渠道和短渠道。

(1) 纺织服装长渠道　指纺织服装生产者经过两道以上的中间环节，把纺织服装销售给最终消费者或用户。纺织服装长渠道的优点：一是可以明确划分纺织服装企业和纺织服装中间商在流通领域的职能，便于纺织服装企业集中资源做好自己的分工；二是帮助纺织服装企业渗透到局部末端市场，实现深度纺织服装分销；三是将纺织服装大量销售给纺织服装批发商，可以减少纺织服装企业的资金占压，有效调节纺织服装企业生产时点上的不平衡。缺点是：纺织服装企业对渠道的控制能力、对市场信息的收集和反馈能力会随着渠道环节的增多而减弱；中间环节增多导致纺织服装价格攀升，不利于纺织服装产品在终端市场的竞争力。

(2) 纺织服装短渠道　指直接渠道或只经过一个中间环节的渠道。纺织服装短渠道的优点：一是可以帮助纺织服装企业及时准确地掌握消费者的有关信息，便于纺织服装企业作出相应的经营策略调整；二是渠道缩短可以有效地降低纺织服装流通成本，增强纺织服装的竞争力；三是可以促进纺织服装企业与纺织服装中间商建立直接、密切的关系。缺点是：不利于纺织服装企业大规模、大范围地进行纺织服装市场拓展和纺织服装销售。

纺织服装渠道的“长”“短”是相对而言的，不能仅从形式不同而判断它们的优劣，关键是纺织服装企业在选择应用时，应权衡利弊，选择适合自身特点的渠道，提高经营效益。例如，纺织服装行业在发展的初级阶段，往往以单纯的外延扩张来取得规模提升，在渠道策略上表现为快速扩张和粗放管理。近年来，在人工及租金等成本持续上涨的压力下，优化渠道结构、提高单店销量、改善网络绩效以获取内涵性增长成为渠道管理的重要内容，因此，纺织服装企业不断加大在渠道上的投入。

10.1.2.3 按同一层次中间商多少分

按纺织服装分销渠道同一层次中间商的多少，可以分为纺织服装宽渠道和窄渠道。

(1) 纺织服装宽渠道 指在纺织服装渠道的某个环节或层次中，使用同种类型的纺织服装中间商数目比较多的渠道。对于定位大众化、品牌经营不明显的纺织服装企业，比较适合采取宽渠道方式实施分销。纺织服装宽渠道的优点：一是通过分布广泛的多种类型的纺织服装分销商可以快速将纺织服装送达消费市场，便于消费者购买；二是促使纺织服装中间商开展竞争和学习，促进销售效率，提高消费者的满意度。缺点是：渠道成员的复杂增加了纺织服装企业的渠道管理难度，像窜货问题的出现；渠道成员类型多，可能导致纺织服装中间商与纺织服装企业的关系松散，相互之间的合作程度降低，不利于提高销售效率。

(2) 纺织服装窄渠道 指在纺织服装渠道的某个环节或层次中，使用同种类型的纺织服装中间商数目比较少的渠道。它适用于具有很高溢价能力的纺织服装品牌，例如，国内的纺织服装企业以前通过大代理方式进入纺织服装市场，后来改造成公司直营，再后来向联营方式发展都属于在某一时间段内采取了单一的方式的分销体系。纺织服装窄渠道的优点：一是纺织服装企业与纺织服装中间商的关系密切，相互之间忠诚度大大提高，有利于厂商团结一致开展业务；二是销售、运输和结算的手续大为简化，便于纺织服装新产品的上市、试销，迅速取得信息反馈。缺点是：纺织服装企业在销售上过于依赖纺织服装中间商，容易形成纺织服装中间商的独大而不利于控制；再就是由于纺织服装中间商数量少，也不利于纺织服装企业市场占有率的快速提升和消费者的方便购买。

目前，纺织服装企业纷纷对自己的渠道策略进行调整，重组新的纺织服装营销渠道，进行渠道变革。在传统的纺织服装销售渠道中，一级批发商、二级批发商、三级批发商、零售商层次分明，纺织服装在该渠道中有条不紊地流动。而现在的渠道变革则意味着纺织服装批发商衰落，销售渠道重组，销售渠道越来越短。有些纺织服装大制造商建立自己的销售公司，越过纺织服装批发商直接向纺织服装零售商进行批发销售；同时，纺织服装零售商规模越来越大，像纺织服装连锁店这样大规模的零售商越来越倾向于直接从纺织服装制造商进货。因为随着渠道越来越短，纺织服装生产企业距终端经销商和最终消费者越近，对纺织服装市场就越了解，纺织服装产品就越具有竞争力，就能为消费者提供更满意、更及时的服务。纺织服装渠道变革的实质是服务，在现代纺织服装市场营销中，服务越来越重要。

10.2 纺织服装渠道成员

纺织服装渠道成员，是指独立并且追求个体利益最大化的经济组织和个人。纺织服装企业的纺织服装产品，除了由纺织服装生产企业直接卖给消费者这一直接渠道外，绝大部分是通过纺织服装中间商转卖给消费者或用户的。纺织服装中间商，是指处于纺织服装生产者和消费者之间，参与纺织服装营销业务，促使买卖行为发生和实现的，具有法人资格的经济组织和个人。纺织服装中间商是分销渠道的重要成员，有两种基本形式：纺织服装批发商和纺织服装零售商。这是根据它们在纺织服装流通过程中地位和作用的不同而划分的。

10.2.1 纺织服装批发商

纺织服装批发商，是指通过大量采购纺织服装产品或服务用于转售，以从中获取差价利润的经济组织和个人。纺织服装批发商是服装销售渠道中的一个重要机构。其交易对象是次级纺织服装批发商或纺织服装零售商。纺织服装批发商有三种主要类型：纺织服装商业批发商、纺织服装代理商和纺织服装生产者自营营销组织。

10.2.1.1 纺织服装商业批发商

纺织服装商业批发商，是指专门从事纺织服装批发经营活动的企业。他们批量买下纺织服装的所有权，然后再批量出售。他们是纺织服装批发商中最重要，也是最接近传统模式的一部分。

（1）种类 纺织服装商业批发商按其承担的职能不同分为三种：一是完全职能的纺织服装批发商，即不仅从事纺织服装的购销服务，还提供储存、运输、送货、融资等服务；二是纺织服装承销批发商，即不是通常的先买后卖，而是先收到客户的订单，再与纺织服装厂家联系订货，然后根据约定的时间将订购的纺织服装直接从厂家运到客户要求的交货地点。可见，纺织服装承销批发商只承担销售和送货服务，不承担仓储职能；三是现购自运的纺织服装批发商，即纺织服装交易采用现金交易，批发商不负责送货，由买方自己提货，例如，纺织服装自由批发市场的纺织服装批发个体户等属于此类。

纺织服装商业批发商按其经营范围的大小分为两种：一是纺织服装品牌专营批发商，即只经营某单一纺织服装品牌的批发业务；二是纺织服装综合批发商，是指经营两个以上纺织服装品牌的商业批发商。纺织服装商业批发商还可以根据供货的地理区域进行划分，例如，当地纺织服装批发商、区域纺织服装批发商、全国纺织服装批发商等。

（2）标准 因为不同的纺织服装商业批发商在经营纺织服装的种类、所处地理区域及完成职能等方面有较大区别，所以纺织服装企业在选择批发商时，应根据自身纺织服装产品特点、市场分布范围及财务状况等条件，对纺织服装批发商制订如下选择标准。

一看纺织服装批发商业务范围的地理分布区域，与纺织服装企业目标销售区域是否一致。如果纺织服装企业所推出的纺织服装产品的市场分布范围是有限的，或打算先在有限的纺织服装市场上销售成功，再扩大到更广的纺织服装市场范围，这时纺织服装企业就应选择区域纺织服装批发商，而不是全国纺织服装批发商。

二看纺织服装批发商所经营纺织服装的范围及其顾客群，是否与本企业纺织服装产品的目标顾客群一致。例如，一家生产内衣的纺织服装企业，就应选择全国性的纺织服装批发商。因为内衣的顾客分布范围很广，属于日常必备衣物。

三看纺织服装批发商的市场营销能力。纺织服装企业利用纺织服装批发商，主要看重其开拓纺织服装市场、扩散纺织服装产品的能力。纺织服装一旦由纺织服装批发商购进，纺织服装批发商市场营销能力就决定了纺织服装能在多大程度、多大范围实现其价值，从而制约着纺织服装企业的生产规模、生产速度，甚至决定新产品开发的成败。所以要选择那些业务联系广、人员素质高、促销能力强和经营规模大的纺织服装批发商。

四看纺织服装批发商掌握和反馈纺织服装市场信息的能力。纺织服装企业通常不接触最终用户，但又十分需要来自最终用户的信息反馈，纺织服装批发商由于业务范围面广，一般对纺织服装市场的供求及竞争状况会有其独特的信息来源，所以选择纺织服装批发商时，要考察纺织服装批发商是否有较强的掌握和反馈纺织服装市场信息的能力。

五看纺织服装批发商的合作精神及能力。纺织服装企业和纺织服装批发商作为交易中的买方和卖方，是一种合作关系，也必然会产生一些矛盾，若解决得不好，将影响双方的利益，因此，纺织服装企业应选择那些乐于并善于合作的纺织服装批发商作为营销网络系统成员。

10.2.1.2 纺织服装代理商

纺织服装代理商，是指接受纺织服装生产企业委托从事销售业务，但不拥有纺织服装商品所有权的中间商。

（1）区别 纺织服装代理商与纺织服装批发商的本质区别：纺织服装批发商对纺织服装拥有所有权，而纺织服装代理商对纺织服装没有所有权，只是代表买方寻找卖方，或代表卖方寻找买方。纺织服装代理商是独立自主经营的企业，不是所代理企业的雇员，因为没有独立投资，所以在纺织服装分销过程中不承担风险。纺织服装代理商的报酬是佣金而非薪金，赚取的佣金大约占销售额的2%～6%，而非纺织服装批发商的经营利润。

（2）标准 选择纺织服装代理商的标准：一是充分认识纺织服装代理商的作用。因为选择一个合适的纺织服装代理商，比选择一个好的纺织服装市场更为重要。二是要详细调查对方的背景。选择纺织服装代理商要慎重行事，不能急于求成，而要作详细的调查研究。调查了解情况的方式多种多样，例如，要求回答一些问题或填写一份表格，或者通过政府和民间的商业机构进行了解。

10.2.1.3 纺织服装生产者自营营销组织

纺织服装生产者自营营销组织，是指纺织服装生产企业自主经营销售本企业纺织服装产品的组织。随着纺织服装生产企业规模的日趋集中、庞大和竞争的激烈，纺织服装生产者自营营销组织呈现上升的趋势，尤其体现在纺织服装批发领域，其优势和劣势如下。

（1）优势 纺织服装生产者自营营销组织的优势有以下几方面。

① 有利于纺织服装企业制订灵活的销售策略。通过纺织服装生产自营销售组织，纺织服装企业可以向消费者传递纺织服装的信息以促成购买行为的发生，消费者也可以向纺织服装企业反馈产品信息。这样纺织服装企业就可以对纺织服装销售过程中的问题进行控制，制订灵活的销售策略。

② 进入纺织服装市场谈判成本低，速度更快。纺织服装企业如果借助纺织服装中间商销售纺织服装，必须在寻找中间商、甄选中间商等过程中花费不菲的费用。而且鉴于纺织服装的时尚性、季节性，在进行市场推广时，时间是保证纺织服装推广成功的重要因素。纺织服装生产者自营销售组织在进入市场成本和进入市场速度两方面无疑是具有一定优势的。

③ 节省佣金支出。纺织服装企业使用纺织服装中间商（主要指代理商）必须花费一定的佣金，佣金的数额与纺织服装产品的性质、中间商的讨价还价能力等因素相关，一些大的纺织服装中间商在价格谈判上具有较强的能力。所以纺织服装生产企业自营销售组织可以节省佣金支出。

④ 纺织服装自营销售组织对纺织服装企业的忠诚度高。由于纺织服装中间商销售企业的纺织服装，主要是从自身能否获利为出发点，而且纺织服装中间商往往同时销售几个品牌的纺织服装，这些纺织服装之间往往因为具有相互替代性而不免产生竞争，纺织服装中间商在推销某款纺织服装时，往往不会像纺织服装企业自营销售组织那样尽心尽力，因为后者与纺织服装企业有着紧密的利益关系，它是纺织服装企业的一个组成部分、一个销售部门。

⑤ 纺织服装市场独立性强，不易受制于大的纺织服装中间商。纺织服装企业借助于少数大的纺织服装中间商销售纺织服装，会形成对这些纺织服装中间商的依赖，导致纺织服装企业的市场能力萎缩，纺织服装中间商在与纺织服装企业打交道的过程中，处于十分主动的地位，可以从各方面影响纺织服装企业，不知不觉中取得了对纺织服装企业的控制权，这是

很危险的。

（2）劣势　纺织服装生产者自营营销组织的劣势有以下几方面。

① 组建成本高。组建销售组织是一项复杂的工作，纺织服装企业要组建比纺织服装中间商分销效率高的销售组织，必然要花费很大的投入，而在纺织服装企业普遍重视现金流的今天，将大量的现金投入到销售组织的建设与运营中无疑是有风险的。

② 对纺织服装企业的管理能力要求高。销售组织的管理是一项很专业化的工作，包括销售人员的管理、销售账款的管理等内容，纺织服装企业不能向引进生产设备一样引进完全适合自己的销售组织，必须结合纺织服装企业的实际情况制订适合的管理制度。

③ 容易产生销售中的惰性和纺织服装企业腐败。由于销售终端是纺织服装企业产生实际利润的唯一部门，也是最容易产生腐败的地方，这些腐败现象逐步侵蚀纺织服装企业的健康发展，导致纺织服装企业的衰败。另外，纺织服装生产者自营营销组织不易形成规模效益，信息反馈渠道也较为单一。

10.2.2 纺织服装零售商

纺织服装零售商，是指从事面向个人消费者的纺织服装销售活动的企业或个人。纺织服装零售是整个纺织服装营销网络系统的出口，是纺织服装流通的最后环节。它的基本任务是直接为个人消费者提供便利购买的服务，所以在开设地点、营业时间、服务项目、购物环境等方面的努力特别重要。纺织服装零售商面对的消费者十分分散，所以纺织服装零售商的数量众多，通常超过纺织服装生产企业和纺织服装批发企业之和。其经营形式（或称经营业态）也多种多样，下面介绍一些主要的纺织服装零售形式。

10.2.2.1 纺织服装单体店零售

纺织服装单体店零售，主要有以下几种类型。

（1）百货商场纺织服装部　纺织服装通常是百货商场的经营大类之一，具有一定规模的百货商场都划分出专营纺织服装的楼层，并区分出男装、女装、儿童装、运动装、休闲装等专区。有一些分类更为细致的商场，针对卖点的主力军——女装，还按年龄进一步分为青春少女装、优雅淑女装、成熟职业装等专区。在各专区中再按纺织服装品牌进行划分，形成纺织服装品牌专营的店中店或专卖厅、专柜等。

（2）超级市场纺织服装部　超级市场是大规模、低成本、低毛利、消费者自我服务为主的零售形式。其经营目的是满足消费者日常生活的需要，商品的品质一定要有保障，但对档次没有较高要求。超市中的纺织服装部通常不是超市经营的主营项目，纺织服装品种较少，一般都放置在日用品专区的位置，主要销售日常的内衣、睡衣、袜子和基本不具有品牌效应的休闲装。在大型的超市，例如，家乐福、沃尔玛、百佳，也划分出一些纺织服装专卖店，但规模都很小，而且不是知名品牌。

（3）折扣纺织服装店　折扣纺织服装店，是一种专门以低于纺织服装标准价格，以折扣形式销售纺织服装类产品的纺织服装店。它与百货商场、纺织服装专卖店偶尔的、季节性的打折不同，这类纺织服装店常年以折扣价销售，例如，专业的反季节纺织服装折扣店，它夏天专卖皮草、羽绒等冬季纺织服装，冬天却专卖纱裙、T恤等夏季纺织服装，这些纺织服装不是次品，只是反季销售，以折扣价格吸引消费者。

（4）减价纺织服装店　由于这类纺织服装店的大多数纺织服装，是在季末从厂家或有多余存货的其他纺织服装零售商手中购进的。这些纺织服装有的是型号不全、有的是颜色和样式不受欢迎，也可能有的是残次品、等外品，总之减价零售商能以原价 1/5 或 1/4 的价格低价购进，再向消费者低价抛售。近年来出现的单一价纺织服装店，例如，50 元纺织服装店、100 元纺织服装店等也属这一类型。

(5) 纺织服装专业店和纺织服装专卖店　纺织服装专业店，是指专门经营纺织服装的商店。纺织服装专卖店，是纺织服装厂家自开的商店，主要销售自有品牌的纺织服装。纺织服装专业店与专卖店的不同点在于两者的所有权关系不同，销售的纺织服装品牌不同，所以纺织服装的齐全程度也有差异。两者的区别如下。

一是纺织服装专业店归属于独立的商业经营单位，他们经营的唯一目的是获取利润。纺织服装专卖店常是由厂商或是与厂商有密切联系的公司创办并经营的，目的不仅是获取利润，而且还在于推广自己的纺织服装，所以在实际生活中存在着赔钱的纺织服装专卖店。

二是纺织服装专业店常常以纺织服装品类作为取舍对象，即只要是纺织服装品类，就采购进来，转而进行销售。纺织服装专卖店常常以纺织服装品牌作为取舍对象，即只要是本店所经营的纺织服装品牌，就纳入本店商品经营目录。

三是纺织服装专业店并不排斥纺织服装品牌，所以可以更为广泛地征集纺织服装，使某一类纺织服装的规格、花色与型号十分齐全，满足众多消费者的需求。而纺织服装专卖店因只卖自己品牌的纺织服装，因此，纺织服装的花色、品种、规格都是有限的，集客能力也弱于纺织服装专业商店。

随着纺织服装分销市场的活跃化，分销渠道选择的机会越来越多，面对着大商场不断增加的场地租金和各种服务、促销、庆典费用，以及商家不可能照顾到成千上万商品的每一个厂家等诸多问题，越来越多的纺织服装企业正在筹划着开办自己的纺织服装专卖店。

10.2.2.2　纺织服装连锁店零售

(1) 特征　纺织服装连锁经营的特征有如下几方面。

一是组织联合化，即纺织服装连锁店在组织形式上，不再采用传统的“单体店”形式，而通常是由一个总部（店）和十个以上门店（或分店）构成的“联合体”，就如同用一条链子将各个分散的经营分支“锁”在了一起。每一家连锁分店的经营业务不同程度地受总店的控制。

二是经营统一化，即纺织服装连锁店在经营方式上，不再是传统的分店式经营，而是通过“克隆”的方式，实行经营统一化。包括经营理念统一化，即各连锁分支的市场定位、企业文化、信息传播、营销策划等的统一，例如，在店铺分布上，真维斯休闲服装店几乎分布于每个繁华商业街，而百花鞋店基本在不太繁华的商业区与居民区交界处；视觉识别系统统一化，即店名、标志、商标、店貌、装饰、陈列、商品及设备等的统一，例如，苹果纺织服装店都以苹果的图形，突出绿色和蓝色为标识，米奇纺织服装店都以米老鼠形象为标志；经营行为统一化，即经营方式、服务准则、行为规范、管理标准、岗位操作和营销策略等的统一。

三是作业专门化，即纺织服装连锁店在各个经营分支的作业安排上，不再是传统的职能混合式，而是实行了科学的专业化分工。总部负责全面的管理，并通过配送中心进行集中进货和配送，门店负责分散销售，实行购销分离。同时，总部的管理职能又进一步分解为经营规划与政策的制订、门店开发与设计、纺织服装商品配置与陈列、采购与配送、库存与保管、财务与会计、人事与培训、促销与广告等，由专业化职能管理部门统一操作，形成集中规划下的专业管理式经营组织网络。

四是管理规范化，即纺织服装连锁店在管理方式上，必须有一套规范化的管理制度和调控体系，以保证庞大而又分散的连锁经营体系内部的各类机构能协调、有效地运转，减少个体的经验因素对经营的影响。因此，现代化管理手段，诸如电脑管理系统、远程通讯网络及其他电子技术的广泛运用，对于连锁经营优势的发挥至关重要。

（2）可行性　通过上述特征我们可以看出，纺织服装连锁经营一方面具有明显的规模优势；另一方面管理、运作的整体优化，又带给消费者一致的服务和形象，易使消费者产生定向消费信任或依赖，具有纺织服装市场整合效应、资源共享效应和无形资产倍增效应，但这些效应的实现是要有一定条件的。纺织服装连锁经营的可行性表现在以下几方面。

一是纺织服装市场规模具有扩张的潜力。纺织服装连锁店铺规模的实现，并不一定与店铺数量成正比。只有在纺织服装市场规模（消费规模）具有扩张潜力的前提下，店铺数量的增加才有可能使经营规模扩大。

二是纺织服装企业自身要具备发展连锁经营的基本条件。首先，是否发展连锁，要对已建立的纺织服装单体店进行考核，如果纺织服装单体店失败了，指望通过纺织服装连锁来拯救它，是绝对不可能的。规模固然是影响纺织服装企业成败的重要因素，但对于一个店铺来说，失败会有许多复杂的原因，像商品不适销对路，管理不科学等，这些靠连锁都无法解决。其次，是否发展纺织服装连锁，要看自己商品的普及性和档次的全面性。如果是超高档、超豪华的纺织服装，一个城市有一家就够了，不必发展连锁。例如，佐丹奴早年曾成为高档名牌，广告做得很出名，但不久生意一败涂地，后来将定位调整至数量多的年轻人，才发展壮大起来。再次，是否发展纺织服装连锁，要看自己的知名度、信誉度是否高。纺织服装连锁成功的标志决不在于开店数量的多少，而在于信誉与效益的高低。

三是成本效益指标要理想。纺织服装连锁发展的根本要求，还在于成本效益指标理想。核心标准是有利可图时，考虑纺织服装连锁发展，否则，就放弃。

（3）方式　纺织服装连锁发展的一般运作方式是首先建立模范店或旗舰店，并根据市场情况进行调整，定型之后根据模范店或旗舰店的标准进行复制和扩展。扩展的方式有两个方面的考虑：一是发展直营店，还是发展特许经营；二是建立独立店铺，还是到百货商店租赁专柜。前者我们称为组织方式的选择，后者我们称为店铺形态的选择。前者是内在的，后者是外表的。纺织服装连锁经营的运作方式具体有以下几种。

一是按组织方式的选择。纺织服装连锁发展一般采取两种方式：或是自己投资建立纺织服装专卖店，或是采取特许经营的方式，二者的特征及运行规则都是不同的。纺织服装直营店，即经营归公司统一领导，其好处是通过一套严密的控制管理系统，保证整个组织体系的协调运转，缺点是花费资金较多，发展速度受到限制。例如，纺织服装专卖店，采取直营连锁的方式十分普遍。纺织服装是文化色彩较浓的产品，品牌形象较鲜明，建立直营店更容易贯彻自己的意图，并减少办店的盲目性。纺织服装特许经营，其核心是通过签订契约的方法，将总公司的商标、商品名称等足以代表公司营业象征的标志，供加盟者使用、销售，同时向总公司交纳一定的费用。特许经营发展的好处是可以通过他人资金扩大自己品牌的势力范围，繁衍速度快。缺点是管理容易失控，一个店铺的失败会败坏整个组织体系的声誉。但是由于发展速度快，纺织服装企业又可以轻易地赚取特许加盟费，受到不少公司的偏爱。由于以上原因，专家建议先发展纺织服装直营店，再发展纺织服装特许经营店。

二是按店铺形态的选择。发展纺织服装连锁店铺，并非仅有在城市中心商业区开设自己的店铺这一种形式，还有其他的选择，例如，在百货商店里设立纺织服装专柜或店铺，或是在购物中心里设立纺织服装分店。每个连锁公司必须根据自己的情况进行选择，多数公司是采取多种店铺形态。首先，在百货商店里设专柜或店铺，这是目前最为常见的一种方式。如果在多家百货商店里设立专柜或店铺，就已是连锁的形式了。这种形式的好处是不必自己选址建店，也不必担心顾客不来，还有利于形成扎堆效应，突出自己的品牌效应。这种方式的缺点是不利于形成自己的独立形象，受百货商店的管理、制约较多，有时租金及其他促销费用也很昂贵。这是不少公司自设店铺的原因之一。其次，在商业街设立自己的店铺，由于厂家越来越不满意百货店里的入租条件，又急于打出自身的品牌或店牌，开始酝酿并筹划着在商业街上建立自己的店铺。再次，在购物中心开办店铺。20世纪六七十年代以后，吃穿用玩为一体、购物娱乐集一身的巨型购物中心在各国发展起来。购物中心的经营方式是提供场地给商店经营者，提供物业服务、促销服务，并向店家收取场地租金。购物中心里除了一两家集客力非常强的百货商店或特级市场外，汇集着各类专业店和精品店，它们完全可以按照自己的风格进行店面与店堂设计。例如，在巴黎的每一家购物中心里，几乎都能见到C&A、NAF-NAF等纺织服装专卖连锁店的分店。

10.3 纺织服装渠道策略

10.3.1 影响纺织服装渠道选择因素

影响纺织服装渠道选择的因素有很多，主要有产品因素、市场因素、企业因素、中间商因素和环境因素等。纺织服装企业在选择分销渠道时，应对这些因素进行分析和研究。

10.3.1.1 产品因素

纺织服装产品因素所涉及的内容，主要包括：纺织服装品牌定位及产品档次、纺织服装产品设计和款式、纺织服装产品组合、纺织服装销售服务等。

（1）定位及档次　定位及档次，是指纺织服装品牌定位和纺织服装产品的档次。作为纺织服装企业的重要组成部分，营销网络是纺织服装品牌进入消费市场的重要通道，纺织服装企业要根据品牌定位选择营销渠道、决定网络终端服务目标、有效维护纺织服装品牌形象。一般来说，纺织服装品牌的定位及产品档次越高，消费群体就越窄，销售渠道就越短；反之，档次越低，消费群体就越宽，销售渠道越长。例如，高级纺织服装通常在设计师自有的高级纺织服装品牌专卖店里销售，多选择短渠道以保证品牌形象溢价，而普通的大众纺织服装，则会经过较多的中间销售环节选择长渠道销售。

（2）设计和款式　设计和款式，是指纺织服装产品的设计和款式。一般来说，纺织服装产品的流行性越强，设计风格越独特，款式越新潮，销售渠道就越短；反之，销售渠道就越长。例如，ZARA、H&M等新潮时尚品牌，在强调供应链快速反应的同时都大幅缩减渠道层级，甚至做到直营终端。

（3）产品组合　产品组合，是指纺织服装企业的产品组合，它将影响纺织服装企业的渠道模式。纺织服装产品组合越广，纺织服装企业直接向消费者出售的能力就越大；纺织服装产品组合越深，采用独家经销或少量有选择的纺织服装中间商就越受益；纺织服装企业产品组合的关联性越强，所采用的纺织服装分销渠道也就越相似。

（4）销售服务　销售服务，是指纺织服装销售服务要求。一般来说，纺织服装产品的销售服务要求越多，销售渠道就越短；反之，销售渠道越长。例如，高级纺织服装是为消费者立体裁剪、手工缝制、量身定做的，所以通常是在兼具设计、制作、销售等功能的高级纺织服装品牌专卖店里销售，在那里工作的人员要了解消费者的需要，包括款式、颜色、材料等，并为消费者测量尺寸，然后设计、制作并进行必要的修改。

10.3.1.2 市场因素

纺织服装产品无论选择什么样的渠道销售，最终都会在纺织服装市场上实现产品的价值，即最终到达消费者手中。经过多年的发展，纺织服装行业已经成为市场化程度很高的行业，由于纺织服装市场是由纺织服装生产者、消费者、中间商和产品构成的，所以市场因素在纺织服装渠道选择中起到最为关键的作用。纺织服装市场因素主要包括以下内容。

(1) 市场范围　纺织服装市场范围和消费者的数量，与集中程度密切相关。纺织服装市场范围大，则消费者多而分散，潜在消费者也较多，应广泛选用分销渠道，通过纺织服装中间商销售。纺织服装市场范围小，消费者集中，可采用纺织服装直接渠道销售。

(2) 市场需求　如果纺织服装产品具有一般大众化特征，其销售的市场范围大，批量也大，则宜采取宽而长的分销渠道，例如，在全国范围内广泛销售，此时就需要更多的流通环节。如果消费者集中于某一区域，则可考虑采用较短的销售渠道，例如，设点直接销售。

(3) 购买习惯　消费者购买习惯，包括：消费者的价格偏好、品牌偏好、购买场所的偏好以及对服务的要求等。一般大众纺织服装选择长渠道和间接渠道广泛销售；特殊、高档纺织服装则宜通过直接渠道和短渠道销售。随着零售业态的日益丰富，消费者在纺织服装购买上有了更多的选择空间，可以在传统实体店购买，可以通过邮寄目录方式购买，也可以通过电话订购，而网络销售则成为了一种越来越受欢迎的方式。

(4) 市场竞争　市场竞争状况对销售渠道选择的影响也不可小视，纺织服装企业可以与竞争对手在相同的渠道上竞争，也可以另辟渠道，但开辟新的渠道，必须以充分掌握纺织服装目标消费者的购买习惯为前提，否则就可能失去应有的消费群体。例如，竞争性较强的纺织服装，可根据竞争对手的分销渠道和双方实力，灵活选择分销渠道，或针锋相对，或避开锋芒，扬长避短，发挥优势。

10.3.1.3 企业因素

纺织服装企业自身条件不同，选择分销渠道也应有所区别，因此，纺织服装企业本身的因素也是影响渠道选择的一个重要方面。纺织服装企业自身的因素包括以下几种。

(1) 企业财力　资金雄厚的纺织服装企业，与其支付给纺织服装中间商各种推销佣金、补贴和津贴，不如雇佣推销员，组织销售业务，这样既可以与消费者加强联系，又可以听取消费者对纺织服装企业以及产品的意见，还可以多获得盈利。故此，财力比较雄厚的纺织服装企业，都希望分销渠道短些，而财力较弱的纺织服装企业，只能依靠纺织服装中间商，分销渠道就要长些。

(2) 管理能力和经验　如果纺织服装企业的管理水平比较高，营销经验丰富，则不必依赖纺织服装中间商，或较少依赖纺织服装中间商销售；反之，就要物色可靠、有信誉和实力雄厚的纺织服装中间商。例如，由于目前国内大多纺织服装企业的市场运作经验比较欠缺，管理能力较低，通过直接渠道销售产品往往心有余而力不足，所以间接渠道目前被多数纺织服装企业所采用。

(3) 信誉和服务能力　有声誉的纺织服装中间商，往往要挑选纺织服装制造商，所以纺织服装企业的信誉也是影响分销渠道选择的一个重要因素。如果纺织服装企业的信誉高、产品销路好，纺织服装中间商才愿意向厂家购货；如果纺织服装企业愿意多花费广告费用，提供各项促销服务，纺织服装中间商就乐于代销产品，乐于合作；纺织服装企业能经常提供各种售后服务和技术咨询工作，承担费用，也可以调动纺织服装中间商经销的积极性。

(4) 信息收集能力　纺织服装企业往往要求能及时掌握纺织服装市场信息，如果纺织服装装企业市场信息收集能力弱，缺乏对消费者的了解，就需要借助于纺织服装中间商来销售产品；反之，如果纺织服装企业市场信息收集能力强，就可以采用纺织服装直接渠道。

(5) 控制能力　力量强大的纺织服装制造商可以根据自身的实力，例如，品牌、知名度、信誉、财务状况、管理水平和经验，按照自己的意图布局分销网络，有战略性和前瞻性，对分销渠道的控制能力就强大；而力量单薄的纺织服装制造商，更多地依赖纺织服装中间商和渠道成员，面对纺织服装大客户的谈判能力不强。

10.3.1.4　中间商因素

中间商因其从事促销、谈判、储存、交际和信用诸方面的能力不同而有一定差异，纺织服装企业可从中间商的可得性、使用成本和服务能力三个方面进行考虑。

(1) 可得性　指在选定的纺织服装市场区域内能否选到有效的纺织服装中间商。在许多情况下，中间商可能由于事前有与纺织服装企业竞争对手的契约而不能经销纺织服装企业产品，这时纺织服装企业只能建立自己的分销机构，采用纺织服装直接渠道。

(2) 使用成本　在实际的纺织服装渠道选择中，可能会碰到中间商会索取非常高佣金的情况。这时纺织服装企业会选择和比较两种纺织服装分销渠道的成本差异，以决定是否选择纺织服装中间商及中间商的层次。

(3) 服务能力　纺织服装企业还需要评估纺织服装中间商向消费者提供服务的能力。如果纺织服装中间商的实力不能提供有效的服务，纺织服装企业就要考虑建立自己具有保障服务能力的纺织服装直接渠道。

10.3.1.5　环境因素

国家的方针政策、法令法规对纺织服装企业分销渠道的选择有重要影响。例如，反不正当竞争法、反垄断法、税法等，都会影响纺织服装分销渠道的选择。故此，纺织服装企业在选择分销渠道时，就要遵守国家方针政策、法令法规，使用合法的纺织服装中间商，采用合法的营销手段，而不能为了牟取暴利，坑害国家和消费者，违反国家的方针政策、法令法规。此外，经济形势的好坏也会影响分销渠道的选择。在经济繁荣时，纺织服装企业对分销渠道有较大的选择余地，当经济不景气时，纺织服装企业应尽量减少不必要的流通环节，以节约费用，所以应选择较短渠道。

10.3.2　纺织服装渠道模式

在各种纺织服装渠道因素的影响下，不同的纺织服装企业会采用不同的纺织服装渠道模式，常见的纺织服装渠道模式有以下几种。

10.3.2.1　区域模式

区域模式，是指纺织服装企业实行的区域总经销模式，也就是说该纺织服装企业在某规定区域内只选择一家经销商销售本企业的纺织服装。纺织服装企业往往因其规模、定位、资金、管理等各方面的限制，常会选择“厂家—经销商—消费者”的渠道模式。例如，纺织服装企业采取区域总经销模式，往往将一个较大的市场范围像一个或几个省交由某个纺织服装经销商，整个区域的网络建设及市场管理全部由纺织服装经销商完成，纺织服装企业只是负责提供纺织服装产品。

(1) 条件　这此种情况下，纺织服装企业在与纺织服装经销商签订合同时必须包含以下条款：必须在划定的区域市场内进行销售纺织服装，不得跨区销售；必须按照规定的价格销售，不得低价倾销，也不得高价销售；在规定期限内要完成销售目标，并要符合纺织服装品种比例的要求；要按照合同规定进行回款，并采取规定的补款方式；要按照纺织服装企业规定开展有效的促销活动，避免擅自促销而造成的不良后果；要负责辖区内的政府、媒体的公关事宜，处理突发事件并维护纺织服装企业的利益；对于滞销纺织服装要在规定时间内申报调货处理；当经销商变更交货地点时，需要提前通知纺织服装企业，或者自行支付额外运费；要遵守并执行供销合同中的其他事项。

(2) 优点　它可以较少的资金和人力投入，在较短的时间内换取较大的纺织服装市场空间，这一模式很适合中小型纺织服装企业。

(3) 缺点　是纺织服装企业对市场网络及终端难以掌控，纺织服装渠道较为松散，纺织服装经销商往往会形成对纺织服装企业的要挟和控制，这种方式也不利于纺织服装品牌的建立与提升。

10.3.2.2　特许模式

特许模式，是指纺织服装企业实行的特许专卖经营模式，这种模式往往以市、县为市场单位，将全国分割为众多的纺织服装子市场，采取分开授权、单独经营的方式，由纺织服装企业直接控制每个特许专卖店铺。例如，从20世纪90年代中期开始，国内纺织服装企业尤其是浙江温州的纺织服装企业，引入特许方式开设纺织服装品牌专卖店，此后这种方式在为国内纺织服装业的发展中，立下汗马功劳，使纺织服装品牌迅速在全国铺开网络，打开知名度。

(1) 条件　特许专卖经营模式中经销商的职责，与区域总经销模式中经销商应当履行的职责大部分是相同的，不同之处在于纺织服装企业与经销商签订合同时还必须注意以下问题：一是纺织服装企业应该具有相当成熟的纺织服装品牌、服务、技术等，能为纺织服装经销商提供各方面的支持；二是纺织服装经销商自身条件是否符合要求，是否与纺织服装企业吻合等。

(2) 优点　它可以充分利用社会资源开设纺织服装专卖店铺，纺织服装企业对市场的控制力较强，纺织服装品牌形象得以维护与提升。

(3) 缺点　众多纺织服装经销商是脱胎于传统的纺织服装批发业，受到其本身经验、理念的限制，纺织服装终端的管理能力各有不同，造成纺织服装企业终端力量参差不齐，管理难度增大。

10.3.2.3　直营模式

直营模式，是指纺织服装企业在重点销售区域设立分公司或办事处，派驻营销人员直接开发最终用户，为用户提供直接的服务，对纺织服装产品的营销进行全程控制模式。这种模式由于需要付出较大的人力、物力等成本，适合于一些大型的纺织服装企业，通常多为大型纺织服装企业所采用。例如，雅戈尔在全国纺织服装市场的自营旗舰店，已经达到两百余家；班尼路旗下的几大纺织服装品牌，都在广州的北京路开有大型旗舰店。这些纺织服装旗舰店一般装修气派，货品齐全，服务规范，比较能体现纺织服装企业的实力和整体形象，其产生的广告效应甚至要高出经济效应。

10.3.2.4　直复模式

直复模式，即直复营销模式，是指纺织服装企业利用互联网、DM广告等传播媒体进行纺织服装产品宣传，直接对最终客户的“采购中心”产生影响，促使其与纺织服装企业进行联系的模式。直复营销模式，减少了中间环节，实现了纺织服装企业与消费者的直接沟通，并且能够节约营销成本，有效地规避通路风险。纺织服装直复营销模式的基本条件有是：产品容易标准化；产业供应链完善；信息技术较为成熟；互联网普及程度较高；物流基础完善；消费者购物习惯改变；相关立法如信息、金融等法规支持等。例如，曾经盛极一时的

PPG，以及后起之秀 VANCL 都属于典型的纺织服装电子商务企业。

10.3.2.5　共同体模式

共同体模式，即利益共同体模式，是指纺织服装企业与纺织服装区域经销商为寻求合作利益最大化，而合资组建纺织服装联合公司，以进行纺织服装渠道运作的模式。纺织服装企业采取利益共同体模式，不但可以减少纺织服装厂商之间营销资源重叠，以及纺织服装厂商间争端，而且还可以促成纺织服装厂商共同把纺织服装产品在特定区域做大做强。

10.3.3　纺织服装渠道设计

纺织服装营销渠道的设计受纺织服装企业、产品、客户、环境、竞争者、中间商等因素影响，通过考虑上述各项影响因素，纺织服装企业可规划一些可能的纺织服装营销渠道方案。在选择最佳纺织服装营销渠道时，纺织服装企业必须和既有的纺织服装营销渠道及竞争者目前使用的营销渠道进行比较评价，评价时最好能拟订出评价目标，例如，纺织服装营销渠道的营运成本、纺织服装企业对营销渠道的控制能力、能获得多少竞争优势以及现有纺织服装营销渠道的整合程度等。纺织服装营销渠道的设计如图 10-3 所示。

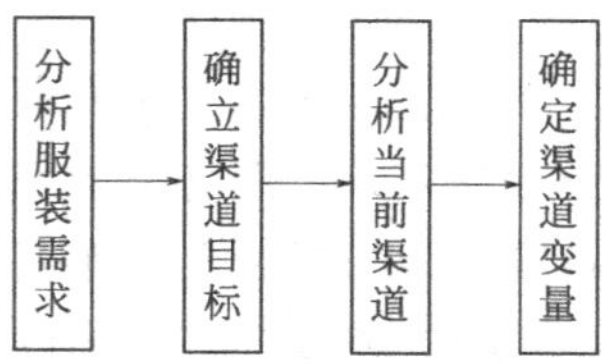

图 10-3　纺织服装营销渠道的设计

10.3.3.1　分析服务需求

纺织服装企业首先必须了解消费者购买纺织服装产品的种类、购买时间、购买原因、购买时所期望的服务水平。例如，通常消费者希望购买等待的时间越短越好；在购买名牌纺织服装时愿意去专卖店；对一般纺织服装用品像袜、鞋等则习惯去百货店或超市购买。

10.3.3.2　确立渠道目标

纺织服装渠道目标，即纺织服装营销渠道目标，或纺织服装分销渠道目标，它是纺织服装企业整体营销目标的组成部分，必须和纺织服装营销目标保持一致，为实现纺织服装企业战略目标服务。因此，纺织服装企业分销渠道设计的目标一般有以下几个。

(1) 分销顺畅　分销顺畅是纺织服装企业分销渠道设计最基本的要求，为了达到这个目标，一般应该使用渠道扁平化、沟通便利化。

(2) 流量最大化　指纺织服装分销渠道的流量最大化。通过广布分销网点、提高铺货率，这样可最大化地增加流量。

(3) 分销便利　指为了使消费者感到便利，纺织服装企业应使纺织服装市场分散化，节约分销商的运输成本；同时，提供完备的售后服务，及时为消费者解决问题。

(4) 拓展市场　一般情况下，在进行纺织服装市场开拓时，大部分纺织服装企业更侧重于依赖纺织服装中间商，借助纺织服装中间商的网络销售纺织服装，待拥有一定的市场份额和稳定的顾客群后，再建立自己的纺织服装分销网络。

(5) 提高占有率　在建立起合适的纺织服装分销渠道后，应特别注重纺织服装分销渠道的维护与保养，从而逐步扩大纺织服装市场份额。

(6) 扩大知名度　在维护老客户对纺织服装品牌忠诚度的同时，还要积极地进一步争取新客户。

(7) 成本最低化　在设计与选择纺织服装分销渠道时，要考虑到纺织服装渠道的建设成本、维护成本、改进成本以及最终收益。

(8) 提高覆盖　指提高对纺织服装市场的覆盖面积和密度。纺织服装企业为了实现这一目标，大多采取多家分销和密集分销的形式。

(9) 控制渠道　指纺织服装企业通过提高自身的管理能力、融资能力，掌握一定的纺织服装销售经验，建立纺织服装品牌优势，来掌握纺织服装渠道主动权。

(10) 服务创新　例如，延长纺织服装营业时间、提供主动上门的纺织服装服务、开展网上纺织服装分销等。

10.3.3.3　分析当前渠道

(1) 掌握常用渠道　掌握业界常常采用的纺织服装分销渠道可从三方面进行分析：一是分销渠道方式，即业界要么采用纺织服装直营式营销，要么采用重点地区直营、其他地区经销，或纺织服装独家代理，或选择性纺织服装分销，或特殊的纺织服装分销渠道；二是评估地区的涵盖率，即评估业界在各地区的涵盖率；三是评估各分销渠道的实力，即包括各个纺织服装分销渠道网点中人员的数量与素质、坐落的地点、渠道忠诚度等。

(2) 差异比较　指纺织服装企业与竞争对手的纺织服装分销渠道差异比较。例如，纺织服装企业可以对主要竞争厂商的渠道选择进行差异分析，以了解本企业在业界中所处的地位；也可以从纺织服装分销渠道方式和数量、渠道的优劣势、推销员状况、产品状况、中间商状况以及推广状况等方面，从更多角度与主要竞争对手进行纺织服装销售竞争力的比较。

(3) 当前问题　指当前纺织服装企业分销渠道的问题。纺织服装企业分销渠道的形成是靠长期且互利的关系建立起来的，对一些多层级且数量众多的经销商、区域代理等中间商，纺织服装企业往往不易控制，可能会导致冲突与问题的产生。故此，明确当前纺织服装分销渠道的问题点，是拟订纺织服装分销渠道策略的一项重要内容。纺织服装分销渠道的问题点大致有以下两类：一是与经销商的冲突，即纺织服装企业与经销商间的冲突。例如，纺织服装生产商抱怨批发商销售太多的纺织服装品牌，无法做好纺织服装市场情报的回馈；而纺织服装经销商则抱怨利润低、价格混乱和生产商直接开设零售店等。二是经销商间的冲突，即纺织服装经销商与经销商之间的冲突。例如，纺织服装经销商之间争夺客户、破坏价格和跨区销售等，都是经常发生的情况。

10.3.3.4　确定渠道变量

确定纺织服装渠道变量，包括确定纺织服装渠道的层次数目，和同一层次中的环节数目，这是纺织服装分销渠道决策的重要内容。它主要有两个变量：纺织服装渠道长度和纺织服装渠道数目。

(1) 确定渠道长度　除了纺织服装直接渠道没有纺织服装中间商的介入，其他几种策略都包括不同类型的纺织服装中间商，这些中间商一方面可帮助纺织服装企业实现纺织服装从生产者到消费者的转移，另一方面也可减少纺织服装企业在流通领域的开支和风险，在纺织服装的销售过程中发挥重要的功能。纺织服装企业可以根据实际情况，决定采用纺织服装直接渠道，还是采用纺织服装间接渠道；是自设销售门市，还是利用纺织服装中间商。纺织服装企业选择的中间层次越多，则销售渠道就越长。但太长的销售渠道会使纺织服装价格成本上升，纺织服装企业对渠道的控制力减弱，这会影响纺织服装企业的营销效果。

(2) 确定渠道数目　即确定纺织服装中间商数目。纺织服装企业在明确了利用何种类型的纺织服装中间商后，接下来的工作是确定纺织服装中间商的数目，可以通过纺织服装渠道策略来确定，通常有三种渠道策略可供纺织服装企业选择。

10.3.4 纺织服装渠道策略

纺织服装企业为了开拓纺织服装市场，实现自己的营销目标，要选择和确定具体的纺织服装渠道策略。可供纺织服装企业选择的渠道策略主要有广泛性分销渠道策略、独家分销渠道策略和选择性分销渠道策略。

10.3.4.1 广泛性分销渠道策略

广泛性分销渠道策略，又称为密集分销渠道策略，是指纺织服装企业尽可能采用更多的纺织服装中间商，来销售本企业的纺织服装产品的策略。广泛性分销渠道策略，适用于没有明确市场定位和目标群体的大众纺织服装，消费者要求购买便利。例如，一些无品牌或非选购纺织服装，通常采用这种策略，而流行性和季节性强的纺织服装一般不会采用此种策略。

(1) 优点　一是纺织服装市场覆盖面广，可使消费者及时、方便地购买纺织服装产品；二是由于采用尽可能多的纺织服装中间商，可以增加纺织服装产品销量，提高纺织服装市场占有率。

(2) 缺点　纺织服装企业缺乏对纺织服装中间商的管理控制，纺织服装中间商也不愿意花费更多的精力分销某一种纺织服装产品，从而对纺织服装企业的产品不够重视。由于纺织服装中间商经营的积极性不高，责任心较差，与纺织服装企业的关系松散，所以极易在外部条件变化的情况下关系破裂。故此，纺织服装企业也要择优而行，对纺织服装中间商给予必要的监督，加强互相了解和沟通，随时把握纺织服装市场的变化。

10.3.4.2 独家分销渠道策略

独家分销渠道策略，是指纺织服装企业在一定地区，一定时期内，只选择一家纺织服装中间商销售其纺织服装产品的策略。纺织服装企业通过与纺织服装中间商协商，签订独家经销合同，规定纺织服装中间商的权利和义务，给予其对本企业的纺织服装产品的独家经销或独家代理权，专门销售本企业的纺织服装产品，并强调中间商不得经营竞争者的品牌等，它是一种最窄的纺织服装销售渠道。例如，一些知名度高、形象定位突出的纺织服装品牌，以及溢价能力强的纺织服装品牌，适用于独家分销渠道策略进行销售。

(1) 优点　一是这种独家分销渠道策略，有助于提高纺织服装企业以及纺织服装品牌形象，并增加利润。二是纺织服装企业还可以利用与纺织服装中间商的稳定关系，借助纺织服装中间商的声誉扩大市场，同时排斥竞争产品进入同一市场。

(2) 缺点　由于纺织服装企业对纺织服装中间商的依赖性太强，纺织服装市场覆盖面窄，一旦纺织服装中间商不再为纺织服装企业销售产品，纺织服装企业的销售链条将中断，从而失去已占领的纺织服装市场。独家分销渠道的销售效果与品牌被认可的程度有关，如果纺织服装品牌知名度不高，纺织服装产品不被市场接受，将严重影响销售业绩。此外，从长远的观点来看，独家分销渠道缺乏竞争，不利于促进纺织服装中间商提高效率。

10.3.4.3 选择性分销渠道策略

选择性分销渠道策略，是指纺织服装企业在某一地区仅通过少数几个经过精心挑选的、比较合适的纺织服装中间商，来推销其纺织服装产品的策略。选择性分销渠道策略，适用于一般性的纺织服装品牌，纺织服装定位不高，目标群体较为明确，消费者有一定的纺织服装品牌意识。例如，纺织服装产品中的大路货，中等档次的纺织服装产品，都可采用选择性分销渠道策略。

(1) 优点　它比独家分销渠道策略涉及面宽，有利于扩大销路、开拓纺织服装市场、减小风险、展开竞争；同时又比密集分销渠道策略容易控制，节省费用。

(2) 缺点　纺织服装企业难以在营销环境宽松的条件下，实现纺织服装多种经营目标。

(3) 注意　由于人们生活水平不断提高，消费者对纺织服装的要求越来越高，在穿着方面不断向个性化方面发展，这要求纺织服装企业要适应消费者的要求，不断推出特色鲜明的纺织服装，这使纺织服装企业销售渠道的选择方面更积极、主动、目的性更强。因此，大多数的纺织服装企业都采用选择性分销渠道策略。在实际运用过程中，需要注意以下三个问题：一是必须对纺织服装中间商进行选择性分类。需要考虑的主要因素有：纺织服装企业的目标与中间商的顾客类型的一致性；中间商纺织服装销售的经验与能力等。二是为了尽可能避免纺织服装中间商之间的竞争，最好在一个区域只选择一家中间商或少数几家，这样更能激励中间商的销售工作。三是要想实现对纺织服装中间商的控制，必须在纺织服装陈列、销售方法和销售价格等方面都能有效控制。

总而言之，纺织服装企业选择分销渠道策略的重点，不在于渠道本身的优劣，而在于所选渠道是否与纺织服装企业自身以及纺织服装品牌相匹配。在选择纺织服装渠道策略时，纺织服装企业首先应考虑自身的人员实力和后勤保障能力，只有选择适合自己的纺织服装渠道策略，并加以合理管理，才能实现“渠道制胜”。

10.3.5 纺织服装渠道管理

对纺织服装渠道的管理，就是对纺织服装中间商的管理。纺织服装企业在确定了纺织服装中间商以后，应随时检查纺织服装中间商的经营状况，据此进行综合评价和考核，并积极协调产销之间的矛盾，调动纺织服装中间商的积极性，并根据主、客观环境的变化，对纺织服装渠道进行调整。对纺织服装中间商的管理主要包括激励、扶持、评估、调整几方面的内容。

10.3.5.1 纺织服装渠道的激励和扶持

纺织服装企业在确定纺织服装中间商以后，还要对其进行激励和扶持，使纺织服装中间商能与纺织服装企业更好地合作，实现纺织服装企业的经营目标。因此，经常采取以下几种措施进行激励和扶持。

(1) 产品　即向纺织服装中间商提供物美价廉、适销对路的纺织服装产品，为纺织服装中间商的销售打下良好的基础。

(2) 利润　即合理分配纺织服装利润。纺织服装中间商销售纺织服装的主要目的是取得商业利润，通过对纺织服装中间商的进货数量、信誉、财力、管理等方面的考察，根据不同情况给以适当的折扣与让利。

(3) 关系　即协调好与纺织服装中间商的关系。从某种意义上来说，产销矛盾是不可避免的。纺织服装企业要和纺织服装中间商结成长期的合作伙伴，就要不断地协调二者关系。一方面要弄清纺织服装中间商的需求，例如，对交货批量、批次、时间长短以及价格有什么要求，是否希望纺织服装企业为之代培推销员和进行市场调查。另一方面纺织服装企业要明确自己满足纺织服装中间商的需求程度。根据可能，将两方面需求结合起来，建立一个有计划的、内行管理的纵向联合销售系统，与纺织服装中间商共同规划销售目标、存货水平、培训人员以及广告宣传等内容。目的是让纺织服装中间商感到，作为一个强大的纵向联合销售系统的成员可以从中获利，从而稳定纺织服装企业与纺织服装中间商的合作关系。

(4) 扶持　对纺织服装中间商的扶持，主要表现在广告宣传、促销政策、营销培训等方面。例如，有条件地提供纺织服装广告津贴；采取多样化的纺织服装促销政策以刺激销售；提供足够的宣传品和礼品；提供专业的纺织服装营销培训，提升纺织服装渠道的综合能力；提供技术或全程服务支持等。

10.3.5.2 纺织服装渠道的评估和调整

作为纺织服装企业，除了激励、扶持、帮助纺织服装中间商外，还应定期对他们的优劣进行评估，对那些不适应要求的纺织服装中间商进行适当的调整。

（1）评估　即对纺织服装中间商的评估。对纺织服装中间商评估主要从以下几方面入手：该纺织服装中间商经营时间的长短、偿还能力、信誉、销售密度、平均存货水平、顾客商品送达时间、损坏的处理、对纺织服装企业促销的合作，为顾客服务的范围等。从各方面进行评估以后，对达不到标准的，则应考虑造成的原因及补救方法，并限期达到标准，否则，就将其舍弃。

（2）调整　即对纺织服装分销渠道的调整。菲利普·科特勒曾经说过：精明的公司在产品周期过程中不断地变化它们的渠道。纺织服装市场在不断地变化之中，纺织服装分销渠道也应根据变化了的纺织服装市场环境，进行适当的调整。调整的方法主要有三种。

一是增减个别渠道成员，就是决定增加或减少纺织服装渠道中的个别纺织服装中间商。这需要考虑，增加或减少这个纺织服装中间商对纺织服装企业的盈利有何影响，这种调整是否会引起连锁反应，会不会引起其他纺织服装中间商的波动等。

二是增减某一分销渠道，就是综合考虑纺织服装市场情况和纺织服装企业发展情况后，决定增加或是减少某一纺织服装分销渠道。如果纺织服装企业的生产规模扩大，纺织服装产品迅速增加，纺织服装市场扩展，原有的纺织服装分销渠道难以完成分销任务，这时就应增加渠道；如果某一纺织服装分销渠道不畅，就应考虑淘汰；如果纺织服装企业的生产规模压缩，渠道过多，就应考虑减少渠道。

三是改进整个渠道，即改变原有的纺织服装分销渠道系统，创立一种全新的分销渠道。例如，纺织服装企业原来是通过纺织服装中间商来销售纺织服装产品，后来改为纺织服装企业自己直接销售。这是纺织服装渠道调整策略中最困难的一种，纺织服装企业应慎重地考虑，并由最高决策层决定。纺织服装分销渠道改变以后，也要相应地修改纺织服装市场营销组合的诸因素，并制订相应的政策措施。

综上所述，纺织服装渠道管理是一项动态的持续工作。纺织服装企业在纺织服装渠道管理过程中，要对纺织服装渠道运行以及纺织服装渠道绩效，进行监控和反馈，以便为纺织服装渠道管理提供决策依据。

核心概念：

（1）纺织服装渠道：也称为纺织服装分销渠道，是指纺织服装产品由纺织服装生产者转移给消费者所经过的途径，是促使纺织服装产品顺利地被使用或消费的一整套相互依存、相互协调的有机系统。

（2）纺织服装中间商：是指处于纺织服装生产者和消费者之间，参与纺织服装营销业务，促使买卖行为发生和实现的，具有法人资格的经济组织和个人。

（3）纺织服装批发商：是指通过大量采购纺织服装产品或服务用于转售，以从中获取差价利润的经济组织和个人。

（4）纺织服装零售商：是指从事面向个人消费者的纺织服装销售活动的企业或个人。

（5）纺织服装代理商：是指接受纺织服装生产企业委托从事销售业务，但不拥有纺织服装商品所有权的中间商。

复习思考：

1. 单项选择题

(1) 纺织服装销售不经过中间商，而直接向最终客户提供纺织服装产品的通道，即(　　)。

A. 纺织服装间接渠道　　B. 纺织服装直接渠道

C. 纺织服装代理渠道　　D. 纺织服装合作渠道

(2) 在纺织服装渠道的某个环节或层次中，使用同种类型的纺织服装中间商数目比较少的渠道是（　　）。

A. 纺织服装窄渠道　　B. 纺织服装宽渠道

C. 纺织服装长渠道　　D. 纺织服装短渠道

(3) 只接受纺织服装生产企业委托从事销售业务，但不拥有纺织服装商品所有权的中间商是（　　）。

A. 纺织服装批发商　　B. 纺织服装代理商

C. 纺织服装零售商　　D. 纺织服装经销商

(4) 纺织服装企业在重点销售区域设立分公司或办事处，派驻营销人员直接开发最终用户，为用户提供直接的服务，对纺织服装产品的营销进行全程控制的模式是(　　)。

A. 特许模式　　B. 直复模式　　C. 区域模式　　D. 直营模式

(5)（　　）是指纺织服装企业在某一地区仅通过少数几个经过精心挑选的、比较合适的纺织服装中间商，来推销其纺织服装产品的策略。

A. 广泛性分销渠道策略　　B. 独家分销渠道策略

C. 选择性分销渠道策略　　D. 密集分销渠道策略

2. 多项选择题

(1) 纺织服装批发商有（　　）。

A. 纺织服装商业批发商　　B. 纺织服装代理商

C. 纺织服装生产者自营营销组织　　D. 纺织服装经销商

(2) 纺织服装单体店零售主要有百货商场纺织服装部、超级市场纺织服装部、（　　）几种类型。

A. 折扣纺织服装店　　B. 减价纺织服装店

C. 纺织服装专业店　　D. 纺织服装专卖店

(3) 影响纺织服装渠道选择的因素有很多，主要有（　　）和中间商因素等。

A. 产品因素　　B. 市场因素　　C. 企业因素　　D. 环境因素

(4) 常见的纺织服装渠道模式有（　　）和共同体模式。

A. 区域模式　　B. 特许模式　　C. 直营模式　　D. 直复模式

(5) 常见的纺织服装渠道策略有（　　）。

A. 广泛性分销渠道策略　　B. 联合分销渠道策略

C. 选择性分销渠道策略　　D. 独家分销渠道策略

3. 判断题（正确答案打“√”，错的打“×”）

(1) 纺织服装渠道是由纺织服装生产商、中间商所构成的通道。（　　）

(2) 按纺织服装分销渠道有无中间环节，可以分为纺织服装直接渠道和间接渠道。（　　）

(3) 直营模式是指纺织服装企业利用互联网、DM广告等传播媒体进行纺织服装产品营

销的模式。(　　)

(4) 广泛性分销渠道策略，又称为密集分销渠道策略。(　　)

(5) 对纺织服装渠道的管理，就是对纺织服装中间商的管理。(　　)

4. 简答题

(1) 什么是纺织服装渠道？纺织服装渠道有哪些种类？

(2) 有哪些因素影响纺织服装渠道选择？

(3) 常见的纺织服装渠道模式有哪些？各有何特点？

(4) 纺织服装企业分销渠道设计的目标有哪些？含义如何？

(5) 对纺织服装分销渠道调整有哪些方法？

案例分析：

landsend. com 纺织服装店

美国的landsend公司是一家纺织服装和箱包的老牌零售商，公司开展目录邮购业务，并且特别重视和顾客之间的交流，开通800免费电话供顾客咨询交流，并有专门的顾客购物咨询专家。公司在互联网上开展全天候的顾客交互式服务是一种很自然的选择。

该公司早在1995年就开展了互联网战略，当时有大约100种纺织服装商品，其后，该公司在时机成熟时，逐渐提供了下列服务：公司所有的纺织服装商品，实时的、个性化的交互式导购员，以及“大家一起购物”（能够使不同地点顾客在网上交谈）系统和购物广告。这些技术和服务，进一步扩展了目录购物方式给消费者带来的购物体验，这个网站上活生生的导购专家，可以通过网上聊天方式来帮助你找到自己想要的纺织服装商品。许多目录邮购商都把业务搬上了互联网，而landsend在这一方面无疑要领先一步。根据Jupiter公司的研究，超过90%的网上顾客喜欢通过某种交互方式购物，landsend的策略绝对正确。一年之内网上销售量暴涨300%，从180万美元增加到610万美元。公司电子商务部的总裁Brass说：“互联网提供了公司的全球通道和交流范围。1999年，本公司已经向175个国家发货，通过我们分布广泛的基础配送结构，互联网降低了拓展全球业务的费用”。

先进的技术和服务功能提升了网站的流量。1999年，150万有购买力的顾客访问过该网站。2000年的前两个季度，已经有140万顾客访问该网站。该公司互联网战略的开展也非常讲究顺序。公司的网站一开始并没有用于购物，只是向顾客宣传网上购物。Brass说：“联机商务必须和公司的完美形象匹配，必须持续提高技术给顾客最愉快的购物经历。随着顾客要求网上购物的热情高涨，我们才开展了一连串的工作让用户有最好的印象。幸运的是：互联网技术的发展，可以使我们站在顾客要求的前面。”该公司绝不是为技术而技术，而是以顾客为中心采用技术。比如，在它所采用的技术当中，最有名的莫过于3D模型，顾客可以通过3D模型设置自己的体型，将虚拟模特儿的外形改成与自己类似的模样，再将喜欢的衣服穿在模特儿身上，就可知该服装是否合适购买。

问题分析：

1. landsend公司属于哪种类型的纺织服装经销商？采用什么销售方式？

2. 纺织服装渠道模式有哪几种？当前我国纺织服装企业可否采取直复营销模式？

实践演练：

活动主题：认知体验纺织服装渠道策略。

活动目的：增加感性认识，实地体验纺织服装渠道策略。

活动形式：将全班分成若干小组，3～5人为一组，以小组为单位开展活动，与教学时间同步，就近实地参观一家大型纺织服装企业，获取相关资料。

活动内容和要求：活动之前要熟练掌握影响纺织服装渠道的种类、纺织服装渠道成员、纺织服装渠道设计与管理、纺织服装渠道策略等知识点，做好相应的知识准备；能运用纺织服装渠道策略，进行纺织服装渠道的选择与评估；以小组为单位提交书面调查报告；调查报告撰写时间为2天；授课教师可根据每个小组提供的书面调查报告按质量评分，并计入学期总成绩。

任务11 如何实施纺织服装促销策略

知识目标：

1. 纺织服装促销组合策略；
2. 纺织服装广告策略；
3. 纺织服装营业推广策略；
4. 纺织服装公共关系策略；
5. 纺织服装人员推广和直接营销策略。

能力目标：

1. 掌握纺织服装促销各种策略；
2. 能科学、合理地运用纺织服装促销策略，进行纺织服装促销组合。

情景导入：

新世纪纺织服装商场的促销策略

国庆节期间，不管是纺织服装商家还是厂家，都纷纷推出各种纺织服装销售促进措施来吸引消费者，都期望增加销售。面对众多纺织服装商场推出的“买100返30礼券”“买200返100购物券”等活动，新世纪纺织服装商场推出了更加诱人的优惠套餐，在全场打九折的基础上，购物满100元直接返还20元现金，满200元返50元现金，满500元返200元现金。这种销售促进活动促销力度很大，引起了许多消费者的注意，整整一周的时间，新世纪纺织服装商场天天都是全场爆满。

想一想：

什么是纺织服装促销？新世纪纺织服装商场采取了哪些纺织服装促销策略？等等，下面我们将一一来探讨。

11.1 纺织服装促销组合及其策略

在纺织服装市场中，纺织服装营销的作用越来越重要，纺织服装促销作为纺织服装营销的一个组成部分，所包含的内容越来越多，分工越来越细。因此，各种纺织服装促销策略的使用，将直接影响纺织服装营销活动的效果。

11.1.1 纺织服装促销与纺织服装促销组合

11.1.1.1 纺织服装促销的含义

纺织服装促销，是纺织服装促进销售的简称，是指让纺织服装目标客户及时和尽可能多地了解纺织服装产品，以达到加快销售的目的。纺织服装促销的本质，实际上是纺织服装企业与纺织服装目标客户之间的一种沟通方式和互动机制。纺织服装促销具有以下几层含义。

(1) 核心是沟通信息　纺织服装促销工作的核心，就是为了沟通信息。因为纺织服装企业与消费者之间达成交易的基本条件就是信息的沟通。

(2) 目的是引发购买行为　纺织服装促销的目的，就是为了引发、刺激消费者产生购买纺织服装行为。纺织服装促销是通过各种传播方式，把纺织服装产品或劳务等有关信息传递给消费者，以激发其购买欲望，使其产生购买纺织服装的行为。

(3) 促销的方式　纺织服装促销的方式有人员促销和非人员促销两类。人员促销，也称直接促销或人员推销，是纺织服装企业运用推销人员向消费者推销纺织服装产品或劳务的一种促销活动，它主要适用于消费者数量少、比较集中的情况下进行。非人员促销，又称间接促销，是纺织服装企业通过一定的媒体，传递纺织服装产品或劳务等有关信息，以促使消费者产生购买欲望、发生购买行为的一系列纺织服装促销活动，包括广告、公共关系和营业推广等，它适合于消费者数量多、比较分散的情况下进行。通常，纺织服装企业在促销活动中，将人员促销和非人员促销结合运用。

11.1.1.2 纺织服装促销组合

纺织服装促销的方式有直接促销和间接促销两种，又可分为纺织服装大众推广、纺织服装公共关系、纺织服装人员推销、纺织服装营业推广和纺织服装网络营销五种。其中，纺织服装人员推销属于直接促销，其他属于间接促销。纺织服装大众推广又可细分为纺织服装广告和纺织服装各类宣传品促销。由于各种促销方式都有其优点和缺点，在促销过程中，企业常常将多种促销方式同时并用。所谓纺织服装促销组合，是指纺织服装企业根据纺织服装产品的特点和营销目标，综合各种影响因素，对各种促销方式的选择、编配和运用，达到纺织服装营销之目的的技巧。纺织服装促销组合如图 11-1 所示。

纺织服装大众推广、纺织服装公共关系和纺织服装营业推广，又称作纺织服装非人员推

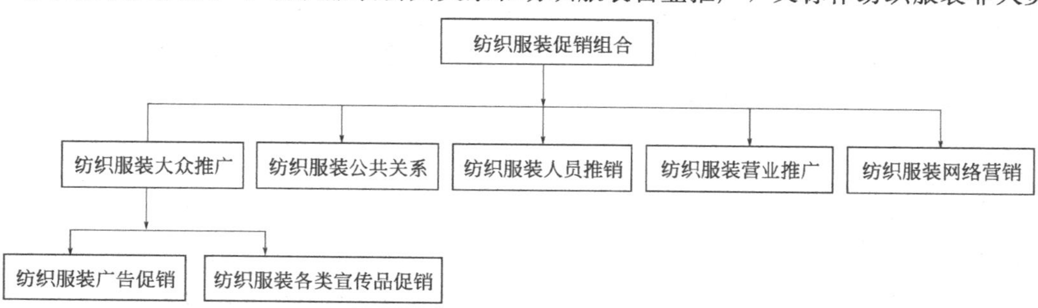

图 11-1　纺织服装促销组合

销。纺织服装大众推广，主要是向大众传播信息，增强客源市场的公众对自己所提供的纺织服装产品的了解，提高自身的知名度；纺织服装广告促销，是大家最熟悉的一种促销方式，也是纺织服装企业使用最频繁的促销方式，例如印刷品广告、电视广告、广播广告、户外广告、网络广告等；纺织服装营业推广，是纺织服装企业在某一时段内采取的各种刺激手段，例如，举办或参加纺织服装展览会，开展有奖推销，示范表演，放映介绍纺织服装产品的电影、录像、幻灯片等，以激励纺织服装目标客户的购买力度；纺织服装公共关系促销，是以不付费的方式，获得媒体传播的一种间接促销方式，也称软广告；纺织服装人员推销，是指纺织服装推销员与纺织服装目标客户直接交流，促成买卖交易的实现，例如，纺织服装营销人员直接进行的纺织服装推广活动；纺织服装网络营销，是指纺织服装企业以国际互联网络为基础，利用数字化的信息和网络媒体的交互性来辅助营销目标实现的一种新型的纺织服装营销方式。纺织服装促销一般都是几种方式组合使用，若单纯只使用一种纺织服装促销方式，其效果就会大打折扣，而把几种纺织服装促销方式结合起来使用，即所谓纺织服装促销组合。

11.1.2 纺织服装促销组合策略

纺织服装促销组合，是纺织服装促销策略的前提，在纺织服装促销组合的基础上，才能制订相应的纺织服装促销策略，所以纺织服装促销策略，也称为纺织服装促销组合策略。不同的纺织服装企业，对纺织服装促销方式的侧重点不同。不论将纺织服装促销方式如何组合，纺织服装企业首先要考虑它们的特性、成本和影响因素。

11.1.2.1 各种促销特性

(1) 纺织服装大众推广　具有高度公开性、普及性和引人注目的特点，它能为纺织服装企业树立一个长期的形象。例如，在北京举办的中国国际服装博览会（CHIC），通过电视节目的转播，给人们留下了深刻的印象。

(2) 纺织服装营业推广　具有刺激性，能产生强烈迅速的反应，例如，赠送小礼品、价格优惠等。但它的效果只是短时期的，对建立长期的纺织服装品牌不甚有效。

(3) 纺织服装公共关系　具有沟通性。它通过各种有效的社会手段，把社会公众所需了解的本纺织服装企业信息，和社会公众及本纺织服装企业职工提出的要求与意见，进行双向传递和处理，进而增加本纺织服装企业产品和服务的品种和数量，改善并提高纺织服装商品和服务的质量，使之在各方面最大限度地与公众的利益要求取得一致，从根本上，树立本纺织服装企业的形象和声誉，扩大纺织服装企业在纺织服装市场的占有率，以获取理想的经济效益和社会效益。

(4) 纺织服装人员推销　具有与纺织服装目标客户接触的直接性。它是建立在彼此的信任上，一名好的纺织服装推销人员，能使纺织服装目标客户与纺织服装企业建立一种长期的关系。所以在现代纺织服装市场营销中，纺织服装人员推销正在受到越来越多的重视，但同时它的花费也是促销手段中最高的。

(5) 纺织服装网络营销　具有虚拟性，影响越来越广，其信息沟通作用越来越强。

11.1.2.2 纺织服装促销组合策略

纺织服装促销组合策略，主要有推式促销策略和拉式促销策略两类。

(1) 推式促销策略　指纺织服装企业运用人员推销的方式把纺织服装产品推向纺织服装市场的策略，即从纺织服装生产企业推向纺织服装中间商，再由纺织服装中间商推给纺织服装消费者的策略，故也称纺织服装人员推销策略，如图 11-2 所示。推式促销策略适用于单

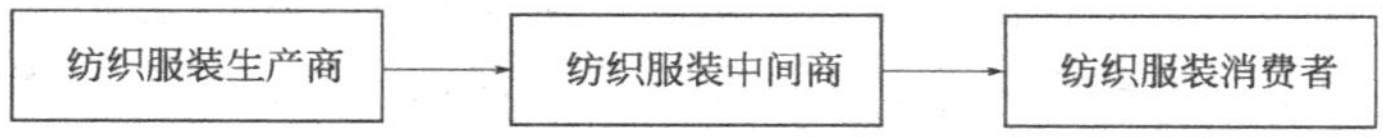

图 11-2 推式促销策略

位价值较高的纺织服装产品；性能复杂、需要做示范的纺织服装产品；根据用户需求特点设计的纺织服装产品；流通环节常较少、流通渠道较短的纺织服装产品；以及市场比较集中的纺织服装产品，等等。

（2）拉式促销策略 也称非人员推销策略，是指纺织服装企业运用广告和公共关系等非人员推销方式把纺织服装消费者拉过来，使其对本企业的纺织服装产品产生需求，以扩大销售的策略，即从纺织服装消费者向纺织服装中间商，再由纺织服装中间商推给纺织服装生产商的策略，如图 11-3 所示。拉式促销策略适用于单位价值较低的日常纺织服装用品；流通环节较多、流通渠道较长的纺织服装产品；市场范围较广、市场需求较大的纺织服装产品，等等。

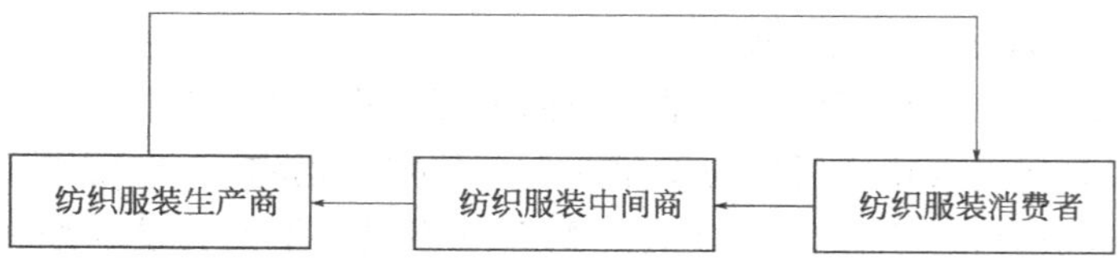

图 11-3 拉式促销策略

11.1.2.3 影响因素

在制订纺织服装促销组合和促销策略时，主要应考虑以下几个因素。

（1）促销目标 指纺织服装企业从事促销活动所要达到的目的。在纺织服装企业营销的不同阶段，为适应纺织服装市场营销活动的不断变化，要求有不同的纺织服装促销目标。所以制订促销组合和促销策略时，要根据不同的纺织服装促销目标，采用不同的纺织服装促销组合和促销策略。

（2）产品因素 产品因素主要包括纺织服装产品的性质；纺织服装产品的市场生命周期。例如，在投入期，纺织服装促销目标主要是宣传介绍纺织服装产品，以使消费者了解、认识纺织服装产品，产生购买欲望。广告起到了向消费者、中间商宣传介绍纺织服装产品的功效，所以这一阶段以广告为主要促销形式，以营业推广和人员推销为辅助形式。在成长期，由于纺织服装产品打开了销路，销量上升，同时也出现了竞争者，这时仍需加强广告宣传，但要注重宣传纺织服装企业产品特色，以增进消费者对本企业纺织服装产品的购买兴趣，若能辅之以公关手段，会收到相得益彰的佳效。在成熟期，竞争者增多，纺织服装促销活动以增进购买兴趣与偏爱为目标，广告的作用在于强调本纺织服装产品与其他同类产品的细微差别。同时，要配合运用适当的营业推广方式。在衰退期，由于纺织服装更新换代产品和新发明产品的出现，使原有纺织服装产品的销量大幅度下降。为减少损失，纺织服装促销费用不宜过大，纺织服装促销活动宜针对老顾客，采用提示性广告，并辅之适当的营业推广和公关手段。

（3）市场条件 从纺织服装市场地理范围看，若纺织服装促销对象是小规模的本地市场，应以人员推销为主，而对广泛的全国甚至国际市场进行促销，则多采用广告形式。从纺织服装市场类型看，消费者市场因消费者多而分散，多数靠广告等非人员推销形式；而对用户较少、批量购买、成交额较大的生产者市场，则主要采用人员推销形式。另外，在有竞争者的纺织服装市场条件下，制订纺织服装促销组合和促销策略，还应考虑竞争者的促销形式和策略，要有针对性地不断变换自己的纺织服装促销组合及促销策略。

(4) 促销预算 在满足纺织服装促销目标的前提下，要做到效果好而费用省。纺织服装企业确定的促销预算额，应该是纺织服装企业有能力负担的，并且是能够适应竞争需要的。为了避免盲目性，在确定纺织服装促销预算额时，除了考虑营业额的多少外，还应考虑到纺织服装促销目标的要求、纺织服装产品市场生命周期等其他影响纺织服装促销的因素。

总之，不管纺织服装企业采取的是推式促销策略还是拉式促销策略，纺织服装促销组合都要与之相适应，而且还要考虑纺织服装企业本身的能力和纺织服装目标客户能否接受的心理。

11.2 纺织服装广告及其策略

在当前经济发展的条件下，人们可以选择的面很广，不管纺织服装设计师的构思有多么新颖、不管应季的纺织服装是否会畅销，如果没有消费者的注意，任何纺织服装产品都不会取得预期的销售效果，因此，纺织服装企业要想尽办法使用促销手段来调动消费者的注意力，刺激购买欲望，最终达成有效交易。这种能够起到广泛宣传、激励作用的促销手段，就是纺织服装广告。纺织服装广告的效力，在于能迅速地将纺织服装信息传递给世界各地的目标消费者。

11.2.1 纺织服装广告概述

11.2.1.1 纺织服装广告涵义和特征

(1) 涵义 广告，包括商业广告和非商业广告，纺织服装广告是商业广告，即以赢利为目的的广告。纺织服装广告，是指纺织服装企业通过一定的媒体向目标消费者传递纺织服装产品和服务信息，从而扩大纺织服装销售的一种信息传播方式。

(2) 特征 纺织服装广告，是纺织服装企业传递信息、宣传产品、开拓市场的手段，与其他传播方式相比，具有以下几个特征：一是因为纺织服装企业做广告的目的首先就是要让消费者了解纺织服装产品信息或企业信息，所以纺织服装广告要有可识别的广告主；二是纺织服装广告的传播要借助于大众化的传播媒介，因此，纺织服装企业要想通过广告进行促销，必须支付一定的费用；三是纺织服装广告的本质是一种信息传播活动，具有信息性，冲击力较强；四是纺织服装广告的传播对象是大众而非个体，是非人员的传播，它针对的可能是最终消费者，也可能是中间商；五是绝大多数纺织服装广告具有明显的销售倾向，即劝说目标消费者改用某一纺织服装产品或服务；六是纺织服装广告要想达到较好的信息传播效果，必须通过艺术加工。

11.2.1.2 纺织服装广告类型

纺织服装广告具有多种多样的形式和内容，可以按照不同的标准划分种类，具体有以下几种分类方法。

(1) 按内容和目的分 一是纺织服装产品广告。纺织服装产品广告的重点是传播纺织服装产品信息，例如，介绍纺织服装性能、特点、效用等，以提高消费者对纺织服装产品的认知程度；二是纺织服装品牌广告。这类广告的重点是传播纺织服装企业信息，使其品牌获得公众认同。例如，七匹狼、雅戈尔、阿迪达斯、李宁等所做的多为这类广告。这类广告的目的并不在于消费者是否立即购买、在哪儿购买，以及购买哪一种纺织服装，其真正目的在于让消费者了解纺织服装企业的品牌和产品的特点；三是纺织服装零售广告，即纺织服装零售商所做的广告。由于地理区域的限制，纺织服装零售商多选择在当地做广告，将其经营的纺织服装产品、促销手段等信息传递给消费者，鼓励消费者前来购买纺织服装，以达到增加销售的目的；四是公益广告。这类广告的目的是提升纺织服装企业形象，而不是具体纺织服装产品的促销，在增强人们对公益事业关注的同时，也把纺织服装企业关注社会、关心人类生存的良好形象根植于公众心中。

（2）按媒体分　一是纺织服装印刷广告。这类广告是将纺织服装广告信息，印刷成文字或图片等形式，传递给纺织服装消费者。例如，纺织服装报纸广告、纺织服装杂志广告、纺织服装产品说明书和纺织服装产品目录等；二是纺织服装视听广告。这类广告是将纺织服装广告信息制作成图像、声音和动画等形式，传递给纺织服装消费者。例如，纺织服装广播广告、纺织服装电视广告和纺织服装电影广告等；三是其他形式的广告。其他形式的广告，例如，纺织服装的邮寄广告、户外广告、橱窗广告、交通广告、包装广告、旗帜广告和互联网广告等。

（3）按诉求分　一是纺织服装理性诉求广告。这类广告是直接向目标对象诉求某种行为的理性利益，例如，显示纺织服装产品良好的质量、合理的价格以及带给消费者的利益等；二是纺织服装感性诉求广告。这类广告是向目标对象传递某种肯定或否定的情感因素，例如，向消费者表达对某种纺织服装产品的喜爱、拥有这种纺织服装产品的自豪感等，以激起消费者对该纺织服装产品的兴趣和购买欲望。

（4）按范围分　纺织服装国际性广告、纺织服装全国性广告和纺织服装区域性广告。

（5）按生命周期分　纺织服装告知性广告、纺织服装竞争性广告和纺织服装提醒性广告。

11.2.1.3　纺织服装广告作用

纺织服装广告的基本职能是通过媒体向现实的和潜在的消费者传递纺织服装产品的信息，以促进纺织服装产品的销售或提升纺织服装企业形象。在现代社会中，纺织服装广告已成为人们日常生活中不可缺少的内容，在社会的各个方面都起到了相当重要的作用。纺织服装广告的作用，主要表现在以下几个方面。

（1）信息传播　信息传播是纺织服装广告最基本的功能。消费者通过纺织服装广告可以了解纺织服装产品的质量、特点、用途和价格，以及购买地点、方式和服务项目等信息，以便做出正确的决策。消费者获得信息的途径有：大众传播媒体，例如，电视、广播、杂志等；耳闻口传，例如，售货员或亲朋好友的介绍；消费者亲自接触纺织服装商品，例如，在纺织服装店或织服装博览会上直接接触到织服装商品信息。其中，织服装广告是消费者取得织服装产品信息的重要途径。

（2）促进消费　创造纺织服装需求、促进纺织服装销售、赢得纺织服装市场，这是纺织服装广告的主要任务。纺织服装广告是说服的艺术，是一种促销手段。它能引起消费者的注意，使其对所宣传的纺织服装产品发生兴趣，从而激发消费者潜在的购买欲望，影响其购买行为。美国人路易斯在 1898 年提出了“注意（Attention）、兴趣（Interest）、欲望（Desire）、行动（Action）”，即 AIDA 的广告效果模式。

（3）引领时尚　纺织服装广告能使新面料、新款式迅速流行，形成新的消费意识和消费时尚；在购买前，消费者通过纺织服装广告信息，就可以在众多的纺织服装产品中进行比较和挑选，从而作出正确的选择；健康的纺织服装广告，还有利于培养积极、文明的消费习惯和消费观念。

（4）促进竞争　随着纺织服装企业竞争的加剧，纺织服装广告对企业而言不仅仅是一种促销手段，也是纺织服装企业在竞争中创立名牌、树立形象、争夺目标客户的重要手段。故此，纺织服装广告能够促进市场竞争，不断提高纺织服装企业的经济效益。

（5）美化生活　在纺织服装广告中，通常采用艺术的表现手法来传播纺织服装信息，艺术性与功利性是相辅相成的。缺乏艺术性的纺织服装广告，不能引起消费者的注意，自然就达不到广告宣传的目的。故此，纺织服装广告是一种艺术，它不仅向人们告知纺织服装信息，而且还美化了城市和人们的生活环境，给人以美的享受。当然，纺织服装广告对纺织服装信息传播事业的发展，也起到了重要的作用。

11.2.2 纺织服装广告策略

纺织服装广告策略，是在纺织服装企业营销战略的指导下，对纺织服装企业的广告活动进行的规划和控制。纺织服装企业的广告策略包括以下几个方面的内容。

11.2.2.1 确定目标

确定纺织服装广告目标，这是制订纺织服装广告策略的首要步骤。纺织服装广告目标，就是纺织服装企业通过做广告所要达到的直接目的。纺织服装广告的最终目标是通过增加纺织服装的销售量，而实现纺织服装企业的目标利润。但纺织服装企业目标利润的实现，依赖于有效的纺织服装广告机会与有效的市场机会相联系，与纺织服装产品定位决策相匹配。故此，不能笼统地将增加销售量和利润作为广告目标，而应该由各阶段的整体营销策略决定。可供纺织服装企业选择的广告目标，可分为以下几种。

（1）知名度目标　即通过广告使消费者了解有关纺织服装企业与本品牌纺织服装的信息，也称为告知性广告或宣传性广告。这种广告，主要用于一种纺织服装产品生命周期的引入期，适用于以下情况：让消费者了解纺织服装新品牌或新款式已经投放市场；介绍纺织服装企业的价格调整情况；解释某类纺织服装的使用、保养方法；介绍本纺织服装企业能提供的服务项目；纠正消费者对本纺织服装企业的不正确印象；消除消费后顾之忧；树立纺织服装企业的形象和提高企业的知名度。

（2）需求偏好目标　这一广告目标旨在建立消费者的选择性需求，即对特定纺织服装品牌的需求，以此为目标的广告也称为说服性广告或竞争性广告。这种广告的重点是宣传纺织服装产品特色及优点，大多数广告目标属于这一类型。纺织服装企业通过广告建立纺织服装品牌优势，劝导消费者购买本企业的纺织服装产品，并建立对纺织服装品牌的忠诚。例如，美国杜邦公司于1958年独家发明并生产的一种叫“莱卡”的人造弹性纤维，杜邦公司曾以3000万美金改变“莱卡”的广告形象，在终极消费者中建立“莱卡”品牌形象。曾有人对此表示质疑，因为“莱卡”只是纺织服装面料的一种辅料，和终极消费者的距离甚远。但事实上通过广告，“莱卡”在消费者中建立起了很高的声望，正像“莱卡”广为人知的广告语：“舒适、舒逸、新体验”，“莱卡”已使弹性纺织服装成为席卷世界的潮流。说服性广告，主要用于纺织服装企业或产品的竞争阶段，适用以下情况：当竞争十分激烈时，纺织服装企业通过广告，使消费者认识到本企业纺织服装的特色，能为消费者带来较为满意的使用价值和感受价值，促使消费者购买本企业纺织服装；当市场上同类纺织服装很多时，促使消费者对本企业的纺织服装产品和品牌产生偏爱；鼓励竞争企业的消费者购买本企业的纺织服装产品；鼓励消费者在短期内购买纺织服装产品；转变消费者对某些纺织服装款式的感觉，使消费者真正了解纺织服装的价值等。

（3）促进购买目标　这种广告的目的是保持消费者对纺织服装产品的记忆，并让消费者意识到不久的将来将会用到此纺织服装产品，即通过广告提示、提醒消费者采取某种行为，也称为提示性广告或提醒性广告。这种广告除详细介绍纺织服装产品外，一般还附有图示、价格、购买地点等，以鼓励消费者购买。例如，"七匹狼""法涵诗""九牧王"等已建立了一定的知名度，所以一年中只做一定数量的提示性广告。这种广告，主要用于纺织服装企业成熟期的产品，适用以下情况：当纺织服装产品进入成熟期时，纺织服装企业通过反复做广告，使消费者经常想到本企业的纺织服装产品；提醒消费者在不久的将来需要本企业的纺织服装产品，例如，在冬季来临时，提醒消费者购买保暖内衣等；提示消费者购买某种纺织服装产品的地点；在某种纺织服装的销售淡季时，使消费者不忘记该纺织服装产品。与这类广告目标相类似的还有一种加强性广告，这种广告使现有的购买者确信自己的购买决策是正确的，例如，一些纺织服装企业，通过描绘消费者使用某种纺织服装产品的满意程度，从而来实现这一广告目标。

11.2.2.2 编制预算

编制纺织服装广告预算是纺织服装企业广告决策的一项重要内容。在确定了纺织服装广告目标后，下一步就要编制纺织服装广告预算。纺织服装广告预算，是纺织服装企业为实现促销目标，而投入的纺织服装广告费用总额。纺织服装广告预算的大小，决定了纺织服装企业广告宣传的规模、种类和媒体的选择。

(1) 编制方法　纺织服装广告预算的编制方法主要有以下几种。

一是销售百分比法，即纺织服装企业按照纺织服装销售额的一定百分比，来确定纺织服装广告支出费用的数额的方法。纺织服装的销售额可以是上一年度的，也可以是本年度的预测值。例如，金豪纺织服装公司在 2013 年全年实现的销售额为 6000 万元，公司拟以 2013 年销售总额的 3%计算 2014 年的广告预算，所以 2014 年的广告预算为 180 万元（6000×3%）。这种方法最大的优点是简单易行，但也存在着一定的缺陷。不足之处是：由于根据可用资金的多少来决定纺织服装广告费用开支，可能会使纺织服装企业丧失有利的市场机会；纺织服装广告费用支出总额占纺织服装销售额比率的确定，带有一定的主观性；用这种方法确定的纺织服装广告预算总额，会随着每年纺织服装销售额的变化而不断变化，不利于纺织服装企业制订长期的市场营销计划；在制订纺织服装广告预算时，没有考虑不同纺织服装产品及其销售地区的特点，缺乏灵活性等。

二是竞争对等法，即纺织服装企业根据竞争者的纺织服装广告开支水平，来决定本企业的纺织服装广告预算的方法。采用这一方法的纺织服装企业，应密切注意竞争对手的纺织服装广告预算，或关注同行业的纺织服装广告预算水平，根据同行业的平均水平来制订本企业的纺织服装广告预算。例如，金豪纺织服装公司通过一定的渠道，了解到竞争对手 2014 年的广告预算为 200 万元，为了保持竞争上的优势，公司 2014 年的广告预算至少应确定为 200 万元。这种方法适用于自身条件与竞争对手大致相当的纺织服装企业。

三是目标任务法，即纺织服装企业首先明确广告特定的目标，然后对达到目标的各项活动的成本进行估计，最后确定纺织服装广告费用支出水平的方法。在不同的预算方法中，目标任务法是用得较多的一种方法。具体来说，其步骤为：首先，尽可能详细、最好以数字形式列示出纺织服装广告目标；其次，列示出为实现该目标所必须完成的工作任务；再次，估计完成这些任务所需要的费用。上述费用之和，就是纺织服装企业的全部广告预算。采用目标任务法，有利于促使纺织服装营销人员，充分考虑纺织服装广告费用开支与促销效果之间的关系。

(2) 影响因素 纺织服装广告预算，是纺织服装企业进行广告活动的有关费用支出。纺织服装广告作为一种投资，与其他投资一样，投资多少应与所获得的经济效益进行比较。影响纺织服装广告预算，主要有以下几种因素。

一是纺织服装生命周期。在纺织服装新产品的引入期，通常需要投入大量的纺织服装广告费用，以建立纺织服装品牌的知名度。在纺织服装的成长期，消费者逐渐熟悉了该纺织服装产品，纺织服装广告活动频率放慢，纺织服装广告费用支出递减。在纺织服装的成熟期，由于竞争者的纷纷加入，纺织服装的价格开始下跌，为了增加纺织服装的竞争性，维持现有的市场地位，纺织服装企业仍有必要投入大笔广告费开展促销活动。当纺织服装处于衰退期时，应削减纺织服装广告支出。

二是纺织服装企业财力情况。纺织服装企业应根据其财力情况，来决定纺织服装广告的开支水平。一般来说，实力强的纺织服装企业，其广告支出也较多，但是纺织服装广告的最终目标，是为了促进纺织服装销售，如果纺织服装广告能够达到预期的效果，给纺织服装企业带来丰厚的利润，那么纺织服装企业也可突破自身财力的限制，制订量出为入的纺织服装广告预算方案。

三是广告媒体及广告频率。选择不同的广告媒体，其广告开支水平会有所不同。一般来说，电视广告媒体的费用较高，广播、报纸、杂志和户外广告的费用相对较低。还有纺织服装广告播出的频率越高，所需纺织服装广告投入也越多。

四是纺织服装竞争对手。在纺织服装目标市场上，如果存在着大量的纺织服装竞争对手，且竞争对手都投入了较高的纺织服装广告费用，纺织服装企业也必须投入大量的纺织服装广告费，才能在纷纭复杂的纺织服装广告中脱颖而出，取得竞争优势。

五是纺织服装市场占有率。在纺织服装市场规模不断扩大的情况下，纺织服装企业为了提高纺织服装市场占有率，就需要增加较多的纺织服装广告开支，来占领纺织服装市场。

11.2.2.3 设计信息

确定了纺织服装广告目标后，纺织服装企业就要把经过精心创作的广告信息，通过合适的方式传递给消费者，以达到预期的目的，这就要求纺织服装企业制订科学的纺织服装广告信息决策。纺织服装广告信息的设计，必须以维护纺织服装企业的信誉为前提，坚持实事求是的原则。纺织服装广告信息设计，主要包括三方面的内容：即纺织服装广告信息的创作、评价和选择以及表达方式。

(1) 创作 创作纺织服装广告信息，就是依据纺织服装广告目标构思出几种可选择的广告内容。对于任何一个纺织服装企业、任何一种纺织服装产品，广告都可以从不同的侧面进行宣传。但一则纺织服装广告内容要有足够的吸引力，往往只能强调其中的一个具体的方面，这就要求纺织服装企业必须掌握重点。具有创造性的广告创作人员，往往能运用多种方法产生广告内容，以实现广告目的。例如，许多创作人员与消费者、中间商、市场营销专家和竞争者交谈，以寻找广告内容，其中消费者是构思纺织服装广告内容的最重要来源，他们对纺织服装及企业的评价往往能为创作广告内容提供很好的线索。如果消费者对某个纺织服装有较好的评价，纺织服装企业就可以在广告内容上体现消费者的满意度，使更多的消费者偏爱本企业的纺织服装产品；如果消费者对纺织服装某一方面感到不满意，纺织服装企业就可以在改进纺织服装产品的基础上，以改进后的纺织服装特点作为广告内容，降低消费者的不满意度。显然，纺织服装广告信息可以从多个方面来形成，既可以从纺织服装本身的功能与效用出发，强调纺织服装的使用效果，也可以从纺织服装使用过程的角度来创作，强调纺织服装穿着时的特点，例如，一则女性牛仔裤的广告，其创作思想可以表达牛仔裤的轻柔、贴身、舒适，并充分体现女性的特点。

（2）评价和选择　这一工作要求纺织服装企业，首先对可供选择的纺织服装广告内容进行评价，在此基础上选择最佳广告内容。一般来说，评价纺织服装广告信息可用以下三项标准：首先是使人喜欢，即纺织服装广告内容要使广告受众有兴趣，才会使接触广告的消费者对广告内容产生较深的印象；其次是具有特色，即纺织服装广告内容要能具有区别于其他企业纺织服装的特色，从而使消费者偏爱、购买本企业纺织服装；再次是可信度高，即纺织服装广告内容能使消费者认为是真实的而不是虚假的。在评价纺织服装广告信息的基础上，纺织服装企业就可以选择一种最能达到广告目标的纺织服装广告内容。

（3）表达方式　纺织服装广告的效果不仅取决于它向消费者说了什么，而且还取决于纺织服装广告信息的表达方式，尤其是对于那些同质性较强的纺织服装类别（如内衣、衬衫、西服等)，纺织服装广告信息的表达方式更是具有关键性的作用，纺织服装企业必须通过能赢得目标消费者注意和兴趣的方式把信息传递出去。纺织服装企业应谋求最佳的信息表达形式、语调、读音和格式来表达纺织服装广告信息，任何纺织服装信息都可采用不同表达形式，最常用的信息表达形式有以下几种：一是生活方式，即强调本企业的纺织服装产品非常符合人们的生活方式，例如，广告显示一位身着本企业品牌西服的中年成功男人，地在豪华办公室里，正在与客户签订一份重要合同。二是生活片断，即以生活片断的形式显示人们正在使用本企业的纺织服装产品，例如，广告显示一位年轻姑娘特意挑选了本企业品牌的纺织服装，穿着打扮后，前去约会的甜蜜生活情景。三是技术专长，即表明本企业的生产设备和工艺技术所具有的特长和经验。例如，某纺织服装企业宣传其创始人，曾为几代国家领导人定制西服，而另一纺织服装企业，则强调自己技术先进的西服生产线。四是旁证材料，即通过显示纺织服装企业的纺织服装产品得到过某些奖励或权威人士对纺织服装产品的高度评价，来说明本企业纺织服装产品的优点，这是一种可信度较高的表达形式。五是科学证据，即通过提供调查结果或科学证据，说明本企业纺织服装产品符合科学原理，或者优于其他同类纺织服装产品。六是幻想，即根据产品的特点和用途创造一种幻想境界，例如，广告显示一个穿着单薄的少女，正在积雪很厚的田野上行走，突然从天上掉下来下一件本企业品牌的羽绒大衣，顿时使她欣喜万分。七是人格化，即用拟人的手法，使纺织服装产品有人的特征，进行自我宣传。八是音乐，即以音乐的形式表达纺织服装的性能、特色、信誉等内容。总之，只有将各种纺织服装信息表达要素相互协调，才能产生一种最佳的纺织服装广告信息表达效果。

11.2.2.4　选择媒体

纺织服装广告媒体是携带纺织服装广告信息的载体。不同的广告媒体具有不同的特点，它限制着纺织服装广告意图的表达和目的的实现。不同的广告媒体，其传播范围、速度、表现形式以及接受的对象都是不同的。纺织服装广告媒体选择的核心在于寻求最佳的传递路线，使纺织服装广告在目标市场影响范围内，达到期望的展露数量，并拥有最佳的成本效益。

（1）确定送达率、频率和影响力　纺织服装广告媒体的送达率、频率和影响力是决定纺织服装广告展露数量与功能的重要因素。所谓送达率，是指在某一特定时期内，接触媒体广告一次以上的人数。例如，企业的纺织服装广告在播出后的前两个月，覆盖了80%的纺织服装目标市场。所谓频率，是指在某一特定时期内，每一家庭或个人接触纺织服装信息的次数。所谓影响力，是指经由特定媒体的展露所产生的定性价值。一般来说，纺织服装广告的送达率越高，频率越高，影响力越大，广告费用也越高。纺织服装广告媒体主要有报纸媒体、杂志媒体、广播媒体、电视媒体、网络媒体、户外广告媒体、邮寄广告媒体以及销售点广告媒体等。这些媒体在送达率、频率和影响力方面差异很大。例如，电视的送达率比杂志高；户外广告的频率比杂志高；而电视的影响力一般比杂志的影响力大。

(2) 主要媒体比较　根据纺织服装行业的特点，纺织服装广告以视觉媒体为首选。显然，每一类媒体都有一定的优点和缺点，认识每一类媒体的特性，是合理选择纺织服装广告媒体的前提。纺织服装广告主要媒体比较如表 11-1 所示。

表 11-1　纺织服装广告主要媒体比较

媒体	优点	缺点
报纸广告	对本地市场覆盖率高，弹性大，及时，易被接受，信息容量大，可信度高，费用低	时效短、注目率低，保存性差，制作质量差，转阅读者少
杂志广告	制作质量好，针对性强，可信度高，转阅读者多，保存期长，读者稳定，精读率高	广告购买前置时间长，会产生无效广告，覆盖范围比较窄
广播广告	传播信息迅速、及时，覆盖面广泛，地理及人口选择性强，费用较低	仅有声音传播，信息展露转瞬即逝，听众分散，表现手法不如电视吸引人
电视广告	诉诸于人的听觉和视觉，形象生动，易引起目标公众的注意力，覆盖率高，受众面广	干扰多，成本高，信息转瞬即逝，选择性和针对性较差
网络广告	声像俱全，速度快，针对性强，信息容量大，易保存，费用低，受众面广	传播范围有一定的局限性，干扰比较多，可信度差
户外广告	反复诉求效果好，对地区和消费者选择性强、传真度高，费用较低，竞争少，保留期长	覆盖范围比较窄，创造力受到一定限制，难以测评广告效果
邮寄广告	个性较强，针对性和选择性强，简单灵活，效果好，无同一媒体广告的竞争	费用高，广告形象差，覆盖范围小，有效接收率低
销售点广告	针对性强，促销效果显著	不同品牌产品的广告相互干扰

此外，纺织服装企业在选择纺织服装广告媒体时，还应考虑以下因素。

一是纺织服装广告媒体覆盖范围。在选择纺织服装广告媒体时，需要考虑所选媒体的覆盖范围，与纺织服装企业的目标市场是否一致。全国性的纺织服装品牌，适宜在全国发行的报纸杂志和中央电视台、中央广播电台以及网络上做广告，而某城市的纺织服装专卖店，则适合选择地方性报纸、电台等媒体。

二是纺织服装广告目标受众的行为。广告主应当依据纺织服装目标市场中现实的和潜在的消费者的行为特点，选择相应的广告媒体，以提高收视率和收听率。例如，耐克、阿迪达斯等世界著名的体育用品品牌，就经常采用赞助体育盛会、在比赛场馆设置广告牌和以运动员使用广告产品等形式，来发布纺织服装产品广告；而女装广告，则应选择时装杂志、妇女杂志等针对女性的媒体。

三是纺织服装广告诉求重点。如果纺织服装广告诉求重点，是详细的纺织服装商品信息，并且技术内容较多时，宜采用报纸、专业杂志和邮寄广告；如果是为了提升纺织服装企业形象，则应选择威信高的大众媒体；如果是为了宣布即将举行的一次销售活动，则适合选择报纸、广播、电视等比较及时的媒体。

四是纺织服装产品特性。不同纺织服装的性能、特点、使用价值存在差异，这对广告媒体的选择也有影响。一般来说，纺织服装需要展示、有款式和色彩需求，适宜选择电视、网络和杂志，以增强感染力和吸引力。

五是纺织服装广告媒体成本。不同广告媒体的收费标准，也是选择纺织服装广告媒体的依据之一，要综合考虑纺织服装广告媒体的成本及广告效果，以选择最佳的广告媒体或其组合。例如，电视是最昂贵的广告媒体，而报纸的成本相对较低。但是，对纺织服装企业来说，最重要的不是广告成本的绝对数值，而是目标对象的人数构成与成本之间的相对关系，像每千人的广告成本，如果按广告成本计算，在电视上做纺织服装广告比在报纸上做广告更便宜。

11.2.2.5 评价效果

良好的纺织服装广告计划和控制，在很大程度上取决于对广告效果的测定。测定和评价纺织服装广告效果，是完整的广告活动过程中不可缺少的重要内容，是纺织服装企业上期广告活动结束和下期广告活动开始的标志。纺织服装广告效果是通过纺织服装广告媒体传播之后所产生的影响。评价纺织服装广告效果可以从以下两个方面进行。

(1) 评价沟通效果 即评价纺织服装广告对纺织服装消费者的影响。研究纺织服装广告效果的目的，在于分析纺织服装广告活动，是否达到了预期的沟通效果。测定纺织服装广告沟通效果的方法，主要有广告事前测定与广告事后测定。广告事前测定，是在纺织服装广告作品尚未正式播放之前进行的各种测验，包括：邀请有关专家、消费者进行现场观摩并进行评估；在实验室采用专门仪器来测定人们的心理活动反应，从而对纺织服装广告可能获得的成效进行评价等。纺织服装企业根据广告事前测定过程中出现的问题，可以及时调整广告策略，改进纺织服装广告制作，提高广告的成功率。而广告的事后测定，主要是指测定纺织服装广告播出后所产生的实际效果。纺织服装广告播出后，通过问卷调查等形式，了解目标公众对纺织服装广告产品的知晓和偏好程度，以及对纺织服装广告的反映情况等。

(2) 评价销售效果 即评价纺织服装广告对纺织服装企业经营的影响。纺织服装广告销售效果的测定，就是测定纺织服装广告传播后，纺织服装企业增加了多少销售额或利润额。纺织服装广告的销售效果，比纺织服装广告的沟通效果更难测定。因为除广告外，纺织服装的销售额还要受到其他许多因素的影响，例如，纺织服装形象、质量、价格、消费者收入以及竞争对手的营销策略等。纺织服装广告的销售效果，可通过以下两个方面来测定：一是线性相关分析法，即将过去若干期间的纺织服装广告费用，与销售额进行相关性分析，求出销售额对纺织服装广告费用的一元线性方程式，进而确定每增加一个单位的广告费用所增加的销售额和利润额。二是实验分析法，例如，把纺织服装企业的目标市场按地理区域分成几个小市场，然后对不同的市场投放不同强度的纺织服装广告，像甲地区的广告强度为60%，乙地区的广告强度为120%，丙地区的广告强度为180%，然后分析三个地区的销售记录，就可以看出纺织服装广告活动对不同地区销售额的影响程度。

11.3 纺织服装营业推广及其策略

纺织服装营业推广是一种成熟的营销工具，是开拓和占领纺织服装市场强有力的武器。近年来，纺织服装营业推广的费用，在全部销售费用中的比例越来越大，甚至比纺织服装广告费用还高出许多。当前，纺织服装企业越来越多地运用营业推广策略，来刺激纺织服装销售。

11.3.1 纺织服装营业推广概述

11.3.1.1 纺织服装营业推广涵义和特征

营业推广，也称销售促进（Sales Promotion，SP）。纺织服装营业推广，是指纺织服装企业在特定的目标市场中，为迅速刺激需求和鼓励消费者积极购买企业的纺织服装产品或服务的促销措施。营业推广是通过推出“看得见”的利益，销售纺织服装产品或服务的促销活动。美国市场营销协会委员会将营业推广定义为“除了人员推销、广告、公共关系以外的、刺激消费者购买和经销商效益的各种市场营销活动。例如，陈列、演出、展示会、示范表演以及其他推销努力”。

纺织服装营业推广的特征在于，它是战术性的营销工具，而非战略性的措施。纺织服装营业推广的关键因素是短期激励、刺激性和见效快，并使它成为导致消费者购买纺织服装行为的直接诱因。

11.3.1.2 纺织服装营业推广作用

纺织服装营业推广，是纺织服装企业开拓和占领纺织服装市场的一种强有力的武器，与其他促销手段相比，纺织服装营业推广有着不可替代的作用，主要表现在以下几个方面。

（1）手段灵活多样 消费者对某种措施的兴趣往往时间短暂，一旦兴趣过去，该措施即失去效用。纺织服装企业可以不断地变换营业推广手段，做到花样不断翻新，以不断刺激消费者，促使其产生新的兴趣和需求。例如，采取销售奖励、赠券等手段，通常都附带价格上的让步，其直接受惠者大多是经常使用本纺织服装品牌的消费者，从而使他们更乐于购买和使用本企业的纺织服装产品。同时，这些纺织服装样品也可以发放给从未使用过该产品的消费者，由于价格上的优惠和从众心理的影响，也会刺激他们试用和购买。在纺织服装新产品上市的时候，纺织服装营业推广手段的应用更为重要。纺织服装营业推广通过奖励品牌忠诚者，可以维持老顾客，也吸引纺织服装产品的新试用者。

（2）增大市场份额 有效的纺织服装营业推广能够迅速引起广大消费者的注意，具有较强的吸引力和诱惑力，在短期内增加纺织服装的销售量，增大纺织服装的市场份额。面向消费者推出的系列优惠活动，让消费者感受到纺织服装产品的实际效用，对产品的了解加深。当现实的纺织服装产品和实惠摆在消费者面前的时候，纺织服装广告的效力甚至可能消失，这时纺织服装企业如果能够运用适当的营业推广手段来告知、提醒、刺激潜在消费者，就可以促使他们立即购买。例如，金雁纺织服装集团于4月29日至5月1日在所有专卖店开展促销活动，其内容是为庆祝“五一”劳动节，凡编号尾数为“51”的人民币，均可按面值翻1倍在金雁专卖店使用。这个促销从4月29日到5月1日，短短3天时间人们排起长队涌向购买，金雁皮衣在全省范围内的销售额就达到3000万元左右，同行当时纷纷感叹：节日生意都让金雁抢去做了！

（3）抵制竞争对手 纺织服装营业推广是有效抵制和击败竞争对手的重要武器，能使纺织服装企业在竞争中处于有利地位。当竞争对手大规模地发起促销活动时，及时、有力的针锋相对或避其锋芒、另辟佳径的反击就很关键，如果纺织服装企业不及时采取有效措施，就可能丧失已有的纺织服装市场份额，在市场竞争中处于不利的地位，容易在激烈的竞争中被打败。故此，在纺织服装市场竞争中，织服装营业推广可以作为一种防御性的营销措施，以保持本企业的纺织服装市场占有率。

（4）加速市场进程 纺织服装营业推广可以加速纺织服装新产品的市场进程。在纺织服装新产品进入市场之初，消费者对其特点和功能还不十分了解，这时可采用有奖销售、赠送优惠券等营业推广方式，鼓励消费者购买，以加快纺织服装新产品进入市场的进程，使纺织服装产品在短期内就能被更多的消费者所了解并购买。

（5）协调中间商关系 纺织服装营业推广能够协调与纺织服装中间商的关系。纺织服装生产商可以运用多种营业推广手段，来影响纺织服装中间商，协调与纺织服装中间商的关系。例如，通过向纺织服装中间商提供购买馈赠、陈列馈赠来鼓励订货；通过向纺织服装零售商提供交易补贴，来弥补纺织服装零售商制作产品广告、张贴商业通知或布置产品陈列时所支出的费用等。这些措施能调节纺织服装中间商的交易行为，使纺织服装中间商作出有利于自身的经营决策。

11.3.2 纺织服装营业推广方式

纺织服装营业推广的方式，要远远多于其余的促销方式。为了刺激销售，纺织服装企业、消费者、集团、中间商之间都会采用相应手法。这些纺织服装营业推广方式概括起来有两大类：一类是直接针对消费者的购买，例如，样品、奖券、降价、赠品、现场表演等；另一类是针对经销商的购买刺激，例如，购买折扣、展销、提供津贴、销售竞赛等。具体来说，纺织服装营业推广的方式如表11-2所示。

表11-2 纺织服装营业推广的方式

采用者	纺织服装消费者	纺织服装集团购买者	纺织服装批发商	纺织服装零售商
纺织服装生产者	现金回扣	赠送使用手册	购买折扣	购买折扣
	减价优惠券	技术指导	广告津贴	销售竞赛
	折扣优惠	赠送零配件	经销竞赛	合作广告
	环境销售	赠送	展销	陈列折扣
	赠品	展销		展销
	表演展销			购买点陈列
	有奖销售			
纺织服装批发商		购买折扣		购买折扣
纺织服装零售商	减价优惠券			
	有奖销售			
	价格优待			
	赠送			

纺织服装营业推广方式很多，纺织服装企业应根据纺织服装营业推广的目标、市场类型、竞争状况和营业推广方式的费用和效果，选择最合适的方式，常见的几种纺织服装营业推广方式如下。

11.3.2.1 对消费者的营业推广方式

对消费者的纺织服装营业推广方式，主要介绍以下几种。

（1）减价优惠券　指向消费者赠送或散发减价优惠券，持券人可凭券享受价格优惠待遇。纺织服装企业通常规定减价优惠券的有效期、减价纺织服装的品种和购货地点等。发行减价优惠券，常常采用邮寄或附在广告上等形式，也可随所售纺织服装一起赠送。前者主要是向潜在的消费者发送，鼓励消费者购买；后者是从数量上鼓励消费者多购买本企业的纺织服装产品。

（2）折扣优惠　又称特卖或打折，是指通过降低纺织服装产品零售价格，来吸引更多消费者的一种纺织服装营业推广手段。这种营业推广手段常常为纺织服装企业所采用。例如，对于号码不全的纺织服装产品或每至换季时，纺织服装企业为了减少库存积压，常常打折销售。折扣优惠与其他纺织服装营业推广方式结合起来，将会取得更好的效果。

(3) 赠品 即对购买本企业纺织服装产品的消费者免费赠送纪念品、附带产品等，以赢得更多的购买者。纪念品可以到居民区赠送，也可以在商店或闹市区散发，还可以随同广告一起赠送。这种纺织服装营业推广方式，有利于销售纺织服装新产品，为新产品打开销路，但此种方式费用较高。例如，凡购买 FUN 牌纺织服装达到 200 元以上者，均可获赠一个大礼包。礼包中有的装有围巾，有的装有糖果，供消费者选择。

(4) 表演展销 即通过举办纺织服装展销会，进行现场纺织服装表演、集中销售，招徕消费者。表演展销有纺织服装企业举办的专场纺织服装表演；有知名纺织服装设计师的专场发布，并通过纺织服装表演推出各自的流行预测。具有一定规模的纺织服装商场或购物中心，也可利用纺织服装表演达到吸引消费者注意、促进销售增长的目的。这种方法在纺织服营销活动中极为普遍，它能方便消费者选择和购买，从而促进和扩大纺织服装销售。纺织服装企业若能围绕一定的纺织服装主题组织展销活动，并同时配以广告宣传，会取得更好的促销效果。

(5) 有奖销售 指纺织服装企业销售纺织服装产品时，规定购买数量，当消费者达到规定的购买数量时，即可获得一定数量的奖券，中奖者持券兑奖。这种营业推广方式，利用了消费者的侥幸、追求刺激、好胜的心理，目的是希望抓住消费者的心，有利于纺织服装企业在较大的范围内迅速促成购买行为，并强化纺织服装产品在消费者心目中的形象。例如，凡在“十一”国庆节期间，购买李宁牌 T 恤衫，均可获赠奖券一张。奖券即开即兑，中奖者可用奖券购买同值李宁牌产品一件等。

(6) 环境销售 主要是指纺织服装销售场合的购物环境。大多数的纺织服装名牌专卖店或纺织服装展示厅，从店面设计到店牌都有一定的规范讲究。例如，店内色调应与纺织服装企业形象、纺织服装品牌的色系相吻合。店内的现场广告牌、样品、照片、标志应突出品牌或纺织服装的风格主题，灯光也必须根据品牌格调进行调节。例如，销售休闲装，其灯光色调相对比较活泼、轻松。在佐丹奴、美斯特邦威等品牌的专卖店中，经常以流行音乐来吸引年轻的消费者，营业人员多穿着本品牌的当季纺织服装，以增强消费者的实际视觉效果。有些纺织服装专卖店还不定期地在店内举行小规模的现场时装表演，烘托现场气氛，吸引消费者观看和选购。

11.3.2.2 对经销商的营业推广方式

对纺织服装经销商的纺织服装营业推广方式，主要是鼓励纺织服装经销商更多进货、促使纺织服装经销商更快销货的刺激措施，主要介绍以下几种。

(1) 购买折扣 指在某一段时间内进货可以享受特定的折扣，它可能是季节性的削价，也可能是特定时间段，像特殊事件、庆祝活动、展销期间、业务会议期间等的削价，或者为了进入某个竞争激烈的纺织服装市场，而采取的鼓励纺织服装经销商进货的政策。这种方法多为那些纺织服装品牌知名度不高的纺织服装企业采用，目的是取得经销商的合作，例如，淡季进货、购买库存纺织服装等。再如，数量折扣，即纺织服装企业按经销商购买纺织服装产品的数量多少，而给予对方一定的折扣。购买的数量越多，折扣越大。其目的是鼓励经销商大批量购买企业的纺织服装产品。

(2) 广告津贴 鼓励纺织服装经销商为企业的纺织服装广告或品牌，做一定形式的销售性广告而给予对方的补偿。但这种广告必须符合纺织服装企业的促销原则，或完全按纺织服装企业的规定进行宣传。有的纺织服装企业为纺织服装经销商提供某些广告宣传的范本，并给予一定的广告费支持或折扣优惠，帮助纺织服装经销商更好地达到销售目标。纺织服装广告津贴可以是现金支付，也可以在货款中予以扣除。

(3) 订货会和展示会　纺织服装企业经常以参加纺织服装订货会和新款发布会、展示会的形式，促进纺织服装交易。例如中国国际服装服饰博览会、上海国际服装服饰博览会、广州（国际）流花纺织服装节等。全球每年的纺织服装展览活动，不仅吸引了国内众多纺织服装企业，还吸引了许多外国知名纺织服装品牌的参与，对纺织服装业的发展都具有很大的作用。我国纺织服装企业常在参加各地纺织服装节的时机，进行纺织服装订货；在纺织服装展销会期间举行各种宣传活动，像纺织服装表演、赠送礼品等来扩大影响，并配合其他措施促进纺织服装的销售。

(4) 经销竞赛　指纺织服装企业鼓励纺织服装经销商努力推销本企业的纺织服装产品，对销售成绩优异的纺织服装经销商给予一定的奖励的营业推广方式。奖励既可以是现金奖励，也可以是实物奖励。当纺织服装产品在同一市场上通过多家纺织服装经销商来销售时，纺织服装企业就可以定期在纺织服装经销商中间开展经销竞赛。

11.3.2.3　营业推广中的出样陈列

出样陈列也称陈列展示，是纺织服装销售企业按照一定的要求或标准，有条理地把各种款式的纺织服装进行陈列。它是一种很适合纺织服装企业的营业推广方式，在纺织服装业中得到了广泛应用。

(1) 作用　作为一种以实物宣传的方式，出样陈列有一些特殊的意义和作用：一是促进纺织服装销售。纺织服装产品的特点是必须通过展示才能表现，图片或电视展示可以提高消费者兴趣，而实物展示则可使消费者产生强烈的购买欲望。因此，纺织服装企业要使纺织服装销售量扩大，很重要的一条就是要使各种纺织服装以美观、醒目、丰满、整洁的面貌同消费者见面；二是提高接待效率，方便消费者挑选。在现实生活中，消费者在选购纺织服装时，普遍的心理特点是喜欢看一看、摸一摸，并试穿，因为纺织服装作为人体的包装，是非常受消费者重视的。一件好看的纺织服装并不适合于所有人，纺织服装的效果也只有通过试穿才能表现出来。因此，消费者要经过反复比较，才会放心地买下款式满意的纺织服装。纺织服装企业应迎合消费者的这种心理，做好纺织服装的陈列工作，对各类纺织服装的布局、摆放要恰当，系统条理，标价齐全，并配有简要醒目的文字说明，使消费者一目了然；三是美化环境，宣传企业。纺织服装橱窗陈列不仅能宣传本企业特有的纺织服装新品种、新款式，还可以以纺织服装产品本身的绚丽多姿来点缀和美化环境。

(2) 要求　一是重视全面陈列。纺织服装企业要尽可能把所生产的各种花色品种的纺织服装，展示在消费者面前，使消费者感到纺织服装企业生产的纺织服装款式多、品种规格全，从而认为能选购到自己称心如意的纺织服装。同时，纺织服装企业还应尽量把纺织服装的质量、特点等展示出来，使消费者全面了解；二是讲究连带陈列。纺织服装陈列摆设上，要适合消费者选购的习惯，并引起他们的联想。要采取连带陈列，使消费者便于挑选，例如，上装与裤子应在接近的地方陈列，或者是配套陈列等；三是注意条理陈列。纺织服装企业要注意陈列中的条理性，使纺织服装以美观、整洁、清晰的面貌展现在消费者面前，使消费者对纺织服装产生新鲜的感觉。例如，色泽搭配合理，规格归类恰当，层次安排丰满，从而激起消费者新的购买欲望；四是探求艺术陈列。纺织服装企业应按纺织服装造型设计的特点，有意识地展示纺织服装在造型上的各种不同角度，使整套纺织服装线条流畅、造型优美，并富有质感；五是体现企业特色。纺织服装陈列，还应体现出本企业的经营特色和设计风格。千篇一律的陈列方式和风格，必然不会引起消费者的注意，也达不到促销的目的。个性化、风格化的陈列，使消费者一眼就能找到符合自己需要的纺织服装，这是现代纺织服装企业必须追求的。

（3）技巧 陈列技巧的好坏，关系到纺织服装优势能否完全体现，进而影响到纺织服装的销售。纺织服装陈列技巧主要有三种：一是根据视线安排。纺织服装的主要品种要陈列在比较理想的位置，即中心位置。一般是在人们的水平视线范围内，要防止所陈列的纺织服装过高或过低，避免消费者因在观看陈列纺织服装时抬头、仰视、蹲下、俯视而产生不舒服的感觉；二是形体搭配。陈列的纺织服装，在形体安排上要灵活多样，要考虑各种纺织服装的不同款、不同花型、不同色泽的合理搭配，并能反映出鲜明的立体感，使纺织服装陈列达到多而不乱、活泼多姿的艺术效果；三是层次处理。对橱窗陈列的纺织服装，要根据橱窗的大小、深度条件，来构成层次分明、穿插恰当、疏密相称、格调和谐的统一体。另外，在纺织服装陈列中，要充分重视色彩运用、道具使用，以及决定图案设计、广告编写及灯光照明等的作用，这些对增强纺织服装陈列的宣传效果都十分有意义。

11.3.3 纺织服装营业推广策略

纺织服装企业不仅要了解各种纺织服装营业推广方式，而且还要制订和实施一套完整的纺织服装营业推广方案。纺织服装企业制订纺织服装营业推广策略的步骤如下。

11.3.3.1 确立纺织服装营业推广目标

纺织服装营业推广目标的确立，是制订纺织服装营业推广策略的前提，纺织服装企业应根据纺织服装目标市场的消费者和企业的销售总目标，以及竞争对手的营业推广策略等来确立。纺织服装营业推广目标可以有很多，沿用前面纺织服装营业推广方式的分类方法可以分为消费促销目标和经销促销目标两类，前者是针对纺织服装消费者而建立的目标，而后者是针对纺织服装经销商而建立的目标。

（1）消费促销目标 主要目的是增加纺织服装企业的短期销售，进而有利于纺织服装企业扩大纺织服装市场份额。例如，提升纺织服装产品的知名度、促使犹豫不决的消费者下决心购买、鼓励消费者试用和重复地购买、改善纺织服装品牌形象、建立纺织服装品牌偏好等。

（2）经销促销目标 主要目的是让纺织服装经销商进行广告宣传，鼓励消费者购买，建立纺织服装品牌忠诚，以帮助纺织服装企业打开销路，销售更多的纺织服装产品。例如，帮助纺织服装经销商加快纺织服装产品流转速度，促使纺织服装经销商购买企业的纺织服装新产品，增加承销该产品更多的品种等。

11.3.3.2 选择纺织服装营业推广方式

纺织服装营业推广的方式很多，但如果使用不当，则适得其反。因此，选择合适的纺织服装营业推广方式，是取得营业推广效果的关键因素。在选择纺织服装营业推广方式时，纺织服装企业必须考虑纺织服装市场类型、消费者心理、促销目标、产品特点、竞争条件和环境、预算水平等因素，选择行之有效的纺织服装营业推广方式，并灵活多变地加以运用。纺织服装营业推广方式在前面已介绍，这里不在重述。

11.3.3.3 制订纺织服装营业推广方案

选择了具体的纺织服装营业推广方式之后，接下来就该制订具体的纺织服装营业推广方案了。纺织服装企业在制订纺织服装营业推广方案时，还应考虑许多因素，主要有以下几个方面。

（1）刺激强度　纺织服装企业应选择费用有限、效率最高的刺激强度。纺织服装营业推广方式对消费者的刺激强度越大，纺织服装企业增加销售的可能性就越大。但是刺激超过一定的限度后，也会造成纺织服装销售锐减。纺织服装企业应在总结以往经验的基础上，结合当时的纺织服装市场环境和预算开支，选择有效的纺织服装营业推广方式，制订适当的刺激强度。例如，一件高档纺织服装应季时售价为3000元，季末最有效的纺织服装营业推广方式就是降价处理，售价降为2000元。但是可能会造成部分消费者对本企业纺织服装产品不信任，怀疑纺织服装的质量和档次，从而不再购买本企业的纺织服装产品。

（2）对象　纺织服装营业推广的对象可以是任何人，也可以是某一类群体。纺织服装营业推广对象选择的恰当与否，将直接影响促销的最终效果。例如，赠品是送给每一个人，还是仅给那些购买数量多的人？真维斯在一次促销活动中，为购买金额达到200元以上者，提供一顶真维斯休闲帽作为赠品；抽奖可能将纺织服装营业推广的对象限定在某一范围内，不允许纺织服装企业员工或某一特定年龄以下的人参加。通过确定纺织服装营业推广的对象，纺织服装企业可以集中精力实现纺织服装营业推广的目标。

（3）推广期限　纺织服装企业何时开始这场促销活动，持续多长时间，这也是制订方案时必须考虑的因素。如果持续时间太短，纺织服装营业推广的信息就不能传达给更多的消费者；如果纺织服装营业推广的时间太长，则消费者可能认为这是长期降价，从而不会立即购买，同时消费者还会对纺织服装产品的质量产生怀疑。一般来说，每次纺织服装营业推广的期限，应以消费者的平均购买周期最为恰当。另外，纺织服装营业推广的频率也应有所限制，避免本企业的纺织服装产品在消费者心目中降低身价。

（4）推广途径　纺织服装企业选择了纺织服装营业推广方式后，还需进一步确定所选用纺织服装营业推广方式的推广途径。不同推广途径消费者的接受程度是不一样的，而纺织服装企业为推广途径所做的预算也是不同的，纺织服装企业应选择最有效的推广途径。例如，为了促销男式西服而发放一张200元的减价优惠券，至少有以下几种发放途径：在零售店分发、邮寄、附在广告媒体上、随其他纺织服装产品赠送。每一种途径的送达对象和费用都不相同：在零售店分发，是送达进店的每一个消费者；随其他纺织服装产品赠送，主要是送达本纺织服装品牌的经常使用者；而邮寄、附在广告媒体上两种方式的费用可能较高。

（5）预算水平　指纺织服装企业采用纺织服装营业推广方式的所有的费用支出总额，要考虑到纺织服装营业推广方式的使用范围、频率、纺织服装产品生命周期等因素。纺织服装营业推广总预算可以通过自下而上的方法确定，即纺织服装企业根据全年纺织服装营业推广活动的内容，所运用的纺织服装营业推广方式，以及相应的成本费用来确定纺织服装营业推广总预算。实际上，纺织服装营业推广总成本是由管理成本（例如，印刷费、邮寄费等）加诱因成本（像赠品、折扣等成本）乘以在纺织服装营业推广活动中售出的预期单位数量组成的。

11.3.3.4　实施和评价纺织服装营业推广方案

如果条件许可，纺织服装营业推广方案在正式实施之前，应经过必要的测试。测试可以通过询问消费者、发放问卷等方式进行。

（1）实施　在完成纺织服装营业推广方案的制订工作后，如果测试效果与预期接近，就可进入实施阶段了。纺织服装企业应选派合适的营销人员，按照纺织服装营业推广方案的进程安排，有条不紊地进行纺织服装营业推广活动。在实施过程中必须密切监测纺织服装市场反映，并及时进行必要的调整，以保证达到预期的促销效果。

(2) 评价 当纺织服装营业推广活动完成后，纺织服装企业还应对其纺织服装营业推广方案的实施情况进行评价。这一环节常常不被纺织服装企业所重视，或者即使进行了评价，也很简单。对纺织服装营业推广方案的评价一般有以下几种方法：一是将纺织服装营业推广前、纺织服装营业推广期间和纺织服装营业推广后的经营状况进行对比分析。例如，金鸡毛巾在纺织服装营业推广前市场占有率为6%，纺织服装营业推广期间上升为10%，纺织服装营业推广后又降至5%，过一段时间又回升到7%。这些数据说明，企业的纺织服装营业推广方案在实施期间，吸引了一批新的顾客，并促使原来的顾客增加了购买量。纺织服装营业推广结束后马上降为5%，说明顾客尚未用完前一段多购的金鸡毛巾。后又回升到7%，说明纺织服装营业推广方案终于使一批新顾客成为老顾客。如果过一段时间市场占有率不是7%而仍旧是6%，那就说明这项纺织服装营业推广方案，只是暂时改变了需求的时间，并没有改变市场上对金鸡毛巾的总需求。二是对消费者进行调查，了解消费者对纺织服装营业推广活动的看法，以及后期的消费行为。同时，认真调查那些在纺织服装营业推广时期购买纺织服装产品、事后又转向其他纺织服装品牌的消费者，了解他们购买本企业纺织服装产品的诱因是什么，以及纺织服装营业推广活动如何影响了他们的购买行动。三是审查预算的执行情况，实际开支是否超出总预算水平，分析产生差异的原因，并制订修正措施；四是评价实施纺织服装营业推广活动过程中，所把握的时机、失误，以及产生的作用和意义等。

11.4 纺织服装公共关系及其策略

纺织服装公共关系，是纺织服装促销组合中的又一重要手段。它不限于只是处理纺织服装企业与消费者之间的关系，更不限于简单的买卖关系，其目的是要搞好纺织服装企业与整个社会公众的关系，故此，它是一种着眼于纺织服装企业长期目标的间接的促销手段。

11.4.1 纺织服装公共关系概述

作为科学化、职业化的纺织服装公共关系活动是20世纪初才出现的，但很快便得到了广泛运用。纺织服装公共关系与纺织服装广告、纺织服装营业推广一样，也是一项非常重要的促销方式。纺织服装公共关系对于纺织服装企业争取广大消费者的理解、信任和支持，树立良好的纺织服装企业形象，具有重要的意义。

11.4.1.1 纺织服装公共关系涵义

“公共关系”一词来自于英语 Public Relations，简称 PR，中文简称“公关”。任何一个社会组织在其运作发展过程中，都必然置身于一种多维关系网络中，像企业与其员工、股东、消费者、新闻媒介、社区、政府和竞争者等都会发生种种的社会关系。而构成这些社会关系的对象，就是该企业的公众。这里既有企业内部的各种关系，比如上下级关系、部门之间、个人之间的关系等，又有与企业外部门的各种关系，比如社区、政府、顾客、竞争者等关系。因此，纺织服装公共关系，是指纺织服装企业利用一切非商业方式，间接地向顾客、用户等公众介绍、宣传企业和产品的营销活动。纺织服装公共关系的任务，就是处理纺织服装企业与公众之间的沟通协调问题，使纺织服装企业在开展经营活动时，争取得到公众的理解和支持，从而优化纺织服装企业的生存发展环境。纺织服装企业开展公共关系活动，就是要达到“内求团结、外求发展”的目的。例如，上海工业缝纫机股份有限公司面对激烈的市场竞争，为了扩大销售，借公司股票上市之际，花了两个多月时间，全公司六千多名员工参与设计、讨论“上海工缝”的企业精神，员工们共提出了五百多条口号，最后评选出“上在效益，工在管理，精在品质，神在人和”，大家为之振奋。与此同时，企业还利用三百多平方米的围墙，建成颇具创意的“上海工缝”员工之墙，让全公司从总经理到一般员工都用油漆将自己的名字签在“员工墙”上，形成六千员工共筑的“力量之墙”。此举起到了极大的凝聚效应和震撼效果，大大地促进了缝纫机的销售。一般来说，纺织服装公共关系应包含四个要素：纺织服装信息发布者、所传播的纺织服装信息、纺织服装信息载体和纺织服装信息接受体，如图 11-4 所示。

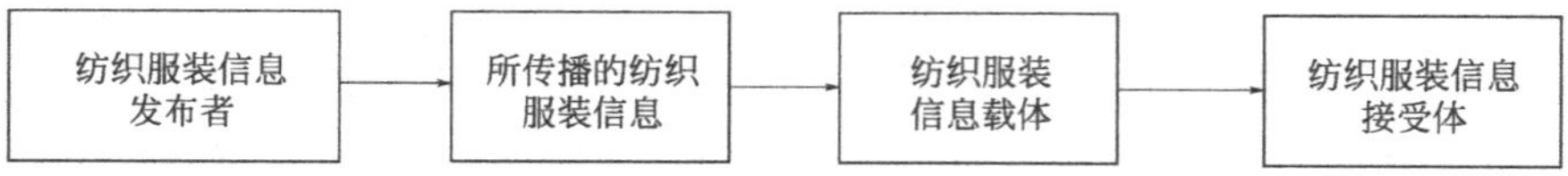

图 11-4 纺织服装公共关系四要素

11.4.1.2 纺织服装公共关系特征

图 11-4 所展示的纺织服装信息传递过程是一个单向交流的过程。为了使纺织服装信息发布者，能及时了解所发布的纺织服装信息是否传递出去，并被纺织服装信息接受体所正确理解，还需要纺织服装信息接受体做出信息反馈，这样才能构成完整的信息交流过程。因此，纺织服装公共关系有如下几方面特征。

(1) 双向沟通是基础　在现代社会，社会组织与公众打交道，实际上是通过信息双向交流和沟通来实现的。正是通过这种双向交流和信息共享过程，才形成了组织与公众之间的共同利益和互动关系，这是公共关系区别于法律、道德和制度等意识形态的地方。在这里，纺织服装公共关系，是指纺织服装企业与消费者建立良好的关系，它一方面让消费者了解纺织服装企业，另一方面也使纺织服装企业了解消费者，实现纺织服装企业和消费者双方的交流和沟通，如图 11-5 所示。

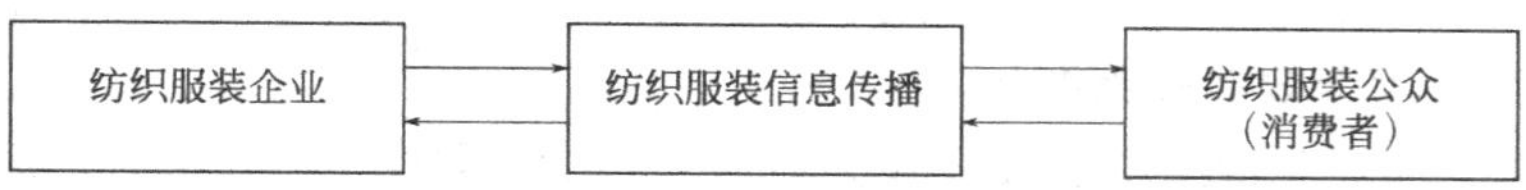

图 11-5 纺织服装公共关系双向沟通示意图

(2) 互惠互利是关键　许多纺织服装企业会把追求自身利益的最大化，作为经营的最终目标，但很多纺织服装企业在这一过程中却发生了迷失。有的为求得短时之利，却失去更多；有的甚至什么也没得到。造成这种现象的根本原因就在于：利益从来都是相互的，从来没有一厢情愿的利益。人际交往中人们常说，与人方便就是与己方便；而对纺织服装企业而言，只有在互惠互利的情况下，才能真正达到自身利益的最大化。纺织服装企业的公共关系活动之所以有成效、之所以必要，恰恰在于它能协调双方的利益，通过纺织服装公共关系，可以实现双方利益的最大化，这也是具备公关意识的纺织服装企业和不具备公关意识的纺织服装企业的最大区别。

(3) 树立形象是目标　在消费者中塑造、建立和维护纺织服装企业的良好形象，是纺织服装公共关系活动的根本目的，这就要求纺织服装企业必须有合理的经营决策机制，以及正确的经营理念和创新精神，并根据消费者、社会的需要及其变化，及时调整和修正自己的行为，不断地改进纺织服装产品和服务，以便在消费者面前树立良好的形象。纺织服装企业可以通过积极参与各种社会活动，来宣传纺织服装企业的经营宗旨和服务理念，并通过各种方式与消费者联络感情，从而加深社会各界对纺织服装企业的了解和信任，扩大纺织服装企业的知名度，最终达到扩大纺织服装企业销售的目的。

(4) 长远观点是根本　由于纺织服装公共关系是通过协调沟通、树立纺织服装企业形象和产品形象、创造良好的社会环境，建立互惠互利关系的过程，这个过程既包括向消费者传递纺织服装信息的过程，也包括影响并改变消费者态度的过程，甚至还包括纺织服装企业转型，像改变现有形象、塑造新的形象的过程。所有这一切，都不是一朝一夕就能完成的，必须经过长期艰苦的努力。故此，在纺织服装公共关系工作中，公共关系组织和公关人员不应计较一城一池之得失，而要着眼于长远利益，只要持续不断地努力，付出总有回报。

(5) 真实真诚是准则　追求真实和真诚，是纺织服装公共关系工作的基本准则。自从"现代公关之父"美国人艾维·李（Lvy Lee）提出讲真话的准则以来，告诉消费者真相便一直是公关工作的信条。尤其是现代社会，纺织服装信息及传媒手段空前发达，这使得任何纺织服装企业都无法长期封锁、控制消息，以隐瞒真相，欺骗消费者。正如美国前总统林肯所说，你可以在某一时刻欺骗所有人，也可以在所有时刻欺骗某些人，但你绝对不能在所有时刻欺骗所有人，真相总会被人知道。故此，纺织服装公共关系强调真实、真诚准则，要求公关人员实事求是地向消费者提供真实的纺织服装信息，以取得消费者的信任和理解。

11.4.1.3　纺织服装公共关系原则

(1) 以满足需求为出发点原则　纺织服装公共关系的客体是消费者，消费者的需求是多种多样的，既有物质需求，也有精神需求，并且消费者的需求会随着环境及自身情况的改变而改变，因此，纺织服装公共关系必须研究消费者的需求及其与此相关的态度、情感、认知等问题，以适应人们不断增长的物质需求和精神需求。

(2) 以事实为基础原则　纺织服装公共关系作为一种传播活动和管理职能，必须尽可能全面、客观地掌握事实，并实事求是地传播信息。纺织服装公共关系包括对纺织服装企业产品的主要性能指标、纺织服装企业的特性和文化等方面信息的真实传播，这样才能使双方相互了解、相互信任，最终获得消费者的支持，进而提高纺织服装企业的经济效益。

(3) 以社会效益为依据原则　社会效益是纺织服装企业与消费者二者根本利益的结合点。只有以整个社会效益为依据，纺织服装企业才能获得客观而又明确的评判标准。故此，纺织服装公共关系既要对纺织服装企业本身负责，也要对消费者负责。

11.4.1.4　纺织服装公共关系类型

按照不同的划分依据，纺织服装公共关系的类型可分为主体型、对象型、功能型三类。其中，纺织服装主体型公共关系可分为工业企业公共关系、商业服务业企业公共关系、政府公共关系、事业团体公共关系四种；纺织服装对象型公共关系可分为员工公共关系、消费者公共关系、政府公共关系、媒介公共关系、社区公共关系、竞争者公共关系、股东公共关系、国际公共公共关系八种；纺织服装功能型公共关系可分为日常事务型公共关系、宣传型公共关系、征询型公共关系、危机型公共关系四种。

纺织服装功能型公共关系，是指按照纺织服装公共关系在纺织服装企业运行中所发挥的功用的不同而划分的公共关系。下面重点介绍纺织服装功能型公共关系。

(1) 纺织服装日常事务型公共关系　是指在纺织服装企业的日常运行中，始终如一地贯彻公共关系工作的目标，在日常运行的各个环节、各个渠道都注意树立和维持纺织服装企业形象，把公共关系意识贯彻到每个成员的一言一行中的一种公共关系活动模式。例如，一家纺织服装企业，应该从纺织服装原材料采购，以及纺织服装设计、生产、销售等环节严格把关，并努力为消费者提供优质服务；同时对本企业职工的劳动保护、生活福利、医疗保险等事务也要倍加关怀。长此以往，通过一系列的日常事务，就会获得内、外顾客的满意，建立起纺织服装企业良好的声誉，进而赢得顾客的忠诚。

（2）纺织服装宣传型公共关系　是指运用各种传播媒介向社会各界公众有意识、有目的地传播有关纺织服装企业的信息，以影响和改变公众的态度、意见和行为，扩大纺织服装企业的社会影响，形成对纺织服装企业有利的舆论环境的一种公共关系活动模式。纺织服装宣传型公共关系的主要目的，是提高纺织服装企业的知名度和美誉度，因此，需要有效地利用各种传播媒介与公众进行沟通。例如，东山百货商店原来是一家业绩平平的区级百货商店，近年来却备受人们瞩目。如今，“东百”已跻身该市百货行业三强。它之所以能在竞争行业中脱颖而出，原因是多方面的。而重视公共关系工作、塑造良好企业形象则是其中非常重要的一条。像他们与新闻界等各方面人士保持着良好的关系，推出的各类公关广告宣传充满温馨感。另外，在公关活动策划组织上也很有创意，像声势浩大的“东百杯”粤港澳通俗歌手大奖赛这一公关活动，中秋节那天，粤港澳三地歌手同台演唱，十分轰动，大陆及港台的各新闻传媒也争相转播、报道，使“东百”的知名度大大提高。他们还先后组织了“特别的爱给特别的你”等外来工大型公关活动，并立足社区文化建设，倡导回报社会观念，得到了社会公众的广泛赞誉。

（3）纺织服装征询型公共关系　是指通过特定目的的公共关系调查活动，收集关于纺织服装市场、社会情况、公众意向等与纺织服装企业有关的信息，并进行整理、分析、研究，为纺织服装企业的经营管理提供科学依据，以促进纺织服装企业经营决策科学化、民主化的一种公共关系活动模式。纺织服装征询型公共关系的主要手段有舆论调查、民意测验、市场综合分析等，此外，还有为消费者提供免费咨询服务，像有关纺织服装的挑选、穿用、洗涤、整理等知识的咨询。对纺织服装企业来说，纺织服装征询型公共关系既是获得信息的有效渠道，同时，也树立了纺织服装企业热心为消费者服务，对消费者负责，以及虚心接受批评建议的良好形象。例如，已经发展为内衣行业中知名品牌的“爱慕”特别注重对消费者的培养，并为此做了大量的工作。像他们着手对处于发育期的少女，开办内衣方面的讲座，举办大学生联谊会，在最注重美的年龄传授给她们内衣的知识，使她们成为公司的消费者。在联谊会上邀请了喜爱“爱慕”内衣的消费者作为嘉宾，为大学生介绍内衣的流行趋势，还邀请专家向她们传授内衣知识，并成立“爱慕消费者俱乐部”等，真正体现了“爱慕”的“以人为本，共创美好生活”的企业宗旨。跨过传统的销售渠道和中间环节，与消费者直接沟通，既能经常地把“爱慕”新产品的信息传达给消费者，同时又可收集她们使用产品的意见，加快商业回馈的时效性，改善产品及服务品质，进而建立“爱慕”品牌相对固定的拥戴群体，这就是纺织服装征询型公共关系产生的效果。

（4）纺织服装危机型公共关系　是指当纺织服装企业形象受到损害时，立即采取一系列的有效措施，做好善后或修正工作，挽回声誉，重建纺织服装企业形象的一种公共关系活动模式，又称为纺织服装补救型公共关系或纺织服装矫正型公共关系。造成纺织服装企业形象受到损害，使纺织服装企业处于危机状态的因素有很多种，一般可归纳为两类：一种是由纺织服装企业自身原因引起的，例如，纺织服装产品质量问题，管理不善引起的重大事故，纺织服装企业的行为对社会及公众造成危害，纺织服装企业内部信息传播不畅等；另一种是由纺织服装企业外部因素引起的，像某些人或组织蓄意制造事端而引起的纺织服装企业形象受损，公众对纺织服装企业行为的误解，一些意外政策的制订和意外事件的发生等。防范危机首先要树立正确的危机意识，对可能面临的危机进行预测，及时做好预警工作，并拟定应急计划。其次一旦发生危机事件，公关工作人员要及时制订解决该事件的具体措施，以稳定事态，同时迅速进行现场调查。在处理危机事件时，要最大限度地平衡纺织服装企业与公众的利益，并及时准确地把有关信息公布于众，得到媒体的真实报道，掌握信息的控制权。最后要做好善后工作，努力沟通同主要公众的关系，得到社会广泛的谅解与支持，把危机的损失减少到最小，重塑纺织服装企业形象。

11.4.2 纺织服装公共关系策略

纺织服装公关策略既可以是针对一年或更长时间的长期计划，也可以是针对某一事件的短期计划。纺织服装企业制订纺织服装公共关系策略的步骤如下。

11.4.2.1 开展纺织服装公共关系调查

开展任何有目的的纺织服装公共关系活动，都必须建立在充分掌握信息的基础上。故此，前期调查是纺织服装公关实务的第一个着眼点，是纺织服装企业开展公共关系的首要任务。纺织服装企业的调查既可以通过观察或对现有资料的统计分析来进行，也可直接深入公众搜集第一手资料。

在调查的基础上，就可以对纺织服装企业现状进行评价，内容涉及产品性能、消费者的意见和看法、销售区实际销售报告、竞争状况、价格和价格变化的影响以及各种宏观环境等。

11.4.2.2 制订纺织服装公共关系目标

纺织服装公共关系目标，是纺织服装企业营销总目标的延伸和具体体现。纺织服装公共关系活动可能的目标很多，例如，改善纺织服装企业整体形象；加强纺织服装企业实力，防止被兼并；提高纺织服装品牌的知名度和美誉度；促进尽可能广泛的承销；改善纺织服装企业与社会团体的关系；支持赞助计划等。纺织服装公共关系目标不同，所采取的传播手段也就不同。故此，纺织服装企业在策划公共关系活动时，应首先制订活动的主要目标，在保证营销总目标的顺利实现的前提下，分清主次，选择其中一个或几个目标来完成。

11.4.2.3 确定纺织服装公共关系对象

在选择传播手段之前，必须清楚地了解纺织服装企业公共关系的对象，即应与哪一类公众进行有效的沟通。纺织服装企业在进行信息传播活动时，纺织服装公共关系对象可能是多种多样的，主要有以下几个。

(1) 消费者　为了建立与消费者间的良好关系，纺织服装企业应始终坚持为消费者提供满意服务的观念，与消费者进行有效的沟通，特别是注意处理与消费者的纠纷。

(2) 经销商　纺织服装企业应及时迅速地给经销商提供品质优良、价格合理、设计新颖、适销对路的商品，为经销商提供各种优惠、便利和服务。

(3) 供应商　纺织服装企业应与供应商保持良好的关系，以取得充足的原材料、零部件、工具、能源供应。

(4) 社区　纺织服装企业应与所在地的工厂、机关、学校、医院、公益事业单位和居民，共建物质与精神文明，获取社区的谅解与支持。

(5) 政府　纺织服装企业必须经常与政府有关部门进行沟通，及时了解有关的政策、法规和计划。

(6) 新闻媒体　新闻传播媒体是纺织服装公共关系的重要因素，它控制着最重要的公共沟通渠道，对纺织服装公共关系有着极其重要的作用。纺织服装公共关系人员必须努力与新闻媒体建立良好的关系，保持与新闻界的联系。

除此之外，还应处理好与竞争对手的关系，在某些方面与竞争对手合作，解决共同关心的行业困难和问题，共同开拓纺织服装市场。因此，针对不同的纺织服装公共关系对象，应选择不同的传播手段，当然有时也能通过大众媒介如电视等，将几类纺织服装公共关系对象同时置于媒介覆盖范围之中。纺织服装企业在进行信息传播活动时，必须注意对症下药，这样才能取得事半功倍的效果。

11.4.2.4 选择纺织服装公共关系媒介

纺织服装企业拥有的公共关系手段很多，形式也多种多样。纺织服装企业开展公共关系活动的主要的传播媒介大致可分为两类：一类是与广告相似的大众传播媒介，像报刊、杂志、电台、电视等；另一类是非媒体传播方式。归纳起来，主要有以下几种方式。

（1）借助 指纺织服装公共关系要借助新闻媒体。纺织服装公共关系部门可以编写有关纺织服装企业产品和员工的新闻，或举行活动，像纺织服装企业为希望工程举行赞助义演活动，或者参加全国性的大型活动等，创造机会吸引新闻界和消费者的注意，扩大影响，提高知名度。例如，2008 年四川汶川大地震发生以后，全社会怀着悲痛的心情开展灾后救援和重建工作，这时，中央电视台和香港等地多家新闻媒体、网络媒体都及时地举办赈灾文艺活动，许多纺织服装企业都踊跃出资出力捐助灾区，在消费者心中树立起良好的纺织服装企业形象，给消费者留下了深刻的印象，其效果远远大于广告的影响效应。

（2）赞助 指纺织服装公共关系要参与和赞助各种社会公益事业。赞助有时是出于促销目的，有时是出于对公益事业的关心，像用于慈善事业、艺术、体育活动、大学奖学金等。但其中共同的公关因素，是在公众中树立纺织服装企业的良好形象。例如，国际 F1 摩托艇大赛在杭州西湖举行时，为避免在比赛中可能造成的西湖环境污染问题，杉杉纺织服装集团捐资 50 万元成立“西湖绿化环保基金”，号召全社会都来爱护美丽的西湖，美化我们的生存环境。这一行动提高了杉杉集团的美誉度，赢得了良好的口碑。为了扶持高雅艺术的发展，同时提升杉杉品牌的艺术品位，杉杉集团还决定赞助中央音乐学院指挥系 300 万元，设立了“杉杉中国指挥育才基金”，这进一步树立了杉杉集团富有社会责任感和艺术品位的纺织服装企业形象，取得了极佳的效果。

（3）举办 指纺织服装公共关系要举办或参与有影响力的活动。纺织服装企业举办或参与有影响的活动有很多，像演讲比赛、合办晚会、参与体育活动等。纺织服装公共关系要借助有影响力活动的覆盖面，引起消费者对纺织服装企业的关注，从而间接达到纺织服装公共关系的目的。例如，在每年 3 月举行的奥斯卡颁奖典礼上，都是奢侈品牌的必争之地，因为那里聚集了一大群具有非凡号召力和巨大影响力的明星。当哈莉·贝瑞（Harry Berry）、妮可·基德曼（Nicole Kidman）这样的大明星，穿戴着由纺织服装奢侈品牌赞助的晚装、珠宝、皮鞋等，出现在全球观众瞩目的奥斯卡颁奖晚会上，出现在晚会结束之后媒体铺天盖地的报道中时，纺织服装品牌信息早已悄无声息地进入到了观众们的脑海里，并与这些国际明星紧紧联系在了一起。这种活动要比单纯的投放明星代言的纺织服装广告、邀请明星出席纺织服装产品上市发布会等，更加能够吸引消费者的关注，在纺织服装品牌信息传递的手段上更加隐蔽，更容易被接受。

（4）展销会 指纺织服装公共关系要举办或参与展览会或展销会。这是一种典型的综合运用多种传播的手段，主要通过实物、文字、图表来展现纺织服装企业的成效、风貌和特征。展览会和展销会是一种直观、形象和生动的传播方式，它综合了多种传播媒介的优点，能以讲解、交谈、宣传手册、介绍材料、照片、录像、幻灯、广播等不同形式吸引消费者，达到与消费者的双向沟通。

（5）特殊活动 指纺织服装公共关系要举办或参与特殊纪念活动。每个纺织服装企业都有一些值得特殊纪念的活动，例如，纺织服装企业开业典礼、纺织服装企业周年纪念日、纺织服装产品获奖、纺织服装新产试制成功等。利用特殊纪念日制造新闻，是影响消费者的极好机会。

(6) 识别系统　指纺织服装公共关系要建立纺织服装企业形象识别系统。一方面，建立纺织服装企业形象识别系统（CIS），像编制纺织服装企业年度报告、业务通信和刊、宣传手册，建设企业网站、光盘、视频材料等，内容可以包括纺织服装企业历史、产品特色、营销策略、优秀职工等，这些材料在不同程度上可以影响纺织服装目标市场。另一方面，纺织服装企业为在消费者心目中创造独特的企业形象和较高的认知率，可以通过周密的策划和设计，确定一个统一的标识体系，它包括以下三个方面：一是理念标志。理念标志，是指纺织服装企业的经营宗旨、经营方针、价值观念和行为准则。其语言要精练、富有哲理、易懂好记。例如，乔治·阿玛尼“不着痕迹的优雅”，CK 服装“美感在简洁中产生”。二是行为标志。行为标志，是由纺织服装企业完善的组织结构、制度、管理、福利和员工行为准则构成，体现了纺织服装企业理念和独特的纺织服装企业文化。员工在这样一个纺织服装企业价值观环境中，能够很好地服从和服务于纺织服装企业的经营目标和要求。三是视觉标志。视觉标志，是由特定的字体、图案、造型和色彩组成的纺织服装企业名称的标准书法和企业标志等，常被印制在纺织服装企业产品包装、个人名片、信笺文具等办公用品、员工纺织服装、车辆、用具、厂房和办公楼的外装修上，以及指示牌和广告中。设计和实施统一识别系统，既是管理过程，也是一种纺织服装公共关系宣传手段，需要全面规划和长期大量持续的投入。现代著名的纺织服装企业都有各自独特的识别系统，例如，杉杉的清新自然，美尔雅的典雅浪漫，好来西的飘逸洒脱，仕奇的稳重自信，均取得了较好的纺织服装企业形象和社会影响。

11.4.2.5　实施纺织服装公共关系评估

在纺织服装公共关系活动之后，纺织服装企业还要对纺织服装公共关系效果实施评估。对纺织服装公共关系活动的评估，主要根据以下标准。

(1) 展露率　指纺织服装企业或产品在不同媒体上出现的频率和次数。但展露并不一定有效果，所以展露率不能作为唯一标准。

(2) 理解率　指在纺织服装公共关系活动之后，考察消费者对纺织服装企业产品的知晓、理解、态度，比较开展纺织服装公共关系活动之前有何变化。

(3) 销售增长率　指考察、衡量在其他促销方式和营销手段、市场环境不变的前提下，开展纺织服装公共关系活动一段时间后，纺织服装产品销售的增长情况。

11.5　纺织服装人员推销策略

11.5.1　纺织服装人员推销概述

11.5.1.1　纺织服装人员推销涵义

纺织服装人员推销，是指纺织服装企业派出推销人员或委派专职推销机构，向纺织服装目标市场的消费者和用户推销产品或服务的经营活动。纺织服装人员推销的核心问题是说服，即说服纺织服装目标顾客，使其接受其推销的纺织服装产品或服务。纺织服装店铺的售货员、团体采购中的纺织服装推销人员，都是纺织服装人员推销的主体。纺织服装人员推销既是一种古老的促销方式，也是纺织服装现代产品销售的一种重要手段。

11.5.1.2 纺织服装人员推销特点

纺织服装人员推销与纺织服装广告、纺织服装营业推广等非人员推销相比，具有无法比拟的优势，归纳起来，纺织服装人员推销有如下特点。

（1）双重性 在纺织服装人员推销活动中，纺织服装推销人员不仅通过交往、鼓励、讨价还价，将纺织服装商品卖出去，还要通过宣传、答疑、微笑、参谋、承诺来促使消费者愿意购买，并在购买中获得满意和满足。可见，纺织服装人员推销不是单纯意义的买卖关系，它一方面要推介纺织服装企业、推销纺织服装产品；另一方面要满足消费者需要，建立同消费者的情感友谊和良好关系，以利于开展“关系营销”。纺织服装人员推销的双重目的是相辅相成、相互联系的。

（2）双向性 双向的纺织服装信息沟通，是区别于其他纺织服装促销手段的重要标志。在纺织服装人员推销过程中，一方面，纺织服装推销人员与推销对象（消费者）直接对话，可以面对面地观察对方的态度，了解对方的需求，并及时采用适当的措施和语言来排除顾虑、解答疑难，达到促进纺织服装产品销售的目的；另一方面，纺织服装推销人员必须把从消费者那里了解到的有关纺织服装产品和企业的信息，例如，消费者对纺织服装产品的意见、要求，对纺织服装企业的态度、信誉、产品市场占有率等，反馈给纺织服装企业，以便更好地满足需求，扩大销售，取得良好的纺织服装营销效果。

（3）多样性 消费者的需求是多种多样的，但是通过纺织服装推销人员有针对性的宣传、介绍，可以满足消费者对纺织服装商品信息的需求；通过直接销售方式，可以满足消费者方便购买的需求；通过为消费者提供售前、售中、售后服务，可以满足消费者在技术服务方面的需求；通过纺织服装推销人员礼貌、真诚、热情的服务，可以满足消费者消费心理上的需求；最重要的还是通过纺织服装产品的使用效能，来满足消费者对纺织服装商品使用价值的需求。

（4）灵活性 在纺织服装人员推销过程中，买卖双方直接联系、现场洽谈，互动灵活、反应迅速。纺织服装推销人员要根据消费者的态度和反应，把握其心理，从其感兴趣的角度介绍纺织服装商品，以吸引其注意，并及时发现问题，进行解释和协调，抓住有利时机促成消费者的购买行为。但必须注意，即使未能成交，纺织服装推销人员也应与消费者之间保持和建立起良好的人际关系。

纺织服装人员推销也有不足之处，主要表现在两个方面：一是费用支出较大。由于纺织服装推销人员直接接触消费者的数量有限，销售面窄，纺织服装人员推销的开支较多，增大了纺织服装产品销售成本；二是对纺织服装推销人员要求较高。纺织服装人员推销的成效，直接决定于纺织服装推销人员素质的高低。尤其随着科技的发展，纺织服装新产品层出不穷，对纺织服装推销人员的要求越来越高。

11.5.1.3 纺织服装人员推销种类

纺织服装人员推销的种类，主要有以下几种类型。

（1）厂家推销 即纺织服装生产厂家雇用推销人员，向纺织服装中间商或其他厂家推销纺织服装产品。纺织服装日用消费品生产厂家的推销人员，往往将纺织服装中间商作为他们的推销对象；而纺织服装工业品生产厂家的推销人员，则把他们的纺织服装产品作为生产资料的其他生产厂家，作为推销对象。

（2）批发商推销 纺织服装批发商雇用人员，在指定区域向纺织服装零售商推销纺织服装产品。纺织服装零售商也常常依靠这些推销人员，来对纺织服装商店的货物需求、货源、进货量和库存量等进行评估。

(3) 零售商推销 纺织服装零售商推销，往往是消费者上门，而不是纺织服装推销人员拜访消费者。

(4) 直接推销 直接推销在纺织服装零售推销中所占比重不大，但却是纺织服装推销力量中的一个重要部分，有其特殊优点和作用。

11.5.1.4 纺织服装人员推销形式

纺织服装人员推销的形式多种多样，各纺织服装企业实施的重点也各不相同，但基本形式一般包括上门推销、柜台推销和会议推销三种。

(1) 上门推销 指由纺织服装推销人员携带纺织服装样品、说明书和订单等走访消费者，推销纺织服装产品的形式。这是一种纺织服装推销人员向消费者靠拢的积极主动的“蜜蜂经营法”，这种推销形式可以针对消费者的需要提供有效的服务，方便消费者，所以被消费者广泛认可和接受。上门推销，它是最常见的纺织服装人员推销形式之一。

(2) 柜台推销 又称门市，是指纺织服装企业在适当地点设置固定门市，由纺织服装营业员接待进入门市的消费者，推销纺织服装产品的形式。门市的营业员是广义的纺织服装推销人员，纺织服装零售和批发商店的营业员，实质上都是推销人员。他们在与消费者当面接触和交谈中介绍纺织服装商品、回答询问、促成生意。柜台推销与上门推销正好相反，它是一种“等客上门”式的推销方式。由于门市里的纺织服装产品种类齐全，能满足消费者多方面的购买要求，为消费者提供较多的购买方便，并且可以保证纺织服装产品完好无损，因此，消费者比较乐于接受这种方式。

(3) 会议推销 指利用各种会议向与会人员宣传和介绍纺织服装产品，开展纺织服装推销活动的形式。例如，在订货会、交易会、博览会、展销会等会上推销纺织服装产品。这种推销形式具有群体推销、接触面广、推销集中、成交额大等特点，可以同时向多个推销对象推销纺织服装产品，只要纺织服装产品对路、价格合理，就容易达成大批量的交易，取得显著的推销效果。

11.5.2 纺织服装人员推销程序

纺织服装人员推销的程序，一般包括前后衔接的三个阶段。

11.5.2.1 准备推销阶段

为了保证纺织服装推销任务的顺利完成，纺织服装推销人员在开始工作之前，要进行纺织服装推销的准备工作。纺织服装推销准备，具体内容包括掌握基本情况、设计推销路线、订立谈判原则、了解消费者特点、制订洽谈要点等。

11.5.2.2 实施推销阶段

实施推销阶段，这是纺织服装推销人员的实质性工作阶段。纺织服装推销人员从事推销面谈时，往往要经过四个过程，相应地就有四种对策。

(1) 吸引 吸引消费者注意并使之产生良好的反应，是全部纺织服装推销活动顺利开展的前提。要引起注意，纺织服装推销人员要处理好四个问题：一是说好第一句话；二是要用肯定的语气说话；三是要抓住消费者关心的问题；四是要拿出新招。

(2) 诱导 实践证明，诱导消费者兴趣的最好办法是做示范。纺织服装推销人员通过面对面的示范表演，让消费者耳闻目睹，或让消费者自己进行试验，直接体会纺织服装产品的性能、特点。如果纺织服装产品不便携带，可通过间接示范办法，像出示鉴定书等，以诱导其购买兴趣。

(3) 激发　消费者的购买兴趣，来自纺织服装企业的产品和对产品的宣传介绍。纺织服装推销人员如果能将纺织服装产品的介绍，与消费者的需要相联系，就会激发消费者的购买欲望，形成购买动机。

(4) 促成　纺织服装推销人员促成消费者购买行为的方法，主要有：一是优点汇集法，即纺织服装推销人员把消费者感兴趣的纺织服装商品优点，与从中可得到的利益汇集起来，在纺织服装推销结束前，将其集中再现，促成消费者的购买。二是假定法，即纺织服装推销人员假定消费者已经购买，然后询问其所关心的问题，或谈及其使用纺织服装商品的计划，以此促进消费者的购买。三是优惠法，即纺织服装推销人员利用消费者追求实惠的心理，通过提供优惠条件，促使消费者立即购买。四是保证法，即纺织服装推销人员通过纺织服装售后服务保证，像包修、包换、定期检查等，克服消费者购买纺织服装产品的心理障碍，促成消费者购买行为的实现。

11.5.2.3　售后服务阶段

售后服务阶段是指纺织服装推销人员为已购买纺织服装商品的消费者，提供各种售后跟踪服务的活动。售后服务阶段，是纺织服装人员推销的最后环节，也是新的纺织服装推销工作的起点。售后跟踪服务，能加深消费者对纺织服装企业和产品的信赖，促使消费者重复购买，同时还可获得各种反馈信息，为纺织服装企业决策提供依据。

11.5.3　纺织服装人员推销方案设计

11.5.3.1　推销队伍的任务

(1) 挖掘和培养新顾客　纺织服装推销人员首要的任务，是不间断地寻找纺织服装企业的新顾客，包括寻找潜在顾客和吸引竞争者的顾客，积聚更多的顾客资源，这是纺织服装企业市场开拓的基础。

(2) 培育企业忠实顾客　纺织服装推销人员应该通过努力与老顾客建立莫逆之交的关系，使纺织服装企业始终保持一批忠实顾客，这是纺织服装企业市场稳定的基石。

(3) 提供服务　纺织服装推销人员应该为消费者提供咨询、技术指导、迅速安全交货、售后回访、售后系列服务等任务，以服务来赢得消费者的信任。

(4) 沟通信息　纺织服装推销人员应该熟练地传递纺织服装企业各种信息，说服、劝导消费者购买本企业纺织服装产品。在纺织服装信息传递的过程中，关注消费者对纺织服装企业产品的信息反馈，主动听取消费者对纺织服装产品、企业的意见和建议。

(5) 产品销售　纺织服装推销人员努力的最终成果，应该是源源不断地给纺织服装企业带来订货单，把纺织服装企业产品销售出去，实现纺织服装企业的销售目标。

11.5.3.2　推销队伍的结构

(1) 按地区划分　即按地理区域配备纺织服装推销人员，设置纺织服装销售机构，纺织服装推销人员在规定的区域，负责销售纺织服装企业的各种产品。其优点是：责任明确，有助于与消费者建立牢固的关系，可以节省纺织服装推销费用，这种结构适应纺织服装产品品种简单的纺织服装企业。

(2) 按产品划分　即按纺织服装产品线配备推销人员，设置纺织服装销售机构，每组推销人员负责一条纺织服装产品线，在所有地区市场的销售。条件是：纺织服装产品技术性强，品种多且其相关性不强。

(3) 按顾客划分　即按某种标准（如纺织服装行业、客户规模）把顾客分类，再据此配备纺织服装推销人员，设置纺织服装销售结构。其优点是：能满足不同纺织服装用户需求，提高纺织服装推销成功率。缺点是：纺织服装推销费用增加，难以覆盖更广市场。

(4) 复合式 即将上述三种结构结合起来，或按区域-产品，或按区域-顾客，或按区域-产品-顾客，来组建纺织服装销售机构或分配纺织服装推销人员。一般来说，当纺织服装大企业拥有多种纺织服装产品，且销售区域相当广阔时，适宜采取这种结构。

11.5.3.3 推销人员的角色

(1) 热心服务者 纺织服装推销人员是纺织服装目标顾客的服务人员。纺织服装推销人员帮助消费者排忧解难，解答咨询，提供纺织服装产品使用指导，其服务质量和热情，赢得消费者的信任和偏爱。

(2) 信息情报员 纺织服装推销人员是纺织服装企业信息的重要反馈渠道，基于他们的工作特点，广泛接触社会各个方面，不仅收集目标顾客的需求信息，还能收集竞争者信息、宏观经济方面信息和科技发展状况信息，使纺织服装营销决策者能迅速把握外部环境的动态，及时作出反应。

(3) 企业形象代表 纺织服装推销人员是纺织服装企业派往目标市场的形象代表，他们主动热情的工作、积极的态度乃至一言一行，都代表了纺织服装企业形象，是纺织服装企业文化和经营理念的传播者。

(4)“客户经理” 当纺织服装推销人员面对一群消费者，做营销沟通工作时，他们所担任的就是“客户经理”角色，在纺织服装企业营销战略和政策指导下，行使一定的决策权，例如，纺织服装交易条款的磋商、交货时间的确认等。

11.5.3.4 推销人员的激励和考核

(1) 激励 纺织服装企业通常用于激励推销员的主要手段，主要有以下两种：一是销售定额。订立销售定额，是纺织服装企业的普遍做法。它规定纺织服装推销人员在一年中应销售多少数额，并按产品加以确定，然后把报酬与定额完成情况挂钩起来。每个地区的纺织服装销售经理将地区的年度定额，在各纺织服装推销人员中进行分配。二是佣金制度。纺织服装企业为了使预期的销售定额得以实现，还要采取相应的鼓励措施，例如，送礼、奖金、销售竞赛、旅游等，而其中最为常见的是佣金。佣金制度，是指纺织服装企业按销售额或利润额的大小，给予纺织服装推销人员固定的或根据情况可调整比率的报酬。佣金制度能鼓励纺织服装推销人员尽最大努力工作，并使纺织服装销售费用与现期收益紧密相连；同时，纺织服装企业还可根据不同纺织服装产品、工作性质，给予纺织服装推销人员不同的佣金。

(2) 考核 对纺织服装推销人员的业绩考核是分配报酬的依据，而且是纺织服装企业调整市场营销战略、促使纺织服装推销人员更好地为企业服务的基础。故此，加强对纺织服装推销人员的业绩考核评估是十分必要的。业绩评估必须以准确的信息和翔实的数据为基础，所以管理部门应建立一套评估指标体系，随时注意搜集有关信息和资料、数据。纺织服装推销人员的考核：一是要明确考核途径，其途径主要有纺织服装推销人员的记事卡、纺织服装推销人员的销售工作报告、消费者的评价、纺织服装企业内部员工的评价等。二是要明确考核标准，其标准主要有：纺织服装销售计划完成率、销售毛利率、销售费用率、货款回收率、客户访问率、访问成功率、消费者投诉次数、培育新客户数量等。

11.5.3.5 推销人员的培训

纺织服装推销人员在正式开展业务以前，必须进行一定时间的培训，掌握纺织服装推销工作的知识和技巧。纺织服装推销员的培训内容主要包括以下几点。

(1) 企业情况介绍 使纺织服装推销员了解纺织服装企业的经营方针、策略、未来的发展构想，纺织服装企业内部组织机构、人事管理和劳动报酬等。

(2) 产品线的概念或季节主题　使纺织服装推销员了解所推销纺织服装产品的性能、特点以及竞争产品的情况。

(3) 产品的展示技能　是指纺织服装店铺规划（结构、布局、货架）等的陈列，和纺织服装产品、色彩、饰品搭配陈列，以及纺织服装人员的陈列等。

(4) 商品的知识　主要包括面料成分、穿着搭配、商品的潜在价值等。

(5) 市场介绍　使纺织服装推销员了解纺织服装企业的目标顾客的类型、地区分布、购买动机和潜在顾客等。

(6) 推销技术介绍　纺织服装推销的方法、步骤、技巧以及消费者心理等。

(7) 工作规程介绍　使纺织服装推销员了解和熟悉纺织服装业务工作的规则和程序，例如，填写单据、发货和退货手续等。

纺织服装推销员的培训方法，可以采取讲课或示范教学、讨论等集体培训法；也可以采用模拟形式，或请有经验的纺织服装推销人员进行“传、帮、带”等个别训练。

11.5.4 纺织服装人员推销策略

11.5.4.1 推销策略

纺织服装人员推销策略，一般常用的有以下几种。

(1) 试探性策略　也称“刺激-反应”策略，是指纺织服装推销人员利用刺激性较强的方法引发消费者购买行为的一种推销策略。即在不了解消费者需要的情况下，纺织服装推销员事先准备好要说的话，通过声、色、动、静的刺激，对消费者进行试探，同时密切注意对方的反应，然后根据其反应采取具体的推销措施。这些措施包括示范操作、商品出样、图片资料、展示赠送商品说明书等，以引发消费者的关注，并及时有效地处理消费者异议，排除成交障碍，促使消费者采取购买行为。消费者一般都会有某种需求，通过自己对这项纺织服装产品的功能进行评价，来判断这种产品是否合适。故此，纺织服装推销员要做的便是努力发现消费者的需求，然后解说纺织服装产品如何正好能满足消费者这方面的需要。成功的纺织服装推销员会随机应变，例如，消费者开玩笑，推销员马上回报同等的幽默；消费者希望了解更多细节，推销员会立即提供；消费者最感兴趣的是纺织服装商品本身，推销员则把重点放在纺织服装商品上。有时候为了表现出与消费者有同样的感觉，纺织服装推销员甚至还可能采用与消费者相似的身体语言。纺织服装推销员就是通过这种和消费者的面对面的交流，运用自己的推销技巧，使消费者在非理性的心理机制的作用下产生购买行为。

(2) 针对性策略　也称“配合-成交”策略，是指纺织服装推销人员利用针对性较强的说服方法，促使消费者发生购买行为的一种推销策略。纺织服装推销人员在已经基本了解消费者有关需求的前提下，事先设计好针对性强、投其所好的推销语言和措施，这些措施包括有的放矢地宣传和介绍纺织服装商品的特点；说服消费者购买等。在运用这一策略时，要使消费者感到纺织服装推销人员的确是自己的好参谋，是真心为自己服务的，从而产生强烈的信任感，愉快地成交。这种策略的特点，是事先基本了解消费者的某些方面的需要，然后有针对性地进行“说服”，当讲到“点子”上引起消费者共鸣时，就有可能促成交易。

(3) 诱导性策略　也称“诱发-满足”策略，是指纺织服装推销人员运用诱导服务方法，使消费者发生购买行为的一种推销策略。这是一种创造性推销，这种策略要求纺织服装推销人员首先设法唤起消费者的潜在需求，因此，纺织服装推销人员要先设计出“如果消费者购买该纺织服装商品将会带来什么利益”等建议，诱发消费者产生需求，并激起消费者迫切希望实现这种需求的强烈动机，其次充分抓住时机向消费者介绍纺织服装商品的效用，说明我所推销的这种纺织服装产品能较好地满足这种需求，真正起到诱导作用，在“不知不觉”中成交。诱导性策略，要求纺织服装推销人员有较高的推销技巧。

(4) 公式性策略　公式性策略，也称“语言-公式”策略，是指纺织服装推销人员运用语言公式方法，使消费者发生购买行为的一种推销策略。即纺织服装推销人员根据对消费者心理的分析、纺织服装市场调查，设计纺织服装推销逻辑定式和语言要点，所形成的纺织服装推销员标准推销方式。

11.5.4.2　推销技巧

在纺织服装人员推销策略的实施过程中，避免不了相应技巧的运用。

(1) 上门推销技巧　纺织服装推销人员的上门推销技巧，主要包括：找好上门对象；做好上门推销前的准备工作；掌握“开门”的方法；把握适当的成交时机；学会推销的谈话艺术。因此，纺织服装推销人员要做到礼貌在先、活泼不轻浮、主动不呆板、谦逊不骄傲、敏捷不冒失、直率不鲁莽，要努力创建和谐的洽谈氛围。

(2) 洽谈艺术技巧　纺织服装推销人员首先要注意自己的仪表和服饰打扮，给消费者一个良好的印象；同时，言行举止要文明、懂礼貌、有修养。在开始洽谈时，纺织服装推销人员应巧妙地把谈话转入正题，做到自然、轻松、适时，并围绕主题目标进行交流，尽力实现阶段性或整体性目标。在与消费者语言交流时，可采取以关心、赞誉、请教、炫耀、探讨等方式入题，顺利地提出洽谈的内容，语言内容层次分明、循序渐进、步步为营，保持语言流畅，达到使消费者广泛注意、集中思想、饶有兴趣之目的。在洽谈过程中，纺织服装推销人员应谦虚谨言，注意让消费者多说话，认真倾听，表示关注与兴趣，并作出积极的反应。遇到障碍时，要细心分析，耐心说服，排除疑虑，争取推销成功。在交谈中，语言要客观、全面，既要说明优点所在，也要如实反映缺点。洽谈成功后，纺织服装推销人员应该用友好的态度和巧妙的方法，祝贺消费者做了笔好生意，并指导对方做好合约中的重要细节和其他一些注意事项。

(3) 排除推销障碍技巧　纺织服装推销人员在推销活动中，经常会遇到推销阻力，排除推销障碍技巧，主要包括：一是排除消费者异议障碍。若发现消费者欲言又止，应主动少说话，直截了当地请对方充分发表意见，以自由问答的方式真诚地与消费者交换意见。对于一时难以纠正的偏见，可将话题转移。对恶意的反对意见，可以“装聋扮哑”。二是排除价格障碍。当消费者认为价格偏高时，应充分介绍和展示纺织服装产品、服务的特色和价值，使消费者感到质优价高，一分钱一分货；对低价的看法，应介绍定价低的原因，让消费者感到物美价廉。三是排除习惯势力障碍。实事求是地介绍消费者不熟悉的纺织服装产品或服务，并将其与他们已熟悉的产品或服务相比较，让消费者乐于接受新的消费观念。

核心概念：

(1) 纺织服装促销：是纺织服装促进销售的简称，是指让纺织服装目标客户及时和尽可能多地了解纺织服装产品，以达到加快销售的目的。

(2) 纺织服装促销组合：是指纺织服装企业根据纺织服装产品的特点和营销目标，综合各种影响因素，对各种促销方式的选择、编配和运用，达到纺织服装营销之目的的技巧。

(3) 纺织服装广告：是指纺织服装企业通过一定的媒体向目标消费者传递纺织服装产品和服务信息，从而扩大纺织服装销售的一种信息传播方式。

(4) 纺织服装营业推广：也称纺织服装销售促进，是指纺织服装企业在特定的目标市场中，为迅速刺激需求和鼓励消费者积极购买企业的纺织服装产品或服务的促销措施。

（5）纺织服装公共关系：是指纺织服装企业利用一切非商业方式，间接地向顾客、用户等公众介绍、宣传企业和产品的营销活动。

（6）纺织服装人员推销：是指纺织服装企业派出推销人员或委派专职推销机构，向纺织服装目标市场的消费者和用户推销产品或服务的经营活动。

复习思考：

1. 单项选择题

（1）纺织服装大众推广、纺织服装公共关系和纺织服装营业推广，又称作（　　）。

A. 纺织服装人员推销　　B. 纺织服装广告促销

C. 纺织服装非人员推销　　D. 纺织服装网络营销

（2）（　　）是指纺织服装企业运用人员推销的方式，把纺织服装产品推向纺织服装市场的策略。

A. 推式促销策略　　B. 拉式促销策略

C. 直接促销策略　　D. 间接促销策略

（3）纺织服装广告是（　　）。

A. 非商业广告　　B. 商业广告

C. 非公益广告　　D. 公益广告

（4）（　　）的关键因素是短期激励、刺激性和见效快，并使它成为导致消费者购买纺织服装行为的直接诱因。

A. 纺织服装广告　　B. 纺织服装公共关系

C. 纺织服装人员推销　　D. 纺织服装营业推广

（5）纺织服装企业利用一切非商业方式间接地向顾客、用户等公众介绍、宣传企业和产品的营销活动是（　　）。

A. 纺织服装广告　　B. 纺织服装公共关系

C. 纺织服装营业推广　　D. 纺织服装人员推销

（6）（　　）既是一种古老的促销方式，也是纺织服装现代产品销售的一种重要手段。

A. 纺织服装广告　　B. 纺织服装公共关系

C. 纺织服装人员推销　　D. 纺织服装营业推广

2. 多项选择题

（1）在制订纺织服装促销组合和促销策略时，主要应考虑（　　）因素。

A. 促销目标　　B. 产品因素　　C. 市场条件　　D. 促销预算

（2）纺织服装广告的作用，主要表现在信息传播、（　　）方面。

A. 促进消费　　B. 引领时尚　　C. 促进竞争　　D. 美化生活

（3）对消费者的纺织服装营业推广方式，主要有赠品、（　　）等。

A. 折扣优惠　　B. 有奖销售　　C. 环境销售　　D. 广告津贴

（4）纺织服装公共关系原则有（　　）。

A. 以满足需求为出发点原则　　B. 以事实为基础原则

C. 以企业效益为依据原则　　D. 以社会效益为依据原则

(5) 纺织服装人员推销策略，一般常用的有（　　）。

A. 试探性策略　　B. 针对性策略

C. 诱导性策略　　D. 公式性策略

3. 判断题（正确答案打“√”，错的打“×”）

(1) 拉式促销策略也称非人员推销策略。（　　）

(2) 信息传播是纺织服装广告最基本的功能。（　　）

(3) 纺织服装营业推广是战术性的措施而非战略性的营销工具。（　　）

(4) 纺织服装企业开展公共关系活动，就是要达到“内求团结、外求发展”的目的。（　　）

(5) 纺织服装人员推销的核心问题不是说服。（　　）

(6) 试探性策略也称“配合-成交”策略。（　　）

4. 简答题

(1) 什么是纺织服装促销和促销组合？纺织服装促销组合策略有哪些？

(2) 纺织服装广告有哪些特征？

(3) 举例说明纺织服装营业推广有何作用？

(4) 纺织服装公共关系可分为哪些类型？

(5) 纺织服装人员推销的程序如何？

案例分析：

鸿星尔克的促销组合

经过不懈的努力，鸿星尔克研发中心终于研发出了代表国产运动鞋最新技术的GDS减震系统。GDS减震系统融合了高密度耐磨独立抓地系统、超强避震系统、包覆式稳定科技、内部空气循环系统四大功能系统，在舒适性、耐磨性、透气排汗、减震等性能上达到了专业运动鞋的要求。鸿星尔克网球鞋在“网球风云榜”评选中，还与NIKE和ADIDAS同列三强。但是，GDS减震系统的科技对销售者来说是冷冰冰的，如何将产品上获得这种高科技附加的价值告知消费者，从而在消费者心目中建立起与众不同的个性和获得独特的价值，还要进行大力的营销推广。鸿星尔克品牌管理中心提出了“科技营销，立体传播”的全新品牌营销管理理论，利用促销四式，不断保持市场沸度。

促销第一式：广告通关

鸿星尔克品牌管理中心认为，鸿星尔克的整个广告传播策略都应该围绕着执行公司品牌战略进行。GDS减震系统作为一项新技术，怎样才能让消费者在最短的时间内理解？怎样才能有效区别于传统的明星代言？怎样才能代表鸿星尔克GDS减震系统专业运动鞋品牌形象？经过无数次的争论，机械腿的形象越来越清晰的展现在品牌管理中心工作人员面前。第一，机械腿与跑鞋相结合本身就是顺理成章的事情，而且3D方式可以全方位的表现GDS减震系统这一新技术，这明显是明星代言难以诠释的。第二，不论是机械腿的广告创意还是科技创新、领跑未来的广告文案，都准确无误地表达了鸿星尔克集团“科技领跑未来”的品牌理念。于是，以科技创新、领跑未来为核心的机械腿功能诉求广告由此诞生。随后鸿星尔克换下了以前花重金聘请形象代言人。事实证明，崭新的制作手法和创意风格，使人们记住了鸿星尔克GDS减震系统，更记住了鸿星尔克走科技创新之路的专业化运动鞋品牌形象。

促销第二式：公关助阵

GDS减震系统作为鸿星尔克科技领跑的有力佐证，虽说真金不怕火炼，但是在国产运动鞋无科技含量的舆论背景下，GDS会不会被有关媒体质疑炒作？鸿星尔克品牌管理中心在新技术出笼的喜悦中，预测了在推广过程中可能突发的问题，所以它的上市必须把握恰当的时机，鸿星尔克选择在第六届晋江国际鞋博会上推出自己的秘密武器。为了吸引众多的厂商及媒体对GDS减震系统的关注，鸿星尔克品牌管理中心在展台设计上颇费心机。在鞋博会上，鸿星尔克的主形象墙上分子结构的领跑者形象，与科技领跑的会展主题交相辉映，展示空间，无论是设计元素还是ERKE特有的蓝色色调和银灰色的应用，均凸现科技感。果不其然，鸿星尔克首款采用GDS减震系统跑鞋系列，在鞋博会上的强势亮相引起了媒体的广泛关注。因此，鸿星尔克高层敏锐地感到：现在正是借力打力的好时机，专门邀请了相关的媒体记者到厂参观，并安排技术人员对GDS减震技术进行详细讲解，同时介绍了鸿星尔克科技领跑的一贯主张，很快各大媒体对其进行了报道。

促销第三式：活动配合

鸿星尔克之所以能成功实施品牌突围，还有一个重要的原因，将诚信始终贯彻营销始末。由于单项广告宣传与消费者难以形成沟通，而且依据鸿星尔克与央视长期合作的经验和调查发现，运动鞋行业的广告互动活动几乎为零。因此，为了将GDS减震系统全面呈现给消费者，鸿星尔克特意组织策划了为期一个月的“看鸿星尔克电视广告，赢电脑大奖”活动。鸿星尔克对此次活动进行了周密安排。首先，整个活动都在公证处的监督下进行，而且电脑、MP3所有奖项都是名优产品。其次，凡光临鸿星尔克专卖网点或登录鸿星尔克网站填写“鸿星尔克央视广告有奖收视调查表”者，就有机会参加抽奖活动。同时，为配合此次活动，在“五一”期间，还专门开展了“现刮现奖，当场兑奖”活动。第三，所有获奖名单都在相关媒体进行公布。凭借前期充分的准备和后期良好的执行力，本次活动鸿星尔克共收到了参与活动的回执单60万份，企业网站也收到近100万份电子回执单，远远超出了预期的10万份的目标。活动期间，从百度、谷歌、雅虎等著名搜索引擎的搜索栏上输入“鸿星尔克”，就可以获得百篇介绍鸿星尔克此次活动的相关文章，通过电视广告受众互动参与抽奖的方式，调动了消费者的参与热情，扩大了企业的知名度，鸿星尔克达到了二次宣传的效果。

促销第四式：发力终端

拥有一流的理念，一流的产品，但如果少了终端销售这一“短板”，投入越大，水平越高，危机反而越大。鸿星尔克GDS减震系统在终端卖场，广受消费者及经销商的好评，还得益于其活动、广告与终端的有效配合。新产品上市之前，鸿星尔克就以“诚信营销”为核心，对如何有效进入销售市场，如何增加及整合资源进行了深入的研究。为落实品牌突围战略，鸿星尔克在全年度的系列促销方案中，配合新的广告传播活动，将广告运动和销售运动进行完美结合，让广告传播的品牌精神在销售活动中与顾客互动。

实际上，把战略思考能力融入促销活动中，是鸿星尔克完成品牌突围的关键。在促销活动实施前，鸿星尔克就明确了自己的活动目标：一是深化品牌形象，透过渠道展示和销售活动展现专业化的品质追求，延续“科技创新”的影响力；二是将传统销售方式进行统一规划，烘托市场氛围，实现销售结果最大化。在具体执行上，为配合央视广告互动活动，平面杂志广告、店内POP、户外广告、车体广告及产品海报统一都以功能诉求为主，以“机械腿”为表现形式，各种宣传方式相互整合。为了使消费者充分了解GDS减震系统，鸿星尔克为该系列产品设计了专门的品牌，以便消费者能在终端卖场里一眼就能认出GDS来。同时，还为该系列产品专门设计了一本“GDS功能手册”，向经销商和消费者详细介绍GDS功能。对导购员培训和市场业务人员巡回宣传，使所有的导购人员均能进行GDS减震系统功能的详细宣传。整个传播系列交相辉映，使“机械腿”形象深入人心，同时鸿星尔克的专业运动鞋品牌形象也初步建立。(根据有关资料改写)

问题分析：

1. 什么是纺织服装促销组合？
2. 鸿星尔克是如何突围成功的？
3. 鸿星尔克给我们带来了什么启示？

实践演练：

活动主题：认知体验纺织服装促销。

活动目的：增加感性认识，实地体验纺织服装促销。

活动形式：将全班分成若干小组，3～5人为一组，以小组为单位开展活动，与教学时间同步，为某纺织服装企业或纺织服装产品，设计一份节日促销方案。

活动内容和要求：活动之前要熟练掌握纺织服装促销、纺织服装促销组合、纺织服装促销策略等知识点，做好相应的知识准备；能科学、合理地运用和设计纺织服装促销的策略组合；以小组为单位提交书面的方案；方案撰写时间为3～5天；授课教师可根据每个小组提供的书面方案按质量评分，并计入学期总成绩。

项目五

开展纺织服装市场营销管理

任务12 如何监控与调整纺织服装营销

知识目标：

1. 纺织服装营销管理的内容；
2. 纺织服装营销计划的步骤；
3. 纺织服装营销组织的类型；
4. 纺织服装营销控制的方式。

能力目标：

1. 能对纺织服装营销计划与管理内容有初步的了解；
2. 能以纺织服装营销控制的方式，使纺织服装营销朝着预期目标方向前进及高效完成。

情景导入：

金纬纺织服装集团开发自动化评估程序

金纬纺织服装集团公司每年在国内外参加的纺织服装博览会或举办的营销活动有近300个，因为每个博览会或营销活动都要花费相当一笔资金，所以集团公司要求对活动的投入和营销效果，进行详细的评估。以金纬纺织服装集团公司开发和运用的一套自动化参展评估体系为例，讲述参展商评估参展效果的常用方法。该自动化评估程序，分为七个步骤，如图12-1所示。

在全面采用自动化评估程序后，金纬纺织服装集团公司的营销活动经理们，每年都会上报一批纺织服装博览会、展览会和营销活动的清单，希望能被许可执行新的评估体系，而管理部门也会批准其中的一些项目。在得到集团公司许可后，各项纺织服装博览会、展览会和营销活动的经理，便可以实施新的评估方案了。（根据有关资料改写）

第一步：
每次参展前，展览、活动经理通过自动化系统把数据输入网上的表格中。

第二步：
在展会现场，工作人员收集各类信息，并将它们分成A、B、C、D四等。

第三步：
展会后，展览、活动经理把分好等级的信息收集归类并寄送到调研公司。

第四步：
调研公司处理这些分等信息，并通过电子邮件给潜在客户寄发调查问卷。这些调查问卷，则是由第一步输入的数据生成的。

第五步：
系统自动产生分等信息和问卷结果的报告。

第六步：
调研公司评估上述报告，并写出关于展会、营销活动的价值，以及成功之处的结论和评价。

第七步：
展会、营销活动经理只要在网上填写一份自己想要获得的信息的清单，诸如生成的成分等信息，以及每份信息的成本等，就可在任何时候生成一份常规报告。

图 12-1 金纬公司参展评估程序的步骤

想一想：

金纬公司是如何开展纺织服装营销管理的？什么是纺织服装营销管理？它有何特点？我们应该如何编制纺织服装营销计划呢？对纺织服装营销如何监控与调整？等等，下面我们将一一学习。

12.1 什么是纺织服装营销管理

12.1.1 纺织服装营销管理的内涵与特点

12.1.1.1 内涵

纺织服装营销管理，是指对纺织服装企业的经营项目和营销活动进行计划、组织、执行和控制，以便能创造、建立和维持与纺织服装目标客户的良好关系，实现纺织服装企业经营目标的活动。

纺织服装营销管理的主体，不是每个纺织服装营销人员，而是整个纺织服装企业。因此，纺织服装营销管理不是某个人或某个部门的事情，而应该是整个纺织服装企业自上而下的管理工作。另外，纺织服装营销管理关注的内容，不是指具体的纺织服装策划或纺织服装营销策略，而是针对纺织服装企业开展营销工作的计划、组织、实施及控制。所以一个好的纺织服装营销管理者，他可以不是一个优秀的纺织服装销售人员，也可能不是一个具有创意的纺织服装策划者，但他一定要是一个优秀的纺织服装项目经理，能够协调各方面的关系，计划和安排纺织服装的所有营销活动，并对其加以控制和约束。纺织服装营销管理还不同于其他纺织服装内部管理活动，例如：纺织服装专项管理、纺织服装专项财务管理、纺织服装专项人事管理等，具体表现为纺织服装营销管理所牵涉的对象，不是处于纺织服装企业内的，而是处于纺织服装企业外的不特定对象；纺织服装营销管理的中心不是某个人群，而是整个纺织服装交易的过程；由于纺织服装营销管理与外在环境的密切性，任何调整不仅仅涉及纺织服装企业内部的行动，并且还要求外在环境的配合。

12.1.1.2　特点

纺织服装营销管理具有以下特点：一是纺织服装营销管理的目的，是使纺织服装营销工作按计划得以顺利实施和执行；二是纺织服装营销管理是一种包括分析、计划、执行和控制的综合性活动；三是纺织服装营销管理的实施，可增加纺织服装企业和纺织服装目标客户双方的利益；四是纺织服装营销管理注重纺织服装产品、价格、促销、渠道、人、有形展示和过程的相互协调和适应，以实现有效的纺织服装营销。

12.1.2　纺织服装营销管理的内容

纺织服装营销管理的内容主要包括六个部分：即纺织服装营销环境分析、纺织服装营销战略制订、纺织服装营销计划制订、纺织服装营销组织构建、纺织服装营销控制实施，其中以纺织服装营销计划、组织和控制为纺织服装营销管理的最核心任务，如图 12-2 所示。

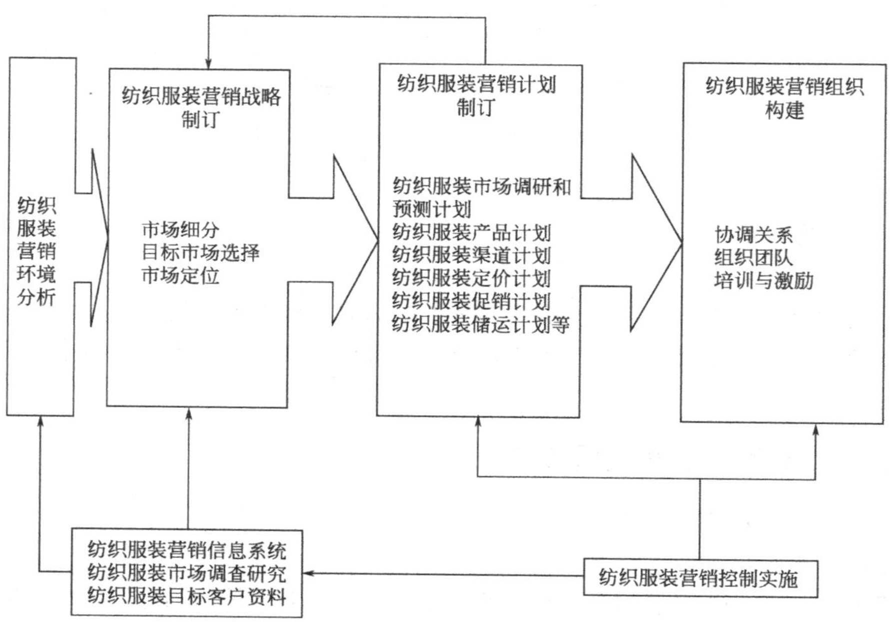

图 12-2　纺织服装营销管理过程

12.1.2.1　纺织服装营销环境分析

纺织服装营销环境分析是开展纺织服装营销活动的立足点和根本前提，只有深入细致地对纺织服装营销环境进行调查研究和分析，才能准确、及时地把握纺织服装目标客户的需求，认清纺织服装企业所处环境中的优势与劣势，制订积极有效的纺织服装营销战略和策略，以适应纺织服装营销环境的变化。纺织服装营销环境包括纺织服装营销宏观环境和纺织服装营销微观环境两大类。其中，纺织服装营销宏观环境包括人口、经济、政治法律、社会文化、自然生态、科学技术等环境因素，尽管对纺织服装营销活动的影响是间接的，但其影响作用却是不可忽视的，纺织服装营销宏观环境的变化，往往影响到纺织服装企业营销战略方向，有时甚至影响到整个行业的发展走向。纺织服装营销微观营销环境，指由纺织服装企业内部、纺织服装供应商、纺织服装营销中介、纺织服装顾客、竞争者、公众等构成的市场环境，它们与纺织服装营销活动紧密相关，并直接影响纺织服装营销的结果和效益。

12.1.2.2 纺织服装营销战略制订

纺织服装营销战略是关系到纺织服装营销活动成败的关键环节，其制订必须关注纺织服装目标客户需求的确定、纺织服装机会的分析、纺织服装自身优势的分析、纺织服装自身劣势的反思以及纺织服装竞争等综合因素。纺织服装营销战略对于纺织服装的长远发展，起到了规划和指导作用，它对纺织服装营销各项工作进行总体部署，是制订纺织服装营销计划和策略的总体指导方针。

12.1.2.3 纺织服装营销计划制订

纺织服装营销计划是对纺织服装的总体营销工作所做的事前规划，是依据总体营销战略而制订的具体纺织服装营销计划和方案，同时也是用来对纺织服装营销工作成效进行考核的主要参考依据。纺织服装营销计划不但对纺织服装的营销现状、营销目标、营销组合方案进行具体分析，还对销售任务、促销活动、营销费用、营销队伍建设等做出具体安排。一般来说，纺织服装营销计划包括纺织服装市场调研和预测计划、纺织服装产品计划、纺织服装渠道计划、纺织服装定价计划、纺织服装促销计划、纺织服装储运计划等。

12.1.2.4 纺织服装营销组织构建

纺织服装营销组织是以现代纺织服装营销观念为指导思想而建立起来的纺织服装营销队伍。在纺织服装企业内部，纺织服装营销队伍是实施纺织服装营销战略、落实纺织服装营销计划的主体，能否建设一支高效精干的纺织服装营销队伍，是决定纺织服装营销工作成败的关键环节。纺织服装营销组织管理的内容包括：向全员灌输纺织服装营销的理念；建立纺织服装营销导向的纺织服装组织机构；选择合适的纺织服装营销人员；对纺织服装营销人员进行招聘、培训、激励与考评；纺织服装营销部门内部及与其他各部门之间的交流与配合等。

12.1.2.5 纺织服装营销控制实施

纺织服装营销控制是指纺织服装营销管理者对纺织服装营销计划执行情况的监督和检查，审核计划与实际是否一致，如果发现实际的执行情况偏离了预先的计划，就要找出原因所在，并采取适当措施和行动予以纠正，以确保纺织服装营销计划的完成。纺织服装营销控制工作的内容主要包括：纺织服装营销数据的分析、归纳和总结；用既定的绩效标准来衡量和评价纺织服装营销活动的实际结果；分析各种纺织服装促销活动的有效性；评估纺织服装营销人员的工作成绩；采取必要的纠正措施等。纺织服装营销控制主要有纺织服装年度计划控制、纺织服装、赢利能力控制、纺织服装效率控制、纺织服装战略控制等类型。

12.2 如何编制纺织服装营销计划

12.2.1 纺织服装营销计划的定义与作用

12.2.1.1 定义

纺织服装营销计划是指纺织服装企业为实现预定的纺织服装市场营销目标，为未来纺织服装市场营销活动进行规划和安排的详细说明。它是从满足消费者需要出发制订的，关于纺织服装企业产品、定价、分销、促销或品牌等营销方面的，对未来一定时期纺织服装市场营销活动的规划和策略。如果说纺织服装营销战略是“做正确的事”，那么纺织服装营销计划则是如何“正确地做事”。纺织服装营销计划的制订，因纺织服装营销环境的变化、纺织服装企业的资源与实力、纺织服装目标客户的需求、纺织服装竞争状况等的不同而有所不同。一般而言，纺织服装营销计划包含纺织服装产品与服务计划、纺织服装销售结构计划、纺织服装招商计划、纺织服装宣传与推广计划、纺织服装营销成本计划、纺织服装营销队伍计划、纺织服装营销预算编制等较为重要的内容。

12.2.1.2 作用

纺织服装市场千变万化，纺织服装营销计划的特殊地位，决定了它在营销管理中的特殊作用。纺织服装营销计划的重要作用如下。

(1) 规定目标　纺织服装营销计划规定了预期的纺织服装营销目标和需要解决的主要问题。通过制订纺织服装营销计划，可以使纺织服装企业明确前进的方向，使纺织服装企业的各种营销活动都指向纺织服装营销目标，从而减少盲目性，提高预见性，增强应变能力，使纺织服装企业各部门之间保持协调一致，促使纺织服装营销目标的实现。

(2) 明确策略和方案　纺织服装营销计划明确了为达到纺织服装营销目标，而采取的纺织服装营销策略和行动方案。这样，便于纺织服装营销人员进行任务分工，明确各自的职责、工作步骤，从而积极主动地去完成具体任务。

(3) 有据可依　纺织服装营销计划是纺织服装营销组织实施、控制、监督的依据。纺织服装营销计划为纺织服装营销控制提供了标准和依据，使纺织服装企业管理者能有效地控制、监督、评价各种纺织服装营销活动的进行和效果，保证纺织服装企业营销任务和目标的实现。

(4) 降低费用　纺织服装营销计划使纺织服装企业的营销活动变得经济合理。由于纺织服装营销计划是用明确的目标和努力来代替不协调、分散的活动，因此，可以使纺织服装企业预先测知各种资源的需要量，并进行合理的分配，使纺织服装营销费用降低到最低限度，使纺织服装营销活动变得经济合理。

(5) 减少风险　纺织服装营销计划可使纺织服装企业进一步明确纺织服装营销环境的影响，最大限度地减少风险。纺织服装营销计划是在纺织服装市场调研、分析和预测的基础上制订的，可使纺织服装企业明确纺织服装营销环境的影响，识别不利的纺织服装市场趋势和有利的营销机会，在利用环境提供机会的同时，最大限度地降低风险，做到有备无患。

12.2.2 纺织服装营销计划的类型及特点

12.2.2.1 类型

纺织服装企业制订纺织服装营销计划，可以从不同的角度考虑。纺织服装营销计划的主要类型有以下几种。

(1) 按计划时期的长短分　可分为纺织服装营销长期计划、纺织服装营销中期计划和纺织服装营销短期计划。

纺织服装营销长期计划的期限一般为 5 年以上，有的长达 20 年甚至更长的时期。它是纺织服装企业对未来较长时期内的营销活动进行战略部署和安排的计划，是纺织服装企业编制中期计划的依据。例如，在后经济危机时代，欧盟提出要对产品征收“碳足迹税”，丹麦、荷兰、芬兰、瑞典、挪威等北欧国家已经实施碳税或者能源税政策，法国也计划开征碳关税。我国以出口为主的纺织服装企业，就必须制订长期的纺织服装"低碳"计划。纺织服装营销中期计划，介于长期计划和短期计划之间，期限为1～5年，它根据长期计划的任务要求，确定分年度的实施步骤及具体目标。纺织服装营销短期计划，期限通常为1年，例如：纺织服装营销年度计划。纺织服装企业因季节影响因素较大，流行和时尚的变幻较快，通常的短期计划以季度为主，而其适时性较强。纺织服装营销短期计划，是纺织服装企业营销的具体行动计划，其主要内容是分析目前的营销形势、威胁和机会、年度的营销目标、营销策略、行动方案和预算等，即把中长期计划规定的任务详细进行分解，予以落实。

(2) 按计划涉及的范围分　可分为纺织服装总体营销计划和纺织服装专项营销计划。

纺织服装总体营销计划，是纺织服装企业营销活动的全面、综合性计划，它反映纺织服装企业的总体营销目标，以及实现总体目标所必须采取的策略和主要的行动方案，是制订各种纺织服装专项营销计划的依据。纺织服装专项营销计划，是为解决某一纺织服装特殊问题或销售某一纺织服装产品，而制订的纺织服装营销计划，例如，纺织服装市场调研和预测计划、纺织服装产品计划、纺织服装渠道计划、纺织服装定价计划、纺织服装促销计划、纺织服装储运计划等。纺织服装专项营销计划通常比较单一，涉及的面较窄，较容易制订，但在制订时，要特别注意与纺织服装总体营销计划相衔接，否则，会出现各单项计划彼此之间发生冲撞，并与纺织服装总体营销计划相抵触的现象。

(3) 按计划的程度分　可分为纺织服装营销战略计划、纺织服装营销策略计划和纺织服装营销作业计划。

纺织服装营销战略计划，应用于组织整体，是为纺织服装企业在未来较长时期（通常为5年以上）而设立的纺织服装总体营销目标，是有关纺织服装企业营销活动全局和长远的谋划，影响面较广，是纺织服装企业其他各种营销计划的总纲。纺织服装营销策略计划，是对纺织服装营销活动某一方面所做的策划，带有局部和战技的性质。纺织服装营销作业计划，是纺织服装企业各项营销活动的执行性计划，其特点是非常细致和具体，例如，某一次具体的纺织服装促销活动计划，对活动的内容、时间、地点、活动方式、参加人等，均做详细的规定和说明。

(4) 按计划的作用分　可分为纺织服装营销进入计划、纺织服装营销撤退计划和纺织服装营销应急计划。

纺织服装营销进入计划，是纺织服装企业准备开拓一个新的项目计划。纺织服装的季节性很强，新款纺织服装都是在每一季初，就已明确了进入纺织服装市场的时间、价格、铺货的店面等计划。纺织服装营销撤退计划，是纺织服装企业根据纺织服装市场营销环境和内部条件的变化，准备从原来纺织服装项目中撤出的计划。纺织服装营销应急计划，是纺织服装企业针对纺织服装市场可能发生的重大变化，而适时地作出反应的营销计划。

12.2.2.2　特点

纺织服装营销计划的特点主要有以下几个方面。

(1) 整体性　纺织服装企业是一个由生产、营销、财务、人事等众多部门构成的，各部门之间相互联系、相互影响、相互制约的一个整体。因此，纺织服装企业在制订纺织服装营销计划时，必须统筹营销活动的各个方面，全盘考虑，整体安排，使纺织服装营销计划与其他各部门的计划协调一致，相互配合。

(2) 灵活性　纺织服装营销计划是关于未来纺织服装营销活动的行动方案，纺织服装市场变幻莫测，所以在编制纺织服装营销计划时一定要留有余地，一旦环境因素发生变化，能对原定计划加以修订或调整。例如，国外的纺织服装大公司坚持每季或每半年对中、长期计划修订一次，有的甚至每月检查一次。另外，有的纺织服装企业对未来的预测和判断，针对可能出现的几种主要情况制订几套计划和方案，以保持计划的灵活性。

（3）连续性　纺织服装营销计划要前后衔接，相互配套。因此，纺织服装营销中期计划的制订，必须以纺织服装营销长期计划为指导，与长期计划相衔接，纺织服装营销短期计划的制订，必须以纺织服装营销中、长期计划为指导，与中、长期计划相衔接。

（4）经济性　纺织服装企业制订的纺织服装营销计划，必须遵循经济效益原则，以较少的费用支出，实现较大的纺织服装营销效果。

（5）可行性　纺织服装营销计划所规定的任务、目标，作出的各项决策，必须是可行的，即纺织服装企业的主客观条件所能达到的。

以上几个方面相辅相成，它们不但是纺织服装营销计划的特点，同时也是制订纺织服装营销计划必须遵循的原则。

12.2.3 编制纺织服装营销计划的步骤与格式

12.2.3.1 步骤

纺织服装企业在编制纺织服装营销计划时，一般按照以下步骤和内容进行。

（1）内容提要　纺织服装营销计划首先要有一个内容提要，即对本纺织服装营销计划的主要目标及执行方法和措施作一个概括的说明，目的是让高层管理者了解掌握计划的要点，并以此检查研究和初步评定计划的优劣。

（2）营销状况分析　在内容提要之后，纺织服装营销计划的第一个主要内容，是提供该纺织服装产品目前营销状况的简要而明确的分析，主要包括以下几方面的内容：一是市场状况分析，它包括纺织服装市场范围的大小，有哪些纺织服装细分市场，近几年纺织服装细分市场的营业额有多少，纺织服装市场的增长率、利润率，纺织服装市场竞争的激烈程度，消费者的需求状况，以及影响消费者行为的各种环境因素等。二是产品状况分析，它包括纺织服装产品的质量、档次、知名度，纺织服装产品组合中每个品种的价格、销售额、市场占有率、利润率，纺织服装产品的生命周期，需求弹性等。三是竞争状况分析，它包括主要竞争者都是谁，竞争对手产品的销量和市场占有率，竞争品牌的优缺点、市场区隔及市场定位，各个竞争者在产品质量、定价、分销、促销等方面都采取哪些策略等。四是分销渠道状况分析，它包括各种纺织服装产品的主要分销渠道，各分销渠道近期销售额，以及各分销渠道的相对重要性变化等。五是宏观环境状况分析，它包括政治形势、经济政策、营销法规、人口数量、人口结构、家庭状况、消费者收入与支出、消费习俗等。例如，我国进行出口贸易的纺织服装，就要考虑进口国的纺织服装安全方面的法规，要考虑进口国的民俗及信仰，像不得在纺织服装上印有一些国家禁忌的图案等。

（3）SWOT 分析　在纺织服装营销状况分析的基础上，纺织服装营销人员还应进行 SWOT 分析，即对纺织服装市场营销中，所面临的优势和劣势、机会和威胁进行分析。所谓优势，是指纺织服装企业所拥有的特长和各种有利条件；所谓劣势，是指纺织服装企业所拥有的不足之处和各种不利条件；所谓机会，是指纺织服装营销环境中，对纺织服装企业营销的有利因素，也即是给纺织服装企业的发展提供有利条件；所谓威胁，就是有碍纺织服装企业开展营销活动的各种不利因素，使纺织服装企业的优势难以发挥。要求纺织服装营销人员，应设法找出纺织服装企业面临的优势和劣势、机会和威胁，并对它们加以分析，目的是使纺织服装企业能充分利用优势和机会，同时预见到那些将影响自身兴衰的重大事态的发展变化，以便采取相应的纺织服装营销决策和手段，趋利避害，保证纺织服装企业的顺利发展。

(4) 市场调查与预测　为了确定纺织服装企业的营销目标，在纺织服装市场营销状况和SWOT分析的基础上，根据纺织服装市场调查，运用科学的方法对纺织服装市场的规模和发展前景、供需变化规律和发展趋势进行预测。纺织服装市场预测的内容包括纺织服装市场需求预测、纺织服装市场供给预测、纺织服装商品价格预测、竞争形势预测等。纺织服装市场预测是制订纺织服装企业营销目标和计划的前提和依据，一方面需要以纺织服装市场调查为基础，另一方面需要采用科学的方法，只有对纺织服装市场需求状况和发展前景有了正确的认识，才能对各种纺织服装市场机会作出合理的选择。

(5) 确定营销目标　纺织服装营销目标，是纺织服装营销计划的核心部分，是在纺织服装营销现状、SWOT分析以及纺织服装市场预测的基础上，结合自身的条件和实力制订的。纺织服装企业制订或调整纺织服装营销计划时，应阐明纺织服装企业的总体目标和一些具体目标。一是总目标，它是指纺织服装企业打算经营何种纺织服装产品，争取进入何种市场。计划中其他各项内容都得围绕这一总体目标。编制计划还应扼要说明选择该纺织服装产品和该市场的理由，市场潜力的过去、现在和将来的发展趋势，竞争形势，消费者情况及纺织服装产品类型、品种、规格、质量、包装、价格等要求。例如，美特斯邦威的总体目标，就是要做国内休闲纺织服装品牌的龙头，具备国际化特征的纺织服装企业。二是财务目标，根据以提高经济效益为中心的要求，利润目标是财务目标的核心。财务目标包括利润额、投资收率、销售利润率等。三是市场目标，它包括纺织服装市场占有率、销售额、消费者知晓度、分销覆盖面、广告覆盖率等。例如，一家大的知名西装生产企业，其计划是在2015年市场占有率提高到25%。

(6) 制订营销策略　纺织服装营销策略是实现纺织服装营销目标的途径或手段，它包括纺织服装目标市场的选择和市场定位策略、竞争策略，以及纺织服装产品、定价、渠道、促销等营销组合策略。实现某种纺织服装营销目标，有时有多种策略可供选择。例如，增加纺织服装销售收入的目标，可通过增加销售量或提高纺织服装产品销售价格来实现，也可两种手段同时采用。故此，纺织服装营销人员面对多种选择应权衡利弊，作出明智的选择。同时，还要说明采取各种不同纺织服装策略的原因和理由，以及所必需的营销费用。

(7) 筹划行动方案　筹划行动方案，是指依据纺织服装预期目标和纺织服装营销策略，制订具体行动方案。行动方案包括：纺织服装营销活动的具体分工，纺织服装营销人员的组成，行动的时间和地点以及行动的路线等。例如，如果想把加强促销行动作为提高纺织服装市场占有率的主要策略，那么就要制订相应的促销活动计划，列出许多具体行动方案，包括广告公司的选择、广告题材的决定等。

(8) 编制营销预算　在纺织服装营销行动方案的基础上，进行纺织服装营销费用的预算，确定达到预期目标所需的费用。纺织服装营销预算最简便的一种方法，是纺织服装目标利润计划法，就是在确保纺织服装目标利润的前提下，根据预计的毛利润的多少，来决定各项营销支出费用数额的一种方法。纺织服装营销预算，表明纺织服装营销计划在经济上是否可行，如果预算过高，超过了纺织服装企业财务承受能力，则应考虑加以修改和调整。预算一经纺织服装企业高层主管审查、批准，便成为纺织服装原料采购、生产安排、人员计划和市场营销业务活动的依据。

（9）营销计划控制　纺织服装营销计划的最后一部分，是对计划执行过程的控制。一般是将纺织服装营销计划规定的目标和预算，按月份或按季分解，并规定计划执行、控制方法。例如，开展纺织服装目标管理、推行经济责任制、奖惩办法，以便于纺织服装企业上层管理部门进行有效的监督与检查，确保纺织服装营销计划的顺利完成。

纺织服装营销计划就是由以上九个步骤构成的，纺织服装企业的营销计划制订并经审核批准后，就成为纺织服装企业营销部门一定时期内的行动纲领，成为各项纺织服装营销活动的主要依据。

12.2.3.2　格式

纺织服装企业在编制纺织服装营销计划时，基本上按照以上步骤进行分析和设计，但是，各纺织服装企业在不同阶段、不同环境背景下所制订的纺织服装营销计划，也不是千篇一律的，其形式和内容要根据具体情况进行调整。以下是常用的纺织服装企业营销计划的基本格式。

（1）标题　主要包括纺织服装营销计划实施的企业和部门的名称，以及纺织服装营销项目名称。

（2）概论　是指概述本纺织服装营销计划所包含的主要内容。

（3）目的　阐述纺织服装营销计划编写是基于什么理念和在主客观要求下进行的，以及通过该计划的实施所要实现的最终结果和目标。

（4）注释　对一切需要特别说明引用的句子，或部分需要提前解释的内容（特别是看报告的人不具备专业知识的情况下）。

（5）中心思想　是指确立本纺织服装营销计划的核心内容。

（6）状况分析　是指对目前营销状况和竞争分析。一是宏观环境分析，阐述和分析将会产生影响的诸如国家政策、技术发展水平、突发事件等环境状况。二是竞争分析，详细阐述竞争对手的状况，数据尽可能真实、详尽和充分，必要时可对主要竞争对手进行特点分类。三是消费需求分析，对纺织服装目标市场的消费特点和需求容量，进行分析和阐述。四是自身实力分析，对本纺织服装企业的竞争力分析，特别是在纺织服装产品和服务方面的优势，进行阐述和分析。五是结论，即给出整个分析的总结性提纲。

（7）SWOT 分析　包括：一是机会和威胁分析，阐述来自外部的、直接影响纺织服装企业的有利和不利因素；二是优势和劣势分析，阐述纺织服装企业获得成功的一些战略和需要加以改正的一些不足；三是主要问题分析，通过以上两方面的分析，指出纺织服装营销战略中必须解决的问题。

（8）营销目标　是指要明确纺织服装总营销目标、社会效益目标、经济效益目标（销售目标、利润目标）和纺织服装市场占有率目标等。

（9）策略定位　是指根据纺织服装市场定位，分别对纺织服装市场、产品、价格、渠道、宣传等进行基本策略定位。

（10）营销策略　主要包括营销宗旨、市场策略、产品策略、渠道策略、价格策略、服务策略、合作策略等。

（11）策略实施　是指分别对应策略项目做出实施计划及预算、总预算。

（12）执行控制　是指对目标的执行和控制。

（13）备注　是指根据纺织服装企业情况，列出不可估计的因素等。

（14）总结　是指对本纺织服装营销计划的总结。

12.3 如何构建纺织服装营销组织

12.3.1 纺织服装营销组织的演变与设置

12.3.1.1 演变

纺织服装企业营销部门，是帮助纺织服装企业实现经营目标、实施营销计划、面向市场、面向消费者的重要职能部门，也是纺织服装企业联结各个职能部门，以使纺织服装企业经营一体化的核心部门。受客观环境和客观经济体制的制约，受各个纺织服装企业的营销观念控制，更受到纺织服装企业自身发展阶段、经营范围、业务特点等内在因素的影响，纺织服装企业的营销组织经历了一系列的发展演变。从纺织服装企业的发展历程来看，大体上经历了以下五个显著的阶段。

(1) 单纯的推销部门阶段　早期以生产观念为指导思想的纺织服装企业，大都采用这种形式。一般来说，所有纺织服装企业都是从财务、生产、推销和会计这四个基本职能部门开始发展的。纺织服装推销部门通常由一位副总经理负责管理推销人员，并兼管若干纺织服装市场调研和广告宣传工作。在这个阶段，纺织服装推销部门的职能仅是推销生产部门生产出来的纺织服装，生产什么，销售什么；生产多少，销售多少。纺织服装产品生产、库存管理等，完全由生产部门决定，推销部门对纺织服装产品种类、规格、数量等问题不予过问。

(2) 具有辅助功能的推销部门阶段　随着纺织服装市场竞争日渐激烈，纺织服装企业大多以推销观念作为营销出发点，开始进行经常性的纺织服装营销调研、纺织服装广告宣传，以及其他纺织服装促销活动，并逐渐加强纺织服装营销方面的职能，进而发展到设立纺织服装营销经理。

(3) 独立的营销部门阶段　随着纺织服装企业规模和业务范围的进一步扩大，原来作为辅助性工作的纺织服装营销调研、纺织服装新产品开发、广告、促销，以及为消费者服务等纺织服装营销职能日益增强。因此，纺织服装营销部门便发展成为一个相对独立的机构，与推销成为平行的职能部门。

(4) 现代营销部门阶段　纺织服装营销部门的形成，显然胜过了以往的纺织服装推销部门，虽然在短时期内不可能缺少推销部门，但纺织服装营销部门能够从安排适当的纺织服装产品计划，并制订相应的纺织服装营销战略出发，能从更高更远的方向着手，以满足纺织服装市场的后期需求。纺织服装企业的未来发展，更需要纺织服装营销总经理的准确预测和周密计划。随之纺织服装市场总经理，便全面担任起整个纺织服装企业的营销工作，也奠定了现代纺织服装市场营销组织的基础。

(5) 现代营销企业阶段　一个纺织服装企业，仅仅有了上述的现代纺织服装营销部门，还不能算是合格的现代纺织服装营销企业。现代纺织服装营销企业，应牢固树立“一切服从顾客需要”的概念。纺织服装企业一切部门的工作，都是为顾客服务。“营销”不仅是一个部门的名称，更应该是一个纺织服装企业的经营哲学，此时这个纺织服装企业，才能真正算得上是一个以顾客为中心的现代纺织服装营销企业。例如，规模较大的杉杉、雅戈尔等纺织服装企业，就是根据纺织服装市场的变化，组建了纺织服装营销组织。

12.3.1.2 设置

纺织服装营销组织，是设立在纺织服装企业内部，专门从事纺织服装营销管理工作的职能部门，其组织形式受纺织服装营销环境、纺织服装营销管理理念，以及纺织服装企业自身所处的发展阶段、经营范围、业务特点等因素的影响。一般来说，纺织服装企业的经营规模、经营状况、所经营的纺织服装产品和服务，决定着纺织服装营销部门的组织结构、岗位设置和营销人员配备。

(1) 企业规模　一般情况下，纺织服装企业的规模越大，其纺织服装营销组织的结构就越复杂，职能划分越细，部门专业设立越多，组织层次划分也越多，营销事务越复杂，管理幅度也越小；反之，则其纺织服装营销组织就相对简单。

(2) 市场状况　纺织服装市场状况，决定着纺织服装营销人员的分工，其分工依据，既可以按纺织服装行业类型来分，也可以按照纺织服装所处的地理位置和市场阶段来分。例如，创业阶段的纺织服装营销组织，一般集权程度比较高，而进入规范化后，则多采用分权制的营销组织形式。

(3) 产品与服务特点　纺织服装营销部门内的岗位设置，往往与纺织服装企业所经营的纺织服装产品，以及服务的种类、特色等方面有关。例如，产业用品倾向于人员推销的营销组织，对于消费品，营销组织形式则重视广告、分销部门等。

12.3.2 纺织服装营销组织的类型

纺织服装营销部门的基本职能有广告、促销、区域销售及客户服务、市场研究等。理想的纺织服装营销组织，应与纺织服装营销活动的各个领域相适应，并能根据纺织服装企业内外部环境的变化，而相应地高效运作。故此，纺织服装企业在构建纺织服装营销组织时，必须坚持以纺织服装市场为导向、符合纺织服装企业战略要求、反应快速、责权利分明等原则。常见的纺织服装营销组织，有以下几种具体类型。

12.3.2.1 职能型营销组织

职能型营销组织，是最常见的纺织服装营销组织形式，它强调的是纺织服装营销工作中各职能的重要性，通常是按照要完成的纺织服装营销职能来设立不同的部门，各部门由纺织服装营销专家担任经理，执行某一方面的营销职能，这些部门经理向纺织服装营销副总经理负责，营销副总经理负责协调各职能部门的关系，以及各项纺织服装营销活动。职能型营销组织如图 12-3 所示。

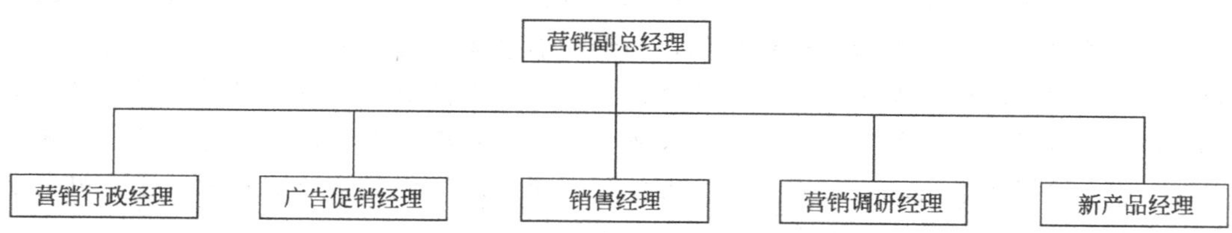

图 12-3　职能型营销组织

(1) 优点　机构简单、分工明确、管理集权，便于发挥不同部门的专业知识与专门技能，有利于在人力使用上提高效率。同时，各专业职能部门的数量比较容易随纺织服装营销活动的需要而增减变化，避免部门重叠。

(2) 缺点　缺乏按产品或市场制订的完整计划，分立门户过多，易使各单位只顾本身工作，并为了获得更多的预算和较其他部门更高的地位，而相互竞争，给经理的协调带来难度。如果是纺织服装产品种类增加、纺织服装市场扩大，这种组织很难发挥集体效应，协同开拓市场。

(3) 适用　职能型营销组织最适宜于纺织服装产品种类不多，市场规模较小，市场集中，对于有关纺织服装产品的专门知识要求不高，或纺织服装企业经营地区情况差别不大的一些纺织服装企业。

12.3.2.2　地区型营销组织

地区型营销组织，是指根据地理区域的划分，来组织纺织服装企业营销活动的形式。具体做法是：纺织服装企业按地区设立管理部门，负责每个地区的推销、产品计划与产品服务。在这种组织体内，为避免一些不必要的职能重复，调研、广告、行政管理等仍归原职能部门，且与各地区部门并列。地区化，可以与品牌专营店一起进行。品牌专营，意味着授权公司的地区或当地商店像特许经营一样经营。它不是由总部严格规定品牌的活动，而是给了当地管理部门更大范围的业务经营权。故此，这些部门类似于利润中心，当地的经理有更多的战略自由度。这些经理有权利用他们经营上的能力去积累知识、交往，以及运用经营管理专业知识。许多国际纺织服装企业的经营实践表明，地理细分并不受国家的限制。它的分类标准扩展到正在发展的营销地区计划。地区化甚至可扩展到以洲来划分，例如，亚洲、南美和欧洲市场。大的跨国公司常常从全球更有效的角度，来安排销售和营销组织。例如，阿迪达斯的销售机构，就分为亚太公司、欧洲公司、美洲公司等。地区型营销组织如图 12-4 所示。

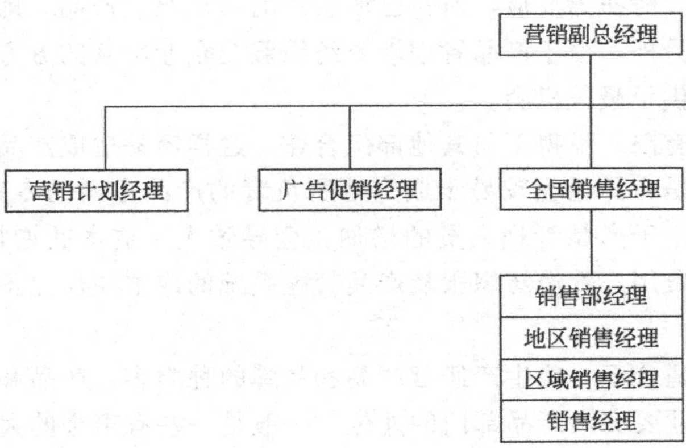

图 12-4　地区型营销组织

(1) 优点　能充分发挥每个地区部门熟悉该地区情况的优势，使各地区经理能结合本地区消费者需求的实际情况，制订切实可行的推销政策，有利于满足本地区消费者的需要，提高纺织服装企业产品的竞争能力。

(2) 缺点　由于各地区都需要相同的专业人员，因而纺织服装企业专业人员有时会出现重复。其次每一个地区组织是相对独立的，都是一个独立的利润中心，容易使各地区经理从本地区利益出发，使各地区的活动协调比较困难。例如，一些大牌纺织服装公司，像阿迪达斯、耐克等需要跨国经营的纺织服装企业，实行这种组织形式需要大量具有国际经验、且能在异国文化、政治和经济系统内生活和工作的经理人员，需要增加大量的销售成本。

(3) 适用　地区型营销组织，一般适用于地理位置比较分散、销售区域大，而且经营的纺织服装品种单一的纺织服装企业。例如，业务范围涉及全国甚至更大范围的一些纺织服装企业，一般都采用地区型营销组织。

12.3.2.3　产品和品牌型营销组织

产品和品牌型营销组织，是指根据纺织服装产品和品牌的类别，来组织纺织服装企业营销活动的形式。具体做法是：在一名纺织服装总产品经理领导下，按纺织服装产品和品牌类别，分别设立一名产品线经理，再按每个具体不同品种设立品牌经理，实行分层管理。例如，森马纺织服装集团公司就设置有：森马休闲装品牌经理、巴拉巴拉童装品牌经理等。产品和品牌型营销组织，如图 12-5 所示。

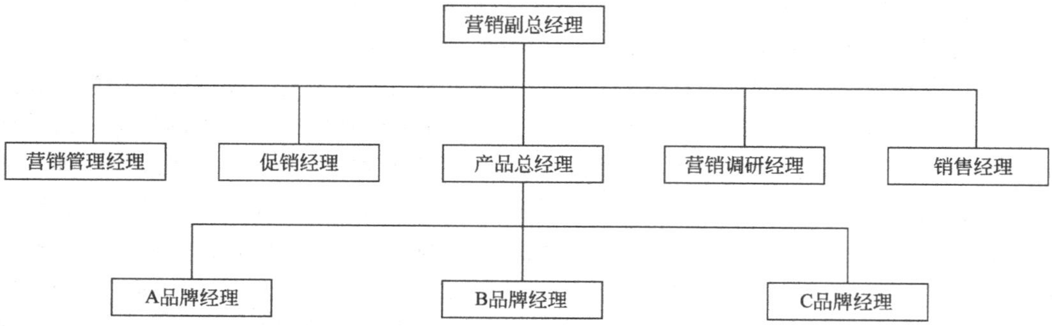

图 12-5　产品和品牌型营销组织

（1）优点　产品经理为纺织服装产品设计了富有成效的纺织服装营销组合策略，对所管产品在纺织服装市场上出现的问题，能及时作出反应，对自己所管理的纺织服装产品，即使一些名气较小的产品，也不会被忽视，另外，由于产品管理涉及纺织服装企业经营的方方面面，所以也为培训年轻营销管理人员提供了最佳机会。

（2）缺点　一是由于产品经理权力有限，不得不与其他部门合作，这样容易造成产品经理与其他职能部门之间的矛盾冲突。二是产品经理较易于成为他所负责的产品方面的专家，但却对其他方面的业务比较生疏。三是由于产品管理人员的增加，会导致人工成本的增加，结果使纺织服装企业承担了巨额的管理费用，致使纺织服装产品管理系统的成本往往比预期的要高。

（3）适用　产品和品牌型营销组织适合于一些生产经营产品和品牌的种类多、产品和品牌之间差别大的纺织服装企业，这些企业要突出产品部门的地位，一般是一些有声誉的大型纺织服装公司。

12.3.2.4　市场管理型营销组织

市场管理型营销组织，也称客户式营销组织，是指根据不同的纺织服装细分市场来组织纺织服装企业营销活动的形式。具体做法是：纺织服装企业通过开展市场研究、用户研究，根据消费者需求和消费者特性的不同，将消费者划分为不同的纺织服装细分市场，并相应设市场经理进行管理。通常由一个总市场经理管辖若干个细分市场经理，从而建立相应的纺织服装市场管理型营销组织。市场管理型营销组织如图 12-6 所示。

（1）优点　各个纺织服装分市场经理，易于分析各自的市场趋势，针对不同的纺织服装细分市场，以及小不同的顾客群体的需要，来开展纺织服装营销活动，并且可以灵活地进行调整。此外，还可以有效地吸引各种消费者，扩大纺织服装企业的服务面。

（2）缺点　服务面的扩大和纺织服装市场的细分，容易造成纺织服装企业各个部门对人力、物力、财力资源的争夺，引起部门之间的矛盾和资源的浪费，同时也会给纺织服装企业的控制带来一定的困难。

（3）适用　市场管理型营销组织，是纺织服装细分市场理论的具体应用，这种组织形式适用于纺织服装产品线单一、市场各种各样、分销渠道多的纺织服装企业，当然，也最符合以顾客为中心经营理念的纺织服装企业，现在很多知名品牌的纺织服装都采用的是客户式营

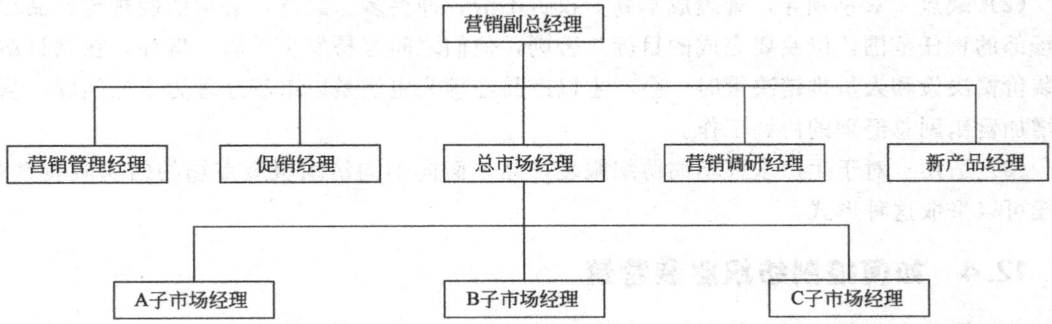

图 12-6　市场管理型营销组织

销组织形式。

12.3.2.5　*产品-市场管理型营销组织*

产品-市场管理型营销组织，也称矩阵式营销组织，是指根据纺织服装产品类别和纺织服装市场类别，来组织纺织服装企业营销活动的形式。具体做法是：针对产品经理只负责纺织服装产品的销售、利润和计划，为纺织服装产品寻找更广泛的用途，对各种高度分化的纺织服装产品市场不熟悉，而市场经理则负责开发现有和潜在纺织服装产品市场，着眼于纺织服装市场的长期需要，而不只是推销眼前的纺织服装产品，因而对其所负责的各类纺织服装产品难以掌握其特点的情况下，把两者有机地结合起来，使产品经理和市场经理互相协调，共同进行纺织服装市场预测，以适销对路的纺织服装产品，适应市场竞争及市场规模扩大的需要。例如，金维纺织服装公司有三条产品线，即男装、女装和童装，分别通过商超百货和专卖店进行销售，该公司就可以整合产品线和渠道线，构建矩阵式的组织机构。产品-市场管理型营销组织，如图 12-7 所示。

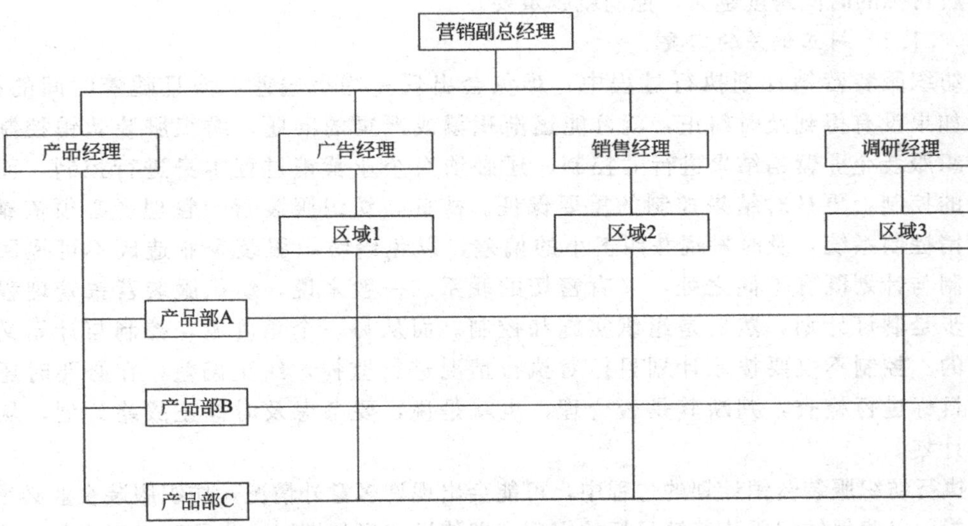

图 12-7　产品-市场管理型营销组织

（1）优点　综合了产品型和市场型营销组织的优点，使纺织服装营销活动按目标要求进行，一组人员熟悉各种纺织服装产品，另一组人员熟悉各个纺织服装市场，两组互相配合取长补短。

(2) 缺点　双重领导，管理成本高，权责不清，冲突多。因此，必须明确规定产品部和市场部的责任范围，以及要完成的目标，否则，他们之间容易发生矛盾。例如，在制订纺织服装价格决策和人员推销决策时，会产生以产品经理为主还是以市场经理为主的问题，从而会增加营销副总经理的协调工作。

(3) 适用　对于生产多种不同纺织服装产品，面向不同纺织服装市场的纺织服装企业，一般可以采取这种形式。

12.4　如何控制纺织服装营销

纺织服装企业营销组织的工作和任务，就是规划、实施和控制纺织服装市场营销活动。在执行纺织服装营销计划的过程中，难免会遇到各种意外事件，所以需要不断地对纺织服装营销活动进行监督和评价，并控制其发展方向。纺织服装营销控制，指纺织服装企业的营销管理者对纺织服装营销计划的执行情况进行检查，对纺织服装营销工作的实际成果进行衡量与评估，对未按照纺织服装营销计划执行或未达到预定目标的情况，采取纠正措施以确保纺织服装营销目标完成的过程。

12.4.1　纺织服装营销控制的必要性

12.4.1.1　环境变化的需要

纺织服装营销控制，总是针对动态过程而言的。从纺织服装营销管理者制订目标到目标的实现，通常需要一段时间，在这段时间里，纺织服装企业内外部的情况都可能会发生变化，尤其是面对复杂而动荡的纺织服装市场环境，各种变化都可能会影响到纺织服装企业已定的目标，甚至有可能需要重新修改或变动目标以符合新情况。高效的纺织服装营销控制系统，能帮助纺织服装营销管理者根据环境变化情况，及时对自己的目标和计划做出必要的修正。一般目标的时间跨度越大，控制就越重要。

12.4.1.2　纠正偏差的需要

在纺织服装营销计划执行过程中，难免会出现一些小偏差，而且随着时间的推移，小错误如果没有得到及时纠正，就可能逐渐积累成严重的问题。纺织服装营销控制不仅是对纺织服装企业营销结果进行的控制，还必须对企业营销过程本身进行控制，而对过程本身的控制，更是对结果控制的重要保证。故此，纺织服装营销管理者必须依靠纺织服装营销控制系统，及时发现并纠正小的偏差，以免给纺织服装企业造成不可挽回的损失。控制与计划既有不同之处，又有密切的联系。一般来说，纺织服装营销管理程序中的第一步是制订计划，然后是组织实施和控制。而从另一个角度看，控制与计划又是紧密联系的。控制不仅要按原计划目标对执行情况进行监控，纠正偏差，在必要时还要对原计划目标进行检查，判断其是否合理，也就是说，要考虑及时修正战略计划，从而产生新的计划。

在执行纺织服装营销计划的过程中，可能会出现许多意外情况，纺织服装企业必须行使控制职能，以确保纺织服装营销目标的实现。即使没有意外情况，为了防患于未然，或为了改进现有的纺织服装营销计划，纺织服装企业也要在计划执行过程中加强控制。

12.4.2　纺织服装营销控制的方式

纺织服装营销控制，一般围绕纺织服装营销战略、纺织服装营销运行状态两方面进行，主要包括纺织服装年度计划控制、赢利能力控制、效率控制和战略控制四种方式。

12.4.2.1 年度计划控制

开展纺织服装年度计划控制，是为了保证纺织服装企业达到它的年度计划中所规定的销售额、利润额和其他的指标。纺织服装年度计划控制的核心，是纺织服装目标管理，具体的步骤是：首先由营销管理部门确定年度计划目标、季度目标；其次是营销管理部门对营销计划的执行情况进行监督和控制；再次是如果营销计划的执行产生较大偏差，则营销管理部门应该找出产生偏差的原因；最后营销管理部门必须采取必要的行动，以缩小纺织服装营销目标和营销实绩之间的差距，必要时则需改变行动方案，甚至改变纺织服装营销目标，以便和变化了的实际情况相适应，纺织服装年度计划控制过程如图 12-8 所示。

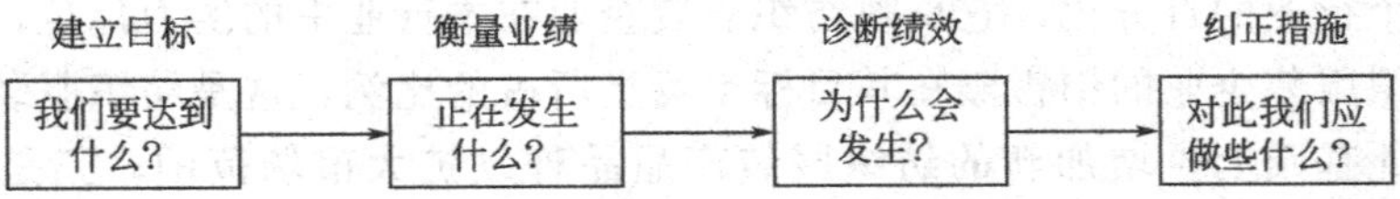

图 12-8 纺织服装年度计划控制过程

纺织服装企业年度计划控制，主要包括纺织服装销售分析、纺织服装市场占有率分析、纺织服装营销费用分析、纺织服装财务分析和顾客态度追踪五个方面的内容。

(1) 纺织服装销售分析　纺织服装销售分析，是指衡量并评估纺织服装企业的实际销售额与计划销售额之间的差异情况，并采取相应的措施。具体方法有以下两种。

首先，对纺织服装销售差额分析，是用来测量不同的因素对销售差额的影响程度。

例 1　粤华纺织服装公司年度计划要求第一季度销售沙滩短裤 5000 件，单价 10 元，即销售额为 50000 元。实际上，第一季度实际销售商品 4000 件，且单价降为 9 元，实际销售收入 36000 元，差距为 14000 元。其原因包括价格降低和销量减少两种因素，但这两种因素对差额的影响程度是不一样的，试分析这两种因素对差额的影响。

解：

因降价引起的差额：4000×（10－9）＝4000（元），占总差额的 28.57%；

因销量减少引起的差额：（5000－4000）×10＝10000（元），占总差额的 71.43%。

从以上分析可以看出，销售收入减少的主要原因是由于销量减少引起的，那么，粤华纺织服装公司就应调查销量减少的原因，并采取相应的措施。

其次，对地区销量分析，主要用在审核导致纺织服装销售差距的具体纺织服装产品和地区。

例 2　粤华纺织服装公司在四个地区（分别以 A、B、C、D 表示）销售纺织服装产品，其预期的销售量分别为：4000 件、2500 件、2300 件、1500 件，但实际销量分别是：3600 件、2150 件、1050 件、1600 件，与预期销售量的差距是多少？

解：与预期销售量的差距分别为：

A 区：4000－3600＝400(件)，即 A 区少 400 件(少 10%)；

B 区：2500－2150＝350(件)，即 B 区少 350 件(少 14%)；

C 区：2300－1050＝1250(件)，即 C 区少 1250 件(少 54.35%)；

D 区：1500－1600＝ －100(件)，即 D 区多 100 件(多 6.67%)。

由此可见，导致销售差距的主要原因在 C 区。营销管理部门则应主要督查 C 区，查明销售量没有达到预期的原因，并采取针对性的措施。

(2) 纺织服装市场占有率分析　纺织服装销售分析，只能反映纺织服装公司的销售目标完成情况，并不能反映纺织服装企业的市场竞争地位。只有纺织服装市场占有率，才能反映纺织服装企业的实际竞争力的变化。例如，纺织服装企业的销售额提高，可能是由于纺织服装企业的竞争力增强了，但也可能是外界环境对本行业有利，从而导致本行业所有纺织服装公司的销售额都上升了，但本纺织服装公司和同行业的其他公司的竞争地位，并无变化或反而下降了。如果纺织服装公司的市场份额提高了，则表明纺织服装企业在与竞争对手的较量中占据了优势；反之，如果纺织服装企业的市场份额减少了，那就说明纺织服装企业与竞争对手的较量中处于不利地位。

纺织服装市场占有率分析，通常有三种测量指标：一是整体市场占有率，指纺织服装企业销售额占整个行业的百分比，它反映纺织服装企业在本行业中的实力地位；二是目标市场占有率，即纺织服装企业的销售额在其目标市场上所占的比例，这是纺织服装企业首先要达到的目标，在此基础上再增加新的纺织服装产品品种以扩大市场范围；三是相对市场占有率，指纺织服装企业销售额占企业最大竞争者的销售额比例，它反映纺织服装企业与其主要竞争对手之间的力量对比关系。

对纺织服装公司市场占有率的变化，可以通过以下四个因素之间的关系进行计算：

总的市场份额＝顾客分布度×顾客信任度×顾客选择度×价格选择度

式中，顾客分布度，表示向本纺织服装企业购买纺织服装产品的顾客，占总顾客的百分比；顾客信任度，表示顾客从本纺织服装企业购买纺织服装产品数量，与他们从提供同类纺织服装产品的其他公司购买数量的百分比；顾客选择度，表示本纺织服装企业顾客的平均购买量，与一般纺织服装企业顾客的平均购买量的百分比；价格选择度，表示纺织服装企业的平均价格，与所有纺织服装企业的平均价格的百分比。例如，纺织服装企业的市场占有率下降，则可能是出于以下原因：一是纺织服装公司失去一部分顾客（市场分布度下降）；二是现有的顾客向本纺织服装企业购买纺织服装产品的数量，占全部购买量中的比例减少了（顾客信任度下降）；三是纺织服装公司保留的顾客规模较小（顾客选择度下降）；四是纺织服装公司的价格竞争力下降了（价格选择度下降）。纺织服装公司通过跟踪这些因素，则可判断出市场占有率变化的潜在原因。纺织服装企业可根据具体情况，拟订相应的营销策略。

（3）纺织服装营销费用分析　纺织服装年度计划控制，不仅要保证纺织服装销售和市场占有率达到纺织服装营销计划目标，而且还要保证纺织服装营销费用不超支。这就需要检查营销费用率，即纺织服装市场营销费用与销售额之比。如果处于控制范围之内，则不必采取措施。如果超过正常的波动幅度，则应加以注意，并采取适当措施。通过上述分析，如果发现纺织服装营销实际与年度计划指标差距太大，则必须采取调整措施：或是调整纺织服装营销计划指标，使之更切合实际；或是调整纺织服装营销策略，以利于实现计划指标。有时费用率虽在控制范围之内，我们也应加以注意。

（4）纺织服装财务分析　主要是通过一年来的纺织服装销售利润率、资产收益率、资本报酬率和资产周转率等指标，了解纺织服装企业的财务情况。

（5）顾客态度追踪　是指纺织服装企业通过设置顾客抱怨和建议系统、建立固定的顾客样本或者通过调查等方式，了解顾客对本纺织服装企业，以及纺织服装产品的态度变化情况。如果发现顾客对本纺织服装企业或产品的态度发生了变化，纺织服装企业就应该及早采取行动，争取主动，以取得大事化小、小事化了的效果。

12.4.2.2 赢利能力控制

纺织服装赢利能力控制，一般由纺织服装企业内部负责监控营销支出和活动的营销审计人员负责，旨在测定纺织服装企业不同产品、不同销售地区、不同顾客群、不同销售渠道，以及不同规模订单的赢利情况的控制活动。纺织服装赢利能力控制包括：各种纺织服装营销渠道的营销成本控制、各纺织服装营销渠道的营销净损益和营销活动贡献毛收益（销售收入一变动性费用）的分析，以及反映纺织服装企业盈利水平的指标的分析等内容。

（1）赢利能力分析　就是通过对财务报表和数据的一系列处理，把所获利润分摊到纺织服装产品、地区、分销渠道、顾客等方面，从而衡量出每一因素对纺织服装企业最终获利的贡献之大小。

（2）赢利能力分析的步骤　第一步确定功能性费用，即首先必须测定每一项纺织服装营销活动需要多少费用；第二步将功能性费用指定给各纺织服装市场营销实体，即必须测定通过每种渠道销售纺织服装产品，各需多少功能性费用；第三步为每个纺织服装市场营销实体编制一份损益表。

（3）选择最佳调整措施　纺织服装市场营销赢利能力分析，显示了不同纺织服装渠道、产品、地区，以及其他纺织服装市场营销实体的相对赢利能力。纺织服装赢利能力分析的目的在于找出妨碍获利的因素，以便采取相应措施排除或削弱这些不利因素的影响。纺织服装公司可采用的调整措施很多，因此，纺织服装企业必须在全面考虑之后做出最佳选择。例如，纺织服装专卖店获利能力最大，当然应该保留，但百货店是否应该保留，则需进一步分析，了解其获利较少或亏损的原因，制订相应的调整措施，方能做出最佳决策。

12.4.2.3　效率控制

纺织服装效率控制的目的是分析效率，找出高效率的方式，使之更好地管理纺织服装销售人员、广告、销售促进及分销工作。如果赢利能力分析显示纺织服装企业在某些纺织服装产品、地区或市场方面利润不高，那么就需要在纺织服装销售人员、广告宣传、分销渠道和营业推广方面寻找更有效的方法。

（1）销售人员效率　纺织服装销售人员效率的指标主要包括：一是每个纺织服装销售人员每天平均的销售访问次数；二是每次访问的平均时间；三是每次销售访问的平均成本；四是每次销售访问的招待成本；五是每次销售访问的平均收益；六是每百次销售访问而获得订单的百分比；七是每期新增的顾客数；八是每期失去的顾客数；九是销售成本对总销售额的百分比。纺织服装销售经理通过分析以上指标，可以发现一些非常重要的问题。例如，纺织服装销售代表每天的销售访问次数是否太少了，是否在招待上花费太多了，每百次访问是否签订了足够的订单，是否增加了足够的新顾客，并且保留住原有的顾客等。当纺织服装企业着手调查销售人员的效率时，通常会发现需改进的地方。当纺织服装企业开始重视销售人员效率的改善后，通常会取得很多实质性的改进。

（2）广告宣传效率　许多人认为，很难判断他们的纺织服装广告支出能带来多少收益。但对一个纺织服装企业来说，至少应做好以下的统计工作：一是每一媒体接触每千名目标顾客所需的广告成本；二是顾客对纺织服装企业广告的注意、联想和阅读的比例；三是目标顾客对纺织服装广告内容和效果的评价；四是广告前后消费者对纺织服装产品态度的差异；五是受纺织服装广告刺激而引起的消费者咨询次数；六是每次咨询的成本。纺织服装企业的管理部门，应当更好地确定纺织服装广告目标，更好地做好纺织服装市场和产品的定位，选择更好的媒体，检验纺织服装广告效果，由此提高纺织服装广告效率。

（3）分销渠道效率　纺织服装分销渠道效率，主要是对纺织服装企业的存货水准、仓库位置以及运输方式等进行分析并改进，以寻找最佳运输方式和途径，达到最佳配置。

（4）营业推广效率　为提高纺织服装营业推广的效率，纺织服装企业管理者应该对每一营业推广的成本和对销售的影响做记录，尤其要注意下列统计数据：一是优惠销售的百分比；二是每一单位销售额的展示成本；三是赠券的回收比例；四是因示范而引起的咨询次数。纺织服装企业还应该观察不同营业推广手段的效果，并使用最有效果的纺织服装营业推广组合。

12.4.2.4　战略控制

纺织服装战略控制，是指纺织服装企业高层管理者通过采取一系列行动，使纺织服装市场营销的实际工作与原战略规划尽可能保持一致，在控制中通过不断的评估和信息反馈，连续地对战略进行修正的过程。与纺织服装年度计划控制和赢利能力控制相比，纺织服装市场营销战略控制显得更重要。由于纺织服装企业战略是总体性的和全局性的，而且纺织服装战略控制更关注未来，纺织服装战略控制还要不断地根据最新的情况重新估价计划和进展，故此，纺织服装战略控制也更难把握。总之，纺织服装营销控制管理职责如表 12-1 所示。

表 12-1　纺织服装营销控制管理职责

控制类型	主要负责人	控制目的	方　法
年度计划控制	高层管理者，中层管理者	检查计划目标是否实现	销售分析、市场占有率分析、营销费用分析、财务分析、顾客态度追踪
赢利能力控制	营销控制人员	检查纺织服装企业在哪些地方赚钱，哪些地方赔钱	赢利情况、产品、地区、顾客群、细分区域销售渠道、订单规模
效率控制	直线和职能管理层，营销控制人员	评价和提高经费开支效率，以及营销开支的效果	效率、销售队伍，广告、促销和分销
战略控制	高层管理者，营销稽核人员	检查纺织服装企业是否在市场、产品和渠道等方面正在追求最佳机会	营销效益等级评核、营销审计、营销杰出表现、纺织服装企业道德与社会责任评价

在纺织服装企业战略控制过程中，主要采用纺织服装营销审计这一重要工具。纺织服装营销审计，是常用的战略控制手段，是对一个纺织服装企业或一个业务单位的纺织服装营销环境、目标、战略和活动所做的全面的、系统的、独立的、定期的检查，其目的在于确定问题所在，发现机会，并提出行动计划，以便提高纺织服装企业的市场营销效率。

（1）特点　纺织服装营销审计的特点主要有以下几方面。一是全面性。纺织服装营销审计覆盖所有重大的纺织服装市场营销活动，而不单单是针对少数问题的活动。一个全面的纺织服装营销审计，通常在确定纺织服装企业市场营销问题的真正原因时，是非常有效的。二是系统性。纺织服装营销审计包括一系列有严格顺序的诊断步骤，覆盖该组织的纺织服装营销环境、内部营销制度和具体的纺织服装营销活动等各个方面。在进行诊断之后，还要制订一个包括短期和长期目标在内的、旨在提高组织整体纺织服装营销效益的纠正措施计划。三是独立性。有六种纺织服装营销审计方法：即自我审计、交叉审计、上级审计、公司审计部门计、公司任务小组审计和外部审计。自我审计，指的是纺织服装营销经理们利用一个检查表，给自己的业务活动评级，大多数专家认为这种方法缺少客观性和独立性。因此，最好的审计应来自于公司外部，他们具有必要的客观性和独立性，并能集中精力和时间进行审计工作，且具有丰富的经验。四是定期性。纺织服装企业的审计工作，不是在企业发生问题时才进行的，纺织服装营销审计应是一常规性的工作，它不仅使纺织服装经营遇到麻烦的企业受益，同样可使纺织服装经营情况良好的企业受益。

（2）内容 纺织服装营销审计的内容主要包括以下几方面。一是纺织服装市场营销环境审计。分析纺织服装宏观环境的主要因素和纺织服装企业微观环境的重要组成部分——市场、顾客、竞争对手、分销商、经销商、供应商以及辅助机构的变动趋势。二是纺织服装市场营销战略审计。对纺织服装企业的各种纺织服装营销目标和营销战略进行检查，评价它们与当前的和预测的纺织服装营销环境的适应程度。三是纺织服装市场营销组织审计。评价在对纺织服装预测的环境所必需的战略执行方面，纺织服装营销组织的能力如何。四是纺织服装市场营销制度审计。这是对纺织服装企业的分析、计划和控制制度的质量进行检查。五是纺织服装市场营销效率审计。检查不同纺织服装营销实体的赢利率和不同营销支出的成本效益。六是纺织服装市场营销功能审计。深入评价纺织服装营销组合的各主要组成部分：产品、价格、分销、推销队伍、广告、促销和公共关系。

核心概念：

（1）纺织服装营销管理：是指对纺织服装企业的经营项目和营销活动进行计划、组织、执行和控制，以便能创造、建立和维持与纺织服装目标客户的良好关系，实现纺织服装企业经营目标的活动。

（2）纺织服装营销计划：是指纺织服装企业为实现预定的纺织服装市场营销目标，为未来纺织服装市场营销活动进行规划和安排的详细说明。

（3）纺织服装营销组织：是设立在纺织服装企业内部，专门从事纺织服装营销管理工作的职能部门，其组织形式受纺织服装营销环境、纺织服装营销管理理念，以及纺织服装企业自身所处的发展阶段、经营范围、业务特点等因素的影响。

（4）纺织服装营销控制：指纺织服装企业的营销管理者对纺织服装营销计划的执行情况进行检查，对纺织服装营销工作的实际成果进行衡量与评估，对未按照纺织服装营销计划执行或未达到预定目标的情况，采取纠正措施以确保纺织服装营销目标完成的过程。

（5）纺织服装战略控制：是指纺织服装企业高层管理者通过采取一系列行动，使纺织服装市场营销的实际工作与原战略规划尽可能保持一致，在控制中通过不断的评估和信息反馈，连续地对战略进行修正的过程。

（6）纺织服装营销审计：是常用的战略控制手段，是对一个纺织服装企业或一个业务单位的纺织服装营销环境、目标、战略和活动所做的全面的、系统的、独立的和定期的检查，其目的在于确定问题所在，发现机会，并提出行动计划，以便提高纺织服装企业的市场营销效率。

复习思考：

1. 单项选择题

（1）纺织服装营销管理的（　　）不是每个纺织服装营销人员，而是整个纺织服装企业。

A. 集体　　B. 个体　　C. 客体　　D. 主体

（2）（　　）是最常见的纺织服装营销组织形式。

A. 职能型营销组织　　B. 产品或品牌型营销组织

C. 地区型营销组织　　D. 产品-市场管理型营销组织

(3)（　　）是纺织服装营销组织实施、控制、监督的依据。

A. 纺织服装营销战略　　B. 纺织服装营销目标

C. 纺织服装营销组织　　D. 纺织服装营销计划

(4) 开展（　　）是为了保证纺织服装企业达到它的年度计划中所规定的销售额、利润额和其他的指标。

A. 战略控制　　B. 年度计划控制

C. 效率控制　　D. 赢利能力控制

(5)（　　）是常用的战略性控制手段。

A. 纺织服装营销管理　　B. 纺织服装营销计划

C. 纺织服装营销审计　　D. 纺织服装营销组织

2. 多项选择题

(1) 纺织服装营销管理的内容主要包括：纺织服装营销环境分析、纺织服装营销战略制订（　　）。

A. 纺织服装营销计划制订　　B. 纺织服装营销组织构建

C. 纺织服装营销方案执行　　D. 纺织服装营销控制实施

(2) 纺织服装营销计划的特点主要有（　　）和可行性。

A. 整体性　　B. 灵活性

C. 连续性　　D. 经济性

(3) 纺织服装企业的（　　）决定着纺织服装营销部门的组织结构、岗位设置和营销人员配备。

A. 经营规模　　B. 经营状况

C. 竞争者　　D. 纺织服装产品和服务

(4) 纺织服装营销控制主要采取（　　）方式。

A. 纺织服装年度计划控制　　B. 纺织服装效率控制

C. 纺织服装赢利能力控制　　D. 纺织服装战略控制

(5) 纺织服装营销审计内容主要包括：纺织服装市场环境审计、纺织服装市场营销战略审计、（　　）。

A. 纺织服装市场营销组织审计　　B. 纺织服装市场营销制度审计

C. 纺织服装市场营销效率审计　　D. 纺织服装市场营销功能审计

3. 判断题（正确答案打“√”，错的打“×”）

(1) 纺织服装营销计划、组织和控制为纺织服装营销管理的最核心任务。（　　）

(2) 如果说纺织服装营销战略是“做正确的事”，那么纺织服装营销计划则是如何“正确地做事”。（　　）

(3) 纺织服装企业的规模越大，则其营销组织就相对简单。（　　）

(4) 纺织服装年度计划控制的核心，是纺织服装目标管理。（　　）

(5) 纺织服装战略控制的目的，是确保纺织服装企业有利可图。（　　）

4. 简答题

(1) 纺织服装营销管理的主要内容包括哪些？

(2) 纺织服装营销计划类型有哪些？

(3) 什么是职能型营销组织？它有哪些优缺点？

(4) 为何要进行纺织服装营销控制？

(5) 什么是纺织服装营销审计？主要有哪些内容？

案例分析：

俞兆林保暖内衣的市场营销管理

保暖内衣这类产品保暖性高，穿着舒适，有科技含量，故产品一经问世就受到欢迎。正因为如此，很快这一行业便充满了浓浓的火药味。据调查，在1998年，全国保暖内衣市场只有十多家纺织服装企业在那里搏杀，纺织服装市场实际销售量300万套。到了1999年，保暖内衣生产企业就已经发展到近70家，全国保暖内衣销售量达到750万到800万套，几个主要品牌像俞兆林、南极人、顺时针、赛洋北极绒等都曾出现过断货、抢购现象。

2014年保暖内衣在全国范围内形成大战局面已成定局，其激烈程度将有可能是自家电大战后的又一焦点。全国加入大战的纺织服装企业可能会达500家以上，一些著名的品牌，像杉杉、宜而爽、小护士等也参与了角逐。在竞争激烈的纺织服装市场环境中，处于纺织服装行业领头羊地位的俞兆林保暖内衣，经过了从轻松、紧迫，最后到白热化的纺织服装市场状态，面对越来越紧张的“战势”，俞兆林保暖内衣采取了各种方式进行应对，制订了一系列的企业营销计划，采取了年度计划控制、赢利能力控制、效率控制和战略控制等措施，将保暖内衣大战推向一个更新的阶段。(根据有关资料改写)

问题分析：

1. 什么是纺织服装营销管理？它包括哪些主要内容？

2. 面对保暖内衣市场大战的局面，俞兆林保暖内衣应如何制订企业营销计划？如何实施营销控制？

实践演练：

活动主题：认知体验纺织服装营销管理。

活动目的：增加感性认识，实地体验纺织服装企业的营销管理。

活动形式：将全班分成若干小组，3～5人为一组，以小组为单位开展活动，与教学时间同步，深入调研某一纺织服装企业的营销管理。

活动内容和要求：活动之前要熟练掌握纺织服装营销管理的内涵、纺织服装营销计划、纺织服装营销组织类型和纺织服装营销控制的方式等知识点，做好相应的知识准备；能对该纺织服装企业的营销计划、纺织服装营销组织、纺织服装营销控制等工作进行分析；以小组为单位提交书面调查报告；调查报告撰写时间为2天；授课教师可根据每个小组提供的书面调查报告按质量评分，并计入学期总成绩。

参 考 文 献

[1] 杨以雄. 服装市场营销. 上海：东华大学出版社，2010.
[2] 菲利普·科特勒. 市场营销. 俞利军译. 北京：华夏出版社，2003.
[3] 方勇. 纺织服装市场调查与预测. 北京：中国纺织出版社，2009.
[4] 纪宝成. 市场营销学教程. 北京：中国人民大学出版社，2002.
[5] 赵平. 服装营销学. 北京：中国纺织出版社，2005.
[6] 尹庆民. 服装市场营销. 北京：高等教育出版社，2003.
[7] 宁俊. 服装营销. 北京：中国纺织出版社，2006.
[8] 张福良. 服装市场营销. 北京：高等教育出版社，2009.
[9] 方勇. 会展营销. 北京：中国纺织出版社，2013.
[10] 潘力. 服装市场营销管理. 沈阳：辽宁科学技术出版社，2005.
[11] 易淼清. 服装营销. 北京：北京大学出版社，2013.
[12] 宁俊，李晓慧. 服装营销实务与案例分析. 北京：中国纺织出版社，2000.